De la part de l'auteur.

# L'Ancienne Coutume de Normandie.

# L'Ancienne Coutume

## de

# Normandie

---

## RÉIMPRESSION

### ÉDITÉE AVEC DE LÉGÈRES ANNOTATIONS

PAR

## WILLIAM LAURENCE DE GRUCHY

#### JURÉ-JUSTICIER À LA COUR ROYALE DE L'ILE DE JERSEY

MEMBRE DE LA SOCIÉTÉ DES ANTIQUAIRES DE NORMANDIE.

Jersey :

CHARLES LE FEUVRE, IMPRIMEUR-LIBRAIRE,

RUE BERESFORD, ST.-HÉLIER.

—

1881.

# TABLE DES MATIÈRES.

# PRÉFACE.

J'OSE offrir à mes compatriotes une réimpression de l'ANCIENNE COUTUME DE NORMANDIE : ouvrage qui, je l'espère, ne sera pas dépourvu d'intérêt pour eux.

Les vieilles éditions des quinzième et seizième siècles,— résultats précieux du savoir et de l'industrie de nos ancêtres, et véritables monuments de belle typographie,— sont devenues actuellement rares et coûteuses, et l'on voudra peut-être bien reconnaître l'utilité d'une publication, dont le but principal est de rendre plus accessible le Livre qui renferme les sources originelles de notre Droit, et dont le contenu, sous certaines restrictions évidentes, fait, à ce titre, même encore aujourd'hui, autorité légale dans cette île. Enfin je veux espérer que les indications juridiques et historiques, ainsi que les traits de mœurs que l'on trouve çà et là dans cet ouvrage, pourront offrir quelque intérêt, même au-delà de nos limites insulaires.

J'aurais bien désiré que quelqu'un de plus capable que moi se fût chargé de ce travail ; car je suis le premier à en sentir les nombreuses imperfections, et j'ai hésité, même à la dernière heure, à le présenter au public ; mais j'ai compté sur l'indulgence de mes concitoyens : indulgence dont j'ai déjà reçu maintes et maintes preuves : ils voudront bien apprécier les difficultés d'une tâche accomplie sans les secours qu'un habitant de Londres ou de Paris

aurait trouvés dans les bibliothèques d'une capitale :
d'autant plus que je n'ai aucunement la prétention de
présenter cette œuvre comme le résultat de connaissances spéciales ou de recherches indépendantes.  Pour
moi, je ne réclame que le mérite d'y avoir consacré une
attention soigneuse, et de n'avoir négligé aucune source
d'élucidation qui fût à ma portée.

Je n'ai pas cru devoir y comprendre une réimpression
de la *Coutume Réformée*, c'est-à-dire, de la *Coutume*, telle
que l'ont laissée la révision et la refonte qu'elle a subies
en 1585.  Celle-ci a, en effet, exercé une influence marquée
sur la jurisprudence de notre pays, comme on peut s'en
assurer en examinant les manuscrits de M. Poingdestre, [1]
et ceux attribués à M. Le Geyt [2]; mais elle n'y possède
pas une autorité reconnue ; et, du reste, on peut s'en
procurer facilement des exemplaires à des prix modiques.

Rien de certain n'est connu quant à la date ni quant
à l'auteur de la *Coutume*.  On ignore même dans quelle
langue, soit Latine, soit Française, elle a été primitivement
écrite.  Un accord presque général des commentateurs
en rapporte la composition définitive à la fin du treizième
siècle ; et il résulte assez clairement du Livre même, qu'il
a été complété *après* la mort de Saint-Louis (A.D. 1270),
et *avant* l'avènement de Louis le Hutin ; ou, du moins,
avant la *Charte aux Normands*, accordée par ce Roi dans
la première année de son règne, (A.D. 1314).  A la fin
de ce livre, j'ai rassemblé quelques extraits où ces points
sont discutés.

---

(1) V. la liste des éditions, &c., ci-après.    (2) Outre ceux qui ont été publiés, en
quatre volumes, par l'autorité des États de Jersey en 1846, sous le titre : *Les Manuscrits
de Philippe Le Geyt, Ecuier, Lieutenant-Bailli de l'Ile de Jersey, sur la Constitution, les Lois
et les Usages de l'Ile de Jersey,* il y a aussi d'autres MSS. attribués, avec plus ou moins de
raison, à M. *Le Geyt,* qui n'ont pas été inclus dans les dits volumes ; notamment,
' Les Priviléges, Lois et Coutumes de Jersey, avec un essai pour des Règlements Politiques.'
C'est particulièrement à celui-ci que nous faisons ici allusion.  Cet auteur écrivait dans
les dernières années du 17^me, et les premières années du 18^me siècle.

La juxtaposition des textes Latin et Français, que j'ai adoptée dans cette édition, (et qu'on trouvera, je veux le croire, avantageuse sous plusieurs rapports), facilitera l'examen de la question quant à leur priorité respective. Des arguments à l'appui de l'une et l'autre thèse en ressortent : la balance, selon moi, incline du côté du Latin. Toujours est-il certain que celui-ci a précédé la *Glose.*[1]

Après mûre réflexion, je me suis décidé à adopter comme base de cette réimpression, tant pour le Français que pour le Latin, la seconde des deux éditions de *Le Rouillé,*[1] c'est-à-dire, celle de 1539—(année où François 1er faisait substituer le Français au Bas-Latin, comme langue des actes publics);—et ce, en la soumettant toujours à une comparaison avec des éditions précédentes. Cette comparaison, assez minutieuse pour les éditions de 1510 et de 1515, que j'ai pu découvrir à Jersey, se borne aux passages obscurs pour l'édition précieuse de 1483, pour celle de 1490 (?)—qui ne contient que le Français—et pour celle de 1534, la première de *Le Rouillé.* Un ami a bien voulu faire pour moi cet examen au Musée Britannique de Londres, où se trouvent ces éditions.

Ce n'est qu'après l'impression d'une partie de ce livre que j'ai appris que le grand travail de *Ludewig*[1]—*Reliquiæ ineditæ*—qui ne se trouve pas au Musée Britannique, existe dans le *Bodleian Library* à Oxford. Je dois aux soins et à la bienveillance d'un autre ami les corrections, tirées de l'édition du texte Latin de l'*Ancienne Coutume* qui est contenue dans le septième volume de cet important ouvrage : malheureusement, pour les premiers chapitres, elles ne figurent que dans les *Errata.*

J'ai, çà et là, introduit dans le texte les variantes des éditions précédentes, soit comme me paraissant plus

---

(1) V. la liste des éditions, &c., ci-après.

correctes, soit comme remplissant des lacunes, soit enfin comme servant à démontrer les mutations graduelles opérées dans l'orthographe et la grammaire Françaises. A part cela, sauf la correction d'erreurs évidentes, j'ai présenté le texte Français de *Le Rouillé* dans sa forme originale. L'utilité du livre, si tant il y a, n'en souffrira pas, et il possèdera peut-être ainsi quelque intérêt spécial pour les philologues. Dans le texte Latin, au contraire, j'ai rapproché l'orthographe de celle du Latin classique; en signalant toujours, dans une note, chaque changement sérieux. Outre cela, les annotations se bornent aux indications des lacunes ou des obscurités qu'on rencontre dans les textes, et aux explications des mots ou locutions curieuses ou peu usitées: il se peut que quelques-unes de celles que j'ai considérées comme telles, ne le soient pas pour mes lecteurs. Dans ces explications j'ai cité, autant que possible, les paroles mêmes de l'auteur, ou de la pièce où je les ai puisées: si, à aucun endroit, j'ai manqué de signaler la source d'où elles proviennent, je désire ici faire l'aveu général de mes emprunts continuels aux travaux d'autrui.— Pour que ces notes présentassent quelques-uns des avantages qu'aurait eu un Glossaire alphabétique, j'y ai ajouté un Index, qui se trouve à la fin du livre.

On se demandera peut-être, pourquoi j'ai cru devoir employer le Français, qui ne m'est évidemment pas très-familier, dans cette partie de l'ouvrage qui est bien mienne.—A cela, je répondrai que la langue tradition- nelle et juridique de mon pays, étant en même temps la langue usuelle de sa population, me paraît, dans un travail pareil, s'imposer à celui qui, par la faveur de ses concitoyens, occupe à Jersey une position officielle.

J'ai joint à ce livre, outre l'index des notes, et les extraits de divers auteurs dont j'ai ci-devant fait mention: 1° Une liste de toutes les éditions de l'*Ancienne Coutume,* qui sont nommées par les auteurs que j'ai consultés ou dont je connais autrement l'existence, ainsi qu'une liste de ses commentateurs.—2° Une table, dans le but de faciliter aux lecteurs les recherches dans les Commentaires de *Terrien*,[1] ouvrage devenu classique dans ces îles et y faisant autorité;—3° Une liste d'*Errata et addenda*, contenant; (*a*) les corrections et additions, (y compris quelques-unes tirées de *Ludewig*,) qu'on n'avait pas pu introduire dans le livre même, et (*b*) les indications de la plupart—je l'espère du moins—des erreurs d'impression. C'est sur moi, et non sur l'imprimeur, que doit retomber la responsabilité de ces erreurs; et je saisis avec empressement cette occasion de témoigner à M. Le Feuvre, combien j'apprécie les soins assidus qu'il a donnés à la publication de ce livre, et le concours intelligent qu'il m'a prêté. Une table des pages où ces corrections doivent être introduites, précède les textes.

Pour dernier mot, j'offre aux amis nombreux, qui ont bien voulu mettre à ma disposition leur temps et leur travail, leurs bibliothèques et leurs connaissances, mes remercîments les plus sincères. Messire R.-P. Marett, Chevalier, Bailli de cette île, M. le Juré-Justicier Langlois[2] et, particulièrement, M. le Docteur Barreau me permettront de faire une mention spéciale de leur bienveillance.

W. L. DE G.

*Rochebois, St.-Aubin, Jersey,*
*Août*, 1881.

---

(1) V. les extraits de *Hale* et de *Poingdestre* ci-après, et la liste des éditions, &c., sous les noms, *Terrien*, et *Le Marchant.* (2) Au moment où nous livrons cette préface à l'imprimeur, ce digne magistrat souffre d'une maladie qui cause la plus vive anxiété à ses amis, et à notre population toute entière.

# TABLE DU TEXTE LATIN.

(1) V. n. 2, p. 56.

# CAPITULA SECUNDÆ DISTINCTIONIS.

# CAPITULA TERTIÆ DISTINCTIONIS.

## CAPITULA QUARTÆ DISTINCTIONIS.

(1) La table dans le texte Latin attribue au Chapitre cxxiiiв le numéro cxxiv ; le dernier Chapitre devient ainsi cxxix dans la table.

# TABLE DU TEXTE FRANÇAIS.

## QUINTE DISTINCTION.

## SECONDE PARTIE.
## PREMIÈRE DISTINCTION.

# EXPLICATIONS TYPOGRAPHIQUES, Etc.

V.        Voyez.
N.        Notez.
Cf.       Comparez.
Cap. Ch. Chapitre.
*Sic.*      Donné textuellement.
éd.       édition.
n.        note.
l.        ligne.
p.        page.
s. v.     *sub voce :* quant à ce mot.
*i. l.*      *in loco :* à l'endroit.
i. e.     *id est :* c'est-à-dire.
i. q.     *id quod :* la même chose que.
q. v.     *quod vide :* lequel voyez.

précéd.   précédents.  Appliqué aux éd., il indique les éd.
          (imprimées) du *Coutumier* avant celles de
          *Le Rouillé ;* ou du moins avant celle de 1539.

A. N.     Anglo-Normand.
B. L.     Bas-Latin.
V. F.     Vieux Français.
Ang.      Anglais.
Anc.      Ancien.
Allem.    Allemand.
Ital.     Italien.
Bret.     Breton.
V. A.     Vieil Anglais.
Fr.       Français.
Celt.     Celtique.
Teut.     Teutonique.
Rom.      Romain.
Lat.      Latin.

Gr.      Grec.

Gloss.      Glossaire.

Vulg.      La Vulgate.

Dr.      Droit.

*Cout.*      *Ancien Coutumier.*

*C. R.*      *Coutume Réformée.*

*D.*      Explication donnée par *Ducange* dans son *Glossarium Mediæ et infimæ Latinitatis*, 1678.

*Glanville.*      *Tractatus de legibus et consuetudinibus Angliæ ;* écrit *circiter* 1190, par *Radulphe de Glanville*, Grand Justicier sous *Henri II.* Ce Traité fait partie des *Coutumes Anglo-Normandes* de *Houard,* 1776.

*Fleta.*      *Commentarius Juris Anglici sub Eduardo I ;* ouvrage d'un jurisconsulte inconnu, incarcéré dans la prison du *Fleet* à Londres. Ceci se trouve également compris dans la collection de *Houard.*

*Gl.*      *La Glose :* V. la liste des Commentateurs à la fin de ce livre.

*Stille.*      *Le Stille de procéder.* V. la liste des éditions, à la fin de ce livre, quant à celle, sans date, qui fut publiée entre 1515 et 1523.

*Le R.*      *Le Rouillé.* V. la liste des éditions.

*Terrien.*      V. la liste des Commentateurs.

*Rastall :*  
*Termes*  
*de la Ley*      *Les Termes de la Ley :* Glossaire du Droit Anglais, attribué à *William Rastall,* jurisconsulte du 16me siècle.

*Craig.*      *Jus Feudale D. Thomæ Craigii de Riccarton, Equitis,* dédié à Jacques VI d'Ecosse, (Jacques I d'Angleterre).

*Descr. Juris.*      *Le Descriptio Juris.* V. la liste des Commentateurs, sous le nom ZOUCH.

*Blount.*      *Blount's Law Dictionary* ; éd. par *Nelson :* London, 1717.

*Poingdestre*  
*M.S.S.*      V. la liste des Commentateurs à la fin de ce livre.

*Le Geyt*⎫
*M.S.S.* ⎬    V. la Préface, n. 2, p. 8.

*Cout. Gén.;*⎫  *Le Coutumier Général*, de *Bourdot de Riche-*
*B. de R.* ⎬   *bourg*.   V. la liste des éditions et des
⎭   Commentateurs.

*Gloss. du dr. Fr.*       Le Glossaire du Droit Français,
basé sur celui de *de Lauriere*, qui fait partie
des *Institutes Coutumières* de LOYSEL, éd.
*Dupin*, 1846.

*Brachet.* Soit la *Grammaire Historique* d'*Auguste
Brachet*, soit ses *Morceaux choisis des
ecrivains du* 16*me siècle.*

Les caractères italiques employés dans plusieurs endroits du texte
Latin, de même que dans quelques endroits du texte Français,
indiquent que les phrases ou les mots ainsi imprimés n'ont point de
correspondant dans l'autre texte, ou que le sens n'est pas le même
dans les deux.

Les mots entre parenthèses, ( *sic* [ ] ), sont ceux qui, étant
évidemment nécessaires au sens du texte, y ont été suppléés par nous.

Les astérisques ( * * * ) dans le Texte y indiquent une lacune.

N.B.—Le système Anglais de ponctuation ayant été généralement
adopté pour le Latin, on l'a également suivi pour le Français.

# TABLE DES ERRATA ET ADDENDA.

---·◆·---

*Numéros des pages où doivent se faire les corrections et additions,
signalées dans l'ERRATA ET ADDENDA à la fin de ce livre.*

Page VII, XI, XVI, XXIV, id.

Page 3, 4, id., 5, id., 12, 16, 18, 19, 20, 21, id., 24, id., 25,
26, 28, 29, id., 30, id., 32, 33, 35, 36, id., 37, 45, 46, 47, id., 48,
50, 51, 52, id., 53, 55, 57, id., 58, 61, 63, 68, 73, 74, id., 76, 77,
79, 80, 82, 83, 88, id., 93, 96, 101, 103, 108, 109, 116, id., 125,
134, 135, id., id., 136, 141, 143, 153, 154, 163, 164, 169, 170,
175, 183, 185, 187, id., 189, 191, 197, 199, id., 200, 202, id.,
211, 221, 228, 238, 241, 250, 252, 257, 261, 269, 277, 287, 288,
301, 306, 312, 325, id., 326, 334, 346, 347, 355, 357, 361, 368,
370, 375, 376, 388.

# Prologues.

# Incipiunt Jura et Consuetudines quibus regitur Ducatus Normanniae.

—∘◦❀◦∘—

CUM NOSTRA SIT INTENTIO in præsenti opere jura et instituta Normanniæ in quantum poterimus declarare, per quæ contentiones habent[1] dirimi querelarum, ut unus ab altero non lædatur et singulis quod suum est tribuatur, singularum partium Distinctiones et Capitula, ut opus præsens clarius eluceat, in primis intendimus annotare.

Præsens itaque opus in duas partes dividitur: in quarum prima jura tractantur, et alia in jure necessaria ad deductionem præambula querelarum. In secunda vero parte tractantur usus et instituta, sive leges, per quas querelæ terminantur. Prima pars itaque hujus operis in quinque

POUR[5] CE QUE NOSTRE intention est de déclarer en cest œuvre au mieulx que nous pourrons les droicts et les establissements de Normendie, par quoy les contends et les querelles sont finées, si[6] que l'un ne grève pas l'autre, et que à chascun soit rendue sa droicture, nous voulons premièrement monstrer les Distinctions et les Chapitres de chascune partie, si que cest œuvre en soit plus cler.[3]

Cest œuvre est divisé en deux parties. En la première sont traictés les droicts et les aultres choses qui à droict sont nécessaires ains[4] que l'en[2] commence à ouyr les querelles. En la seconde partie sont traictés les usages les establissements et les loix, par quoy sont finées les querelles. La première partie de cest œuvre

---

(1) *Habent*—*habeo* employé dans le sens de *debeo*.　(2) *L'en*—On écrit ainsi *l'on* partout dans le texte.　(3) *Cler*—*Sic. Œuvre,* employé dans ce sens, était autrefois masculin : "Sans cela toute fable est un œuvre imparfait."—*La Fontaine.*　(4) *Ains*—De *ante* : avant : a quelquefois le sens de *mais.*　(5) *Pour ce que*—Dans l'édition de *Le Rouillé,* ce prologue est appelé *Le second prologue :* et celui qui se trouve le second ici est appelé *Premier prologue (Primum prohemium).*　(6) *Si*—Souvent dans les sens d'*aussi, pourtant,* ou *ainsi.* Ici dans le dernier sens. Pour *si* dans le sens ordinaire on écrit généralement dans le texte *se.*

Distinctiones dividitur ; in prima Distinctione agitur de jure et ejus pertinentiis ; in secunda de Principe et eis quæ ad ejus pertinent dignitatem : in tertia de teneuris et successionibus et pertinentiis ad easdem : in quarta de dilationibus : in quinta de injuria et eis quæ pertinent ad ipsam reprimendam.

est divisée en cinq Distinctions. En la première traicte l'en de droict, et des appartenances à droict. En la seconde du prince, et des choses qui appartiennent à sa dignité. En la tierce des teneures des eschéances et des choses qui y appartiennent. En la quarte des délayemens et défaultes. En la quinte de tort faict et des choses qui appartiennent à le amender. *La seconde partie du Livre est divisée en quatre Distinctions. La première traicte de querelles personels.*[4] *La seconde de querelles de possession. La tierce de brefs et records. La quarte de rappeaulx, enquestes et loix.*

## PROLOGUS.[2]

CUM ineffrenatæ cupiditatis malitia humanum genus ardore suo insatiabili teneat irretitum, discordias generans ac dissensiones, a finibus hominum pacem et concordiam penitus proscripsisset, si non ejus anxios impetus, legum freno constrictis faucibus, juris severitas refrenasset. Quamobrem Rex pacificus, justus Dominus, et amator justitiæ in terris principes regnare voluit, ut[1] juris semitas certis legibus limitantes, conten-

## PROLOGUE PREMIER.

POUR ce que la grand[4] malice de convoitise avoit si ardamment enlassé[5] l'humain lignaige, que par les discords et dissentions qu'elle avoit engendrés paix et concorde estoient chassés hors du monde ainsi comme en exil, si la grand angoise de convoitise ne fust[6] refrénée[7] et apaisée par loix et par droicts, Nostre Sire[3] qui est Roy paisible et droicturier et ayme justice[8] voulut que princes régnassent en terre, qui donnassent certaines

---

(1) *Ut*—Dans le texte *et.* (2) *Prologus*—V. n. 5, p. 3. Le texte Français de ce prologue ne paraît pas dans l'édition première ni dans quelques unes des subséquentes : il se trouve dans la seconde édition (celle de 1490?) qui ne contient que le Français. Il doit être original, puisqu'il en est traité dans la Glose. (3) *Sire*—Seigneur, Souverain. L'expression *Notre Sire Dieu* n'est pas rare dans les vieux auteurs. (4) *Personnels, grand*—N. ici et ailleurs l'analogie avec le Latin quant à la formation des féminins. (5) *Enlassé*—*Sic.* Dans l'éd. 1490 *enlacié.* (6) *Fust*—*Feust*, 1490. (7) *Refrénée, &c.*—*Refrainte et appaisiée*, 1490. (8) *Et ayme justice*—Dans l'éd. 1490 : omis par *Le Rouillé.*

tiones singulas, quas inimica pacis discordia parturivit, judicii calculo[1] diffinirent.

Quoniam ergo leges et instituta quæ Normannorum Principes, non sine magna provisionis industria, prelatorum comitum et baronum necnon et ceterorum virorum prudentium consilio et consensu, ad salutem humani fœderis[4] statuerunt, nec dum certa sibi adepta mansione, per diversas diversorum linguas vagantia, elapsa pristinorum[9] memoria, in ignorantiæ ergastulum recluserit oblivio tenebrosum; ad commune commodum singulorum, aspirante Domino, et si non omnia eorum tamen aliqua ab ignorantiæ tenebris aggrediar revocare; ut in scripturarum thesauro meo sudore deposito futuris ac præsentibus ad lites dirimendas litterarum officio declarentur. Sed cum in humanis studiis ex omni parte perfectum nihil[12] valeat inveniri, ad hoc opusculum inspicientibus[5] sit petitum, ut quod in eo viderint corrigendum corrigentes, addentes diminuta, superflua resecantes, mihi[12] subsidium dignentur aliquod impartiri.

loix de droict et finassent[13] tous les contends, que discorde qui est contraire à paix peult[2] engendrer.

Et pour ce donc que les loix et les establissements, que les princes de Normendie establirent par grand pourveance, et par le conseil des prélats des contes[10] des barons et des aultres saiges[6] hommes, n'estoient pas encores arrestés en certain siège, ains folloient[7] par diverses langues, si que nulle mémoire n'estoit des anciens, mais estoient tous mis[11] ainsi comme en oubly, j'essayeray pour le commun profit[3] à les rappeller et à esclarcir par la grâce de Dieu. Et si je ne puis tout faire, aulcune chose en feray je : si que par mon travail soit déclaré par escriptures à ceulx qui sont et à ceulx qui à venir sont comment les plets doibvent estre finés. Mais pour ce que riens[14] ne peut estre trouvé parfaict en ce que homme faict par estude, je requiers à ceulx qui regarderont cest œuvre qu'ils amendent ce qu'ils verront à amender et y mettent[8] ce qu'il y fauldra, et en ostent ce que lieu n'y tiendra[15] et me aident en aulcune chose.

---

(1) *Calculo*—Décision.　(2) *Peult*—Sic.　(3) *Profit*—*Prouffit*, 1490.　(4) *Fœderis*—Société, comme le résultat de convention.　(5) *Inspicientibus*—Dans le texte *insipientibus*. (6) *Saiges*—Sic.　(7) *Folloient*—1490 : ou de *foler*: flotter ; ou de *foloier*: s'égarer. Dans *Le R.* : *failloient*.　(8) *Mettent*—Dans quelques textes *mectent*.　(9) *Pristinorum*—Dans *Le R.* : *prædestinorum*.　(10) *Des contes*—1490 : omis par *Le R.*　(11) *Tous mis*—1490 : omis par *Le R.*　(12) *Nihil, mihi*—Dans le texte toujours *nichil, michi* : Cf. l'Allem. : *nichts, mich*.　(13) *Finassent*—1490 : dans *Le R.* : *finissent*.　(14) *Riens*—Sic : l's finale de *res* étant encore conservée.　(15) *Tiendra*—Dans les éd. précéd. *tendra* : et, pareillement, *vendra* pour *viendra*.

# PREMIÈRE PARTIE.

# PREMIÈRE PARTIE.

## Première Distinction.

# Capitulum primum.

## DE JURE.

Jus itaque quoddam est naturale, quoddam positivum. Jus quippe naturale est quo Deum proximos et parentes tenemur diligere, quoque aliis tenemur facere quod nobis volumus fieri : et eisdem prohibemur inferre quod nobis nolumus inferri. Jus autem positivum est quod ab hominibus positum ad salutem humani fœderis[1] observatur : quod in diversis diversum invenitur provinciis, prout a diversis juris conditoribus fuerit institutum. Dicitur quandoque jus, ipsa res cujus possessio ad aliquem dignoscitur pertinere : ut Parisius[2] dicitur jus Regis Franciæ. Dicitur etiam jus quandoque injuriæ satisfactio irrogatæ, secundum quod dicitur : bonum jus habuit N. de eo qui eum derobavit[5] ; cum propter hoc suspensus fuerit. Dicitur etiam jus quandoque stipendium meritorum ; secundum quod

# Premier Chapitre.

## DE DROICT.

Droict est divisé en deux parties ; car l'ung est naturel et l'autre estably. Le droict naturel est cil par quoy nous sommes tenus à aymer Dieu et nos prochains et nos parents : et faire à aultruy ce que nous vouldrions que l'en nous feist : et ne vouloir faire à aultruy chose que ne vouldrions que l'en nous feist. Droict estably est ce qui est estably et gardé par hommes pour le profit de l'humain lignage : et se change en diverses contrées si comme il fust estably par divers establisseurs. L'en appelle aulcunes fois droict la chose de quoy la possession appartient à aulcun ; si comme : Paris est le droict au Roy de France. Aulcunes fois appelle l'en droict satisfaction de tort faict à aulcun ; si comme l'en dict : cestuy a eu droict de celuy qui le roba ; quant[4] il a esté pendu. Aulcunes fois appelle l'en droict le loyer[3] que aulcun a pour sa desserte ; si comme l'en dict du larron

---

(1) *Fœderis*—V. n. 4, p. 5. (2) *Parisius*—Forme fréquente dans le B. L. (3) *Loyer* ou *louyer*—Récompense. (4) *Quant*—Ainsi souvent dans le texte ; et, pareillement, *grant* pour *grand*. (5) *Derobavit*—Cf. l'Allem. *rauben* et le Lat. *rapere*.

dicitur quod latro suspensus bene habuit jus suum. Jus autem quandoque dicitur virtus tribuens unicuique quod suum est : et hoc præcipue attenditur in curia laicali,[2] per quod debent contentiones singulæ terminari. Dicitur etiam jus, equitatis linea litem dirimens querelarum ; secundum quod jus dicitur fecisse, qui æquitate servata litem terminavit. Dicuntur etiam jura,[1] leges et consuetudines Normanniæ : eo quod querelæ per eas frequentius terminantur.

qui est pendu : cil a bien eu son droict. Aulcunes fois appelle l'en droict une vertu qui rend à chascun ce qu'il doibt avoir. Et ainsi est appellé en Court laye droict, par quoy tous contends sont finés. Aulcunes fois appelle l'en droict la voye de loyaulté qui fine les querelles ; si comme l'en dict : celuy a faict droict qui loyaulment a jugé ou finé une querelle. L'en appelle droict les loix et les coustumes de Normendie : pour ce que par eulx est souvent le plet finé.

## II.—DE JURISDICTIONE.

Jurisdictio autem est dignitas quam habet quis eo quod tenendi jus de reliquis[5] habeat potestatem. Quarum quædam est feodalis, et quædam commissoria. Feodalis est illa quam habet quis responsione feodi sui. Unde ad ipsum pertinet jus inhibere de querelis ex feodo procreatis, et etiam super omnibus aliis querelis quæ contra residentes feodi procreantur ; exceptis tamen illis quæ specialiter pertinent ad ducatum, quod cum de placito spadæ[3] tractabitur planius apparebit. Commissoria vero jurisdictio est illa quæ alicui committitur a Principe vel domino, ad quos dignoscitur pertinere : ut

## II.—DE JURISDICTION.

Jurisdiction est la dignité que aulcun a pour ce que il ait povoir de faire droict des plainctes qui sont faictes par devant luy. Une jurisdiction est fieffal[4] et l'autre est baillée. La fieffal est celle que aulcun a par la raison de son fief : par quoy il doibt faire droict des plainctes qui appartiennent à son fief et de toutes les querelles qui sont meues contre les rasséants de son fief ; fors de celles qui appartiennent à la duchié : de quoy nous monstrerons quand nous dirons du plet de l'espée. Jurisdiction baillée est celle qui est baillée à aulcun de par le prince, ou de par le seigneur à qui elle appartient. Si comme celle qui

---

(1) *Jura*—Dans le texte *juri*.  (2) *Laicali*—Écrit souvent dans le texte : *laycali*. (3) *Spadæ*—(Cf. l'Ital. *spada*) ; épée:  (4) *Fieffal*—V. n. 5, p. 4.  (5) *Reliquis*—Sic. Probablement pour *querelis*.

est illa quæ committitur a principe baillivo vel senescallo seu præposito et hujusmodi. Solus autem Princeps plenam habet jurisdictionem de querelis ad ipsum delatis omnibus laicalem[1]: et eis jus potest conquerentibus exhibere : nisi ab eo curia fuerit requisita per talem qui eam debet reportare ; quod plenius cum de curiis tractabitur lucebit.

est baillée au bailly ou au séneschal ou au prévost : qu'ils ont de par leur seigneur. Le prince tout seul a planière[2] jurisdiction de toutes les plainctes qui luy viennent, qui appartiennent à la Court laye ; et en peut faire droict à tous ceulx qui se plaignent, se la Court ne luy en est requise par tel qui la doye avoir : que nous monstrerons bien quand nous traicterons des Courts.

### III.—DE JUSTITIA.

Justitia vero est virtus juris operativa in homine a qua homo justus dicitur. Quandoque justitia est districtio[3] ex jure prorumpens quæ habet fieri super aliquem ; secundum quod dicitur aliquis justiciare homines suos, vel hujusmodi. Justitia fit per captionem mobilium vel feodi vel corporis. Justitia dicitur quandoque pœnæ irrogatio promeritæ ; secundum quod dicitur: vidi justitiam Domini Regis fieri, cum vidi latronem suspendi. Dicitur etiam justitia baillivus vel quilibet subjusticiarius illius, qui justiciandi homines habeat potestatem; secundum quod dicitur : justitia Domini Regis tenet assisias in hac villa. His autem modis omnibus frequenter utitur curia laicalis.

### III.—DE JUSTICE.

Justice est une vertu de droit qui fait en l'homme ce par quoy il est dict juste. Aulcunes fois appelle l'en justice une destresse qui descent de droict qui est faicte sur aulcun ; si comme l'on dict de aulcun, qu'il[4] justicie bien ses hommes. Telle justice est faicte par prendre meubles ou fieu ou corps. Aulcunes fois appelle l'en justice le bailly ou aultre justicier quelconque qui a pouvoir de justicier ses hommes ; si comme l'en dict : la justice du Roy tient ses assises en ceste ville. Aulcunes fois appelle l'en justice la peine qui est enjoincte à aulcun par sa desserte ; si comme l'en dict : je vy faire la justice du Roy d'ung larron que je vy pendre. De toutes ces manières de justice use l'en souvent en Court laye.

---

(1) *Laicalem* — Qualificatif de *jurisdictionem*, ainsi placé pour marquer l'emphase.
(2) *Planière*—Sic dans le texte partout.   (3) *Districtio*—Arrêt-saisie. Angl. : *Distress*.
(4) *Qu'il*—Dans le texte (et ainsi très-souvent) *qui*.

## IV.—DE JUSTICIARIO.

A justitia vero Justiciarius nomen accepit : eo quod justiciandi homines habeat potestatem. Notandum siquidem est quod justiciariorum quidam sunt superiores, quidam inferiores. Superiores sunt qui ab ipso duce sunt instituti ad gerendam curam terræ suæ immediate sub ipso, patriæ eis commissæ curam et custodiam gerentes, ut magistri scacarii et baillivi. Horum quidam sunt majores, quidam et minores. Majores autem dicuntur eo quod majorem habeant potestatem, ut magistri scacarii qui potestatem habent corrigendi et emendandi quicquid minus recte fuerit factum per baillivos. Baillivi vero minores dicuntur justiciarii eo quod minorem habeant potestatem. Non enim extra baillivias eis commissas habent justiciandi potestatem. Inferiores autem dicuntur omnes subjusticiarii sub baillivis constituti. Sic utique justiciarius dicitur baillivus patriæ qui, institutus a Principe vel a Duce, justiciandi et jus faciendi subjecto populo sibi obtinet potestatem, qui ad conservationem pacis faciunt[2] terminationem querelarum, exterminationem latronum homicidarum incendiariorum et hujusmodi malefactorum ; est et aliis

## IV.—DE JUSTICIER.

Justicier est appellé de justice, pour ce qu'il a povoir de justicier les aultres. Si debvons sçavoir[3] que les ungs des justiciers sont plus haults et les autres plus bas. Les plus haults sont ceulx à qui le duc a estably à garder sa terre. Si que aulcun n'est par dessus eulx fors le duc, eu[4] pays qui leur est baillé à garder ; si comme sont les maistres de l'Eschiquier et les baillifs : de ceulx sont les ungs greigneurs[1] et les autres mendres. Les greigneurs sont appelés ceulx qui ont le greigneur povoir, si comme sont les maistres de l'Eschiquier, qui ont povoir de amender les torts que les baillifs font. Les baillifs sont appelés les mineurs justiciers, pour ce que ils ont mendre povoir ; car ils n'ont pas povoir de faire justice hors de leurs baillies. Les plus bas justiciers sont appellés ceulx qui sont dessoubs les baillifs. Ainsi est appellé le baillif justicier du pays, qui est estably par le prince ou par le duc et a povoir de justicier et de faire droict au peuple qui est submis à luy ; car il est estably pour garder la paix, pour terminer les querelles, pour destruire les larrons les homicides les ardeurs et les aultres malfaicteurs, et si est

(1) *Greigneurs*—Ancien comparatif de *grand*. Latin : *Grandiores*.　(2) *Faciunt*—Sic.
(3) *Debvons, sçavoir*—Sic Le R. Mais dans des éd. précéd. *devons* et *savoir*.　(4) *Eu*—
Formé de *en le*, comme *ès* de *en les*, et *au* de *à le*.

præpositus ut jura ducis conservet et revocet jure mediante, si quid de eis cognoverit male fuisse alienatum. Ipse insuper leges et consuetudines patriæ tenetur fideliter observare ; et secundum eas reddere jus populo subrogato. Hæc autem præmissa debent omnes baillivi in institutione sua jurare quod ea fideliter observabunt, et similiter omnes subjusticiarii qui ad institutionem patriæ fuerunt instituti. Ad justiciarium autem debent omnes querimoniæ deferri, ipseque eas debet recipere, et capere plegios de eis prosequendis, et dies ad placitandum de eis assignare, et de eis curiam tenere, et quod judicatum fuerit facere observari. Deficientes autem facere justiciari, et ea, de quibus judicium vel recordatio habet fieri in curia, debet retrahere[1] vel recitare : treugam[2] dari debet facere ; quod est assecuratio pacis observandæ ; nampta injuste capta per jus facere liberari. Omnia autem eorum officia, ordine juris servato, debet exercere. In criminalibus tamen manifestis seu notoriis mali-

mis par dessous les aultres pour garder les droictures au duc et pour les rappeller par droict, s'il treuve que aulcune chose en ait esté estrangée. Ils sont tenus à garder loyalement et féalement les loix et les coustumes du pays et selon icelles faire droict au peuple subject à eulx. Toutes ces choses devant dictes doibvent les baillifs jurer quand ils sont mis en baillie, que ils les garderont féalement. Et aussi doibvent faire les mineurs justiciers qui sont soubs eulx, qui sont establys à justicier le pays. Au Justicier doibvent estre les plaintes[4] apportées, et il doit les recevoir et prendre pleiges de les poursuyr, et assigner jour aux parties de pleder et en tenir[3] la Court et faire garder ce que sera jugié. Il doibt faire les deffaillants justicier, et si doit retraire[1] les choses de quoy jugement ou record doibt estre faict en Court. Et si doibt faire donner trèves à ceulx qui les demandent par devant luy ; car c'est asseurance de paix ; et si doibt faire délivrer les namps qui sont à tort prins, et faire oster la force. De ce traicterons nous après planièrement. Les justiciers doivent faire garder ordre de droict en leurs offices et obvier ès crimes manifestes et maléfices notoires. Les malfaicteurs les-

---

(1) *Retrahere*—Recorder : ou ; faire lire. (2) *Treugam*—Ici, caution de bonne conduite. Angl.: *Sureties of the peace.* (3) *En tenir*—*Entretenir. Le R.* (4) *Plaintes—Sic :* mais *plainctes* est plus fréquent dans le texte.

tiis [illi], quos fama publica seu fide dignorum testimonium nunciant culpabiles, non expectato juris ordine debent arrestari et carceribus mancipari, et exinde debent per judicium tractari. Vim et violentiam facere[1] amoveri; de quibus, prout casus se offerent, plenius tractabitur in sequentibus. Subjusticiarii dicuntur qui sub eo sunt constituti ad juris officia exsequenda. Quorum quidam Vicecomites, quidam spadæ servientes, quidam vero bedelli nuncupantur; quorum diversa officia, prout juris exhibitio et pax patriæ[4] desiderat, observanda.

## V.—DE VICECOMITE: ET EJUS OFFICIO.

Officium autem Vicecomitis est placita[5] tenere; vias antiquas et semitas et limites aperire, aquas videlicet transmotas ad cursum debitum reducere; et de malefactoribus et seditiosis, multris[8] et arsionibus et deflorationibus virginum violentis, et ceteris actibus criminosis diligenter et secrete inquirere, et quos[7] super hoc, facto secreto scrutinio, per sacramentum plurimorum virorum fide dignorum nec suspectorum invenerit culpabiles, eos tamdiu debet tenere[6] carceri mancipatos, quo-

quels la commune renommée ou le tesmoignage[3] de gens dignes de foy nonce[2] coulpables doibvent estre arrestés et mis en prison, ordre de droict néant attendu, et en après par jugement doivent estre traictés. Les soubsjusticiers sont ceulx qui sont establis soubs les justiciers à faire les offices de droict, dont les ungs sont appellés Vicontes, les autres sergens de l'espée, les autres bedeaulx, et ont divers offices selon ce que droit le requiert.

## V.—DE L'OFFICE AU VICOMTE.

L'Office au Viconte est qu'il tienne les plets; et qu'il face tenir en droit poinct les anciennes voyes les sentes et les chemins, et qu'il face revenir les eaues en leur ancien cours qui sont remuées contre droit; et qu'il enquière diligentement et en secret des malfaicteurs, comme des meurdriers des larrons des pucelles prinses à force des traisons et des aultres crimes; et ceulx qu'il trouvera coulpables par le serment de loyaulx hommes qui ne soient pas soupçonneulx, il les doibt tenir en prison tant qu'ils attendent la

(1) *Facere—Debet* est sous-entendu. (2) *Nonce* ou *nunce.* (3) *Tesmoignage—Sic* Le R. Dans les éd. précéd. *tesmoing.* (4) *Patriæ—Patere* dans le texte. (5) *Placita—* Dans le texte *palacita.* (6) *Tenere—*Dans le texte *teneri.* (7) *Quos—*Dans le texte *quod.* (8) *Multris—Mulicribus:* Le R. Autres éd. *multris.*

usque se subjiciant inquisitioni publicæ vel quousque per legem patriæ fuerint liberati ; et cetera juris officia adimplere. Huic subsunt spadæ servientes qui visiones[1] debent tenere et submonitiones earum, et præcepta assisiarum et eorum qui[3] in jure fuerint decreta exsequi et tenere ; nampta capta, servato juris ordine, liberare : et de una qualibet visione sustenta undecim denarios habere ; et similiter de una qualibet deliberatione namptorum debent percipere. Et ideo spadæ servientes dicuntur, eo quod malefactores criminaliter insequentes vel criminalibus maleficiis publice diffamatos vel profugos spadæ gladio[4] sive armis debent viriliter justiciare ; et ad hoc principaliter solebant institui, ut per eos pacis tranquillitate[6] gauderent pacifici, et rigore justitiæ punirentur malefici. Per eos etiam juris officia debent adimpleri, quod clarius elucebit in sequenti. Bedelli autem sunt servientes minores qui nampta minus justa debent capere, et officia minus honesta exercere,[5] [et] minores submonitiones facere ; de quibus quomodo in officiis suis procedere debeant prout casus se offerent plenius tractabitur in sequenti.

commune enqueste, ou tant qu'ils soient délivrés par la loy du pays ; et si doibt acomplir les aultres offices de droict. Soubs les vicontes sont les sergens de l'espée qui doibvent tenir les veues et faire les semonses et les commandements des assises, et faire tenir ce qui y est jugé, et délivrer par droict les namps[2] qui sont prins. Et doivent avoir unze deniers pour chascune veue qui est soustenue, et aussi de chascuns namps qu'ils délivrent. Et pour ce sont ils appelés sergens de l'espée, car ils doibvent justicier vertueusement à l'espée et aux armes tous les malfaicteurs et tous ceulx qui sont diffamés d'aucun crime et les fuitifs. Et pour ce furent-ils establis principalement affin que ceulx qui sont paisibles fussent par eulx tenus en paix, et les malfaicteurs fussent punis par la roideur de Justice. Et par eulx doibvent estre acomplys les offices de droict, si comme nous dirons après plus planièrement. Les bedeaulx sont les mendres sergents qui doibvent prendre les namps et faire les offices qui ne sont pas si honnestes et les mendres semonces. Et si dirons après quant temps sera comme ils se doibvent contenir en leurs offices.

---

(1) *Visiones*—Vues judiciaires.   (2) *Namps*—Effets saisis : Cf. l'Allem. *nehmen*, prendre. (3) *Eorum qui*—*Sic*. Plus probablement *ea quæ*. ⸺ (4) *Spadæ gladio*—Gladio équivaut peut-être au mot Anglais *blade*. Cf. l'expression : [' *the edge of the sword*." (5) *Exercere*— Dans le texte *excercere*.   (6) *Tranquillitate*—Dans le texte *transquilitate*.

C

## VI.—DE JUSTICIATIONE.

Justiciatio est coarctatio super aliquem facta ut juri pareat ex debito delicto. Unde patet quod justiciatio non debet fieri nisi delictum præcesserit cujus satisfactio[1] requiratur. Tria autem sunt propter quæ justiciatio facienda est, videlicet transgressio termini præfixi, contemptus justitiæ, irrogatio injuriæ. Ex transgressione termini fit justiciatio, cum alicui terminus assignatur et ad eum non accidit. Et similiter de fixis terminis ad redditus reddendos, si quis eos transgressus fuerit redditus assignatos nec reddens nec offerens, justiciandus est, quousque satisfecerit competenter, vel plegios dederit super hoc standi juri. Et hujusmodi transgressiones defectus nuncupantur, et hujusmodi justiciatio per namptorum captionem vel alterius mobilis facienda est. Si autem mobile in feodo non valeat inveniri, per feodum facienda est justiciatio. Unde sciendum est quod tribus modis potest fieri justiciatio; videlicet, per mobile, feodum et corpus; et in quibus habet fieri patebit inferius. Nullus tamen extra feodum suum potest suam justitiam exercere. Ex

## VI.—DE JUSTICEMENT.

Justicement est détréche[2] qui est faicte sur aulcun pour luy faire droict de sa desserte ou de son meffaict. Et par ce appert il que aulcun ne doibt être justicié s'il n'a avant faict tel meffaict de quoy il soit tenu à faire satisfaction. Trois choses sont par quoy homme doibt estre justicié; quand il passe terme à faire ce qu'il doibt; quand il despite justice; et quand il faict tort à autruy. Pour terme passé est homme justicié quand terme luy est assis et il ne vient pas. Et aussi quand terme est assis à aulcun de payer la rente qu'il doibt et il ne la paye au terme et ne l'offre, il doibt estre justicié, tant qu'il ait faict gré avenamment ou qu'il ait donné pleiges d'ester à droict; et tels trespassements de termes sont appellés défaultes. Telle manière de justice doibt estre faicte par prendre les namps ou les meubles; et se l'en ne trouve[3] point de meuble eu fief la justice doibt estre faicte par le fief. Et pour ce l'en doibt sçavoir que justice peut estre faicte en trois manières; c'est assavoir, par meuble, par fief et par corps: et monstrerons après en quel cas chascune de ces justices peut estre faicte. Nul ne peut faire justice hors de son fief.

---

(1) *Satisfactio*—Dans le texte on trouve très souvent *ff* pour *sf*.    (2) *Détréche—Sic.*
(3) *Trouve* ou *treuve*—Indistinctement dans le texte, la raison d'être de la différence commençant à s'affaiblir.

contemptu justitiæ facienda est justiciatio, cum aliquis juri parere neglexerit; et hoc fit quadrupliciter : aut, quod per judicium terminatum est infringendo, ut occupando saisinas contra ipsum obtentas et hujusmodi, aut in eo quod in jure per manum *et in manu Principis* captum est manum apponendo : ut in terris quæ captæ sunt in manu Principis per judicium et hujusmodi: aut jurisdictionem Principis ad alium devolvendo, ut querelas quæ pertinent ad curiam laicalem deducere vel transferre ad curiam Ecclesiæ; in omnibus enim hujusmodi casibus justiciandi sunt per corpora transgressores, eo quod contra Principis reverentiam hoc agunt: aut ex eo quod vel judicium respuunt expectare, propter quod per rem querelæ justiciandi sunt [et] per nampta. Ex irrogatione injuriæ quis justiciandus est quando aliquis talem alicui intulerit injuriam ex qua membrorum sequitur damnamentum, ut mortem vel mehaignium,[1] *enormem corporis lesionem* et periculosam de morte vel mehaignio, et hujusmodi. Et in hujusmodi casibus justiciatio per corporis captionem facienda est. Ex prædictis autem patet, quod in simplicibus querelis de

Pour despit de droict faire doibt homme estre justicié, quand il ne veult obéyr à droict. Et ce est faict en quatre manières. La première est quand aulcun enfrainct ce qui est déterminé par jugement: si comme se aulcun dessaisist son adversaire de ce dont il estoit saisy par jugement. La seconde manière est quand aulcun met la main en la chose qui est prinse en la main de justice : si comme les terres qui par jugement sont prinses en la main du Roy. La tierce manière est quant aulcun veult tollir[2] à aultre sa jurisdiction: si comme s'aulcun veult pléder en la Court de saincte église des choses qui appartiennent à la Court laye : et en tous ces cas doibvent estre justiciés par le corps tous ceulx qui ce font, pour ce qu'ils font ce contre la révérence au prince. La quarte manière est quand aulcun refuse à attendre[3] jugement ; et lors il doit estre justicié par la chose de quoy le plet est et par ses namps. Pour tort faict doibt l'en estre justicié quant on a faict à aulcun tort de quoy il ensuyt mort ou mehaing, ou périlleuse blesseure[4] de quoy il peult venir mort ou mehaing. Par ce que nous avons dict devant appert-il que ès simples plaintes

---

(1) *Mehaignium*—Angl. *maihem* : "Perdition de membre." *Terrien.* "Mahemium "esse dicitur ossis cujuslibet fractio, vel testæ capitis per incisionem vel per abrationem "attenuatio."—*Glanville* xiv, 1. (2) *Tollir*—De *tollere* : enlever, ôter. (3) *Attendre*— *Sic.* Dans les éd. précéd. *entendre.* (4) *Blesseure*—Éd. précéd. *blecheure.*

irrogatione injuriæ et in querelis de transgressione terminorum facienda est justiciatio per mobile primo. Si autem per mobile juri parere quis neglexerit, per feodum justiciandus est. Et notandum est quod per corpus nemo justiciandus est nisi in casibus criminosis vel in quibus spadæ placitum fuerit. Unde excellentissimus Rex Ludovicus[2] Franciæ, post illustrem Regem Philippum[4] piæ recordationis secundus, tale fecit institutum in Normannia quod omnes baillivi sui juraverint fideliter observare : Nullus de cetero in prisoniam mittatur vel captus teneatur, nisi pro causa quæ pertineat ad placitum spadæ vel pro re quæ pertineat ad periculum membrorum suorum : et si pro alia causa fuerit aliquis captus, sine aliqua exactione pecuniæ vel alicujus lucri reddatur per plegios sufficientes usque ad terminum competentem : item nullus occasione clamoris illius qui vulgariter dicitur HAROU de cetero puniatur vel ad occasionem aliquam teneatur, nisi evidens fuerit causa rationabilis quare debuit clamari. Præter

de tort faict, et en celles de terme passé doit estre justice faicte premièrement par le meuble. Et se aulcun est justicié par le meuble, et il ne veult pourtant obéyr à droict, il doibt estre justicié par le fief. Et si doibt l'en sçavoir que aulcun ne doit[5] estre justicié par le corps fors pour causes criminaulx ou pour le plet de l'espée[3] : et pour ce le noble Roy de France Loys,[2] qui fut le second après le Roy Philippe,[4] fist tel establissement en Normendie, que tous les baillifs jureroient qu'ils garderoient féalement : Que aulcun ne soit dès icy en avant mis en prison ne détenu, fors pour cause qui appartienne au plet de l'espée, ou pour chose qui appartienne au péril de membres : et se aulcun est prins pour aultre cause, soit rendu quittement, sans prendre de luy deniers ne aultre gaing, par plèges suffisants jusques à terme avenant qui luy doibt estre mis ; et ne traye l'en aulcun à achaison[1] pour la clameur que l'en appelle HARO,[6] se l'en ne voit appertement raisonnable cause pourquoy le HARO doye estre crié. Par dessus ce doibt l'en

---

(1) *Occasio, achaison* ou *achoison*—Occasion, accusation, prétexte.     (2) *Ludovicus*— Louis IX de France (Saint Louis), 1226—1270.     (3) *Plet de l'espée*—Matière de haute justice.     (4) *Philippum*—Philippe II (Philippe Auguste).     (5) *Doit*—Sic ici et ailleurs : mais *doibt* est plus usuel dans le texte.     (6) *Haro*—Dans des éd. précéd. HAROU. V. Ch. liv. et les notes là-dessus.

hæc tamen sciendum est quod pro debito Principis, elapso termino non soluto inde putato,[1] solet in debitoribus hominis justiciatio fieri corporis, licet pro nullo alio debito debeat corpus hominis justiciari. Omnis enim in Normannia justiciatio ad Ducem pertinet personarum propter fidelitatem quam ei tenentur singuli observare. Ex quo etiam communiter usitatum est in Normannia, quod nullus potest de aliquo hommagium habere nisi salva fidelitate Ducis Normanniæ, quod etiam est in receptione hommagii exprimendum. Unde nec aliquis in Normannia hominis sui corpus potest vel debet prisoniæ mancipare : nisi coram eo de latrocinio fuerit insecutus, vel in præsenti[7] deprehensus, vel ejus serviens[3] fuerit, ut præpositus vel molendinarius vel quomodo rerum suarum receptor,[4] quos arrestare potest, quousque competens debitum et plegios sufficientes habuerit de eisdem. Cum ad[8] bosci et forefactum garennæ vel aquarum defensarum, *vel costumæ*[6] *detentæ,* vel bladorum seu pratorum, vel aliorum forefactorum possunt homines a dominis feodis arrestari

sçavoir que pour la debte au prince, de quoy terme est passé seult[2] justice estre faicte par le corps aux debteurs, jà soit ce que pour aulcune aultre debte ne doibt corps d'homme estre justicié. Toute la justice de corps d'homme appartient en Normendie au Duc, pour la féaulté que tous luy doibvent garder. Et pour ce est il usé communément en Normendie que aulcun ne peut avoir hommage d'autre, fors saulve la féaulté au Duc : et ce doit l'en dire quant l'en reçoit hommage d'aulcun. Et pour ce aulcun qui soit en Normendie ne peut mettre en prison le corps de son homme, s'il n'est suy de larcin par devant luy ou trouvé saisy,[5] ou s'il n'est son sergent[3]; si comme son prévost, monnier ou recepveur de ses rentes : mais ceulx peut il arrester jusques à tant qu'ils ayent rendu compte ou qu'ils ayent donné pleiges de compter. Pour forfaict de boys ou de garennes ou d'eaues défendues, ou de blés ou de prés ou pour telle manière de forfaicts pevent les malfaicteurs estre détenus et arrestés par les seigneurs en quels fiefs ils font tels

---

(1) *Inde putato*—Peut-être *imputato* ou *indebitato.* Dans les anciens rôles on trouve *e converso : debité (du Vicomte)* pour *député.* (2) *Seult* (ou, dans quelques éd. *seulle*)—Avoir coutume. *Seuloir, souloir, seuldre*—De *solere.* (3) *Serviens*—Dans le sens de serviteur préposé. (4) *Receptor*—Dans le texte *receptoris.* (5) *Saisi*—Ayant les objets volés en sa possession—"*Pris en présent mesfait ou de prompte poursuite.*"—*Poingdestre M.S.* (6) *Costumæ*—Dans le sens pécuniaire, comme le mot actuel Anglais *customs.* (7) *In præsenti*—En flagrant délit. (8) *Cum ad*—Quant aux.

in quibus hæc facta fuerint forefacta ; dum tamen ad præsens
forefactum fuerint deprehensi, et
tantum detineri, quousque nampta
vel vadia vel plegios habuerint
de damnato illo restaurando ; *et
emenda non debet extorqueri.* Si
autem aliquo casu alio pro facto
criminoso aliquis capiatur, justiciario reddere debet[1] indilate.
Si autem dominus homini suo
fecerit aliquam injuriam feodi
ratione, ad Ducem pertinet curia
de eadem, nisi dominus si quis
fuerit interpositus eam requisierit, qui jurisdictionem habeat
feodalem.

forfaits, pourtant qu'ils soient
prins à présent meffaict ; et si
pevent estre tenus tant qu'ils
ayent donné plèges ou namps
de restaurer le dommage, *et de
payer l'amende là où elle doibt estre
levée.* Se aulcun est prins pour
aulcun aultre meffaict criminel, il
doibt estre rendu au juge sans
délay. Se le seigneur faict tort
à son homme par la raison de
son fief, la Court en appartient
au Duc, s'il n'a aulcun seigneur
moyen entre luy et le Duc, qui
en doye avoir la Court par la
raison de son fief.

### VII.—DE LIBERATIONE NAMPTORUM.

Cum namptorum liberatio per
justiciarium habeat fieri et ad
justiciationem maxime et principaliter pertineat, de namptorum
liberatione consequenter est agendum. Notandum ergo quod si
quis hominis sui nampta detinet
quæ non velit liberare, per Ducem
Normanniæ vel ejus justiciarium
liberari debent in hac forma :
ita videlicet quod justiciarius ad
domum domini sui nampta detinentem[2] debet accedere et ei ex
parte Ducis Normanniæ sufficienter præcipere, ut nampta per

### VII.—DE DÉLIVRANCE DE NAMPS.

Pour ce que les namps doibvent
estre délivrés par la justice et
que la délivrance en appartient
à la justice, traicterons icy des
namps. L'en doibt sçavoir que
s'aulcun tient les namps de son
homme et il ne les veult rendre à
gaige ou à plège, ils doivent estre
délivrés par le Duc ou par son
justicier en ceste forme: le sergent
doibt venir en la maison du seigneur qui tient les namps [de] son
homme, et luy doibt commander de
par le Duc qu'il luy délivre et

---

(1) *Debet*—i.e. *captor.*   (2) *Domum domini sui nampta detinentem—Sic.* On devrait
plutôt lire : *dominum hominis sui,* etc.

plegios sufficientes deliberet et recredat[1]: quod si dominus feodi facere noluerit, justiciarius Ducis plegios recipiat et nampta penitus extramittat, utrique parti diem ad placita prima vel ad assisias assignando: nisi dominus aliquam causam proposuerit, qua nampta non debeat relaxare vel deliberare, sed super hoc judicium paratus sit sustinere : et tunc, super hoc acceptis plegiis per justiciarium Ducis Normanniæ de judicio sustinendo, diem debet ut dictum est assignare. Si autem dominus feodi liberare voluerit, plegios capiat, et recredat.[2] Si quis autem conquerens dicat aliquem sua nampta cepisse in alieno feodo, in quo nec potest nec debet capere cum in eo nihil teneatur de eodem ; et alius hoc deneget, se asserens ubi potest et debet nampta cepisse requisita ; plegios debet justiciarius Ducis recipere de conquerente, et nampta liberare, et utrique diem placitandi assignare ad placita vel assisias secundum querelæ exigentiam. Ipsis autem ad diem in jure constitutis, et audita prout decet querimonia, et negato ab adversario se ea tali loco cepisse in quo ea capere potest et debet, si quod neget recroie[1] les namps à plèges. Et se le seigneur ne le veult faire, il doit prendre les plèges *que l'homme baillera* et mettre hors les namps, et assigner jour à l'ung et à l'autre ès premiers plés ou assises, se le Seigneur ne monstre raison pour quoy il ne doit pas rendre les namps, de quoy il soit prest d'attendre jugement ; lors doibt le sergent prendre plèges d'attendre jugement, et luy doit assigner jour : et se le seigneur veult délivrer les namps, prengne bons plèges, et les recroye. Se le plaintif dict que aulcun a prins ses namps en aultruy fief où il ne les povoit prendre [et] ne devoit, pour ce que le fief n'est pas tenu de luy, et celuy qui les print nye ce et dict qu'ils les print là où il povoit et debvoit, le sergent doibt prendre plèges de celuy qui se plaint et délivrer les namps et assigner jour aulx parties de pléder. Quant ils seront venus en Court, et le plaintif aura faict sa plainte, et l'autre[3] l'aura nyé, et dict qu'il print les namps là où il povoit et debvoit, s'il n'offre à

---

(1) *Recredere, Recroie*—" (Les rende et) en resaisisse son homme moyennant sa caution." —*Terrien, in loc.*   (2) *Recredat*—i. e. nampta.   (3) *Autre*—On trouve dans le texte les deux formes *autre* et *aultre ;* et, pareillement, *aucun* et *aulcun*, *veut* et *veult*, *peut* et *peult*.

non offerat deraisnare,[1] emendabit. Si vero deraisnare obtulerit, inspectio loci assignetur, in quo non potuit capere hæc predicta. Attendendum siquidem est quod si querulus testem non habuerit succumbet de querimonia prænotata. Ad inspectionem querulus debet monstrare locum in quo dicit sua nampta capta fuisse. Facta inspectione, et partibus ad curiam jam reversis, si querelatus respondeat se loco nampta cepisse demonstrato, asserens se ibi ea posse capere et debere, ut in suo feodo ; alter deneget terram suam esse ; ipsum nullum habere dominium in eadem, cum de ipso nullo modo teneatur, et asserat se ejus saisinam habere, cum in ea adversarius nampta cepisse sua fateatur ; (ille enim habet terræ saisinam qui eam per se ut suam possidet, metit vel laborat, fructus percipit aut proventus) : unde remanebit in saisina dictæ terræ, et alius in emenda qui nampta cepit injuste, nisi per BREVE[8] NOVÆ DESSAISINÆ, vel LEGEM[9] APPARENTEM, saisinam vel jus suum probare obtulerit.

desrèner ce qu'il dit, il l'amendera ; et s'il offre à desrèner,[10] veue doibt estre assise du lieu où l'autre dict qu'il ne povoit ne debvoit prendre les namps. Et si doibt l'en sçavoir que se celuy qui se plaint n'a tesmoing il encherra de sa querelle. A la veue doibt monstrer celuy qui se plaint le lieu où il dit que ses namps furent prins. Et quant la veue sera faicte et les parties seront venues à Court, se celuy de qui la plaincte est faicte respond qu'il print les namps eu lieu qui a esté monstré et dict que les y povoit[2] et debvoit prendre comme en son fief ; et l'autre nye[7] que la terre n'est pas sienne, et qu'il n'y a nulle seigneurie, et qu'elle n'est pas tenue de luy, et dict qu'il en a la saisine ; jà soit ce que l'autre recongnoisse que illec[5] print les namps, en la terre que le plaintif tient et laboure et en cueult[3] les blés ou par soy ou par aultre, il remaindra en sa saisine ; et l'autre en amende qui les namps print à tort, s'il n'offre à prouver la saisine par BRIEF[6] DE NOUVELLE DESSAISINE ou par LOY APPARISSANT.[4] S'il

---

(1) *Deraisnare—De Derationare—*Se purger par serment : offrir "preuve négative par faits affirmatifs."—*Poingd. M.S.* (2) *Povoit—*Suppression du sujet : fréquente dans le V. F. (3) *Cueil—*Dans quelques éd. *cuelle.* (4) *Apparissant—Sic* dans *Le R.* (5) *Illec—*Là. (6) *Brief—Sic.* (7) *Nye—Dit en négation que, &c.* La surabondance de négatifs est très fréquente dans ce livre. (8) *Breve, &c.—*V. le Chap. xciv. (Texte Latin). Le droit de propriété de la terre en dispute devrait être réglé, ou par une enqueste (*recognitio*) du voisiné — la procédure ordinaire dans les cas de dessaisine, et à laquelle on donnait en Angleterre le nom de *Grand Assize*—ou bien par le duel judiciaire, (Angl. : *wager of battle*),—une des formes de *loy apparaissant*, i.e. qui fait paraître la vérité—dont le résultat était censé démontrer clairement celui qui était dans son droit. (9) *Legem, &c.—*V. le Chap. cxxvii. (Texte Latin). (10) *Desrèner—*Voir les notes sur le Chap. DE DESRÈNE : cxxvi. (Texte Latin) cxxii. (Texte Français).

Si vero negaverit se nampta cepisse in locis demonstratis, et deraisnare obtulerit, deraisna[2] accipienda est; quam si adimpleverit, ei nampta restituentur; de quibus plegios habebit de superstando juri antequam recredantur [et] *faciendi quod justum est vel fuerit*; nec enim eum oportebit monstrare ubi cepit, cum ejus adversarius succubuerit in querela super qua eundem accusabat. Sciendum autem est quod serviens qui ad hoc officium accesserit undecim denarios de querulo percipiet pro liberatione sua. Si autem plura nampta vel in pluribus locis per unum adversarium detenta fuerint, per unam tamen deliberationem debent omnia nampta liberari, cum sint per unum querulum requisita. De una querimonia inter unum querulum et unum querelatum ventilata, super namptorum liberatione, una erit liberatio servientis. Sciendum est etiam quod si aliquis

nye qu'il ne print pas les namps eu lieu qui luy a esté monstré et il offre à desréner, la desrène[2] doibt estre receue; et, s'il la fait, les namps luy seront rendus; de quoy il aura plèges[4] ains qu'il les recroye, qui plégeront celuy à qui les namps sont d'ester à droict; ne il ne conviendra[1] pas monstrer où il les print, puis que son adversaire est encheu de la querelle de quoy il accusoit avant. L'en doibt sçavoir que le sergent qui vient les namps délivrer aura, de celuy qui se plaint, unze deniers pour sa délivrance. Se ung homme tient plusieurs namps d'aulcun, ou ils sont en plusieurs lieux, ils doibvent tous estre délivrés par une livréson,[3] puis qu'ils ne sont requis, fors par ung. Car d'un plet, qui est entre deux personnes, n'aura le sergent que une livréson pour les namps délivrer. Tant comme il aura de plaintes ou de plaintifs ou de

---

(1) *Conviendra — Convenir*, dans le sens d'être nécessaire ou obligatoire, est très-usuel dans le *Coûtumier*. (2) *Desrène* i.q. *Loi simple;* ou preuve par serment : Angl. *Compurgation*, ou *Wager of law*. "C'est une loi fort ancienne et autrefois fort pra-"tiquée par la *Coutume* de Normandie, et qui de Normandie a passé en Angleterre avec le "Conquérant; où on a usurpé non-seulement le mot de *Desrener* ou *Desrainer*, mais aussi celui "de *arraigner;* le dernier pour accuser criminellement, et l'autre pour s'excuser, ou éluder "l'accusation. * * * * Le fondement de cette *Desrène* était une supposition de droit, "que chacun sait mieux la vérité de son fait, quoiqu'il ne soit le défendeur, que l'autre, "quoique plaintif, en sait la vérité du fait d'autrui."—*Poing. M.S.* On trouve une trace de ce procédé dans la purgation Ecclésiastique; (V. *Reformatio Legum : de Purgatione;* et le 53me Canon de Jersey : "En causes de paillardise la partie sera sujette à subir le "serment de sa purgation.") "*Lex disrasinæ-* a simple traverse of the plaintiffs case." *Bigelow* : History of Procedure in England, 1066 -1204, p. 304. (Ouvrage très-utile à tout étudiant du Droit Anglo-Normand). (3) *Livréson* — Quelques éd. *délivréson.* (4) *Plèges—Sic* ordinairement : mais aussi quelquefois *pleiges.*

D

nampta in feodo suo ceperit, ea tali loco debet detinere ad quem justiciatus possit sufficienter accedere ad nampta sua de[4] victualibus procuranda,[3] et redire semel in die in locum in quo nampta capta fuisse perhibentur. In locis enim magis extraneis non debent quæri namptorum detentores, nec nampta quæ ceperunt detinere. Et si namptorum detentorem invenerit serviens in locis prædictis vel vicinioribus, vel ejus ornatorum[2] præpositum vel senescallum, forma nampta liberet supradicta. Quot autem fuerunt queruli vel querimoniæ vel querelati, tot erunt liberationes servientis. Si vero nec eos nec nampta invenerit, per se vel per alium firmiter justiciet detentorem quousque nampta fuerint per eum liberata : si vero non invenerit, ad habitatorem domus in qua nampta detinentur accedat faciens illud idem: quorum si nullum invenerit, acceptis plegiis, nampta liberet et recredat. Notandum itaque est quod namptorum detentores ea non tenentur de victualibus procurare : de locis tamen detentores competentibus tenentur cisdem providere, ne per inopportunitatem locorum vel malefactum, detinentia[6] re-

ceulx de qui l'en se plaint, tant aura le sergent de livrésons. L'en doibt sçavoir que se aulcun prent namps en son fief, il les doit tenir en tel lieu que cil à qui ils sont y puisse venir suffisamment, pour leurs[5] donner à menger, une fois le jour et retourner au lieu où les namps furent prins. Car ceulx qui tiennent namps ne doibvent pas estre quis,[1] ne tenir les namps qu'ils ont prins, en lieux estranges. Et se le sergent treuve celuy qui tient les namps eu fief où il les print ou près d'illec, ou se il treuve son attourné ou son prévost ou son séneschal, il doibt les namps délivrer, si comme nous avons dict. Et se il ne treuve ne luy ne les namps, il doibt formellement justicier ou par luy ou par aultre, jusques à tant que les namps soient délivrés. Et s'il ne trouve aulcun qui soit de par luy, le sergent doibt venir à la maison de celuy où les namps sont, et les délivrer si comme nous avons dict, et prendre plège, de celuy à qui ils sont, d'ester à droict. L'en doibt sçavoir que celuy qui tient namps ne leur doibt pas donner à menger, mais il doibt pourvoir de les mettre en lieu convenable, qu'ils n'empirent par la raison du lieu où ils sont, ne par la

---

(1) *Quis* — Recherchés.　　(2) *Ornatorum* — Ainsi dans le texte ; pour *attornatum.* (3) *Procurare* –"Necessaria ad victum præstare."—*Ducange.*　　(4) *De*—N. ici et ailleurs l'usage de *de* dans ce sens.　　(5) *Leurs*—Sic souvent dans *Le R.*　　(6) *Detinentia*—Ablatif : dans le texte *detinentiam.*

cipiant detrimentum. Si vero detentores namptorum negaverint se ea habere vel tenere ea, acceptis plegiis de inquisitione[3] super hoc sustinenda, uterque ad placita ordinentur vel ad assisias ; et si convictus per inquisitionem fuerit quod nampta ceperit supradicta, et ea restituat et graviter propter hoc puniatur : licet enim hoc furtum non dicatur, furti tamen saporem videtur retinere. Si autem inquisitio ipsum nampta declaraverit non cepisse, querulus gravi emenda pro falsitate clamoris condemnetur. Si inquisitio in NON SCIRE[1] reducatur, querulus tanquam furtum nampta sua poterit reclamare, si ipsa non valeat invenire : et si invenerit poterit tanquam res suas adiratas[4] ipsa reclamare.[5] Cum quidam siquidem subdantur domino mediate, quidam vero immediate, dominus in terra sua vel quæ de eo tenetur semper potest nampta pro jure suo capere eorum qui eam tenent : et qui ea replegiaverint,[6] juri parere in curia sua prout jus dictaverit tenebuntur, tam mediate subditi

villaine manière de les tenir. Se cil qui tient namps nie que ne les a pas, le sergent doit prendre plège de luy de soustenir l'enqueste, et les doibt adjourner aux plés ou aux assises. Et se aulcun est convaincu par l'enqueste qu'il les print, il les doit rendre et estre en grant peine de ce qu'il les nya ; car, jà soit ce que l'en ne die pas plainement que ce soit larcin, si semble il qu'il y ait ung pou[8] de saveur de larcin. Et se l'enqueste dict qu'il ne print pas les namps, celuy qui se plaint doibt estre en grant amende pour sa faulse clameur. Et se l'enqueste le met en NON SÇAVOIR[1] celuy qui se plaint peut suyvir ses namps comme chose emblée,[2] s'il ne les treuve. Et s'il les treuve, il les peut demander comme chose adirée *et doibt prouver par tesmoings du voisiné que les choses sont siennes.* Aulcuns tiennent de leur seigneur nu à nu, et aulcuns ont moyen entre eulx et leur seigneur. Et le seigneur peut justicier toute la terre qui est tenue de luy, [et] prendre pour sa droicture les namps à ceulx qui tiennent de luy. Et quant il les aura replégés, ils seront tenus à faire droit[7] en sa Court, et ceulx qui tiennent de luy nu à nu et

---

(1) *Non scire*—Cf. la formule *Ignoramus* : dont se servait autrefois le *Grand Jury* en Angleterre. (2) *Emblée*—De *imbladare* : "Chose trouvée non restituer " ; voler. (3) *Inquisitione* – V. *Bigelow* : Hist. of Proc. p. 175, n. 4. (4) *Adiratas, adirées*—Egarées. (5) *Reclamare*—Ici l'ordre du texte est rectifié, l'original étant très-confus. (6) *Replegiaverint*—"Aliquid captum cautione redimere."—*Ducange.* (7) *Droit*—Ainsi quelquefois ; mais *droict* est plus usuel. (8) *Pou*—Mince particule. Forme de *peu* : V. F.

quam immediate. Nullus autem nampta eorum qui nihil tenent de feodo suo, nec ei subduntur in aliquo, capere potest vel tenere, nisi ea invenerit ad præsens forefactum in suo feodo : ut ad damnificationem pratorum herbagiorum bladorum vel aliorum fructuum : vel costumæ vel paagii[3] vel telonii[4] vel aliorum hujusmodi : quæ debeant emendari vel persolvi prout requirunt usus temporum et consuetudines villarum vel mercatorum et nundinarum et passagiorum.[5] Si autem querulus post liberationem namptorum suorum ad terminum non fuerit assignatum, captori debent restitui eorumdem. Si vero captor defuerit, querulus nampta sua in pace retinebit et sine assignatione diei recedet, super hoc contra captorem postea non responsurus. Agere tamen poterit contra ipsum, ut damna et emendæ eadem,[7] quæ captione namptorum sustinuit, refundantur.

## VIII.—DE BANONE.

Quodam autem tempore terræ sunt defensivæ, quodam communes.[2] Defensivæ sunt omnes terræ cultæ quarum fructus per

ceulx qui tiennent par moyen. Nul ne peut prendre ne tenir les namps à ceulx qui ne tiennent de son fief ne qui ne sont de rien soubsmis à luy, s'il ne les treuve en son fief à présent mesfaict, comme à dommager ses prés et ses bleds, herbages ou aultres fruicts, ou s'ils n'emportent sa coustume, son pasnage,[3] son tonlieu[4] ou aultre chose ; car de ce doibvent ils payer et amender aux us et aux coustumes des villes, des marchiés, des foires et des passages.[5] Se le querelle[6] après la délivrance de ses namps se défault au jour assigné, ils doibvent estre restitués à celuy qui les print ; et se le preneur se défault, le querelle[6] s'en yra sans jour, en la saisine de ses namps, et ne respondra de ce néant plus au deffaillant : et si pourra pourchasser[1] contre luy les dommages qu'il aura soustenus, par la raison de la prinse des namps.

## VIII.—DE BANON ET DÉFENS.

Terres sont en aulcun temps en défens, et en aultre sont communes. Toutes terres cultivées sont en défens, de quoy bestes

---

(1) *Pourchasser*—Dans le sens de poursuivre. (2) *Communes*—"*Inter feodatarios*" ; Descriptio Juris, (*Zouch ?*) p. 32. (3) *Paagii* (*peagii* dans *Le R.*) ou *panagii*—Péage ou *pasnage*—Péage de *pedagium* ; Angl. *Foot tolls.* "Telonium quod vulgo dicitur *paagium ;* a pede "dictum est." *Pasnage :* redevance pour le privilège de mener les porcs à la glandée. (4) *Telonii*—d'où *Tonlieu*—Droits prélevés sur les marchandises vendues dans les marchés, ou autrement introduites sur le fief. (5) *Passagiorum, passages* (dans le texte Fr. *panages*) — Passages d'eau ; Angl. *ferries.* (6) *Le querelle* — Sic ; le plaignant. (7) *Eadem, quæ*—Sic.

bestiarum accessum credentur ex facili deperire. Terræ vero vacuæ a medio Martio usque ad festum Sanctæ Crucis[3] in Septembri defenduntur; alio vero tempore sunt communes, nisi clausæ fuerint, vel ex antiquitate defensæ, ut hayæ et hujusmodi. Tempus autem quo terræ sunt communes tempus banonii[1] vulgariter nuncupatur; quo tempore animalia sine pastore herbas depascunt per campos communiter ac decurrunt. Quædam sunt animalia quæ nullum habent banonum, sed omni tempore debent custodiri et ad damnum illaturum[2] detineri : ut capræ quæ corrodunt germina vinearum et productiones arborum, et porci qui sata et prata suffodiunt, et omnino animalia fractiva et maleficiosa quæ semper custodiri debent et mala quæ facient restitui. Nullus in tempore banonii terram suam potest defendere nisi clausæ fuerint; exceptis illis defensis boscorum quæ ex usu consueto semper habent defensionem. A terris autem in quibus seges est apparens, quæ per averia[4] posset pejorari, amovendum est banonum, nec in eis debet[5] haberi.

pevent légèrement tollir les fruits. Vuides terres sont en défens depuis la my Mars jusques à la Saincte Croix[3] en Septembre. En autre temps elles sont communes, se elles ne sont closes ou défendues d'ancienneté, si comme de hayes ou telles choses. Le temps en quoy les terres sont communes est appellé temps de banon, en quoy les bestes pevent aller communément par les champs sans pastour. Aucunes bestes sont qui n'ont point de banon, ains doibvent estre gardées en tout temps, et les dommages qu'ils font doibvent estre rendus ; si comme sont chièvres qui mengent les bourgeons des vignes et la croissance des arbres, et porcs qui fouissent les prés et les terres semées, et toutes aultres bestes malfaisantes, qui tousjours doivent estre gardées, et les dommages qu'elles font doibvent estre restaurés. Nul ne peut défendre sa terre en temps de banon, se elle n'est close d'ancienneté, excepté les défens des boys qui par us et par coustumes sont tousjours en défens. Banon doibt estre osté de toutes terres en quoy la blée[6] est apparissant qui pourroit estre empirée par avoirs,[4] si qu'il n'y en doit point avoir.

---

(1) *Banonum*—Angl. *Common of Pasture*.     (2) *Illaturum*—Ainsi dans le texte. (3) *Sanctæ Crucis*--Septembre 14.     (4) *Averia, avoirs, ou avers*—Bétail ; animaux domestiques.     (5) *Debet*—Dans le texte *debent*.     (6) *La blée*—*Sic*. V. *bleds* ci-dessus.

## IX.—DE JUDICIO.

Judicium autem fit ex propositis in jure ab adversis partibus et responsis, sententia a judiciariis promulganda. Judiciarii autem sunt discretæ personæ et auctenticæ[1] qui judicium proferunt in curia de auditis : ut archiepiscopi et episcopi et ecclesiarum cathedralium canonici et aliæ personæ in ecclesiis dignitatem obtinentes[2] : abbates et priores conventuales, et rectores ecclesiarum, quos fama discretionis ac honestatis fide dignos afficit ac commendat ; baillivi siquidem atque milites omnes, ac servientes spadæ principales, et senescalli baronum, quos honestas et discretio fecerit fide dignos. Nullus siquidem supradictorum a judiciis est repellendus : nisi querela fuerit sua propria, vel partem habuerit in eadem, vel duxerit in curia, vel de eadem querela fuerit attornatus, vel consilium aut testimonium protulerit in curia de eadem. Justiciarius vero eis verba de quibus faciendum est judicium in audientia partium debet retrahere, per verba eadem quæ ab adversis partibus sunt proposita et responsa, nihil addito vel substracto vel immutato per quod quæstionis et responsionis in judicio ventilandæ sententia valeat

## IX.—DE JUGEMENT.

Jugement est sentence donnée par les juges des choses que les parties proposent et respondent en Court. Les juges sont sages personnes et autentiques[1] qui en Court font jugement de ce qu'ils oyent : si comme les archevesques, évesques, les chanoines des églises cathedraulx et les aultres personnes qui ont dignités en saincte église ; les abbés, les prieurs conventuaulx et les gouverneurs[4] des églises qui sont créables par leur discrétion et par leur honnesteté ; les baillifs, les chevaliers, les sergents de l'espée et les seneschaulx ès[3] barons qui sont créables par leur sens et par leur honnesteté. Aulcun[5] de ceulx que nous avons nommés ne doit estre osté de jugement, se la querelle n'est sienne propre, ou qu'il y ait part, ou s'il ne l'a menée en Court, ou s'il n'en a esté attourné, ou s'il n'en a donné conseil ou porté tesmoing en Court. Le Justicier doibt dire aux jugeurs en audience les choses de quoy jugement doibt estre faict, par icelles mesmes parolles que les parties ont proposées et respondues, sans rien oster ne mettre ne changer par quoy le jugement puisse estre meu. Se

---

(1) *Auctenticæ*—Dignes de foi ; et ainsi : personnes dont la position garantit la foi ; nobles. (2) *Obtinentes*—i.q. *occupantes*. (3) *Ès*—Dans le texte *et*. (4) *Gouverneurs*—N. l'usage du mot dans ce sens. V. aussi la note sur le Chap. : *De Patronatu Ecclesiæ* – cxi (Lat.) cix (Fr.) (5) *Aulcun*—Dans les éd. précéd. on trouve ici, et ailleurs, dans le texte *nul* au lieu de *aucun*.

immutari. Si vero aliqua pars justiciariorum[4] dixerit judicii materiam non bene retraxisse, per recordationem curiæ sunt verba hujusmodi contentionis retrahenda.[3] Si vero recordatores[1] ad querelæ deductionem præsentes affuerint, et verba de quibus debet fieri judicium audierint diligenter, non est opus ut amplius retrahantur, sed judicium proferant indilate, injuncto tamen prius a baillivo super fidem et sacramentum quæ tenentur Principi Normanniæ observare, quod justum proferent judicium de auditis, prout eis mentis judicabit intentio, lege patriæ tamen observata : quod itaque communi assensu judicaverint teneatur. Si vero discordes fuerint quod a pluribus et discretioribus judicatum fuerit observetur ; si vero discretiores vel majores pauciores fuerint, ad alias assisias judicium prorogetur, vel ad scacarium si necesse fuerit, ut multorum sententiis declaretur ; exceptis tamen his casibus, in quibus mora, generans periculum, querelæ ad alium rem devolvit ; quod patet in contentionibus ecclesiarum. Si enim hujusmodi contentio ultra sex menses duraverit, diocesanus eam conferet

aulcun des jugeurs dit que le juge n'a pas à droit la chose recordée, les parolles doibvent estre retraictées par le record de la Court. Se les jugeurs ont esté présens à ouyr et entendre la cause, et ils ont diligentement les parolles entendues de quoy le jugement doibt estre fait, il n'est pas mestier que elles leur soient plus recordées, ains en doibvent tantost faire le jugement ; mais le Baillif leur doibt avant enjoindre, sur la foy et sur le serment qu'ils ont au Duc, qu'ils facent loyal jugement de ce qu'ils ont ouy, selon leur intention et selon la coustume du pays. Et ce qui sera jugé par accord soit tenu ; et s'ils sont à descord à faire jugement, ce que la greigneure[2] partie et la plus sage diront soit tenu : et se les plus sages et greigneurs[2] sont en mendre nombre que les aultres, le jugement doibt estre délayé jusques ès assises, ou à l'eschiquier se mestier est, affin qu'il puisse estre déclairé par la sentence de plusieurs, mais les cas doibvent estre exceptés en quoy la demeure peut engendrer péril et donner la chose à aultruy. Si comme il avient ès contends qui sont meus des présentements d'églises : car se

---

(1) *Recordatores* – Dans le texte *recordationes*.    (2) *Greigneur*—Employé ici dans deux sens différents : *Greigneure partie*—" pluralité des opinions " ; *les greigneurs*—Ceux d'un rang plus élevé, i.e. *majores*.    (3) *Retrahenda*—Dans le sens de *re*-traiter : rédiger de nouveau.    (4) *Justiciariorum*—Plutôt *judiciariorum* comme ci-dessus.

episcopus cui suæ placuerit volun-
tati. Propter quod justiciarii
solers discretio quod a pluribus
discretioribus non suspectis fuerit
judicatum debet facere observari.
In judiciis autem nullus aliquid
debet proferre contra conscientiæ
suæ puritatem : nec amore siquidem, favore vel odio nullus ab
eo deflectatur quod ei propriæ
intentionis jus esse non [1] videtur,
ne perfidiæ macula ex hoc ipsum
reprobum efficiat et infamem. Si
vero justiciarius judiciarios in
judicio faciendo ignorantia vel
malitia errare perceperit, licet
omnes consenserint in eodem,
illud debet ad alias assisias prorogare, in quibus sanioris vel
discretioris consilii sententia est
utendum ; licet in judiciis amore
favore vel odio suspectorum audiatur sententia, contra tamen non
suspectorum sententiam pondus
fidei debet minime reportare.
Cum autem justiciarius judicium
voluerit prorogare in quo omnes
concordant in curia assistentes,
efficationem debet proponere pro
qua eorum sententia debeat infirmari. Barones autem per pares
suos debent judicari ; alii vero
per eos omnes qui non possunt
a judiciis amoveri.

le contends endure plus de six
mois, l'évesque euquel évesché
l'église sera, la donnera à qui il
vouldra. Et pour ce les saiges
justiciers doibvent faire garder
ce qui aura esté jugé par la
greigneure partie des jugeurs
qui ne soient pas souspeçonnés.
Aulcun ne doibt rien dire en
jugement contre la purté de sa
conscience, ne fleschir en droict
par amour par faveur ne par
haine, qu'il ne die [3] ce à quoy
son intention s'accordera ; qu'il
ne soit tenu pour maulvais et
pour mal renommé. Se le Justicier apperçoit que les jugeurs
desvoyent [2] par ignorance ou par
malice, jà soit ce que tous en ung
se consentent, il le doibt délayer
jusques ès aultres assises, èsquelles
il se doibt tenir au conseil de la
greigneure et plus saige partie.
Et jà soit ce que le jugement à
ceulx qui sont souspeçonnés par
amour, par faveur ou par haine
soit ouy, non pourtant il ne doibt
pas estre receu pour le souspeçon.
Quand le juge veult délayer le
jugement en quoy tous ceulx qui
sont en la Court s'accordent, il
doibt monstrer raison pour quoy
leur sentence doibt estre cassée.
Nous debvons sçavoir que les
barons doibvent estre jugés par
leurs pers, et les aultres par tous
ceulx qui ne pevent estre ostés
de jugement.

---

(1) *Non* — Négatif redondant.   (2) *Desvoyent* — De *de-ex-viare :* s'égarer.   (3) *Die* —
Forme (V. F.) de *dise :* on le trouve aussi quelquefois dans le texte comme indicatif.

## X.—DE SENESCALLO DUCIS; ET EJUS OFFICIO.

Solebat autem antiquitus quidam justiciarius prædictis superior per Normanniam discurrere, qui Senescallus Principis vocabatur. Ille vero corrigebat quod alii inferiores reliquerant, terram Principis custodiebat, leges et jura Normanniæ custodiri faciebat, et quod minus juste fiebat per baillivos corrigebat, et eos a servitio Principis removebat si eos videbat amovendos; forestas Principis et hayas videbat, forestam[1] autem vocabat, et quomodo tractabant[ur] inquirebat; usus earum et consuetudines observari præcipiebat, et jura singulis ex antiquitate habita vel per cartas confirmata liberabat; et jura Principis ita discrete conservabat, quod in eorum observatione aliquem populi non lædebat. Forefactores in forestis sive in arboribus vel in feris vel in francis[2] avibus, quos culpabiles per certam inquisitionem cognoscebat, digna animadversione per extortionem mobilium, vel diuturnam carceris oppressionem si mobile non sufficeret, castigabat. Pacem patriæ firmiter observari

## X.—DU SÉNESCHAL AU DUC.

Anciennement souloit descourir par Normendie ung justicier greigneur des justiciers devant dicts, qui estoit appellé le Séneschal au prince; il corrigeoit ce que les aultres bas-justiciers avoient delinqué, et gardoit la terre du prince; les loix et les droicts de Normendie il faisoit garder. En ce qui estoit moins que deument faict par les Baillifs il les corrigeoit, et les ostoit du service du prince s'il veoit qu'il les convint oster. Il visitoit les forests et les hayes du prince et (en) revoquoit les forfaicts, et s'enquéroit comme ils estoient traictés. Les usages et les coustumes d'iceulx il commandoit à garder, et les droicts à chascun, eus d'ancienneté [ou] par chartre confermés, il délivroit; et les droits du prince si discrètement conservoit, qu'en l'observance d'iceulx il ne greveoit aucun des subjects. Des forfaictures des forests, feust en arbres ou en bestes sauvages ou en francs oyseaulx, il s'enquéroit, et ceulx qu'il en trouvoit coulpables il les chastioit par le meuble, ou par détention de prison de leurs personnes, s'ils n'avoient meuble qui feust suffisant pour le mal fait. La paix du pays

---

(1) *Forestam*—Ainsi dans le texte. Peut-être *forefacta*; ou *forestagium*. V. *Fleta* II, c. 40 et 41.   (2) *Francis*—Oiseaux de fauconnerie.

E

principaliter intendebat(1); et sic discurrens per Normanniam singulis trienniis singulas partes Normanniæ et baillivas visitabat. Ad ipsum per baillivas singulas excessus et illatas injurias a subjusticiariis inquirere pertinebat. De latronibus publicis, de defloratoribus virginum violentis, multris arsionibus et placitis spadæ omnibus, de quibus pax in curia non fuerit reformata, et factis ceteris criminosis diligenter inquirebat et, factis inquisitionibus de singulis, jus exhiberi faciebat. De thesauris effossis vel veriscis(3) ejectis et viribus(2) ceteris Principis inquiri faciebat; et aquas transmotas et cursus earum impeditos ad cursum antiquum reducebat, dum tamen earum transmotio damnum alicui ingerebat. Si quis per terram suam aquam aliquam, cujus ripa utraque in feodo suo fuerit constituta, transvertere voluerit, eam per feodum suum bene poterit transvertere; dum tamen [cum] ex feodo suo exierit eam in alveum suum introducat, propter hoc passo nemine detrimentum. Sciendum tamen est quod nullus fluvium aliquem in stagnis vel confossis suis detinere

fermement il entendoit principalement à faire garder. Et ainsi en décourant par Normendie de trois ans en trois ans, il visitoit chascunes parties et baillyages d'iceluy pays. A luy appartenoit d'enquérir en chascun bailliage des excès et des injures faictes par les soubsjusticiers : et aussi des larrons publiques,(4) des déflorateurs violentement des vierges, des meurdriers, des ardeurs, et de ce qui appartenoit au plet de l'espée, et de toutes choses de quoy paix n'avoit esté reformée en Court. Et des faicts criminels diligemment il enquéroit, et de chascun il faisoit faire droict ; de trésors enfouys, de varescs degestés, et des droicts du prince il enquéroit ; et les eaues transmues dont le cours ancien estoit empesché il faisoit réduire en leur cours ancien, pourveu que la transmotion d'icelles ne portast dommage à aulcun. S'aulcun veult tourner eaue qui soit en sa terre, dont les deux rives d'icelles eaue soient assises en son fief, il pourra bien faire, pourveu toutesfois quant elle yssira hors de son fief il la introduise en son cours ordinaire, et que en ce n'y ait dommage à aulcun. Il est asçavoir que aulcun ne peut détenir fieuve en ses estangs ou fossés sinon

---

(1) *Observari* * * *intendebat—S'efforçait a faire garder.* (2) *Viribus*—Dans le sens de *copiæ*. (3) *Veriscis*—Dans le texte *viriscis*. L'e et l'i se remplacent très-souvent dans le texte. (4) *Publiques—Sic.*

potest, nisi a sole occidente usque ad ejusdem[1] orientem. In novis autem stagnis vel confossis vel exclusis non debet aliquis aquas detinere; sed fluxu continuo fluere debent, ne molendina supposita vel homines in negotiationibus suis ex ejus descensione percipiant detrimentum, ut tanatores tinctores et hujusmodi. Et si aquam detineant ad stagna adimplenda, damna quæ molendinarii vel alii in cursu aquæ suppositi ex aquæ detentione habuerint, eisdem restituere tenebuntur; et exinde aqua cursu uti continuo permittatur. Piscariam autem vel molendinum nullus de novo potest constituere nisi ambæ rippæ sitæ fuerint in ejus feodo, in quo habeat libertatem.

Rothoria[2] in aquis defluentibus fieri non possunt, cum ipsis aquæ frequenter corrumpantur; tamen de aquis per foveas factas in feodis possunt inducere, quæ ad cursum fluentis non valeant revenire. Ad Senescallum autem pertinebat villarum exitus limites et semitas, vicos villarum in antiquo statu facere revocari, et vias consuetas et antiquas facere aperiri. Nullus

depuis soleil levant jusques à soleil couchant. Ès nouveaulx estangs fossés ou escluses aulcun ne peut détenir les eaues, mais doibvent continuellement décourir : affin que les moulins à eulx submis ou les hommes en leurs négoces ne seuffrent aulcun détriment, comme les tenneurs, tainturiers et tels semblables. Et s'aucun les détient pour emplir ses estangs, les domages que les monniers ou les aultres soubsmis au cours de ladicte rivière auroient eu par raison d'icelle détention, ils seront tenus les restituer; et de lors en avant soit laissée l'eaue courir : pescherie ou moulin aulcun ne peut de nouvel construire, se les deux rives de la rivière ne sont assises eu fief en quoy il ayt liberté.

Les roteurs[2] ne doibvent estre faits ès eaues décourantes, pour ce que souventes fois par raison d'iceux les eaues se corrumpent. Toutesfois ès fossés faictes, où il y a eaue, pevent-ils bien faire aller l'eaue de la rivière, pourveu toutesfois que icelle eaue ne puisse retourner au cours de ladicte rivière. Au Séneschal appartiennent les yssues des villes, les limites et les sentes, et faire réduire les rues des villes en leur ancien estat, et faire ouvrir les voyes anciennes et acoustumées.

---

(1) *Ejusdem—Sic.*   (2) *Rothoria, roteurs*—Endroits pour laver et macérer (*rouir*) le chanvre.

enim in his potest apponere vel imponere impedimentum aliquod vel detrimentum, quod eum Principi non oporteat emendare. Fossi autem villarum seu plateæ communes quæ nullius proprietati supponuntur, vel amara [1] vel hujusmodi, in quibus omnes communiter habent usum, si ab aliquo fuerint occupati, ad usum communem debent restitui; et occupantes super hoc non sine pœna remanebunt. Hæc autem omnia ad officium pertinent Senescalli; nec placita assisæ ad ea exsequenda [2] requiruntur; sed ubique hoc fiebat veniebat et fieri faciebat, prout videbat expedire.

En ces choses aulcun ne peut mettre empeschement ou détriment, qu'il ne l'amende au prince. Les fossés des villes et les places communes qui n'appartiennent à aulcun propriétairement, les mares ou telles choses qui sont à tous communes, se par aulcuns sont occupées, elles doibvent estre restituées pour le commun usage, et les occupans d'icelles ne doibvent pas demourer sans peine. Toutes ces choses appartiennent à l'office du grant Séneschal, et pour les exécuter et exploiter ne convenoit ne plets ne assises, mais en quelque lieu qu'il les trouvoit il y pourveoit et faisoit faire ainsi qu'il veoit estre expédient.

## XI.—DE CONSUETUDINE.

Consuetudines vero sunt mores ab antiquitate habiti, a principibus approbati, et a populo conservati, quid cujus sit vel ad quod pertinet limitantes. Leges autem sunt institutiones a principibus factæ, et a populo in provincia conservatæ, per quas contentiones singulæ deciduntur. Sunt enim leges [4] quasi instrumenta in jure ad contentionum declarationem veritatis. Usus autem circa leges attendunt; sunt enim usus

## XI.—DE COUSTUME.

Coustume est ce qui a esté gardé d'ancienneté, loué [3] des princes et gardé du peuple, qui divise à qui chascune chose doibt estre, et ce qui appartient à chascun. Loix sont les establissemens que les princes ont fais, que le peuple a gardé en la contrée, par quoy les contemps [5] sont finés. Les loix sont aussy comme instrumens de droict à déclairer la vérité des contends. Les usages s'accordent aux loix; et sont les usages les

---

(1) *Amara*—Probablement *maria*, dans le sens de lacs, ou grands étangs. (2) *Exsequenda* —Dans le texte *exsequor* est toujours *exequor*. V. n. Ch. xliii. (3) *Loué*—approuvé. Angl. *allowed*. (4) *Leges*—Ce dernier est le sens général de *Lex* dans la *Coutume*. "Ce "sont moyens et manières de preuve introduits par la Coustume pour déclarer la "vérité des procès."—*Terrien : in loc.* (5) *Contemps*—*Sic.*

modi quibus legibus uti debemus. Verbi gratia[1]: consuetudo est quod relicta habeat tertiam partem feodi quod vir suus tempore contractus matrimonii possidebat. Si autem contentio oriatur de aliquo feodo quod tunc ille non possidebat, ipsa tamen in eodem dotem reclamante,[4] per legem inquisitionis et hujusmodi contentio habet terminari. Usus autem sunt modi quibus hujusmodi lex habet fieri; videlicet, per duodecim juratos[5] et non suspectos, et feodo prius viso. *Hæ*[2] *possessiones*[6] *approbant ut*[3] *jura introducunt, ipsis enim mutatis jura mutantur et variatis variantur et innovatis innovantur. Consuetudinum autem quædam sunt speciales, et quædam communes. Speciales autem sunt quæ jura unius paroissiæ vel tanquam unius paroissiæ propria introducunt, ut Principis villæ vel civitatis. Communes autem consuetudines dicuntur quæ jura communia introducunt inter quas primo agendum est de specialibus : et primo de illis quæ videntur ad Principem pertinere.*

manières par quoy nous debvons user des loix. Raison comme : coustume est que la femme, qui a son mari mort, ait la tierce partie du fief qu'il tenoit au temps qu'il l'espousa. Se contends naist d'aulcun fief qu'il ne possédoit pas lors, et elle en demande douaire, le contends se doibt finer par la loy de l'enqueste. Les usages sont les manières par quoy les loix doibvent estre faictes : si comme par douze hommes jurés qui ne soient pas suspeçonnés ; et si doit le lieu estre avant veu.

---

(1) *Verbi gratia*—i.q. exempli gratia.    (2) *Hæ*—Ainsi dans l'éd. 1483 (la première) et dans *Le R. :* dans la plupart des autres *hæc.* _ (3) *Ut*—Peut-être *et.*    (4) *Reclamante*—Dans le texte *reclamare.*    (5) *Juratos*—i.e. le recognoissant ou enqueste du voisiné.— V. Ch. cii. (Texte Lat.)    (6) *Possessiones*—Peut-être *processiones ;* procédure.

# PREMIÈRE PARTIE.

## Seconde Distinction.

# Capitulum duodecimum.

—•—

### DE DUCE NORMANNIÆ.

Dux autem Normanniæ sive Princeps dicitur, qui totius ducatus obtinet tam principatum quam dignitatem. Hæc sibi retinet dominus Rex Franciæ cum ceteris honoribus ad quos provectus est, ipsum Domino promovente. Ex quo ad ipsum pertinet et patriæ pacem conservare et virga justitiæ populum corrigere et æquitatis linea contentiones singulas terminare. Unde debet per justiciarios sibi subditos, ut regimine justitiæ et pacis tranquillitate populus sibi gaudeat subrogatus, latrones robatores[1] incendiarios homicidas, injuriosos virginum defloratores et raptores mulierum et mehaignatores, et ceteros publice seditiosos et aliæ publicæ infamiæ subjacentes, *unde vitæ vel membrorum reportare debeant damnamentum*, quærere, capere ac firmis carceribus detinere, donec suorum perceperint stipendia meritorum.

# Chapitre douzième.

—•—

### DU DUC.

Le Duc de Normendie, ou le Prince, est cil qui tient la seigneurie de tout le[3] duché, de quoy le Roy de France a ores[4] la seigneurie et la dignité avec les aultres honneurs que Dieu lui a donnés. Et pour ce luy appartient à garder la paix du pays, et à gouverner le peuple par la verge de Justice, et finer tous les contends par loyaulté. Et pour ce doibt-il faire enquérir par les baillifs, et mettre en prison les larrons les robeurs les ardeurs les homicides, ceulx qui despucellent les vierges à force, les mehaigneurs et les aultres malfaicteurs, et ceulx qui sont de mauvaise renommée, tant qu'ils en ayent receu leurs souldes[2]; si que le peuple qu'il a à gouverner puisse estre tenu en paix.

---

(1) *Robatores*—Ceux qui volaient la personne par force : i.q. *raptores*.    (2) *Souldes* (ou *soudées* dans les éd. précéd.)—solde, gages, récompense.    (3) *Tout le*—Le genre de *duche* varie dans le texte.    (4) *Ores*—Présentement : de *hora*.

## XIII.—DE LIGANTIA.

Ligantiam autem sive legalitatem de omnibus hominibus suis totius provinciæ debet[1] habere : ex quo ei tenentur, contra omnes homines qui mori possunt et vivere, proprii corporis præbere consilii et auxilii juvamentum, et ei se in omnibus innocuos exhibere ; nec ei adversantium partem in aliquo confovere. Ipse etiam eosdem tenetur regere protegere ac defensare, eosque secundum jura et consuetudines et leges patriæ pertractare.

## XIV.—DE FIDELITATE DUCI EXHIBENDA.

Fidelitatem autem tenentur omnes residentes in provincia Duci facere et servare. Unde tenentur se ei innocuos in omnibus et fideles exhibere ; nec aliquid ipsum incommodi procurare ; nec ejus inimicis manifestis præbere contra ipsum consilium vel juvamen. Et qui ex hoc inventi fuerint ex causa manifesta notabiles, et traditores Principis reputantur et omnes eorum possessiones perpetue Principi remanebunt, si super hoc convicti fuerint vel damnati. Omnes enim in Normannia tenentur Principi fideli-

## XIII.—DE ALIANCE.

Le Duc doit avoir l'aliance[3] et la loyaulté de tous ses hommes de toute la contrée, par quoy ils sont tenus à luy donner conseil et ayde de leurs propres corps contre toutes personnes qui pevent vivre et mourir,[2] et soy garder de luy nuyre en toutes choses, ne de soustenir en aulcune chose la partie de ceulx qui parlent contre luy. Et le Duc est tenu de les gouverner garantir et défendre, et les doibt mener par les droicts et par les coustumes du pays.

## XIV.—DE FÉAULTÉ.

Tous ceulx qui sont resséants eu duché de Normendie doibvent faire féaulté au Duc et la garder, et pour ce doibvent estre loyaulx vers luy en toutes choses, et ne luy doibvent pourchasser[4] dommage, ne donner conseil ne aide à aulcun de ceulx qui sont ses ennemis appertement. Et ceulx qui de ce sont trouvés coulpables soyent appellés traistres au prince, et toutes leurs possessions doibvent demourer au prince à tousjours, s'ils en sont convaincus ou damnés. Et pour ce aulcun ne doit recevoir hommage d'aulcun, fors salve la féaulté au prince, et doibt estre

---

(1) *Debet — Dux* sous-entendu.　　(2) *Mourir* — " Qui omne dicit, nihil excludit." *Le Rouillé, in loc.*　　(3) *Aliance*—Allégiance : de *alligantia*, comme *lier* de *ligare.* (4) *Pourchasser*—Entreprendre. Voir aussi note 1, page 28.

tatem observare. Unde nullus hommagium vel fidelitatem alicujus potest recipere, nisi salva Principis fidelitate ; quod etiam est in eorum receptione specialiter exprimendum. Inter dominos autem alios et homines fides taliter debet observari, quod neuter in personam alterius corporalem violentiam seu percussionis injectionem cum violentia debet irrogare : si quis enim eorum ex hoc fuerit accusatus in curia et convictus, feodum omnino debet amittere de quo fidem tenebatur observare. Si autem in domino inventum fuerit hoc commissum, ejus superiori deferetur hommagium, cessante redditu præter capitalem[1]; si autem in homine hoc idem inventum fuerit manifestum, terra et jure illius privabitur, quæ domino remanebit. Et hoc sane[2] intelligendum est, si super hoc in curia convicti fuerint evidenter; prout usus Normanniæ hoc requirit.

## XV.—DE MONETAGIO.

Monetagium autem est quoddam auxilium pecuniæ in tertio anno Duci Normanniæ persolvendum, ne species monetarum in Normannia decurrentium in alias faciat permutari. Unde sciendum

dict quand l'en reçoit les hommages et les féaultés. Entre les aultres seigneurs et leurs hommes doit estre foy gardée, en telle manière que l'un ne doibt faire force à l'autre ne mettre main violentement sur luy. Et se aulcun d'eulx est de ce accusé en Court et convaincu, il est tenu à perdre le fief de quoy il debvoit porter foy à son seigneur. Et se tel mesfaict[3] est trouvé au seigneur, qu'il ait mis main sur son homme, l'hommage sera à celuy qui est par dessus, et l'homme sur qui le seigneur aura mis main ne payera rente de son fief, fors celle qui est deue au chief seigneur. Et se tel mesfaict est trouvé en l'homme, il perdra la terre et toute la droicture qu'il y a, et remaindra au seigneur. Et ce doit estre entendu sainement,[2] s'il est convaincu aux us et coustumes de Normendie.

## XV.—DE MONNÉAGE.

Le monnéage est ung aide de deniers qui est deu au Duc de Normendie de trois ans en trois ans, affin qu'il ne face changer la monnoye qui court en Normendie. Et doibt l'en sçavoir qu'il y a

---

(1) *Capitalem*—Celle due au chef seigneur ; Angl. *Lord paramount.*   (2) *Sane*—Employé plutôt comme conjonction limitant l'application de la clause précédente, que dans un sens adverbial.   (3) *Mesfaict*—Souvent *meffaict* dans le texte. V. n. 1, p. 18.

est quod duo anni remanent liberi; et in tertio anno universaliter ab omnibus persolvetur qui[1] mobile vel residentiam in terris, in quibus monetagium solet reddi. Ex hoc tamen exempti sunt religiosi et clerici infra[2] sacros ordines jam promoti, et servientes ecclesiarum feodis et beneficiati, et omnes milites[4] et omnes de milite de uxore propria procreati. Mulieres etiam viduæ quæ, sine sustentatore, non habent viginti solidos annui redditus vel quadraginta solidorum valorem de mobili, exceptis corporis indumentis et supellectilibus domus suæ a solutione monetagii liberæ remanent et immunes. Multi autem ex auxilio sunt exempti per domorum vel locorum libertatem : quidam vero per franchisiam a Principe collatam et ab antiquitate conservatam; quidam vero ex dono Ducis Normanniæ, cartæ munimine convallato ; de quibus si constiterit quittantiam per cartas longo tempore habuisse, et eas aliquo infortunio amiserint vel confregerint, propter hoc tamen non debent suæ libertatis beneficio spoliari. Omnes etiam illi qui

deux ans quietes,[5] et au tiers an doibvent payer le monnéage tous ceulx qui ont meuble et qui sont resséants ès terres èsquelles il doibt estre payé. De cest aide sont quietes tous religieux ; tous clercs qui sont en sainctes ordres[3]; les sergens fieffés des églises ; tous ceulx qui ont bénéfice en saincte église ; et tous les chevaliers, et les enfans qu'ils ont de leurs femmes espousées. Les veufves femmes qui n'ont vaillant vingt souls d'annuelle rente, ou quarante sols de meubles, hors leurs robes et les oustils de leurs maisons, doibvent remaindre quietes du monnéage. Plusieurs sont quietes de cest aide par la franchise de leurs maisons ou des lieux où ils sont ; les aultres en sont quietes par la franchise que le prince leurs a donnée anciennement ; les aultres par le don au duc de Normendie qui est confermé par sa chartre. Et se il est certaine chose qu'ils ayent eu chartre de ceste quictance, et ils l'ayent perdue par aulcune meschéance ou elle est brisée, *ou arse par aulcune adventure de feu,* ils ne doibvent pas pourtant perdre leur franchise, *se la renommée du pays le tient ainsi communément.* Tous

---

(1) *Qui—Habent* sous-entendu. (2) *Infra*—dans le sens de *intra* est très usuel en B. L. (3) *Sainctes (sic) ordres*—Y compris les sous-diacres. (4) *Milites—Nobles,* ou *chevaliers*—"Et par ces mots sont entendus tous nobles."—La Gl. *in loc.* (5) *Quietes*— *Sic* assez souvent dans le texte.

habent in membro loricæ[1] præpositum, vel fornarium, vel molendinarium, dum tamen furnum vel molendinum bannum[2] habeant, habebunt de ipsis quittantiam ; et in baroniis singulis septem servientium habent barones de monetagio libertatem. Omnes autem conjugatæ, cum nihil divisum possint vel debeant possidere, per suos maritos ab hac consuetudine liberantur ; cum enim vir et mulier duo sunt in carne una, vel una debeat esse eorum possessio, quæ soli viro appropriatur ; [et] per unum monetagium liberantur. Unde notandum est quod mulieres sine consensu virorum suorum contractum de possessione aliqua nullum possunt facere, quem viri earum non valeant revocare. Sciendum autem est quod sunt quædam loca in Normannia quæ nunquam fuerunt huic auxilio subjugata, ut castellaria[4] sancti Jacobi, et vallis Moretonii,[5] et si qua sunt hujusmodi quæ nunquam monetagium persolverunt. Omnes autem alii, præter exceptos, qui residentiam habent in Normannia focale debent monetagium persolvere ; dum tamen habeant mobile quod ad hoc sufficere valeat competenter. Ad

ceulx qui ont en leur membre de haulbert[1] prévost fournier ou monnier, pourtant qu'ils ayent four ou moulin à ban,[2] sont quictes du monnéage ; et chascun baron en sa baronnie [a] sept sergents[3] qui en sont quictes. Toutes femmes mariées en sont quictes ; car elles ne pevent rien avoir pour elles que tout ne soit à leurs maris. Car pour ce que l'homme et la femme sont deux en une chair, et que leur possession ne doibt estre que une, de quoy le mary a la seigneurie, ils doibvent estre quictes par ung monnéage. Et pour ce doibt l'en sçavoir que femme mariée ne peut faire aulcun marché d'aulcune possession sans le consentement de son mary que son mary ne puisse rappeller. L'en doibt sçavoir qu'il y a plusieurs lieux en Normendie qui oncques ne payèrent cest aide : si comme la Chastellanie Sainct Jaque, le Val de Mortaigne et aulcuns aultres lieux qui oncques ne payèrent monnéage. Tous les aultres, fors ceulx que nous avons exceptés, qui tiennent feu et lieu doibvent payer le monnéage, pourtant qu'ils ayent meuble qui le puisse suffire avenamment ; mais

---

(1) *Membro loricæ*—Membre ou division d'un fief haubert.　　(2) *Bannum*—Droit des seigneurs d'obliger leurs tenants à se servir, pour leurs besoins, du moulin ou du four seigneurial ; ou de payer une redevance pour en être déchargé.　　(3) *Sergents*—"Est à "entendre sept serviteurs."—Gl. *in loc.*　　(4) *Castellaria*—i.q. *castellania*; "Castellani feudum vel districtus."—*Ducange.*　　(5) *Moretonii*—Mortain : dans le texte *monctonii ;* "Vallis Moritolii."—*Marnier.*

hæc autem pro mobili corporis sui proprii indumenta, et lecti ornamenta, [et] domus supellectilia[1] non debent numerari. Et propter hoc, focagium solet nuncupari, quia illi principaliter illud persolvebant qui focalem residentiam obtinebant. Alii autem qui talem non habent residentiam, ut servi et ancillæ qui viginti solidos habeant vel valorem de mobili, solvere tenebuntur; et etiam mulieres quæ nunquam fuerunt jugo subditæ maritali, si focalem habeant residentiam, simili modo monetagium persolvent. Et sciendum est quod omnis jurisdictio monetæ in Normannia ad Ducem dignoscitur pertinere.

les robes ne les licts ne les oustils ne doibvent pas en ce estre comptés pour meuble. Et pour ce souloit il estre appellé fouage[2]; car ceulx le payent principalement qui tiennent feu et lieu. Les aultres qui ne tiennent ne feu ne lieu le payent, comme sont varlets et chamberières qui ont de meuble vaillant vingt sols. Et femmes qui oncques ne furent mariées, qui tiennent feu et lieu, doibvent aussi payer le monnéage. L'en doibt sçavoir que toute la pooste[3] et jurisdiction de la monnoye appartient en Normendie au Duc.

## XVI.—DE MENSURIS.

De mensuris autem et ponderibus ad Principem in Normannia omnis jurisdictio pertinet et incumbit. Ipse enim potest ea mutare et meliorare, et ubicunque ea invenerit minus justa vel ipsius subrogati ea debent arrestare; et

## XVI.—DE MESURES.

Toute la pooste et la seigneurie des mesures et des poix[4] de Normendie appartient au Duc; car il les peut changer et amender. Et partout où ses sergents les trouveront desloyaulx, ils les doibvent arrester; et se ils les

---

(1) *Supellectilia*—N. l'usage au pluriel, et au genre neutre. (2) *Fouage*—V. *Marnier;* Établissements et Coutumes, p. 3.—*De Foagio.* "The Moneage or Fouuage *(sic)* is a "Custome Casual due every third yeare, at Michaelmas, levied by two men in a every "Parish within the Isle, being thereunto elected by the old and Last Fouuagers; which "new Fouuagers ought to be Swarne before Justice to receive xii d. of Every housholder "within their Severall parishes of the said Isle having the value of xx Sous in good in "Cattles, except of Priestes and those of the Clergie, Gentlemen and such as be free "holders, and of their Servants &c: and of every widow woman having the value of "xl Sous in goods, only besides her Cloathes and apparel. This Fouuage was first granted "unto the Duke of Normandy because he should not Change nor alter the payments then "Current within the said Dukedom, and is now levied from three yeares to three yeares to "his Ma^ties use, according to the Ancient Usages and Customes."—*Extente* (de Jersey) 1607. 5^me Publication de la Société Jersiaise. (3) *Pooste*—Puissance: de *potestas.* (4) *Poix*—Sic.

cum hoc probatum fuerit ipsa esse falsa, ipsa debet confringere; et secundum facti merita ab eorum abusoribus emendam si placeat extorquere. Et hoc intelligendum est tam de mensuris potus quam bladorum, et etiam pannorum, et etiam de libris ponderum. Sciendum tamen est quod barones in suis villis mensuratus potus et bladorum possunt capere, et emendare si falsa invenerint, antequam justiciarius Principis manum apposuerit in eisdem. De alna autem et libra ponderis ad Ducem pertinet tam correctio quam emenda, si inventæ falsæ fuerint evidenter. Et abusores earum debent pro falsariis haberi, et quasi de latrocinii macula pœnam tenentur super hoc reportare. In mensuris autem potus Princeps vel ejus baillivi, secundum cursum temporis in abundantia vel ejus caritate, potus cujuscunque generis, prout viderint convenienter expedire, assignare pretium et taxare, ita quod tabernarii super hoc non lædantur ; nec etiam emptores ex onere potus pretii communiter aggraventur. Et cum super hoc edictum exierit, quicunque illud infra annum infregerit Principi debet emendare. Et super hoc inquisitio de triennio in triennium in quibusdam partibus Normanniæ fieri consuevit :

pevent prouver à faulses, ils les doibvent froisser, et prendre ceulx qui les ont et mener en prison, tant que ils l'ayent amendé selon le mesfaict. Et doibt ce estre entendu des mesures de boire et de bleds, de draps et de poix. Non pourtant l'en doibt sçavoir que les barons pevent prendre en leurs villes les mesures de boire et de bleds et les amender se ils les trouvent faulses, ains que la justice au prince y mette la main. De l'aulne et du poix appartient au Duc l'addressement,[2] et amende se l'en les trouve faulses ; et ceulx qui en usent doibvent estre tenus à faulsonniers, et en doibvent porter la peine ainsi que par manière de larcin. És mesures de boire peut le prince ou ses baillifs assigner ou taxer de certain pris selon le cours du temps, et selon la planté[1] ou la cherté ; si que les taverniers n'y ayent dommage, et que les achepteurs n'en soient grevés. Et quand l'establissement sera faict sur ce, quiconques l'aura enfrainct dedans l'an il le doibt amender au prince. Et sur ce seult l'en faire l'enquesto en Normendie de troys ans en troys ans ; et en aulcunes parties de Normendie seult l'en

---

(1) *Planté*—Abondance ; de *plenitudo*.   (2) *Addressement—Sic.* Dans les premières éditions *adréchement.* Cf. *Adréchans :* Ch. xxviii.

in quibusdam partibus tamen Normanniæ singulis annis solet super hoc inquiri et emendari. Multi autem barones et prelati et omnes alii in Normannia super hoc emendas in feodis suis vindicant, et habere consueverunt, *et ab antiquitate semper habuerunt de hominibus suis : quam libertatem a temporibus Regum Angliæ habuerunt, qui hanc consuetudinem introduxerunt.* Et hujusmodi exactionis emenda tabernagium nuncupatur ; quæ ad refrenationem cupiditatis tabernariorum, ne excessu venditionis eorum populus gravaretur, fuit a principibus instituta.

enquerre chascun an, et les faire amender. Plusieurs barons et aultres seigneurs de Normendie en demandent à avoir les amendes en leurs fiefs, et les soulloient avoir. Celle manière d'amende est appellée tavernage, que les princes establirent pour refraindre la convoitise des taverniers et que le peuple ne fust grevé par leur oultrageuse vente.

## XVII.—DE VERISCO.

Specialiter autem ad Ducem pertinet curia de ejus querelis et rebus in quibus jus ejus speciale consistit, ut de veriscis. In cujuscunque terra veriscum fuerit applicatum dominus feodi, cum ad ejus pervenerit notitiam, illud in littore vel juxta prout commodius viderit faciendum salvum debet facere custodiri, nec illud debet imminuere,[1] vel divolvere, vel reversare, vel transmovere nisi prius per justiciarium videatur. Illud autem visum et diligenter annotatum debet tradi ad custodiendum domino feodi, vel bonis

## XVII.—DE VARECH.

Le Duc doibt avoir la court des querelles et des choses en quoy sa droicture est espécialement : si comme du varech. En quelque terre que le varech soit trouvé ou arrivé, quant le seigneur du fief le sçaura, il le doibt faire garder saulvement au port ou près d'ilec le plus profitablement qu'il pourra ; et ne le doibt appeticer[2] reverser mouver ne muer devant que le Bailly ou son commandement l'ait veu et regardé diligemment. Il doibt estre baillé au seigneur du fief,

---

(1) *Imminuere*—Dans le texte *invenire.*    (2) *Appeticer*—Dans les éd. précéd. *apeticher.*

viris per bonam securitatem de eis acceptam, prout justiciario placuerit, usque ad diem et annum, si talis res fuerit quæ sine sui detrimento tanto tempore valeat custodiri; ut panni pelles cera aurum argentum et similia. Si autem diuturna rei custodia in ea detrimentum videatur parturire, retentis de ea certis signis *intrinsecis*[1] *et extrinsecis*, per visionem justiciarii et proborum hominum vendatur, et ejus pretium custodiatur ut res ipsa. Si dicti temporis intervallo aliquis evasus de illo naufragio dictum veriscum vel partem ejus esse suum per fidem dignorum testimonium et per signa cognita probaverit, illud debet habere. Anno autem et die elapsis post verisci applicationem, domino feodi in pace remanebit, nec alicui illud exigenti est postea super hoc respondendum. Ex eo tamen Dux habet quædam quæ ad ipsum specialiter pertinent ex antiquissima ducatus dignitate, in cujuscunque terra fuerit applicatum : videlicet, aurum et argentum tam in vasis quam in moneta, dum tamen viginti librarum excedat quantitatem ; et adhuc Dux Normanniæ sibi retinet decurios,[2] francos canes[3] et francas aves,

ou à preudes hommes de quoy justice prenne bon plége et seureté que ils le garderont jusques à ung an et ung jour; se c'est chose qui si longuement puisse estre gardée sans empirer : si comme drap [p]eaulx cire or argent et tels choses. Et se c'est chose qui ne puisse estre gardée longuement sans empirer, certaines enseignes en doibvent estre retenues ; et la chose doibt estre vendue à la veue de la justice et de preudes hommes, et le pris doibt estre gardé ainsi comme la chose mesmes. Se dedans l'an et le jour vient avant aulcun qui feust à la nef quant elle despêcha, et preuve par tesmoings créables et par certaines enseignes que le varech soit sien en tout ou en partie, il luy doibt estre rendu. Se l'an et le jour sont passés il remaindra tout en paix au seigneur du fief : ne jà puis à aulcun qui le demande n'en sera respondu. Mais le Duc en doibt avoir aulcunes choses qui espécialement luy appartiennent par l'ancienne dignité du duché, en quelque terre que le varech soit trouvé ou arrivé : si comme l'or et l'argent en quelque espèce qu'il soit, en vaissiaulx en monnoye *ou en masse*, pourtant que il vaille plus de vingt livres : et les destriers[2] et les francs chiens et

---

(1) *Intrinsecis, extrinsecis*—Employés adjectivement.  (2) *Decurios, destriers*—Chevaux de main *(dextrai ios)* pour les cérémonies ou la bataille ; "Equi bello apti, fræni patientes." *Descr. Juris.*   (3) *Francos canes*—Chiens de chasse ; "Spaniels" : *Extente* de 1607 ; "Lévriers" : Gl.

G

ebur rohanlum[1] lapides pretiosos; insuper escarlatam,[2] varium[3] et grisium,[4] et pelles sebellinas[6] quæ ad aliquem usum hominum non fuerint deputatæ ; *et robas noras quæ nunquam fuerunt indutæ, vel in quibus fibula nondum fuit apposita, dum tamen de pannis pretiosis factæ fuerint et decisæ :* et omnes trocellos integrorum pannorum ligatos, et omnes pannos integros sericatos ; et omnem piscem *ad varballum*,[7] qui ad terram pervenerit, vel ad terram captus fuerit. Illud autem veriscum tantum dicitur quod ad terram mare projicit et expellit ; cetera autem singulis dominis remanebunt in quorum fuerunt feodis applicata.[5] Omnes vero querclæ verisci occasione exortæ sunt in Ducis curia terminandæ.

oyseaulx, l'yvire et le rochal[1] et les pierres précieuses ; et par dessus ce l'escarlate, le vair,[3] le gris[4] et les peaulx sebelines qui ne sont encores appropriées à aulcun usage de homme, et tous les trousseaulx de draps entiers lyés, et tous les draps de soye entiers ; et tout poisson qui par luy viendra à terre ou qui aura esté prins à terre : car tout ce que l'eaue aura getté ou bouté à terre est varech. Toutes les aultres choses remaindront au seigneur en quel fief le varech aura esté trouvé. Et toutes les querelles qui naistront par raison du varech doibvent estre déterminées en la Court au Duc de Normendie.

## XVIII —DE THESAURO INVENTO.

Ducis etiam adhœrens est dignitati habere thesaurum inventum, in cujuscunque terra inventus fuerit vel effosus. Et si celatus

## XVIII.—DE TRÉSOR TROUVÉ.

Il appartient à la dignité au Duc qu'il ait le trésor trouvé en sa terre, en quelque lieu que il soit trouvé ou enfouy. Et s'il est

---

(1) *Rohanlum, rochal*—Ce mot veut dire *cristal de roche.* Toutefois *Terrien* explique *rochal* comme *choral* (corail) transposé ; et la *Coutume Réformée,* sous ce chef, écrit *corail.* L'auteur de la Glose (q. v.) hésite entre les deux explications. (2) *Escarlate*—Peut-être cochenille. *Terrien* l'explique comme "graine d'écarlate qui sert à taindre le drap." (3) *Varium, vair*—Fourrure variée. Cf. le mot *vair,* terme de blason. (4) *Grisium, gris*—Fourrure grise. (5) V. *Marnier,* p. 49. (6) *Sebellinas*—Peaux de sables ou de martres. (7) *Ad varballum*—M. le *Dr. Barreau* suggère que ce mot se rapporte à *barba ;* barbe : puisque l'esturgeon (qui est indiqué dans la Glose comme poisson royal) a des "barbules" *(cirri)* pendantes du museau. "Wreckum maris, Balæna, Sturgio." *Fleta* I, c. xli — xlii ; et (c. xliii—xliv.) "De sturgione aliter observetur quod Rex illum integrum habebit "* * * De balæna vero sufficit si Rex habeat caput et Regina caudam." "Et n'est "pas la ballaine poisson royal."—Gl. *in loc.* Mais, contrairement, dans le *Descr. Juris* "omnes pisces crassi, ut balænæ et sturgeones."

fuerit vel negatus, legitime de eo per homines fide dignos potest inquirere veritatem ; nec [in] super hoc querela tamen poterit aliquis ab exhibendo removeri juramento, nisi signa odii vel inimicitiæ apparentis inter ipsos demonstraverit evidenter. *Et si quis suspectus fuerit de eisdem qui ad juramentum vocati fuerint ratione debita quoadusque*[2] *admittendi habeant recipi habeatur.* Et hoc modo in omni jure suo et de omni illo quod suum est proprium *certo, vel communis presumptione famæ, testimonio* cognoverit, per milites seu alios viros legales ac fide dignos. Dux habet contra obtinentes[1] inquisitionem exercere, dum tamen instrumenta vel præscriptio non obsistant.

célé ou nyé, il en peut enquérir par hommes créables la vérité. Et cil qui est querellé n'en peut oster homme du serment s'il ne monstre clèrement qu'il y ait haine apperte entre eulx : ou se il ne monstre qu'il soit souppeçonneux par aultre manière, par quoy il ne doibt pas estre receu au serment. Et aussi peut-il faire de toute sa droicture et de tout ce qu'il sçaura qu'il debvera avoir ; et en enquérir par chevaliers et par autres hommes loyaulx et créables. Le Duc peut faire enqueste contre ceulx qui tiennent sa droicture, s'il n'y a chartre ou longue tenue par quoy aulcun doye avoir celle dignité.

## XIX.—DE REBUS VAYVIS.

De rebus autem vayvis,[3] et catallis eorum qui de se sunt homicidæ, notandum est quod Dux ea habere debet per dominium suum, et etiam alibi ubique per Normanniam sint, si per justiciarium suum primo fuerint arrestata. Vayva sunt res vel alia quæ, nullius proprietati attributa, sine possessionis reclamatione sunt

## XIX.—DE CHOSES GAYVES.

De choses gayves[3] doibt l'en sçavoir que le Duc les doibt avoir. Choses gayves sont qui ne sont appropriées à aulcun usaige de homme, et qui sont trouvées que aulcun ne réclame siennes. Si les doibt l'en garder ung an et ung jour : et doibvent estre rendues à ceulx qui prouveront qu'ils

(1) *Obtinentes*—i.q. *tenentes.* (2) *Quoadusque* ⊢ * * * *habeatur*—Sic. Erreur ou lacune dans le texte. (3) *Vayris, gayves*—i.q. *Derelictis.* Anglice *Waifs.* " Les autres " coutumes de France les appellent épaves * * pas proprement *res habitæ pro derelicto,* " mais délaissées * * * *veluti animalia aberrantia,* ou autres choses adirées."—*Terrien, in loco.*

inventa : quæ usque ad diem et annum servanda sunt. Et de eis, modo quo dictum est de veriscis, ea sua esse probantibus est restitutio facienda. Si autem domini feodorum, in quibus hæc inventa fuisse constiterit, ipsa prius sibi assumpserint per se vel per attornatos, dum tamen plenam et liberam feodorum habeant juridictionem, eis eo modo quo dictum est de veriscis sunt reddenda, nisi usus specialis, præscriptionis debite jura obtinens, hujusmodi rerum dignitatem ad Ducem vel alium proprie fecerit pertinere. Usus enim speciales qui secundum diversas patrias et civitates multotiens variantur, communes usus Normanniæ relegant et restringunt : quod plenius in sequentibus apparebit. De rebus autem vayvis est attendendum, quod si aliquis eas detinuerit ultra septem dies qui dignitatem non habuit eas detinendi, emendabit Principi vel domino suo, eundem super hoc accusanti ; *defensor sive reus præferendus est in probabilibus.* Si quis autem bovem vel asinum vel aliquam rem suam abjuraverit,[3] quæ ab aliquo inventa vayva fuerit et detenta, [et] eam[4] suam esse asserat ut emptam vel donatam, garantum suum debet

soient leur, ainsi comme nous avons dict du varech. Se les seigneurs de fiefs où ils sont trouvés les prennent ainçoys par eulx ou par leurs attournés[1] pourtant qu'ils ayent planière justice en leurs fiefs, ils leur doibvent estre rendus, comme nous avons dict du varech : se longue tenue qui vaille droict ne faict la dignité de tels choses appartenir au Duc ou à aultres. Il y a ung usaige espécial qui souvent se change selon la diversité du pays et des cytés, qui abat le commun usage de Normendie ; si comme nous dirons après plus plainement.[2] Se aulcun retient choses gayves plus de sept jours, qu'il n'a pas povoir de les tenir, il l'amendera au prince ou à son seigneur, se il en est accusé. Se aulcun a perdu son beuf, son asne ou aultre chose, que aulcun ait trouvé comme gayve et la détient et qu'il afferme estre sienne comme achetée ou donnée, il doibt amener son garant à certain jour, qui le délivre. Se le plaintif offre à prouver par tesmoings que la chose contencieuse soit sienne et cil qui en est accusé ou son garant propose

---

(1) *Attornatos*—"Leurs officiers, commis ou députés."—*Terrien, in loc.* "Les séneschal, "prévost, procureur."—Gl.  (2) *Plainement*—Sic.  V. n. 2, p. 13, sur *planière.*
(3) *Suam abjurarerit*—Aura déclaré par serment être la sienne. *Abjuro*, dans le sens simplement de *juro.*  Le contexte ne justifie pas l'interprétation "Juré faussement."
(4) *Et eam*—*Detentor* sous-entendu.

adducere ad diem, qui eum liberet de prædictis. Cum autem querulus testes suos obtulerit ad probandum rem contentionis suam esse, et accusatus vel ejus garantus proponat e contrario illud idem, ipse in cujus possessione res contentionis fuerit arrestata vel ejus garantus, per testimonium vicinorum fide dignorum, rem ipsam si voluerit suam esse probabunt; dum tamen annus elapsus non fuerit detentionis rei prænotatæ.

## XX.—DE USURARIIS.

Usurariorum autem catalla Duci Normanniæ consuetudine pristina dimittuntur, ut hujusmodi occasione ambitiosa usurarum malitia in posteris refrenetur. Tribus autem modis usura committitur. Uno scilicet modo cum ultra taxatum pretium alicujus rei, pro concesso solutionis temporis spatio, mutuator se tradenti obligat aliquid redditurum. Verbi gratia : Petrus equi sui pretium taxavit Thomæ in valore decem librarum, et in hoc conveniunt; et quia Thomas non habet pecuniam, terminus solutionis quadraginta dierum assignatur ; ita tamen quod duodecim libræ pro equo ad terminum persolventur : in hoc quadraginta solidorum usura committitur. In pecunia autem præstita similiter intelligendum

le contraire, celuy mesmes en quel possession la chose fust arrestée ou son garant, s'il veult la chose avoir, il la prouvera à sienne par le tesmoignage de loyaulx hommes voisins ; pourtant que l'an et le jour ne soit passé.

## XX.—DE USURIERS.

Nous dirons après des chastels[3] aux usuriers, qui remainent au Duc, selon l'ancienne coustume de Normendie, pour refraindre ceulx qui viendront après de la convoitise des usuriers. Usure est faicte en troys manières. Une manière est quant celuy qui achapte se oblige à payer aucune chose plus que le pris, pour ce qu'on luy donne terme de payer. Raison comment : P. a affeuré[1] son cheval à G. au feur[2] de dix livres, et en ce sont accordés ; et pour ce que P. n'a pas les deniers, G. luy donne terme de quarante jours, par convenant que il luy payera lors douze livres pour le cheval ; illec est usure faicte de quarante sols. Aussi doibt l'en entendre de deniers prestés ; car quand l'en

---

(1) *Affeuré*—Mettre à prix ; de *afforare.*  (2) *Feur*—Marché, prix ; de *forum.*
(3) *Chastels*—Sic *Le R.*  Autres éd. *chatels.*

est ; quicquid enim præter præstitum ex pacto commodatori solvitur pro usura reputatur. In venditione enim equi prædicta et similibus est pecunia in facta taxatione pretii terminata, et est quasi præstita, cum de ea quadraginta dierum datur terminus, per pactum quadraginta solidorum præter sortem[2] ad terminum reddendorum. Secundus modus est cum res unius speciei commodatur pro re alterius speciei majoris pretii, ad terminum persolvenda in eadem quantitate terminatum ; ut hordeum[4] præstare pro frumento, vel cervisiam[1] pro vino. Tertius autem modus est de mortuo vadio. Mortuum enim dicitur vadium, cum fructus vel proventus rei invadiatæ quos percipit commodator eam quittant in nihilo ; ut si quis terram suam in vadium pro viginti libris tradiderit alicui, quod de ejus proventibus percipit commodator, ultra dictam pecuniam quæ integre reddenda est, pro usura reputatur. Nullius autem usurarii catalla sunt forefacta nisi illorum qui, infra diem et annum quo abierunt,[5] aliquo usuræ modorum usi fuerint prædictorum. Nullus enim usurarius reputatur qui, cessans ab usuris, diem et annum post ul-

paye par convenant plus que ce qui fut presté, tout est tenu pour usure. En la vente du cheval dont nous avons parlé et en tels marchés sont les deniers du pris ainsi comme prestés, quant terme de quarante jours est donné par convenant de les payer, par payer quarante sols en plus. La seconde manière est quand une chose d'une essence est baillée pour chose d'une aultre essence mieulx vallant, à payer à terme. Si comme l'en preste orge pour avoir fourment, ou cervoise pour vin. La tierce manière est en mort gaige. L'en appelle mort gaige, quant cil qui tient la chose en gaige et a les fruicts et les yssues et n'en compte rien à la debte. Si comme s'aulcun baille sa terre à aultruy en gaige pour quarante livres, tout ce que cil qui la tient reçoit des yssues de la terre par dessus son chastel est tenu à usure. Le chastel des usuriers n'est forfaict, fors de ceulx qui ont usé d'aulcune des manières de usure dessusdictes en l'an qu'ils sont morts. Car aulcun ne doibt estre tenu à usurier, qui an et jour a cessé de usure mener après ses derraines[3]

---

(1) *Cervisiam, cervoise*—Bière. D'un mot Gaulois adopté par les Romains.  (2) *Sortem*—Montant principal, capital.  (3) *Derraines*—Dernières : A. N. *darrein ; e.g. darrein assize, darrein presentment.* Lat. *deretranus :* on trouve aussi dans le V. F. *derrainier, derrenier.* (4) *Hordeum*—Dans le texte *ordeum.*  (5) *Abierunt*—i.q. *decesserunt.*

timas usuras continuaverit in cessando. De dictis forisfactis catallorum, inter Principem et Ecclesiam si forte exorta fuerit contentio utrum factum præcesserit quo forisfacta catalla[2] debeant judicari, in Principis curia per inquisitionem legitimam, vocato diocesano[1] episcopo vel ejus procuratore, debet terminari, et ad primam assisiam; nec justiciarius hoc facere scire tenetur, nisi presbytero paroissiæ illius in qua talis casus emerserit. Si autem actum forefacturæ in NON SCIRE redactum fuerit, episcopus de[4] catallis prout debuerit ordinabit, cum de catallis mortuorum ad ipsum pertineat debet[3] generaliter ordinare : nisi enim usuum hujusmodi specialium casus fuerint declarati, jure suo speciali non debet prelatus spoliari. Specialia enim jura, nisi clare fuerint manifesta, communibus non possunt derogare. *Et ne malitia servientium, qui ad jura Ducis sunt observanda instituti, ardore cupiditatis infectorum, legitimos in usurarios converteret, excellentissimus Rex Ludovicus, de quo superius fecimus mentionem, tale edidit institutum, videlicet: Ut si de aliquo recedente*[5] *ejus justiciario ipsum esse usurarium fuerit nunciatum, sine dilatione inquirere*

usures. Se contends naist entre le prince et l'église des chastels qui sont forfaicts en telle manière, enqueste en doibt estre faicte, sçavoir, se le mort avoit faict chose dont son chastel deust estre forfaict. Et à celle enqueste, qui doit estre faicte en la Court au prince, doibt estre appellé l'évesque ou son procureur. Et doibt icelle enqueste estre faicte en la première assise; et le Bailly n'est tenu à le faire sçavoir, fors au prestre en quelle paroisse ce est advenu. Et s'il est mis à NON sçavoir se le chastel est forfaict ou non, l'évesque en ordonnera comme il debvera; car il appartient à luy de ordonner des chastels aux morts généralement. Et se l'usure au mort n'est prouvée appertement l'évesque ne doibt pas estre despoillé de sa droicture, car les droits espéciaulx ne pevent pas abatre les communs, s'ils ne sont appers à tous.

---

(1) *Diocesano* — Dans le texte *Dyocesario.*    (2) *Catalla* — Dans *Le R. catallota.* (3) *Debet* — *Sic.* Peut-être *debule*, ou [*et*] *debeat.*    (4) *De* — Les mots de * * *cum* ne se trouvent pas dans *Le R.*    (5) *Recedente* — *A vita* sous-entendu. Employé dans le sens de *se tuer soi-même* par *Cicéron. Tusc.* IV, 40. " *Quippe qui* * * *a vita recesserit.*"

*debet, per viros fide dignos qui scire credentur super hoc veritatem, utrum res se habeat ut defertur. Si vero ipsum invenerit de usuris innocentem res ejus liberet et dimittat; si autem per inquisitionem eum esse usurarium consisterit, ejus bona detineat universa. Si autem episcopus vel ejus vicarii se opposuerint, inquisitionem de ejus usuris teneat, servato jure, infra*[1] *primam assisiam, ad hoc* [ipso] *vel ejus vicegerente legitime evocato; et quod per inquisitionem inventum fuerit, observetur.*

## XXI.—DE HOMICIDE DE SOY MESMES.

De[2] catallis autem eorum qui de se sunt homicidæ, et eorum qui sunt excommunicati, vel desperati moriuntur, sciendum est quod Princeps ea debet habere; nec Ecclesia aliquid in eis poterit reclamare, cum animabus eorum nullum valeat impartiri subsidium. Hoc sane[3] tamen attendendum est, quod si quis hujusmodi catalla ex antiqua consuetudine, vel præscriptione, scilicet, vel per instrumenta, habere consueverit, eorum perceptione non debet indebite spoliari. Desperati autem moriuntur qui, per novem dies vel amplius gravi ægritudine et periculosa oppressi, communionem et

Les chastels à ceulx qui occisent eulx mesmes, et qui meurent excommuniés ou désespérés, doibvent estre au prince de Normendie : et n'y peut l'Eglise rien réclamer ; car aulcune prière que l'Eglise face, ne leur peut valloir aux âmes. Et ce doibt estre entendu sainement ; car se aulcun aultre a acoustumé à avoir tels chastels par ancienne coustume, par longue tenue ou par muniments, il n'en doibt pas estre despouillé à tort. Ceulx meurent désespérés, qui, par neuf jours ou plus, ont esté griefvement malades et de périlleuse maladie, et ont refusé à estre confessés et communiés, jà

(1) *Infra*—V. n. 2, p. 44.  (2) Dans le texte Latin ce Chapitre fait partie du précédent, quoique le suivant porte le même numéro que dans le texte Français.  (3) *Sane*—V. n. 2, p. 43.

confessionem sibi oblatam recusant ac differunt, et in hoc moriuntur; terris tamen propter hoc heredes non privantur, sed eorum catalla debent in manu Principis remanere. Si quis autem aliquo infortunio submersus fuerit, vel combustus, vel roboribus oppressus, vel confractus in fovea, vel in ruppe præcipitatus, dum tamen se interficere non intendat, fidelium communione non est removendus, nec ejus catalla debent in manu Principis detineri. Nullus autem amens, vel vesanus, vel peste frenetica impeditus, a communione Ecclesiæ est removendus, dum tamen, quando erat compos mentis suæ, se Catholicum exhibuit[4]; nec de talibus forisfactura catallorum ad Regem pertinet, si aliquo infortunio fuerint interempti, immo pertinet ad diocesanum episcopum ordinare de illis, cum intentionem amiserint ordinandi.

## XXII.—DE EMPTIONIBUS ET VADIIS.

Illi autem qui vadia denegant et emptiones res pro ipsis receptas debent amittere, quæ etiam Principi debent remanere, cum convicti in curia fuerint evidenter. Ut si Petrus terram suam Thomæ pro centum solidis tradiderit in vadium; Petro autem illam requi-

soit ce qu'il leur ait esté offert, et meurent en telle manière. Mais pour icelle mort, les hoirs ne perdront pas leurs terres, mais leurs chastels doibvent demourer au prince. Se, par adventure, aulcun a esté noyé ars tué froissé en ung fossé, ou aggraventé[1] en une rive, pourtant qu'il ne se entendist pas à occire, il ne doit pas estre osté de la communie de l'Eglise, ne ses chastels ne doibvent pas demourer au prince. Et aulcun forsené,[2] enragié, ou frénétique n'est à oster de la communie de l'Eglise, pour tant que au temps qu'il estoit bien ordonné de sa pensée, il se portast bon Crestien ; ne de ceulx n'est pas le chastel forfaict [au Roy], se par aucune malefortune ils ont esté occis; mais appartient au prélat à ordonner d'iceulx chastels, puisqu'ils n'ont sentement[3] pour en ordonner.

## XXII.—DE GAIGES ET ACHAPTS NYÉS.

Ceulx qui nyent les gaiges et les achapts doibvent perdre ce qu'ils en ont receu, et doibt [ce][5] estre au prince se ils en sont convaincus en Court. Si comme: P. baille sa terre à T. en gaige pour cent sols ; après il requiert

---

(1) *Aggraventé*—Renversé.    (2) *Forsené*—Personne hors de sens : de *foris ;* et *sen,* (Teut. *sin*), forme V. F. de *sens.*    (3) *Sentement*—i.q. *sens.*    (4) *Exhibuit*—Dans le texte *exhibeat.*    (5) *Doibt*—Sic dans la Glose : *doibvent* dans *Le R.*

H

rente et dictam offerente pecuniam, Thomas vadium negaverit, terram suam esse asserens ; si dictus Thomas super hoc convictus fuerit, et Principi obligationis pecunia remanebit et terra tradetur exigenti. De emptionibus autem sciendum est, quod si Thomas a Petro hereditatem aliquam emerit, et eam emptionem aliquis requirat de genere venditoris, si eam Thomas negaverit et super hoc convictus fuerit, et pecunia emptionis Principi remanebit et terra reddetur exigenti ; dignum enim est fraudem in sui auctorem retorqueri. Nullum autem vadium potest in Normannia requiri, nisi post coronamentum Regis Ricardi,[1] vel post quadraginta annos,[3] fuerit invadiatum. Venditio etiam terræ non potest revocari, si post emptionem factam emptori per diem et annum, nulla facta reclamatione in curia, dimittitur possidere : de quibus in sequentibus plenius declarabitur in tractatu querelarum. *In terris [4] autem venditis vel invadiatis si emptores vadium vel emptionem negaverint, pecuniam seu rem traditam pro emptione vel vadio, cum convicti super hoc fuerint per leges ad hoc deputatas, vel con-*

sa terre et offre les deniers. Se celuy qui tient dict que la terre est sienne et nye le gaige, s'il en est attaint, l'argent remaindra au prince et l'autre aura sa terre. Des achapts doit l'en sçavoir que se T. achate de P. ung héritage, et aulcun du lignage au vendeur requiert à avoir le marché par raison de lignage, se l'achepteur nye l'achapt, et il en est attaint, les deniers remaindront au prince et le clamant aura le marché ; car droict est que le barat [2] retourne à celuy qui le faict. Aulcun gaige ne peut estre requis en Normendie s'il ne feust engagié puis le couronnement au Roy Richard, ou puis quarante ans.[3] Vente de terre ne peut estre rappellée, puis que l'acheteur l'a tenue ung an et ung jour en paix sans reclain. Et de ce dirons-nous plus plainement au traicté des querelles.

---

(1) *Ricardi*—(Cœur de Lion) A.D. 1189. Date, et événement, considérés aujourd'hui dans le Droit Angl. comme le *Era of legal memory*. (2) *Barat*—Fraude. Origine du mot légal Angl. *barrator*. (3) *Vel * * annos, ou * * ans*—Ces mots ont étés probablement insérés dans le texte original, après la Charte de Louis le Hutin fixant le terme de prescription a quarante ans. (4) *In terris*—Ce qui suit n'est qu'une répétition *mutatis nominibus* de ce qui précéde.

*fessi in jure post negationem factam,*
*amittere penitus tenebuntur, et pre-*
*tium vadii vel emptionis Principi*
*remanebit. Ut si Titius terram*
*suam Seio pro centum solidis tra-*
*diderit in vadium, Titio autem*
*illam requirente et dictam pecuniam*
*offerente, Seius vadium negaverit*
*terram suam esse asserens; si dictus*
*Seius super hoc convictus fuerit, et*
*Principi obligationis pecunia re-*
*manebit et terra reddetur exigenti.*
*De emptionibus autem sciendum est,*
*quod si Titius a Seio hereditatem*
*aliquam emerit et eam emptionem*
*aliquis requirat de genere venditoris,*
*si eam Titius negaverit et super*
*hoc convictus fuerit, et emptionis*
*pecunia Principi et terra exigenti*
*reddetur: dignum est enim fraudem*
*in sui auctorem retorqueri.*

## XXIII.—DE FORISFACTURIS.

Ad Ducem etiam pertinent omnes forisfacturæ mobiles. Mobiles
autem forisfacturæ sunt catalla
eorum seu mobilia, qui per judicium damnati sunt. Tripliciter
itaque in Normannia damnantur
homines, prout vitæ merita hoc
requirunt, aut per corporis des-
tructionem, ut de suspensis, aut
incensis, aut suffossis, cæcatis
mancatis[1] expeditatis[2] et simi-

## XXIII.—DE FORFAICTURES.

Tout meuble forfaict appartient
au Duc. Meuble est le chatel à
ceulx qui sont damnés par jugement. En trois manières sont
les hommes damnés en Normendie
si comme leurs dessertes le requièrent : ou par ce que les
corps sont destruicts ; si comme
de ceulx qui sont pendus, ou
ars, ou enfouys, ou qui ont les
yeulx crevés, ou les pieds ou les
poings coupés : ou pour ce qu'ils

---

(1) *Mancatis*—Privé d'un membre quelconque ; et spécialement du bras ou de la main ;
manchots.    (2) *Expeditatis*—Employé premièrement à l'égard des chiens dont on avait
mutilé les pattes, afin de les empêcher de chasser ; ensuite, à l'égard des hommes ayant souffert
une mutilation des pieds.

libus est apparens; vel per forbanizationem, ut patet de fugitivis
qui aliquo crimine accusati tamdiu
ad pacem Ducis vocati diffugiunt,
quod per judicium forbanizantur,[1]
de quibus inferius in sequelis
plenius tractabitur; vel etiam per
patriæ abjurationem; ut de illis
qui aliquo crimine fugitivi, vel
vinculis mancipati, vel carceribus
detrusi, si forte ad ecclesiam con-
fugerint vel crucem amplexati
fuerint; si patriam abjuraverint
quæ possident forisfaciunt universa. De destructione corporis
sciendum est, quod nullus sine
judicio est damnandus nisi ad
præsens forisfactum homicidii,
latrocinii, vel alterius criminis,
præsentibus talibus fide dignis
quorum testimonio sit credendum,
captus fuerit vel detentus. In
tali enim casu opera sua judicium
suum proferunt evidenter contra
ipsum. Criminalem autem dicimus actionem, de qua convictus
aliquis in membris vel corpore
condamnatur. Si autem quis
crimen quo secutus est confessus
fuerit in publico, sui judicium
protulit damnamenti. Diffugiens
autem hujusmodi criminosus ad
tres primas continuas debet vocari
assisias.

sont forbannis, si comme il appert
des fuitifs qui sont accusés d'aulcun crime, et défuyent quand ils
sont appellés à la paix au Duc,
tant qu'ils sont bannis par jugement, de quoy nous dirons plus
plainement tantost après : ou
pour ce qu'ils forjurent le pays;
si comme il advient de ceulx qui
sont fuytifs pour aulcun crime,
ou qui sont en chartre[2] ou en
liens, qui eschappent et s'enfuyent
en l'église, ou [se] ils embrassent[3]
une croix. S'ils forjurent le pays
ils forfont tout ce qu'ils possidoient. De destruisement de corps
doibt on sçavoir que aulcun ne
doibt estre damné sans jugement
s'ils n'est prins à présent forfaict
d'homicide ou de larcin, ou
d'aultre crime par devant tels
gens qui en doibvent estre creus.
En ce cas ses œuvres font appertement jugement contre luy.
L'en appelle cause criminal ce
pourquoy cil qui est attaint est
condemné de membre ou de corps.
Se aulcun recongnoist en commun
le crime dont il est suy, luy
mesmes[4] se juge et damne.
Homme qui se défuyt pour son
mesfaict doit estre appellé aux
trois premières assises.

---

(1) *Forbanizantur*—On l'écrit souvent *foris banisare*.　　(2) *Chartre*—Prison : de *carcer*.
(3) *Embrassent*—Dans les éd. précéd. *embrachent.*　　V. n. 4, p. 19, et n. 2, p. 47.
(4) *Mismes*—*Sic* très souvent dans le texte.

## XXIV.—DE ASSISIA.[3]

Est assisia congregatio cum Justiciario militum et virorum, certo loco, et certo termino quadraginta dierum spatium continente, per quos de auditis in curia judicium et justitia debent exhiberi. Ad quartam autem assisiam, recitatis ejus crimine et subterfugiis, [et] facto his judicio, debet[4] forbanizari sub hac forma : Nos forbanizamus ex parte Ducis Petrum, propter mortem Thomæ quem occidit *in pace,* ita quod si quis eum post elapsum hujus assisiæ invenerit, ipsum vivum vel mortuum reddat justiciario. Vel si eum capere non poterit, clamorem patriæ post ipsum qui dicitur HAROU[1] debet clamosis vocibus excitare. Durante tamen assisia, evocatus et insecutus se potest reddere justiciario sine forbanizationis periculo ; post autem fugitivus sibi caveat vel damnatus. Si quis autem postea eum viderit vel consenserit vel receptaverit, nisi justiciario reddiderit, vel post ipsum clamorem non levaverit, si hoc confessus fuerit vel per inquisitionem convictus, ad voluntatem Ducis per catalla punietur. Si autem inquisitio super hoc facta redacta fuerit in NON SCIRE,[2]

## XXIV.—DE ASSISE.

Assise est assemblée de chevaliers et de sages hommes avec le Bailly, en certain lieu, et à certain terme qui contienne l'espace de quarante jours, par quoy jugement et justice doibvent estre faicts des choses qui sont ouyes en Court. A la quarte assise doibt le meffaict de celuy qui est appellé et sa fuyte estre recordés ; et, le jugement sur ce faict, il doit estre buny en ceste forme. Nous forbanyssons de par le Duc P. pour la mort de T. qu'il occist ; et qui le trouvera après ceste assise, si le rende mort ou vif à la justice ; et se il ne le peut prendre, crye HARO à haulte voix après luy. Tant que celle assise dure se peut le fuytif rendre à la justice sans péril de forbanyssement : et quant elle sera passée, se garde celuy qui est fuytif ou damné. Après ce se aulcun le voyt ou consent ou recept, s'il ne le rend à la justice ou crie HARO après luy, s'il le recongnoist ou il en est attaint par l'enqueste, il le doibt amender par le chatel à la volunté au Duc. Et se l'enqueste le met à NON SÇAVOIR[2]

---

(1) *Harou*—Employé ici avec la signification plutôt de l'expression Anglaise *hue and cry,* que dans le sens qu'à le mot actuellement à Jersey. V. n. sur le Ch. liv. *(De Haro).*
(2) *Non sçavoir*—V. n. 1, p. 27.    (3) *Judwin* donne à ce Chap. le titre *De fugitivis ad ecclesiam.* V. Ch. lv.    (4) *Debet*—*Insecutus* sous-entendu.

ipsum super hoc se demonstrabit; aut ut dictum est punietur. Diffugiens autem ad ecclesiam vel ad loca sancta per octo dies potest in ecclesia morari ; nono autem die ab eo est inquirendum, utrum se exponere voluerit justitiæ laicali, vel se tenere ecclesiæ. Quotienscunque enim voluerit, potest se justiciario reddere laicali, vel tenere ecclesiæ. Si autem se tenere voluerit ecclesiæ, patriam forisjurabit in hac forma, præsentibus militibus et viris aliis fide dignis, qui super hoc si opus fuerit valeant recordare : Hoc autem audiant omnes assistentes quod tu de cetero in Normannia non intrabis, nec alicui malum vel detrimentum propter hanc prisoniam per te vel per alium dictæ terræ facies, vel habitatoribus ejusdem facere procurabis : sic Deus et sacrosancta te adjuvent. Hæc verba jurans de se debet exprimere. Et hoc facto, ab eo audiatur per quas partes Normanniæ exire elegerit ; et eidem secundum distantiæ quantitatem terminus competens assignetur exeundi ; nec exiens, ultra unius noctis spatium in una villa poterit immorari, nisi gravi et evidenti infirmitate teneatur;

il s'en desrènera, ou il l'amendera comme nous avons dict. Cil qui s'enfuyt à l'église ou au sainct lieu, il y peut demourer[1] par huyt jours ; et au neufième jour on luy doibt demander s'il se veult rendre à la justice laye, ou tenir à l'église ; car s'il veult, il se peut rendre à la Court laye. Se il se veult tenir à l'église, il forjurera le pays par devant les chevaliers et autres gents créables, qui en puissent porter tesmoing, se mestier en est, en ceste forme. Ce oyent[2] tous ceulx qui cy sont, que tu d'icy en avant n'entreras en Normendie, ne feras mal ne pourchasseras à faire à aulcun de la dicte terre, par toy ne par aultre, pour ce forbanissement : ainsi te aide Dieu et ses saincts. Ces parolles doit dire de soy cil qui jure. Et puis en luy doibt demander, par quelle partie il se en vouldra yssir de Normendie ; ainsi qu'il ne puisse en une ville demourer que une nuict, s'il n'est empesché par griefve maladie, ne

(1) *Demourer—Sic.* V. la note 3, p. 18, sur *trouv-er* et *treuv-er.*   (2) *Oyent—*Dans le texte *dyent.*

nec ad loca reverti jam transacta; sed, per viam ab eodem expressam, debet metas exire Normanniæ. Postea vero de eo ut de forbanizato devitando vel capiendo in omnibus agendum est. *Ecclesia autem illis, qui homicidium latrocinium vel aliud crimen fecerunt pro quibus in membris debeant condemnari, in eodem non potest nec debet aliquod subsidium impartiri. Si autem fugitivus in ecclesia cruce signatus[2] fuerit, de tribus quod maluerit habebit copiam eligendi; aut forisjurabit patriam, aut reddet se domini Regis prisoniæ, qui exinde [de] membris ipsius faciet prout de jure viderit faciendum, aut se domini episcopi exponet prisoniæ, quoniam,[3] si antea patriam forisjuraverit, debet tenere perpetuo carcere mancipatum, cum cibi penuria et vestitus. Omnes autem cruce signati debent ecclesiæ reddi requirenti: exceptis illis qui in ecclesia criminaliter commiserint, vel qui alia vice per eandem crucem fuerint liberati. Cum autem ordinario redditi fuerint, si fama publica vel plurimorum fide dignorum testimonio fuerint reprobati, tales sine moræ dispendio tenetur ordinarius ad votum peregrinationis suæ transmittere exsequendum; plegiosque de eis bonos capere, sub certa pœna quadraginta librarum vel septua-*

retourner aux lieux qu'il aura passés, ains doibt yssir hors des marches[1] de Normendie par la voye qu'il aura choysie. Après s'il revient, on le doit prendre et en faire comme de celuy qui est forbani.

---

(1) *Marches*—Dans le sens des mots *march* (Écossais), et *mark* (Allem.) : frontières.
(2) *Cruce signatus*—Croisé.  (3) *Quoniam*—Sic.

*ginta vel ampliori, prout viderit eorum vel amicorum suorum sufficere requirentium facultates. Si vero liberatus boni testimonii fuerit et fama commendatus et objecta* [1] *innocens comprobatus, eum debet ordinarius usque ad generale passagium* [2] *liberare, acceptis de eo bonis plegiis sub pœna pecuniaria prœnotata. Liberatus insuper nullum adversariorum suorum occasione factorum prœcedentium querelare poterit, per quos captus fuerit vel detentus, quousque de peregrinatione sua redierit adimpleta ; et ad hoc redditus sit ordinario, ut peregrinationem suam exsequatur. Alioquin justiciarius eum capere poterit, et usque ad generale passagium detinere ; omnes similiter illos, qui per ordinarium ad votum suum exsequendum transmissi fuerint et voto non expleto in patriam redierint.*

Terras autem damnatorum et proventus earum per unum annum Princeps habebit Normannorum : elapso autem anno, dominis sunt reddendæ qui immediatum de eis habebant hommagium. Ex sanguine autem damnato filii procreati ad nullam hereditatem antecessorum jure hereditario poterunt accedere ; sed quod ante factum in quo crimen damnamenti est commissum habuerint, non tenentur propter hoc amittere. Damnati itaque feoda, quæ sibi

Le Duc de Normendie aura ung an les terres aux damnés et les yssues, et après doibvent estre rendues à ceulx à qui ils en avoient faict hommage, et de qui ils tiennent nu à nu. Les enfants à ceulx qui sont damnés ne pevent en aulcune manière comme hoirs avoir point de l'héritage au damné : mais se ils en avoient aulcune chose avant que le mesfaict fust faict par le damné, pour ce ne le perdront ils pas. Car les damnés

(1) *Objecta*—Quant aux choses qu'on lui reproche. (2) *Passagium*—Ici ; expédition en Terre Sainte.

propria possident tempore commissionis criminum solummodo et quæ postea adepti, forisfaciunt. Cetera autem feoda vel escaetæ, quæ ad eum jure hereditario deberent devenire, ipso damnato cum prole sua in hoc extincto quasi non fuissent, ad alium propinquiorem de genere parentum devenient. Nullus enim ex sanguine damnato procreatus ad aliquam successionem hereditariam poterit devenire : nullus autem de linea consanguinitatis damnatorum aliquid de feodis damnatorum poterit de cetero possidere, quæ possidebat die et anno quibus crimen objectum commiserint. Et si Princeps Normanniæ aliquem parentum consanguineorum talem possessionem invenerit obtinentem, eam sibi finaliter retinebit, nisi dominus feodi eam prior reclamaverit, ad quem de jure debeat pertinere. Et si forte tenens objecerit, quod eam commissi tempore criminis non habebat,[1] inquisitio sine dilationum dispendio super hoc debet exhiberi ; et quod per eam recognitum fuerit, debet observari ; et si alicui de parentela aliquid aliunde per hereditatem deveniat, ipsum poterit obtinere. Forbanisatorum autem et forisju-

ne forfont fors ce qu'ils ont, et qui est leur propre : et ce qu'ils tenoient au temps qu'ils firent le mefaict[2] et ce qu'ils ont depuis acquis. Les aultres fiefs, et les eschaotes qui à eulx deusseut venir par droict héritage, doibvent venir aux aultres plus prochains du lignage ; si que les enfants à ceulx qui sont damnés n'y auront rien. Car aulcun qui soit engendré de sang damné ne peut avoir comme hoir aulcune succession d'héritage. Aulcuns du lignage à ceulx qui sont damnés ne pevent rien avoir des fiefs qu'ils possidoient[3] en l'an qu'ils firent le meffaict. Et se le prince de Normendie trouve aulcun des parents au damné qui ait aulcune chose qui sienne feust, il la prendra pour luy ; se le seigneur du fief à qui elle doibt appartenir par droict ne la réclame avant. Et se par adventure cil qui la tient dict, que celuy qui fust damné ne tenoit pas celles choses en temps qu'il fist le meffait,[2] enqueste en doibt estre faicte sans aulcun délay ; et ce qui sera recongnu par l'enqueste doibt estre gardé : et se aulcune chose de l'héritage vient, d'aultre part par aulcune manière, à aulcun de ceulx du lignage, il la pourra bien tenir. Les maisons aux forbannis et aux forjurés doibvent

---

(1) *Habebat — Damnatus* sous-entendu.
(3) *Possidoient — Sic* très-souvent.

(2) *Mefaict, meffait — Sic.* V. n. 3, p. 43.

I

ratorum domus debent in testimonium damnationis eorum cremari, ut memoria nequitiæ eorum futuris exemplum pariat et horrorem. Si autem domus eorum tali loco fuerint constitutæ quod non sine damno alterius incendi valeant aut cremari, tegimenta saltem earum et · mairrementa[1] debent evelli, et tali loco cremari, quod aliis propter hoc nullum inferant incommodum. Si vero mansiones non habeant, per nundinas et mercatus, et ecclesias propinquas, in audientia[2] paroissiæ, debet publice eorum damnatio promulgari ; ut si necesse fuerit per inquisitionem super hoc veritas declaretur.

## XXV.—DE EXERCITU DUCIS.[6]

Exercitus autem Principis est servitium cum armis faciendum, prout in feodis vel villis fuerit institutum ; et hoc servitium per quadraginta dies ad subsidium terræ, vel ad Principis necessitatem cum in aliquam proficiscitur expeditionem, debent facere et tenentur illi, qui tenent feoda, vel in villis resident ad hoc servitium deputatis. Omnia feoda loricæ ad servitium ducatus instituta hoc debent servitium adimplere ; comitatusque et baroniæ

estre arses en tesmoing de leur damnement : si que la remembrance de la félonnie donne à ceulx qui après viendront exemple de bien et paour de mal. Se les maisons sont en tel lieu, que ils[3] ne puissent estre arses sans dommager aultruy, la couverture et le mesrien[4] en doibvent estre arrachés, et ards[5] en tel lieu que le dommage n'en vienne à aultruy ; et s'ils n'ont maisons, leur damnement doit estre publié par les voisines parroisses, et ès foires et ès marchés ; si que la vérité en soit sçeue par l'enqueste, se mestier est.

---

(1) *Mairrementa*—Sic: mesrien.    (2) *Audientia*—Dans le texte *audatia*. V. la note sur *audientiam*, Ch. lxviii.    (3) *Ils*—Sic.    (4) *Mesrien*—De *materiamentum :* bois de construction.    (5) *Ards*—Sic ici et ailleurs.    (6) —*sire de jure feudali Normanniæ.* *Ludwig.* Ce Chapitre ne se trouve pas dans le texte Français. Le Chapitre suivant porte le numéro xxv. dans les deux textes.

similiter, et omnes villæ communiam[1] habentes ; feoda autem loricæ in comitatibus vel baroniis quæ ad servitium ducatus non fuerunt instituta non debent servitium exercitus, nisi dominis quibus supponuntur. Excepto tamen retrobannio[2] Principis, ad quod omnes, qui ad arma sunt convenientes, sine excusatione aliqua tenentur proficisci. Retrobannium autem dici solet, quando Princeps Normanniæ ad impetum hostium repellendum, in aliqua expeditione profectus, per Normanniam banniri faciebat, quod omnes ad succursum ipsius se accingerent, qui ad arma gerenda et ad hostes repellendos in cujuscunque armorum genere invenirentur. Completis autem in servitio Principis quadraginta diebus, si necessaria Principis requirunt, in suo servitio remanebunt. Ad exercitum autem Principis nullus qui hoc debeat servitium aliquo modo se potest excusare, nisi per manifestum corporis proprii impedimentum ;

---

(1) *Communiam, commune*—i.e. qui a Charte d'incorporation et autonomie municipale. "Incolarum urbis universitas domino vel rege concedente."—*Ducange.* M. *Stubbs,* Professeur *Regius* d'Histoire Moderne à Oxford, nous a permis d'insérer ici, comme illustration de ce mot, la Charte du Roi Jean, contenue dans son livre *Select Charters, &c.,* accordant une *commune* à la ville de *Niort.* "JOHANNES—Dei gratia, etc., omnibus ad " quos præsens scriptum pervenerit, etc. Sciatis quod nos concessimus quod burgenses " de *Niorto* faciant et habeant communam in villa sua de *Niorto,* cum omnibus libertatibus " et liberis consuetudinibus quæ ad hujusmodi communam debeant pertinere, salva " in omnibus fide et jure nostro. Teste me ipso apud *Rupem Andeliaci,* etc."
(2) *Retrobannium*—Arrière ban. "Convocation par le Roi de tous ses arrières-vassaux." *Pothier, Traité des fiefs :* peut-être corruption de *Herebannum : heer* (Allem.) armée ; *bannum,* citation.

et tunc talem tenetur mittere,
qui pro ipso servitium faciat
quod debeat. Exercitus autem
quandoque dicitur auxilium illud
pecuniale quod concedit Princeps
Normanniæ, facto excercitus per
quadraginta dies servitio, baronibus vel militibus, de illis qui
tenent de eis feodis,[3] vel de
tenentibus suis in feodo loricali :
nec majus auxilium de suis tenentibus poterunt extorquere quam
eis concessum fuerit a Principe
Normannorum. De feodis autem
ad Ducatum pertinentibus, si quis
negaverit aliquam terram vel feodum de eis esse, inquiri debet per
Principem vel per baillivos suos
hujus rei veritas, et sine dilationum
exceptione. Cum enim horum
feodorum ad Ducem pertineat
servitium, in feodi resecatione[2] et
ad feodum non debens servitium
reductione [4] potest ei ingeri detrimentum. Si quis enim de feodo
loricali decimum[1] fuerit tenens,
illud tenetur servitium Principi
facere, [ad] feodi illius possessi
quantitatem. Et hoc intelligendum est tam de feodis Principis
quam de feodis baronum quæ pertinent ad ducatum. Notandum etiam
est quod barones habent quædam
feoda ad servitium Principis attributa ; instituta enim fuerunt
antequam baroniæ donarentur.

---

(1) *Decimum—Sic :* mais un fief haubert ne se divisait qu'en huit membres conservant
ce caractère.　　(2) *Resecatione—Sic Ludwig.* Dans le texte *rescratione.*　　(3) *Feodis—Sic.*
(4) *Reductione—*Dans le texte *reducta.*

Et hujus[1] cum baronibus debent
servitium adimplere ; servitium
enim qui facit illud, redimit ad
Principis voluntatem.   Barones
autem de aliis feodis, quæ non
sunt ad servitium ducatus constituta, non debent habere auxilium
concessum a Principe, ut dictum
est, si forte habuerint feodaliter
instituta, quod unum vel duo vel
tria vel quatuor vel plura pro eis
debeant facere servitium unius
militis apud Ducem : quodlibet
eorum secundum quantitatem sui
de illo servitio faciet aut persolvet,
prout barones militem collocabunt.
Nihilominus tamen ad servitium
domini sui relevium et auxilia
eorum tenebitur unumquodque.
Licet enim hujus feoda ad servitium Ducis tanquam unum
habeantur, plura tamen sunt prout
ad hommagium domini sui re-
ducuntur : et eorum quodlibet
quantum ad hoc unius feodi
retinet dignitatem.   Ex prædictis patet quod non immerito
Anglorum temporibus solet in
Normannia usitari, quod omnes
feodum loricæ possidentes equum
et arma habere tenebantur.   Et
cum ad ætatem triginta annorum devenissent, tenebantur in
militibus[2] promoveri, ut prompti
et apparati ad mandatum Principis vel dominorum[3] suorum
invenirentur.

---

(1) *Hujus*—Pour *hujusmodi* · très usité.  Ici *feoda tencatus* est sous-entendu.   (2) *Militibus*—Chevaliers.   (3) *Dominorum*—Dans le texte *hominum*.

# PREMIÈRE PARTIE.

## Tierce Distinction.

# Capitulum vicesimum quintum[(2)] alterum.

## DE SUCCESSIONE.

Acto itaque de consuetudine ad Ducem in parte vel in toto pertinente, consequenter de communibus agendum est, videlicet de teneuris sive modis tenendi possessiones feodales : et primo de successione. Notandum est quod successionum quædam est hereditaria, quædam est ex gratia, et quædam a fortuna. Hereditaria est quando aliquis feodalem percipit successionem hereditatis ratione : ut filius patri succedit ; et dominus homini suo, si de consanguinitate, ex qua descendit hereditas, heredem non habuerit remanentem. Ex gratia autem fit successio, quando episcopus vel abbas vel alius succedit alteri ad feoda ad beneficium pertinentia, ad quod per gratiam provectus est. A fortuna autem sive a casu successio casualis nuncupatur, quando feodum revertitur aliquo casu, institutione vel conditione ad

# Chapitre vingt-cinquième.

## DE ESCHÉANCE.

Nous dirons après des eschéances, des teneures et des manières des possessions fieffaulx. Nous debvons sçavoir que une eschéance vient par héritaige, l'aultre par grâce, et l'autre par fortune. Celle qui vient par héritage est quand aulcun reçoit héritage par raison de lignage : si comme le fils succède au père ; ou par droicte eschéance : si comme le seigneur a l'héritage [de] son homme, par défault de hoir qui soit yssu de luy ou de son lignage. Eschéance vient par grâce, quant ung évesque ou ung abbé tient les fiefs que son ancesseur[(1)] tint, qui appartiennent au bénéfice à quoy il est esleu par grâce. Eschéance d'adventure ou par fortune est quand le fief revient, par aulcun cas ou par aulcune condition, à aulcun estrange qui

---

(1) *Ancesseur*—Employé presque toujours à cette époque pour *prédécesseur :* dans le *Domesday Book*, *antecessor* sert souvent à désigner le propriétaire original Anglais, prédécesseur de l'occupant Normand. Mais v. n. 2, p. 77.    (2) V. n. 6, p. 66.

aliquem extra consanguinitatem constitutum. Hereditariarum autem successionum quædam est directa, quædam indirecta. Directa est quando directa linea consanguinitatis hereditas descendit ad filium vel ad profilium vel ad aliquem in eadem linea constitutum consanguinitatis. Unde notandum est quod primogenitus filius patri succedit ; et omnes ei debent succedere, qui primo nati sunt in eadem linea consanguinitatis constituti. Licet autem huic consuetudini, quæ in Normannia solet antiquitus observari generaliter, se opponant plurimi et repugnant, in successione tantummodo patris ad filium asserentes, quod profilius avo suo non debet succedere, licet primogeniti fuerit filius, qui avi sui tempore jam decessit ; sed ipsi avo debet succedere filius ejus,(2) dum tamen aliquis filiorum superstiterit ; nec debet habere filius ejus(3) vocem ad successionem, dum filiorum aliquis hoc requirat, ad aliquam portionem obtinendam, ut affirmant : *quod inhumanum est, et contra jus quodque introductum.* Et sic Normanniæ consuetudinem in hoc casu perverterunt ; *et hæc maximæ juri repugnant, et videntur repugnare.* Cum [enim] primogeniti

n'est point du lignage à celuy qui le tint. Des eschéances qui viennent par héritage, l'une est droicte et l'autre n'est pas droicte. La droicte est quand l'héritage descend par droicte ligne de père ou de mère aux fils, ou aux enfants de leurs enfants ; ou à aulcun qui est en icelle mesme ligne de lignaige. Et pour ce doibt l'en sçavoir que l'ainsné fils est hoir de son père. Et tous les autres doibvent estre ses hoirs, qui sont ainsnés en icelle mesme ligne du lignage : jà soit ce que plusieurs soient à l'encontre de ceste coustume, qui souloit estre anciennement gardée en Normendie ; qui dient que, [dans] la succession qui vient du père au fils, le nepveu(1) ne doibt pas avoir l'héritage de son ayeul,(4) jà soit ce qu'il soit fils à l'ainsné fils qui mourut eu vivant de son père ; ains le doibt avoir l'autre fils : si que le nepveu ne peut avoir l'héritage de son ayeul, tant comme il y ait aulcun des fils. Et en ce cas ont-ils mue la coustume et le droict de Normendie ; car le fils à l'ainsné doibt tousjours avoir le droict de l'ainsnéesse. Et sans luy ne

---

(1) *Nepveu*—Employé dans ce Chapitre tantôt dans le sens de *nepos*, petit-fils ou descendant, tantôt dans celui de neveu. Dans la Bible Angl., I Tim., V. 4, le mot *nephews* est employé dans le sens de petit-fils. (2) *Ejus*—i.e. *avi*. (3) *Ejus*—i.e. *primogeniti*. (4) *Ayeul*—Dans les éd. précéd. *ael*.

filius primogenituræ locum habeat et vocem ; sine quo aliquis eorum in venditione hereditatis vel in defensione non debet audiri, nec hommagium facere capitalibus dominis teneatur : necnon et cum in eodem jure succedere debeat, in quo pater ejus si viveret succedere videretur ; planum est quod hereditatis successio loco patris sui ad eum debet pertinere. Indirecta autem successio est, quando nepos vel alius de parentela extra lineam rectam succedit, ut frater fratri, nepos avunculo et hujusmodi. Casualium autem successionum quædam est feodalis, et quædam ex institutione, et quædam ex conditione. Feodalis autem est, quando ex defectu heredum feodum ad dominum revertitur, de quo tenetur. Et dupliciter evenit, aut ex defectu[5] heredis aut ex condemnatione[6] possidentis. Cum enim aliquis condemnatur, anno elapso, [feodum] ad dominum redit de quo *immediate* tenetur, *dum tamen in feodo habeat libertatem. Liberum autem feodum dicimus, quod servitiorum inhonestorum obtinet libertatem*[3]*; ut de prati*[7] *servitio et de curatione rivi*[4] *molendinorum, vel compostorum extra mittendorum vel hujusmodi*

doibt aulcun estre ouy à demander ou défendre l'héritage de la succession, ne en faire hommage aux seigneurs : car il doit avoir semblable[1] droicture en l'héritage comme son père eust se il véquist : par quoy il appert que l'héritage doibt venir à luy eu lieu de son père. Eschéance de héritage qui n'est pas droicte est quant le nepveu ou aulcun aultre du lignage, qui n'est pas de la droict ligne, a l'héritage : si comme le frère a l'héritage de son frère, ou le nepveu[8] celuy de son oncle. Des eschéances qui viennent d'aventure, l'une est par fief, et l'autre par establissement,[2] et la tierce est par condemnation. Eschéance d'aventure par fief est quand le fief retourne au seigneur par défault de hoir : ou quand cil qui le tenoit est damné, le fief que il tenoit revient, l'an passé, au seigneur de qui il est tenu.

---

(1) *Semblable* — Dans les éd. précéd. *autelle.* (2) *Establissement* — " Par statut ou coutume."—*Terrien, in loc.* (3) *Libertatem* — Franchise, immunité ; et de là : privilège. (4) *Rivi* — Dans le texte *revii.* (5) *Defectu* —" Ultimi heredes aliquorum sunt eorum domini."—*Glanville* VII, 17. (6) *Condemnatione* —" Et generaliter quotiescunque aliquis "* * per judicium curiæ exheredatus fuerit, hereditas ejus ad dominum feodi de " quo illa tenetur, tanquam eschaeta, solet reverti."—*Id. id. id.* (7) *Prati* —i.e. en faire les foins. (8) *Nepveu* — V. n. 1, p. 74.

*servitiorum; \* \* quæ nullam reti-*
*nent libertatem, quæ nec hommagium*
*nec curiam nec aliam libertatem de*
*jure Normanniæ possunt retinere.*
Ex institutione autem fit successio,
quando feodum ex institutione
facta ad alium revertitur quam
ad heredes possidentis.  Et hoc
maxime attenditur in dotibus et in
viduitatibus, secundum villarum
consuetudines: ut[5] apud Bajocas
fracta facte[2] domorum possessio,
quæ sine franca[3] materia est[7] constructa, ad dominum de quo tenetur
debet revenire.[5]   Ex conditione
autem fit successio, quando aliquod
feodum ita traditur vel venditur[6]
quod, mortuo possessore, ad eum
qui tradidit debeat revenire vel
ad alium, prout facta fuerit conditio inter tradentem et recipientem.
Sunt hæc ergo consuetudines de
successione Normanniæ ab antiquitate observatæ: patri succedit filius primogenitus ; et matri
similiter.  Et si prior patre decesserit, ejus filius vel ejus heres
propinquior, in eadem directa
linea successionis, hanc succes-

Eschéance d'aventure[1] par establissement est quand le fief
revient à aultres que aux hoirs
de celuy qui le tient, par aulcun
establissement qui a esté faict.
Et ce faict l'en en douaires et
en veufvetés, selon les coustumes
des villes : si comme à Bayeux la
possession de la maison despecée,
qui est sans franche matière, *c'est*
*sans mortier et sans carrel*, doibt
revenir à celuy de qui elle est
tenue.  Eschéance d'aventure par
condition vient, quand fief est
vendu ou baillé par telle manière,
que, quant cil qui le prent sera
mort, il reviendra à celuy qui le
baille, ou à aultre, si comme la
condition est faicte entre celuy
qui le baille et celuy qui le prent.
Ce sont les coustumes des eschéan-
ances qui anciennement ont esté
gardées en Normendie.  L'ainsné
fils a l'héritage à son père, et
celuy à sa mère ; et s'il meurt
ainçois que son père ou sa mère,
à qui il doibt estre hoir, son fils
ou le plus prochain[4] hoir en

---

(1) *Aventure*—Cas fortuit.    (2) *Fracta facte*—Sic Le R. et toutes les éd. précéd., exceptée
celle de 1483 qui donne *fracta feste*.  On devrait, croyons-nous, lire *frachia facta*.  "*Frachia*
"i.q. *ruina*: fraite, brèche."—*Ducange.*    (3) *Franca*—Solide.    (4) *Prochain*—Dans
les éd. précéd. *prouchain.*    (5) *Ut \* \* revenire*—Ces mots ne se trouvent pas
dans *Ludwig*: ils ont, sans doute, été insérés dans le texte original.    (6) *Venditur*—
Dans le texte *videtur.*    (7) *Domorum \* quæ \* est*—Sic.

sionem obtinebit. Si vero nullus de linea primogeniti remanserit, filius post primum primogenitus, vel ejusdem lineæ propinquior [si] decesserit, successionem hereditariam retinebit; et similiter intelligendum est in aliis lineis postnatorum. Si vero omnes lineæ eorum decesserint, ad fratrem[1] primogenitum redit successio feodalis, vel ad ejus lineæ propinquiorem : si autem fratres defuerint et eorum lineæ, redit ad patrem[1] ex quo lineæ processerunt : si autem defuerit, redit ad fratres ipsius patris, qui avunculi sunt possessoris. Si autem avunculi defuerint et eorum lineæ, redit ad avum. Et similiter intelligendum est de suppositis in linea consanguinitatis. Et hoc sane intelligendum est de illis solummodo, a quibus descendit hereditas. Et notandum est quod linea consanguinitatis usque ad gradum septimum se extendit. Et sic patet quod frater fratris successionem habet, ex defectu propaginis ex eodem procreatæ. Sciendum tamen est quod si hereditas descenderit ex parte patris, et frater vel cognatus sit ex parte matris solummodo, ad eum succedere non potest, cum a parentibus suis non descendat;

celle mesme ligne aura l'héritage. Et s'il n'en remaint aulcun qui soit descendu de l'ainsné, l'ainsné après le premier, ou le plus prochain qui est descendu de luy, aura l'héritage : et ainsi doibt-on entendre des aultres puisnés. Et se tous, et ainsné et puisné, sont morts ainçois que le père, son aultre frère aura le fief ; ou le plus prochain qui est descendu de luy. Et s'il n'y a aulcun des frères ne de leurs enfants, l'héritage revient au père de qui les frères yssirent. Et s'il est mort, il reviendra à ses frères, qui sont oncles à celuy de qui il eschet. Et s'il n'y a aulcun des oncles ne de leurs enfants, il reviendra à l'ael. Et ainsi doibt l'en entendre de tous ceulx qui sont en icelle mesme ligne : mais ce ne doibt estre entendu fors de ceulx de qui l'héritage descend. Sçavoir debvons que le lignaige s'estend jusques au septiesme degré. Et ainsi appert que le frère a l'héritage [de] son frère, par défault de lignée qui soit née de luy. L'en doibt sçavoir que, se l'héritage descend à aulcun de par son père, et il a ung frère ou ung cousin de par sa mère tant seulement, cil frère ou cil cousin ne aura point iceluy héritage, car il ne vient point de son ancesseur[2]; ains re-

---

(1) *Fratrem, patrem* — i.e. *possessoris.* V. n. 1, p. 73.

(2) *Ancesseur* — Ici dans le sens d'ancêtre.

sed ad dominum fœdi.[5] De ac-
quisitis autem secus est, quod
patebit postea ; *et similiter intelligendum est e converso.* Ad eum
enim debet hereditas descendere,
qui propinquior est in consanguinitate, post decessum successoris
illius qui successit in eadem, dum
tamen sit de ejus linea, a quo
dignoscitur hereditas descendisse.
Si autem fratrum nullus remanserit, ad cognatos redit successio ;
ad avum autem non potest redire
successio, dum aliquis ex lineis ab
ipso descendens remanserit. Sed
si omnino defuerint, ad eum
successio redibit, tam hereditatis
ab ipso descendentis quam acquisitorum per ejus successores.
Ad propinquiorem enim redit
generis semper acquisitorum successio ; *quod non regreditur ad
prædecessores, cum ex eorum feodis non descendit.* Sciendum est
autem quod si aliqui ex uno
patre et diversis matribus fuerint
procreati, si aliquis eorum decesserit, ad fratrem primogenitum
redibit successio, qui eis faciet
quod debebit. Si vero ex parte
patris aliquis fuerit procreatus,
et aliqui plures ex eodem patre
et matre alia, ad primogenitum
tamen redibit acquisitorum successio, si quis fratrum decesserit
vel sororum. In successione autem

maindra au seigneur du fief, *dont
les héritages ainsi succédés sont
tenus et mouvants.*[1] Mais il est
autrement des conquests,[2] qui
vont tousjours au plus prochain
du lignage ; si comme il apperra cy
après. L'héritage doit descendre
à celuy qui est le plus prochain
en lignage à celuy qui le tint,
après sa mort ; pourtant qu'il soit
du lignage dedens[3] le septième
degré[4] de celuy dont l'héritage
descend. S'il ne remaint aulcun
des frères, l'héritage revient aux
cousins ; et ne peut revenir à
l'ael, tant comme il y ait aulcun
de ceulx qui sont descendus de
luy. Mais s'il y en a nuls,
l'héritage reviendra à luy, tant
celuy qui descendit de luy comme
les conquests que les enfants ont
faicts : car le conquest vient au
plus prochain du lignaige. Il est
assavoir que se aulcuns enfants
sont procréés d'un mesme père
et de diverses mères, se l'un de
eulx se trespasse, sa succession
retournera au frère ainsné, qui en
fera aux aultres portion comme
il debvera. Et se aulcun est
procréé du costé de père, et
aultres plusieurs d'iceluy père et
d'aultre mère, et aulcun d'iceulx
frères ou seurs décède, à l'ainsné
retournera son conquest. En

---

(1) *Mouvants*—Dépendants. (2) *Conquests*—Acquisitions. (3) *Dedens—Sic* généralement. (4) *Septième degré*—Calculé selon l'usage des Canonistes, et non selon les règles
du Droit Civil. (5) *Feodi—Revertitur* sous-entendu.

indirecta semper recurrendum est ad stipitem, ut propinquior in genere in stipitis linea successionem habeat feodalem. Frater enim meus ex parte patris successionem non habebit feodi ex parte matris descendentis, nec e converso; et similiter de cognatis intelligendum est. Procreati autem ex feminarum linea vel feminæ successionem non retinent, dum aliquis remanserit de genere masculorum. Patri redit hereditas, nullo de procreatis ex ipso lineis remanente : illa videlicet hereditas quæ ab illo descenderat; et hoc idem de matre intelligendum est, et de avo et proavo et atavo, et avia et proavia [et] atavia. Cum autem semper recurrendum sit ad stipitem primogeniti, masculi vel eorum heredes successionis retinent dignitatem : quod plenius declarabitur *in figura*.[3]

l'eschéance d'héritage qui ne vient pas droictement doibt l'en tousjours recourre à l'estoc : si que le plus prochain du lignage ait l'héritage. Le frère que j'ay de par mon père ne sera pas mon hoir du fief que je tiens[1] de par ma mère ; et ainsi doibt l'en entendre des cousins. Les enfants qui sont de par les femmes, ne les femmes mesmes, n'auront pas l'héritage, tant comme il y ait aulcun qui soit descendu des masles. L'héritage des enfants revient au père, quand il n'y a aulcun qui soit descendu de luy, se l'héritage est descendu de luy. Ainsi doibt l'en dire de la mère, de l'ael [et] du besael et du tiers ael, et de l'aelle et de la besaelle et de la tierce aelle. Et pour ce que en doit tousjours recourre à la souche[2] qui est de l'ainsné masle, les enfants qui yssent de luy ont la dignité d'avoir l'héritage. Et ce sera monstré plainement *cy-après*.

## XXVI.—DE PORTIONIBUS.

## XXVI.—DE PARTIES D'HÉRITAGE.

De portionibus consequenter agendum est. Omnis enim hereditas aut est partibilis aut impartibilis. Impartibilis dicitur hereditas in qua divisionem nul-

Nous dirons après de parties d'héritage. Tout héritage est partable ou non partable. L'en dict que l'héritage n'est pas partable, en quoy aulcune partie ne

---

(1) *Tiens* — Dans les éd. précéd. on trouve la forme ancienne (et plus exacte) *tien*.
(2) *Souche* — Dans quelques éd. précéd. *chouque*. (3) *Figura* — i.e. La *figura arboris consanguinitatis*, dans le *tractatus arboris consanguinitatis*, qui se trouve jointe à la *Coutume*, même dans sa plus ancienne édition.

lam inter fratres consuetudo patriæ patitur sustineri: ut feoda loricæ, comitatus et baroniæ, et sergentcriæ, in quibus ad dominos pertinet custodia pupillorum. Partibilis autem dicitur hereditas, in qua nullam custodiam possunt domini reclamare, ut vavasoriæ[3] et omnia alia tenementa [minora]; et etiam servilia[1] et borgagia.[2] Cum autem aliquis patri suo successerit, vel avo vel proavo vel atavo, si fratres habeat de genere prædecessoris, si hoc confiteatur, ultimo nato debet tradi feodum, ut de eo tot faciat portiones quot participes in eo fuerint principales, non læsa tamen patriæ consuetudine. Quidam enim sunt participes

peut estre soufferte entre les frères, par la coustume du pays: si comme les fiefs de haubert, les contés et les baronnies, et les sergenteries, en quoy la garde appartient aux seigneurs tant que les hoirs soient en aage. L'héritage est appellé partable, en quoy le seigneur ne peut réclamer aulcune garde; si comme sont vavassoureries, et tout aultre ténement villain, *et le bordage*,[4] et le bourgage.[2] Quant à aulcun est escheu l'héritage de son père ou de son ael ou de son besael, se il a frères qui soient du lignage à celuy de qui l'héritage descend, le fief doibt estre baillé au puisné, pour en faire autant de parties comme ils sont de perçonniers principaulx, selon la coustume du pays. Les ungs sont principaulx

---

(1) *Servilia*—Ignobles, roturiers. "Servitiis obnoxia."—*Ducange*. (2) *Borgagia*—Teneure des maisons bourgeoises, à condition d'une rente annuelle pécuniaire. "Ejus "modi tenetura, ut vocant *tenure in socage*."—*D*. "Non utimur facere servitium forinsecum "Dominis feodorum pro terris et tenementis nostris, nisi tantummodo redditus nostros de "eisdem terris exeuntes: quia tenemus terras et tenementa nostra per servitium burgagii, "ita quod non habemus medium inter nos et Dominum Regem."—Cod. Ll. St. et Con. Burgi-Villæ de *Montgomery*, donné dans *Blount*. V. la note sur ce mot au Chap. xxxi. (3) *Vavasoriæ*—Quelquefois; arrière-fiefs: "Vavassor quasi vassalli vassallus."—*D*. Aussi: "Aînesses de masures qui ne sont pas noblement tenues."—Gl. *in loc*. "Quod dicitur de "Baronia, non observandum in Vavasoria vel aliis minoribus feodis quam Baronia."—*Bracton* II, 39. L'extrait suivant attribue aux vavasseurs une position inférieure aux chevaliers: "Volumus * + quod Episcopi, Abbates, *milites*, VAVASSORES et alii qui "redditus et tenementa habent in Insula *Gersey*, etc." A *Guernesey* on se soit actuellement du mot *vavasseurs*, pour indiquer les tenants d'un fief, qui doivent un service spécial à la Cour féodale comme assesseurs du sénéchal, à raison, soit des arrière-fiefs ou autres ténements dont ils jouissent, soit d'un paiement en argent dû par le seigneur. Dans le *Fief Le Comte*, les vavasseurs sont désignés par les noms de leur ténements. e.g. Vavasseur pour *Réraux*, pour *Gréhognet*, pour *Carteret*, &c. (4) *Bordage*—V. n. au Ch. xxviii, sur *borde*.—"* * Capitalem bordarium ejusdem parochiæ * * et quatuor bordarios, "qui hereditarie tenent bordagia * * * et debent, ratione bordagii hujusmodi, facere "districtiones, submonitiones et alia minuta servitia, et heredes eorum post eorum "decessum tenentur facere illud idem ·* * ." *Extente de Jersey*, 1331.

principales, quidam secundarii.
Principales autem sunt, inter
quos hereditas divisionem sustinet
principalem, videlicet qui æqualem
debent sustinere portionem, ut
fratres et hujusmodi. Secundarii
autem sunt, qui non æqualem
expectant portionem, sed in aliqua portione portionem reclamant:
ut liberi alicujus fratris defuncti,
[qui] in portione ad patrem pertinente suas debent percipere
portiones. Postnatus ergo debet
ita facere portiones, quod feoda
loricæ vel alia, quæ custodiam
retinent, non dividat, et quæ sunt
in una villa[4] cum illis quæ sunt
in alia non interponat; pecias[1]
autem terrarum non amputet aut
corrumpat, dum tamen sine hoc
æquales possint fieri portiones;
propinquiora propinquioribus con-
jungat; minora non amputet, sed
majora resecet, adjungens minoribus[5]; ut sic æquales possit facere
portiones. Capitale herbergagium[2] primogenito remanebit;
*sicut ædificia in eo constructa con-
tinebunt.*[6] Clausum autem, sive
gardinum[3] vel hortus, eidem

perçonniers, et les aultres seconds;
les principaulx sont ceulx entre
qui l'héritage doibt estre party
principalement: c'est quand l'un
en doibt avoir autant comme
l'autre, ainsi comme sont frères.
Les seconds perçonniers sont ceulx
qui n'attendent pas telle partie
en l'héritage, mais y réclament
aulcune chose. Si comme sont
les enfants à ung des frères qui
est mort, qui doibvent partir entre
eulx la partie qui appartenoit à
leur père. Le puisné doibt faire
les parties, en telle manière qu'il
ne départe pas les fiefs de haulbert ne les autres fiefs où il y
a garde, et mesmes qu'il ne mesle
pas les héritages *et revenues* d'une
ville[4] avec celles d'une autre
ville. Et aussi qu'il ne retaille
ne corrompe les pièces de terre,
pourtant que les parties puyssent
estre faictes égalles sans les retailler. Il doibt joindre celles
qui sont plus prochaines, sans
retailler les mendres; mais les
greigneurs peut il retailler pour
joindre avec les mendres, affin
qu'il face les parties égalles. Le
chief de l'héritage remaindra à
l'ainsne, si comme le herberge-
ment, le clos et le jardin, pourtant

---

(1) *Pecias*—Fragment, membre. "Modus agri."—*Ducange.* (2) *Herbergagium*—
Château; maison de campagne. "Excipitur capitale mesuagium, quod dari non potest in
"dotem nec dividetur, sed integrum manebit."—*Glanville* VI, 17. (3) *Gardinum*—Cour
ou jardin: Saxon: *garth.* (4) *Villa, ville*—Primitivement, propriété rurale, ou ferme:
"Prædium unius alicujus in rure."—*Spelman;* *town* dans le sens Écossais du mot. Il fut
ensuite employé comme équivalent de *mark* ou *township:* et de là acquit la signification
de: manoir ou paroisse. (5) *Adjungens*—i.e. *resecta.* (6) *Sicut* * * *continebunt*—Sic.

L

remanebit, dum tamen fratribus legitimam fecerit excambiationem super hoc ad valorem; cetera autem omnia portionibus adæquentur. Factis autem portionibus, et in scriptis redactis et distinctis, debet postnatus eas afferre in curia, et dare de eis copiam[1] fratribus primogenitis ut eligant. Et eligent si voluerint in instanti, vel terminum eligendi et consulendi usque ad quindenam ad minus habebunt, si voluerint et requirant, dum tamen placita in quindena teneantur; vel ad assisias, *longiorem*. Sed quoniam in portione malitia potest incidere, ex consensu postnati cum primogenito ad quem prima pertinet electio; possunt alii portiones reprobare, si aliquod in eis indicium malitiæ monstraverit imminere. Si enim postnatus medietatem totius in una portione poneret, quam primogenitus eligeret, in hoc fratrum ceteras læderet portiones. Propter quod per sermentum duodecim hominum fide dignorum et juratorum, invento dolo in portione, debent portiones adæquari. Si autem ea fecerit postnatus læsis consuetudinibus prænotatis, reprobandæ sunt et iterum faciendæ, et ipse pro defectu suo punietur. Et si facere noluerit, tamdiu portione careat quamdiu se super hoc fecerit contumacem; vel alii

qu'il en face à ses frères loyal eschange à la value. Toutes les aultres choses seront parties également. Quand les parties seront faictes, escriptes et divisées, le puisné les doibt apporter en Court, et en bailler copie à ses ainsnés frères; et leur dire que ils choisissent. Se ils veulent ils choisiront à présent, ou ils auront terme de quinze jours de eulx consciller de choisir, pourtant que les plets soient à la quinzaine. Et se ils plèdent en l'assise, *aussi auront-ils terme de l'une assise à l'autre*. Mais pour ce que ès parties pourroit avoir malice, par le puisné et par l'ainsné, qui doibt avant choisir, les aultres pevent contredire les parties, s'ils y voyent aulcun signe de malice. Car se le puisné mettoit la moytié de tout l'héritage en ung lot, affin que l'ainsné le print, en ce il empireroit les lots aux aultres frères. Et pour ce, se on y appercevoit malice ou tricherie, les parties doibvent estre faictes également par le serment de douze hommes loyaulx et croyables. Se le puisné faict les parties et il va contre les coustumes du pays, ils[3] doibvent estre despecées et refaictes, et il doibt amender sa défaulte. Et se il ne les veult refaire, il sera sans partie tant comme il sera en ce[2]; ou les aultres frères

---

(1) *Copiam*—N. l'emploi dans ce sens. précéd.; *s'entend là*, (3) *Ils—Sic.*

(2) *Sera en ce—Sic Le R.*: mais des éd.

portiones faciant competentes, ita quod minoris portio non lædatur. Quod si malitia in eis videatur, per juratos portiones ut dictum est emendentur. Primogeniti enim primo debent eligere. Harum autem rerum contentiones unum exonium[1] et unum defectum [2] tantummodo patiuntur. Si autem tota hereditas tam ex patre quam ex matre ad fratres descenderit, de tota insimul debent fieri portiones; sin autem [aliter fuerit], de toto eo quod ad eos descenderit, de quo inter eos nondum factæ sunt portiones. Si vero, receptis a majoribus in jure suis portionibus, minor suam noluerit retinere, aliam versus eos non poterit reclamare; et primogenitus eam retineat donec ipse eam requirat, eo quod minoribus tenebatur facere portiones. Sciendum etiam est quod si duo fratres fuerint, factis a minori portionibus secundum jus, major tenetur eligere, cum in hoc nulla malitia valeat inveniri. Sciendum etiam est quod, si primogenitus impartibile elegerit, et aliis tradiderit escaetas,[3] altero fratrum decedente,

feront les parties avenants, si que la part au mendre n'en soit empirée. Et se l'en apperceoit que ils y facent malice, les parties soient amendées par les jurés, si comme il a esté dict. L'ainsné doibt premièrement choisir. En tel plet ne doibt avoir que un défault, et une exoine. Se tout l'héritage descend aux frères de père et de mère ensemble, les parties doibvent estre faictes de tout ensemble ; et se il leur vient aultrement, elles doibvent estre faictes de tout ce qui est venu à eulx, de quoy elles ne ont pas encores esté faictes. Se les ainsnés ont receu leurs parties en Court, et le puisné ne vient recepvoir la sienne, il ne leur pourra pas demander aultre partie. Et la doibt l'ainsné frère tenir jusques à ce que le frère puisné la requière ; pour ce que l'ainsné est tenu de faire partie aux mendres. Nous debvons sçavoir que, se ils ne sont que deux frères, quant le mendre aura faict les parties selon droict, l'ainsné doibt tousjours choysir, car en ce l'en ne peut malice appercevoir. Nous debvons sçavoir que si l'ainsné choisit le fief qui n'est pas partable, et il baille aux aultres les eschaistes, se l'un des aultres

---

(1) *Exonium, exoine*—Angl. *essoin.* " Excusatio ut quis non stet juri."—*Ducange.*
(2) *Defectum* —Défaut de comparaître.　(3) *Escaetas* — " Ex caduca : interdum pro "bonis quæ, ex delicto vassalli vel aliquo casu, cadunt in fiscum domini ; interdum "pro legitimis hereditatibus."—*Ducange.* Ici dans le dernier sens.

escaeta non descendet ad primogenitum, sed ad alium qui de ea habebat portionem. Sorores autem in hereditate patris nullam portionem debent reclamare, versus fratres vel eorum heredes; sed maritagium[1] possunt requirere. Et si fratres earum, ex mobili sine terra vel cum[2] terra, vel ex[2] terra sine mobili, eas voluerint maritare viris, eis idoneis sine disparatione,[3] hoc eisdem debet sufficere. Et si eas maritare noluerint, tertiam partem hereditatis habebunt loco maritagii. Hoc enim attento, quod si decem vel plures fuerint filii, et una soror vel duæ, non habebunt tertium, sed portiones fratrum portionibus coæquales. Non enim soror portionem potest habere majorem quam fratres sui. Omnes enim sorores quotquot fuerint ultra tertiam partem nihil possunt requirere hereditatis, nec majorem habere portionem quam unus fratrum, etiam si unica esset expectans cum decem fratribus portionem. Sciendum etiam est quod sorores non habent maritagium, nisi solummodo ex feodo quod de directa linea ad fratres descendit: [vide]licet ex decessu patris, et matris, vel avi, vel aviæ, vel aliorum antecessorum in directa linea constitutorum.

meurt, les eschaistes ne viendront pas à l'ainsné, mais à celuy qui en auroit eu partie. Les seurs ne doibvent clamer aulcune partie en l'héritage [de] leur père, contre leurs frères ne contre leurs hoirs ; mais elles pevent demander leurs mariages. Et se les frères les pevent marier, de meuble sans terre ou avec terre, ou de terre sans meuble, à hommes ydoines sans les desparager, ce leur doibt suffire. Et se ils ne les veulent marier, elles auront le tiers de l'héritage eu lieu de mariage. Mais tant y a, se ils sont dix frères ou plus, et une seur ou deux, elles n'auront pas le tiers, mais parties égalles à celles aux frères ; car aulcune seur ne doibt avoir partie greigneure que ses frères. Toutes les seurs combien qu'elles soient ne pevent demander que le tiers de l'héritage, ne avoir greigneure partie que ung de leurs frères, mesmes se il n'en y avoit que une qui attendist partie à dix frères. L'en doibt sçavoir que les seurs n'ont mariage, fors seulement de la terre qui vient aux frères de père ou de mère, d'ael ou d'aelle, ou d'aultres ancesseurs en droicte

---

(1) *Maritagium*—Dot.    (2) *Cum terra, ex terra*—Dans le texte original il y a transposition de *ex* et *cum*.    (3) *Sine disparatione*—i.e. *part matrimonio.* "A un homme "idoine selon son lignage et les possessions de sa maison."—*Terrien, in loc.*

Ex feodis enim indirecte descendentibus nullam maritagii percipient portionem, ut de escaetis avunculorum et cognatorum et hujusmodi. Si autem aliqua mulier cum aliquo matrimonium contraxerit, nihil ulterius poterit reclamare ratione maritagii, nisi solummodo quod ad maritagium eidem fuerit a parentibus condonatum. Et si nihil ei maritagio datum fuerit nihil poterit reportare: sed quod ei promissum fuerit in matrimonio tenentur promissores restituere. Et si promissum negatum fuerit, per recordationem assistentium in contractu matrimonii debet recordari. Nihil enim matrimonio contracto potest mulier reclamare de hereditate antecessorum, excepto eo quod in contractu eidem, ab heredibus suis[1] jus masculinum obtinentibus, assignatum fuerit vel concessum. Et si heredes in non ætate fuerint, non propter hoc debet matrimonium prorogari; sed eo modo faciendum est per tutores eorum, ac si ætatem debitam attigissent. Si qua vero mulier maritagium requisierit versus fratrem suum, frater si voluerit eam secum reducet; et in custodia sua per diem et annum remanebit, ut ei provideat de maritagio competenti. Competens enim est matrimo-

ligne. Des fiefs qui descendent d'aultre part elles n'auront poinct de mariage : si comme des eschéances des oncles ou des cousins. Se aulcune femme est mariée à aulcun homme, elle ne pourra rien demander à ses frères par raison de mariage, fors ce que père ou mère luy donnèrent quant ils la marièrent. Et se rien ne luy fut donné en mariage, elle ne pourra rien demander; mais ce qui luy fut promis au mariage sont ceulx tenus à payer, qui ce[3] luy promirent.[2] Et se la promesse est nyée, elle doit estre recordée par ceulx qui furent au mariage. Car puisque femme est mariée, elle ne peut riens réclamer en l'héritage à ses ancesseurs, fors ce que les hoirs masles luy donnèrent et ottroyèrent à son mariage. Et se les hoirs du trespassé sont en non aage, le mariage aux seurs ne doibt pas pour ce estre prolongé, ains les doibvent marier les plus prochains amis qui ont la garde du soubsaagé, ainsi comme s'il fust en aage. Se aulcune femme demande à son frère mariage, se il veult il la ménera avec luy et l'aura en garde ung an et ung jour, et puis la pourvoirra[4] de avenant mariage. Mariage avenant est, se elle est

(1) *Suis*—Ses co-héritiers. (2) *Promirent*—Éd. précéd. *promisdrent*. (3) *Qui ce*— Dans le texte *ce qu'ils*. (4) *Pourvoirra*—Éd. précéd. *pourverra*.

nium ad mulierem, si personæ idoneæ prout genus et possessiones paternæ requirunt maritetur. Et si tale noluerit recipere maritagium, sine consilio, et [sine] adjutorio tam terræ quam mobilis, dimittatur. In maisnagiis[1] autem non possunt sorores aliquod reclamare, nisi plura constiterit esse maisnagia quam fratres; in borgagiis autem æqualem sicut fratres percipient portionem. Et licet frater de sorore sua per diem et annum habeat custodiam, non tamen si in non ætate fuerit hoc habebit, nec etiam nepos vel alius in genere. Cum autem hereditas ad mulieres devolvitur, ex defectu heredis qui masculi obtineat dignitatem, eo modo inter se portiones facient sicut dictum est de masculis. Attento tamen quod inter eas feodum omne, tam loricæ quam sergentariæ, dividi debeat, et in portiones separari. Nullus autem heres, cujuscunque sexus fuerit, potest dare vel conferre aliquid feodi sui alicui eorum, ad quos escaeta æqualiter descendere teneatur, vel directa linea heredibus eorum descendentium. Sed post ejus[3] decessum totum feodum, tam possessum quam sic datum, divisiones debet inter comparticipes sustinere. Parentibus autem, qui nullam

mariée à convenable personne selon son lignage et ses possessions. Et se elle ne veult tel mariage, soit[2] laissée sans conseil, et sans aide tant de terre que de meuble. Ès mesnages ne pevent riens réclamer les seurs, s'il n'y a plus de mesnages que de frères. En bourgaige auront les seurs telle partie comme les frères. Et jà soit ce que le frère ait la garde de sa seur ung an et ung jour, non pourtant se il est en non aage il ne l'aura pas, ne le nepveu, ne aultre du lignage. Quand l'héritaige vient aux femmes par défault des hoirs masles, elles le partiront aussi comme les frères feroient : si que le fief de haubert et les sergenteries sont partables entre seurs, quant ils leur viennent. Aulcun hoir, quel qu'il soit ou homme ou femme, ne peut donner de son fief à aulcun de ceulx à qui il doibt escheoir, ne à leurs hoirs qui descendent de eulx en droicte ligne ; mais après son décès tout le fief qu'il tenoit, et celuy qu'il avoit ainsi donné, doibt venir à partie entre ses hoirs. Mais ils en pevent donner

---

(1) *Maisnagia*—"Domus principalis manerii." Cf. *maisagium*. "Domus habitationis "cum idonea agri portiuncula."—*Ducange*. (2) *Soit*—V. n. 2, p. 24. (3) *Ejus*—i.e. *heredis hereditatem adepti*.

portionem expectant in feodo cum heredibus principalibus, potest dare. Verbi gratia : si Titius quatuor fratres habuerit et unam sororem, et nec heredem habeat ex se procreatum, si de feodo suo sorori suæ dederit vel heredibus ex ea procreatis, illud eis hereditarie poterit remanere, cum nullam versus fratres de ejus escaeta valeant habere portionem. Si autem fratri dederit vel heredi ex eo procreato, post ejus decessum retinere non poterit, sed totum debet ad portiones revocari.

## XXVII.—DE IMPEDIMENTIS SUCCESSIONIS.

De impeditione successionis consequenter videndum est. Sunt autem hæc : bastardia,[2] professio religionis, forisfactura et lepræ morbus incurabilis. Inter quæ primo videndum est de bastardia. Sunt enim bastardi omnes illi qui sine contractu matrimonii fuerunt procreati. Et licet matrimonium divortium receperit, procreati tamen in ipso, dum Ecclesia [id] sustinebat et pro legitimo reputabat, pro legitimis reputantur. Procreati ante matrimonium, matrimonio subsequente, pro

à leurs parents ou aultres, qui n'ont point de partie, ni y attendent, avec les hoirs. Raison comment : se Pierre a quatre frères et une seur, et il n'a aulcuns hoirs qui soyent yssus de luy ; se il donne aulcune chose de son fief à sa seur, ou à son hoir qui soit yssu d'elle, il luy pourra bien remaindre ; pour ce qu'elle ne povoit rien avoir de celuy héritage. Mais s'il le donne à son frère, ou à son hoir qui est yssu de luy, il ne le pourra pas tenir après le décès au donneur, ains sera tout rapporté à partie.

## XXVII.—DE EMPESCHEMENTS DE SUCCESSIONS.

Or voyons après d'empeschement d'héritage.[1] Les empeschements sont tels : bastardie, religion, forfaicture, et mésellerie dont l'en ne peut garir.[3] Premièrement nous dirons de bastardie. Tous ceulx sont bastards qui sont engendrés hors mariage. Et jà soit ce que mariage ait esté départy, les enfans qui sont engendrés, tant comme Saincte Eglise le tenoit et souffroit pour loyal, sont tenus pour légitimes. Ès ceulx qui furent engendrés devant le mariage, se le père espouse depuis

---

(1) *Héritage*—"Héritage est ici pris proprement pour hoirie ou succession * * combien que communément on le prend abusivement pour chose immeuble."—*Terrien, in loc.* 2) *Bastardia*—Cf. la procédure parallèle, indiquée par *Glanville,* VII, 13.    (3) *Garir*—Se]guérir.

legitimis reputantur. Cum enim multa lateant matrimonia, quæ non sunt in aperto manifesta, quorum discussio in ecclesiastica curia est terminanda, non est laici judicis de eis discutere. Quos enim judex ecclesiasticus legitimos reputat, et laicus legitimos reputabit; et de bastardis similiter. Cum autem propinquior heres antecessoris saisinam debeat possidere, si aliquis se filium vel nepotem vel aliquo modo propinquiorem se esse dixerit, in hoc partem adversam oportebit confiteri vel negare. Si vero neget, per inquisitionem declarandum est, utrum sit ita propinquus in genere ut asserit; et si ita cognitum fuerit saisinam obtinebit. Si vero ab adversa parte confessum fuerit hoc quod dicit, saisinam similiter reportabit. Si autem adversarius velit objicere bastardiam, nihilominus ei saisina remanebit. Sed si pars adversa dare plegios voluerit quod ipsum infra diem et annum, pro bastardo probabit, habebit ad ordinarium[3] litteras justiciarii in hac forma: cum contentio coram nobis inter A. et B. verteretur occasione hereditatis C., quo[6] dicto A. pater non denegatur extitisse, tamen a dicto B. reputatus est pro bastardo; cum

la mère, ils sont tenus légitimes. Et pour ce que plusieurs mariages sont celés et ne sont pas publiés appertement, de quoy par Saincte Eglise doibt enqueste estre faicte, il n'appartient pas à la Court laye à en juger. Car se Saincte Eglise les tient à loyaulx, la Court laye les y tiendra. Et pour ce que le plus prouchain hoir doibt avoir la saisine à son ancesseur, se aulcun dict qu'il fust fils au mort ou nepveu, ou plus prochain hoir que cil qui est en sa saisine, il convient que cil qui tient nye ou congnoisse. Se il nye il convient avoir l'enqueste, sçavoir mon[1] s'il est si près du lignage comme il dict, et s'il est vray il aura la saisine. Et se l'autre partie congnoist qu'il dict voir,[2] il aura la saisine sans enqueste. Se l'autre luy veult mettre seure[4] qu'il soit bastard, pour ce ne perdra il pas sa saisine. Mais se l'autre veult bailler plèges, qu'il le prouvera à bastard dedens l'an et le jour, il aura lettres du Bailly, qui yront en[5] leur Ordinaire,[3] en ceste forme: comme il eust esté plet par devant nous entre P. et G. pour l'héritage Rogier, de quoy l'en ne nye pas qu'il ne fust père [de] P.; non pourtant G. le veult tenir à bastard: et

---

(1) *Mon*—Particule affirmative: donc, pour lors, &c.: ici, dans le sens de *utrum.*
(2) *Voir*—Vrai.   (3) *Ordinarium*—Le diocésain, Évêque ou Archevêque: à Jersey, le Doyen.   (4) *Seure*—Dans *Le R. sur.*   (5) *En*—*Sic.*   (6) *Quo*—*Sic.*

— 89 —

igitur hujus rei cognitio ad vos pertineat evidenter, causam bastardiæ vobis remittimus, infra diem et annum terminandam : et quid super hoc feceritis, ad terminum nobis fideliter remandetis. Exinde ordinarius in causa procedet, prout de jure viderit procedendum. Elapso autem anno debent redire ad curiam, vel interim si causæ materia fuerit terminata. Et si pro bastardo reputatus fuerit, parti adversæ hereditas remanebit. Si autem pars adversa hoc probare non poterit, nihil contra ipsum poterit obtinere. Bastardus autem nemini debet succedere hereditarie ; casualiter autem potest, ut per emptionem seu conditionem aliquam. Bastardo autem nemo potest succedere, nisi ex ipso et uxore propria originem duxerit conjugali. Et licet bastardus in hereditate succedere non debeat, hereditatem tamen potest acquirere, quam potest dare, vel vendere, vel invadiare, sicut legitimi, quibus voluerit, exceptis tamen illis qui in bastardia ex ipso fuerint procreati. Nullus autem qui professionem religionis fecerit alteri potest succedere in hereditatem, dum tamen religionis habitum teneat evidenter ; [cum]

pourtant que le plet de ceste chose vous appartient : nous vous envoyons la cause de bastardie, pour déterminer dedens ung an et ung jour ; et ce que faict en aurez,[2] [vous] nous remanderez au terme. Lors yra l'ordinaire avant en la cause, selon que droict luy semblera. Et quant l'an sera passé, ils doibvent revenir à la Court ; ou ainçois,[1] se la cause est avant finée. Et s'il est prouvé à bastard, l'héritage remaindra à l'autre ; et s'il ne peut estre prouvé, l'autre n'y aura rien. Bastard ne peut estre héritier d'aulcun héritage ; mais par achapt, ou par aultre condition, le peut-il bien avoir. Aulcun ne peut estre hoir à bastard, que les enfants qu'il a de sa femme espousée. Et jà soit ce que bastard ne doye estre héritier de l'héritage à aulcun homme, non pourtant il en peut conquérir,[4] et ce qu'il aura conquis il le peut donner,[3] vendre ou engager à qui il vouldra, ainsi comme s'il fust de mariage, fors à ceulx qu'il a engendrés en bastardie. Aulcun qui en religion ait faict profession, pourtant qu'il porte appertement habit de religion, ne peut estre hoir à aultre ; car il est ainsi

(1) *Ainçois*—Éd. précéd. *ençois :* avant. (2) *Aurez, remanderez*—Suppression du sujet. (3) *Donner*—"A savoir est jusques à la tierce partie."—*Terrien, in loco.* (4) *Conquérir*—Ici simplement pour *acquérir :* quoique le mot *conquêts* se dit spécialement des acquisitions faites par des conjoints constant le mariage.

M

tanquam mundo mortuus reputatur. Si autem contentio super hoc emerserit, habitu tamen religionis litis motæ tempore jam remisso, in hujusmodi contentione est, sicut in bastardia diximus, procedendum. Ex forisfactura autem accidit quod hereditaria deperit successio. Nullus autem ex damnato sanguine procreatus alteri potest succedere in hereditatem, quod alibi plenius IN FORISFACTURIS[3] declarabitur. Leprosi autem alicui in hereditatem succedere non possunt, dum tamen eorum ægritudo publice fuerit manifestata ; possessam autem hereditatem totalis vitæ tempore retinebunt.

comme mort au monde. Et se contends vient sur ce, et il ne porte habit de religion eu temps que le plet est commencé, on en doibt faire tout ainsi comme nous dismes de bastardie. De forfaicture advient que succession est perdue, car aulcun des enfants à celuy qui a forfait sa terre ne peut succéder en l'héritage ; comme ailleurs cy-devant est plus plainement déclairé. Le mésel[1] ne peut estre hoir à aultre, pourtant que la maladie soit apperte communément. Mais il tiendra toute sa vie l'héritage qu'il avoit ains qu'il fust mésel.

## XXVIII.—DE TENEURIS : ET QUID SIT TENEURA.

De teneuris autem consequenter agendum est. Est ergo teneura maneries qua tenentur de dominis tenementa. Quædam enim teneura est per hommagium, quædam per paragium, quædam per borgagium, quædam per elemosinationem. Per hommagium autem tenentur feoda, de quibus fides inter dominum et hominem observari expresse promittitur, salva fide Domini Normanniæ ; quod etiam a domino recipitur expansis manibus ipsius, et interpositis manibus hommagium facientis ; quod in

## XXVIII.—DE TENEURES.

Nous dirons après de teneures. Teneure est la manière par quoy les ténements sont tenus des seigneurs. Une teneure est par hommage, aultre par parage, aultre par bourgage et aultre par aulmoine.[2] Par hommage sont tenus les fiefs, de quoy foy est promis expressément à estre gardée entre le seigneur et son homme, saulve la féaulté au Duc de Normendie. Et quand le seigneur reçoit l'hommage, cil qui le faict doibt joindre ses mains entre celles de son seigneur,

(1) *Mésel*—Lèpre. Le même mot que *measles* en Anglais : de *misellus*, dim. de *miser*.
(2) *Aulmoine* ou *aulmosne*—Dans les éd. précéd. *omosne*. On trouve aussi *asmone*, *almosne.*—Marnier, p. 39, 40. Angl. *almoign*. (3) V. Ch. xxxiii.

sequenti Capitulo plenius elucebit. Per paragium autem tenentur feoda, quando frater vel cognatus portionem percipit de antecessorum hereditate, quam de antenato suo tenet, et ei respondet de eis[5] singulis ad dominos pertinentibus capitales, quæ debet feodum portionis suæ[5]; quod patebit inferius. Per borgagium autem tenentur feodi, ut masuræ in burgis constitutæ burgorum consuetudinem retinentes. Per elemosinam autem tenentur terræ ecclesiis elemosinatæ. Quædam autem præter hæc[6] in diversis partibus Normanniæ tenentur feoda per bordagium,[4] cum aliqua borda traditur alicui ad servilia opera facienda, et vilia servitia facienda; quam nec potest dare, nec vendere, nec invadiare, qui eam recipit in hereditatem sub tali teneura: et hoc non facit hommagium. Tenentur etiam quædam libera tenementa sine hommagio et paragio in feodo laicali. Sed hoc fit in compositione inter aliquas personas procreata: ut si aliquis dederit

si comme nous dirons eu Chapitre ensuyvant. Les fiefs sont tenus par parage, quand le frère ou le cousin prent sa part de l'héritage à ses antécesseurs,[3] et il la tient de son ainsné; et luy respond de toutes les choses qui appartiennent à sa partie du fief, et des droictures aux chiefs seigneurs: si comme nous monstrerons après. Par bourgage sont tenus les fiefs, comme sont les masures qui sont ès bourgs et gardent les coustumes des bourgs. Par aulmosne[2] sont tenues les terres qui sont aulmosnées aux églises. En aulcunes parties de Normendie sont terres tenues par bordage, quand aucune borde[1] est baillée à aulcun pour faire les vils services de son seigneur, qu'il ne peut vendre ne engager ne donner: et de ce n'est pas hommage faict. Ungs francs ténements sont tenus sans hommage et sans parage en fief lay, et ce est faict par composition qui est faicte entre aulcunes personnes. Si comme: se ung homme

---

(1) *Borde*—V. aussi n. 4, p. 80. "Borda. Saxon: *bord*; domus."—*Ducange*. Mais selon *Blount*; "*Bordagium*. The tenure of *Bordlands*: i.e. the lands which the lords keep in "their hands for the maintenance of their board or table": explication assez douteuse. Il ajoute un extrait plus illustratif, et d'ailleurs d'un intérêt local: "omnes qui terras "et tenementa tenent per bordagium habeant super singulis bordagiis * * capitalem "quandam mansionem in loco ad hoc consueto" etc.—*Ordin: Justic: Itin: in Insula de Jersey*. Il y a actuellement dans la ville de St. Pierre-Port à *Guernescy* une rue appelée *le Bordage*. (2) *Aulmosne*—V. n. 2, p. 90. (3) *Antécesseurs*—Sic *Le R.* Autres éd. *ancesseurs*. (4) *Bordagium*—Dans le texte *borgagium*. (5) *Eis* * * *suæ*—Le texte ici a été légèrement transposé. (6) *Hæc*—*Le R. hos*; autres éd. *hoc*.

decem solidos annui redditus, in feodo quod de ipso tenetur per viginti solidos[4] redditus, sibi alios decem solidos cum hommagio retinendo, possessor[5] feodi feodum illud tenebit, *quemadmodum pertinet ad decem solidos, de eo cui collatum est a domino suo hommagium retinente ;* nec tamen propter hoc alii faciet hommagium, cum totum feodum per unicum teneri hommagium dignoscatur. Et hujusmodi teneura voluntaria nuncupatur, eo quod fit ex voluntate tradentis et recipientis, et non de necessitate hereditatis. Notandum etiam est quod quædam sunt teneuræ de redditibus: ut quando aliquis tenet redditum sibi assignatum, terra possessori remanente. Quædam autem teneura fit de terra, ut quando aliquis tenet de alio fundum alicujus terræ. Quædam autem fit de dignitate, ut quando aliquis aliquam tenet dignitatem de alio, ut habere garennam, vel quittantiam in forestis vel nundinis *vel aliis locis ;* vel habere sergentariam, vel moutam,[1] vel aliquid hujusmodi, quæ sine fundo terræ tenentur de dominis.

a vingt sols de rente sur ung fief, et en donne à ung aultre dix sols, et retient les aultres dix sols et hommage de son homme, cil[2] qui tient le fief * * ne fera pas hommage à aultre ; car il le tient par ung seul hommage. Et telle teneure est appellée voluntaire, pour ce qu'elle est faicte par la volunté à celuy qui baille et par celle à celuy qui reçoit, et non pas de necessité d'héritage. L'en doibt sçavoir qu'il y a une teneure de rente : si comme aulcun tient rente, qui luy est assignée sur une pièce de terre, et la terre remaint à celuy qui la tient. Une aultre teneure est de terre : si comme aulcun tient d'un aultre le fons d'un héritage. Une aultre teneure est de dignité : si comme quand ung homme tient d'un aultre aulcune dignité,[d] si comme d'avoir garenne, ou quittances en forests ou en foires, ou d'avoir sergentcries *ou marchiés* ou moultes ou aulcunes telles choses, qui sont tenues des seigneurs sans fons de terre.[6]

---

(1) *Moutam*—Moulin banal et les autres droits y attenant, tels que *rerte-moute.* Cf. n. sur *moutarios,* Ch. xxxiv. (2) *Cil, &c.*—"Il semble qu'il y a ici omission, et qu'il faille lire *cil* "*qui tiendra le fief le tiendra, en tant que sont dix sols, de celui à qui ils ont ete donnés et &c.*" —*Terrien, in loc.* (3) *Dignité*—"Abusivement pour franchise, exemption ou droiture "privilégiée."—*Id.* (4) *Solidos*—Sic Ludwig : dans le texte *solidatas.* (5) *Possessor*— Sic Ludwig : dans le texte *possessionem.* (6) *Terre*—Dans le texte *rente.*

## XXIX.—DE HOMMAGIO ET QUID SIT.

De hommagio autem videndum est. Hommagium itaque est fidei promissio observandæ, de in justis ac necessariis non obstando, sed consilium et auxilium exhibendo; quod fit, expansis ac conjunctis manibus inter manus recipientis, in hæc verba : Ego devenio hominem[4] vestrum, ad portandum vobis fidem contra omnes, salva fidelitate Ducis Normanniæ. Et notandum est quod hommagiorum quoddam est de feodo, quoddam est de fide et servitio, quoddam de pace conservanda. De feodo autem fit hommagium modo superius assignato. De fide et servitio fit hommagium, quando quis aliquem recipit in hominem, ad fidem sibi conservandam, et servitium proprii corporis exhibendum, ad pugnandum pro ipso si necesse fuerit[1] * * * * in conditione facta inter ipsos. Et si etiam forsan serviens succubuerit pro alio duellum faciendo, redditus ad dominum revertentur. Sciendum tamen est quod toto vitæ suæ tempore illud feodum possidebit, quod collatum est a domino, pro quo duellum subiens

## XXIX.—DE TENEURE PAR HOMMAGE.

Après debvons dire de hommage. Hommage est promesse de garder foy des choses droicturières et nécessaires, et de donner conseil et ayde. Et cil qui fait hommage doibt estendre les mains entre celles à celuy qui le reçoit, et dire ces parolles : Je deviens vostre homme à vous porter foy contre tous, saulve la féaulté au Duc de Normendie. Sçavoir debvons que ung hommage est de fief, aultre de foy et de service, aultre de garder paix. Hommage de fief est faict si comme nous avons devant dict. Hommage de foy et de service est quand aulcun reçoit aultre à hommage, à luy garder foy, et à luy faire service de son propre corps, ou soit à combatre pour luy se mestier est, ou à faire aulcun tel service. *Et si luy assigne*[3] *rente pour ce, elle ne remaindra pas à ses hoirs, s'il ne fut dict* quand la condition fut faicte entre eulx. Et se le sergent[2] faict bataille pour ung aultre et il en est convaincu, les rentes reviendront au seigneur; mais l'en doibt sçavoir qu'il tiendra toute sa vie le fief, que cil pour

---

(1) *Fuerit*—Il y a omission de quelques mots, dont le texte Fr. donne la portée, avant *in conditione*.     (2) *Sergent*—Équivalent de *serviens*, dans son sens de *serviteur*, ou de *un qui doit service*. Vassal ; tenant d'un fief servant ; ou à rente.     (3) *Assigne*— V. n. 2, p. 24, et n. 2, p. 89.     (4) *Hominem—Sic.*

in campo succubuit. Et hujusmodi hommagium fit modo supradicto, addito tamen : Salva fide aliorum dominorum meorum. Fit autem hommagium quandoque de pace observanda, quod hommagium DE PAGA[1] nominatur, eo quod fit in pagam concordiæ inter aliquos reformatæ : ut quando aliquis sequitur alium de aliqua occasione criminali, et pax inter ipsos reformatur, ita quod secutus facit ei hommagium de pace illa conservanda ; hujusmodi hommagium recipitur in pagam[2] concordiæ reformatæ. Et hommagium hujusmodi fit modo superius annotato ; expresso tamen et addito : Salva fide aliorum dominorum meorum, et maxime de hac pace conservanda. Hommagio autem inhæret plegiatio ; homo enim tenetur plegiare dominum suum in quacunque curia, si de personali injuria fuerit insecutus, et quod juri parebit ad terminos sibi assignatos, et in mobilibus et namptis liberandis, et de debitis et mutuationibus, prout quantitas redditus unius anni quem debet domino se extendet. Justiciationem autem habet

qui il fut vaincu eu champ luy donna. Et tel hommage est faict comme cil de devant, fors qu'il y adjoustera : Saulve la féaulté à mes aultres seigneurs. Hommage est faict aulcunes fois de garder paix, et est appellé hommage de paix et de concorde, qui est reformée entre aulcuns. Si comme : quand aulcun suyt ung aultre d'aulcun crime, et paix est reformée entre eulx, si que celuy qui est suy faict hommage à l'autre de luy garder paix ; cest hommage est receu en paie[1] de la concorde, qui est reformée entre eulx. Iceluy hommage est faict comme celuy de devant, fors que celuy qui le faict doibt dire : Saulve la féaulté à mes aultres seigneurs, et mesmement[3] de garder ceste paix. A hommage est adjoincte plévine ; car l'homme[4] doibt plévir son seigneur en toutes Courts, s'il est suy de meffaict qui appartienne à sa personne ; et qu'il sera à droict aux termes qui luy seront mis ; et de ses namps délivrer, et de debtes et d'emprunts ; tant comme la rente qu'il luy doibt d'un an se peut estendre. Le seigneur a povoir de faire justice sur tous

---

(1) *Paga, paie*—i.q. *pacetio, solutio.* "Pax facta solutione."—*Ducange.*   (2) *Pagam*—Dans *Le R. plagam.*   (3) *Mesmement*—La forme alternative de ce mot dans le V. F. *(maismement),* et son usage ici comme l'équivalent de *maxime,* sembleraient indiquer la possibilité d'une autre origine que celle ordinairement acceptée pour *même.* Cf. l'orthographe *mes* pour *mais,* alors assez fréquente.   (4) *Homme*—Dans le texte *hommage :* homme dans la GL

dominus super omnia feoda quæ
tenentur de ipso, sive mediate
sive immediate teneantur. Quædam enim feoda immediate tenentur de dominis, ut ea quæ homo
tenet de domino suo, nulla alia
persona mediante. Mediate autem tenentur feoda, quando aliqua
persona intervenit inter dominum
et tenentes. Et hoc modo tenent
omnes postnati, mediante antenato;
et omnes tenentes sub homine[1]
constituti, qui per hommagium
conjuncti sunt domino. Nullus
autem potest justitiam facere
super feodum aliquod, nisi teneatur de eodem. Notandum etiam
est quod nullus terram, quam tenet
de domino per hommagium, potest
vendere vel invadiare, sine assensu domini speciali. De parte[2]
tamen tertia, vel infra hoc, facere
plurimi consueverunt voluntatem,
dum tamen id[3] eis remaneat de
feodo, per quod omnia jura et
faisantiæ,[4] juridictiones et dignitates perfici dominis plenarie
valeant et persolvi.

## XXX.—DE TENEURA PER PARAGIUM.

Per paragium autem fit teneura,
eo quod tenens et ille de quo
tenetur pares esse debeant, ratione parentagii, in portionibus
hereditatis ab antecessoribus des-

les fiefs qui de luy sont tenus, ou
nu à nu ou par moyen, selon le
fief tenu. Les fiefs sont tenus
nu à nu des seigneurs, quand il
n'y a aulcune personne entre
eulx et leurs tenants : et ainsi
tiennent ceulx qui font hommage
à leurs seigneurs. Par moyen
sont les fiefs tenus, quand aulcune
personne est entre les seigneurs
et les tenants : et ainsi tiennent
les puisnés par moyen de leur
ainsné, et tous ceulx qui sont
soubs celuy qui a faict hommage
au seigneur. Aulcun ne peut
faire justice sur le fief, s'il n'est
tenu de luy. Aulcun ne peut
vendre ne engager, se [ce] n'est
du consentement au seigneur, la
terre qu'il tient de luy par hommage. Non pourtant aulcuns ont
acoustumé à vendre ou engager
le tiers ou moins, pourtant qu'il
remaine du fief tant, que les
droictures et les faisances des seigneurs et dignités puissent estre
faictes et payées aux seigneurs.

## XXX.—DE TENEURE PAR PARAGE.

Teneure par parage est, quant
cil qui tient et cil de qui il tient
doibvent par raison de lignage
estre pers, ès parties de l'héritage
qui descent de leurs ancesseurs.

(1) *Homine*—i.q. *vassallo*.   (2) *Parte*—Éd. 1483 : les autres éd. *pace*, écrit en erreur
pour *pecid*.   (3) *Id*—Dans le texte *in*.   (4) *Faisantiæ*—Redevances.

cendentis. Et hoc modo tenent postnati de antenatis suis, quousque ad sextum gradum pervenerint in consanguinitatis linea constitutum. In illo enim gradu tenentur fidelitatem facere antenato ; in septimo autem gradu hommagium : et ex inde quod per paragium tenebatur prius, per hommagium ulterius tenebitur. Potest autem antenatus in postnatos justitiam exercere, pro redditibus et faisantiis ad dominos feodi pertinentibus. Pro aliis autem occasionibus nequaquam, nisi solummodo in tribus casibus ; videlicet, pro injuria personæ ipsius irrogata, vel primogenito filio suo, vel uxori.

En ceste manière tient le puisné de l'ainsné, jusques à ce qu'il vienne au sixte degré du lignage ; mais d'illec *en avant* sont tenus les puisnés faire féaulté[1] à l'ainsné. Et eu septième degré, et d'illec en avant, sera tenu par hommage ce qui devant estoit tenu par parage. L'ainsné peut faire justice sur ses puisnés, pour les rentes et pour les services qui appartiennent aux seigneurs, et non pas pour aultres choses, fors en troys cas, sans plus ; pour tort qui a esté faict à sa personne, à son ainsné fils, ou à sa femme.

### XXXI.—DE TENEURIS PER BORGAGIUM.

In teneuris autem per borgagium[2] sciendum est, quod possunt

### XXXI.—DE TENEURE PAR BOURGAGE.

De teneures par bourgage doibt l'en sçavoir que elles pevent estre

---

(1) *Féaulté*—"Promesse de porter foy et loyaulté."—*Terrien.* (2) *Borgagium*—"Id "est, per servitium aliquid secundum consuetudinem civitatis præstandi." *Descriptio Juris*, p. 14. *Terrien, in loco,* écrit " et son *(sic)* les héritages assis en bourgage appelés "*allodia* * * * * qui signifient biens et héritages libres et francs de toute "sujétion, comme le propre bien et vrai patrimoine de celui qui les possède, lesquels il "peut vendre, * * * * ne recognoissant à cause d'iceux aucun seigneur, sinon le Roi "quant à la juridiction et souveraineté." Et *Craig* (Jus Feudale I, 11, 36) donne à-peu-près la même explication : "Habet hoc genus feudi apud Gallos multa peculiaria : nam "suis moribus et consuetudinibus reguntur, licet a jure communi diversis : superiorem "non agnoscunt, nisi Principem, eumque tantum quod ad jurisdictionem sive protectionem "* * : neque in servitio tenentur : vectigal tamen ex usu pendunt. * * Galli has "hereditates burgales *Allodia* vocant, quia de nullo alio tenentur in feudo ; ab omni "servitio et præstatione sunt immunes, vendique hypothecari aut quovis modo alienari "pro arbitrio, nemine consulto, possunt" ; mais la confusion qui se trouve dans la définition de l'un et l'autre auteur est signalée par *Houard,* Anciennes Lois des Fr. II, 10 : "Presque "tous ceulx qui ont écrit du Droit Coutumier ont confondu le *Bourgage,* le *Franc-Aleu,* et la "*Bourgeoisie :* cependant ces différentes possessions n'ont ni la même origine, ni les mêmes "prérogatives. Le Franc-Aleu pouvoit exister dans les villes comme dans les campagnes : "ce n'étoit pas une *tenure,* parce qu'il ne devoit pas son être à l'inféodation : il n'étoit sujet "à aucun seigneur ni à aucuns devoirs : il ne recounoissoit que la jurisdiction du Roi. "* * * * [Tenir en Franc-Aleu est tenir de Dieu tant seulement, fors quant à la "justice.—*Loysel,* Inst. Cout. II, 1, 19]. Le Bourgage, au contraire, désignoit dans son "principe une *tenure,* et conséquemment relevait féodalement d'un seigneur, à qui il payoit "les rentes, ou autres redevances indicatives de la vassalité. La Bourgeoisie * * ne "consistoit que dans l'affranchissement des personnes des serfs, ou villains d'une seigneurie : "c'est à ces bourgeoisies, qu'on doit rapporter l'établissement des privilèges des villes." V. aussi n. 2, p. 80.

vendi et emi ut mobile sine consensu dominorum, et coustumæ de eis debent reddi secundum consuetudines burgorum. Notandum etiam est, quod venditiones eorum per heredes vel consanguineos non possunt revocari, nisi infra diem auditionis rei venditæ naturalem fiat petitio justitiæ cum moneta. Notandum est iterum quod relictæ de hujusmodi emptionibus, tempore suo factis per maritos, medictatem habent, versus heredes virorum suorum post eorum decessum. Nota iterum quod sorores in hujusmodi tenementis æqualem cum fratribus percipient portionem. Nota iterum quod hujusmodi tenementa nec relevia faciunt, nec auxilia in Normannia usitata. De borgagio autem nonnulla tenentur per hommagium, sed hoc non est ex institutione burgagiorum,[1] sed ex pacto inter possessores eorum interveniente. Et licet pactum inter eos factum debeant observare, nihilominus tamen propter hoc, quantum ad ceteros, debet pro burgagio reputari, et omnes conditiones burgagii retinebit; nisi expressa conditio, in contractu facta quando burgagium receptum fuerit in feodum, se opposuerit evidenter.

vendues et acheptées comme meuble, sans l'assentement aux seigneurs; et les coustumes doibvent estre payées selon les usaiges des bourgs. Et si doibt l'en sçavoir, que les ventes faictes d'aucuns héritages ou rentes ne doibvent estre rappellées par les hoirs ne par le lignage aux vendeurs, se dedens le jour naturel de l'audition de la chose vendue la péticion n'en est faicte devant justice, avec la monnoye du prix de la vendue. Sçavoir debvons que[2] les femmes doibvent avoir, après la mort de leurs maris, la moytié des achapts qui sont faicts en leur temps, et les seurs y doibvent avoir semblable partie comme les frères; et si doit on sçavoir que tels ténements ne doibvent relief ne aides coustumiers. Nous debvons sçavoir que en bourgage y a maintes choses qui sont tenues par hommage, mais ce n'est pas par establissement de bourgs, ains est par convenant qui est faict entre ceulx qui les tiennent. Et jà soit ce que ils doibvent garder les convenants qui sont faicts entre eulx, non pourtant il doibt estre tenu pour bourgage, se expresse convenance ne fût faicte encontre, quand le bourgage fut receu.

---

(1) *Burgagiorum—Sic.* Probablement *burgorum.*     (2) *Que*—i.e. en bourgage.

N

## XXXII.—DE TENEURIS PER ELEMOSINAM.

Per elemosinam autem tenere dicuntur illi, qui tenent terras in elemosinam puram Deo et servientibus sibi collatas, in quibus collatores nihil penitus sibi retinent aut reservant, nisi solummodo dominium patronale ; et tenent de illis per elemosinam tanquam de patronis. Nullus autem elemosinare potest ex aliqua terra, nisi hoc solum quod suum est in eadem. Unde notandum est quod nec Dux, nec barones, nec etiam aliquis eorum, si homines sui aliquid de terris quas de eis tenent elemosinaverint, propter hoc sustinere debent aliquod detrimentum ; et nihilominus domini eorum in terris illis elemosinatis justitias suas exercebunt, et jura sua ex eis levabunt. Ex hoc etiam notandum est quod, cum Dux justitiam et jura principatus sui in omnium terris habeat subditorum, ipse solus elemosinas potest liberas facere sive puras. Plures siquidem sunt terræ quæ elemosinatæ sunt, et a ruricolis eas possidentibus tanquam laicale feodum possidentur, et non per modum elemosinæ ; id enim quod laici in eis habent tanquam suum, conditionem feodi retinet laicalis. Illud vero quod in his illi, quibus facta fuerit elemosina, habere

## XXXII.—DE TENEURE PAR OMOSNE.

L'en dict que ceulx tiennent par omosne,[2] qui tiennent terres données en pure omosne à Dieu et à ceulx qui le servent, en quoy le donneur ne retient aulcune droicture, fors seulement la seigneurie de patronnage ; et tiennent d'iceulx par omosne comme de patrons. Aucun ne peut omosner aulcune terre, fors ce qu'il y a ; et pour ce doibt l'en sçavoir que le Duc ne les barons ne les aultres qui ont hommes ne doivent avoir aulcun dommage, s'aulcuns de leurs hommes omosnent aulcunes choses des terres qu'ils tiennent d'eulx ; car pour ce ne remaindront pas, qu'ils n'y facent leurs justices, et qu'ils ne lievent leurs droictures des terres que leurs hommes ont omosnées. Et pour ce doibt l'en sçavoir que, pour ce que le Duc a sa justice et sa droicture, par tout son duché, ès terres sur tous ses soubsmis, luy seul peut faire les omosnes franches et pures. Il y a plusieurs terres qui sont omosnées, que les gaigneurs[1] tiennent comme fief lay, et non pas par manière d'omosne. Car ce que les lays y ont comme leur retient la condition du fief lay. Et ce que ceulx y ont, à qui l'omosne

---

(1) *Gaigneurs* — Cultivateurs.　(2) *Omosne* — Sic. V. Ch. cxvii (Lat.). V. aussi n. 2, p. 90.

dignoscuntur, ecclesiæ[1] est, et per modum elemosinæ possidendum. Quod autem elemosina vel per modum elemosinæ possessum fuerit pacifice, non interrupta possessione, videlicet, per spatium triginta annorum, ad ecclesiasticam curiam pertinet evidenter. Et si super hoc exorta fuerit contentio, judicis[2] curia per inquisitionem debet terminari. Cum enim feodorum jurisdictio ad Ducem Normanniæ dignoscitur pertinere, exortæ contentiones de illis, super modo tenendi, in judicis[2] curia habent terminari: dum tamen præscriptionis tempus non obsistat.

fut donnée, est omosne,[3] et tenu par manière d'omosne. Ce qui a esté tenu par manière d'omosne, en paix, sans contredict et sans entrerompe les possessions l'espasse de trente ans, appartient à la Court de l'Eglise. Et se contends naist de ce, il doit estre terminé en la Court au Duc, et sceu par l'enqueste; car pour ce que la jurisdiction des fiefs appartient au Duc de Normendie, les contends qui naissent de la manière comme ils sont tenus doibvent estre terminés en sa Court, pourtant que longue tenue ne luy tolle.

## XXXIII.—DE TUTELIS.

Tutelam autem seu custodiam habere debet Princeps Normanniæ omnium eorum in ætate minori constitutorum, qui de eo tenent per hommagium feodum, vel membrum loricæ feodi. Membrum autem feodi loricæ dicitur octava pars feodi loricæ, et omnes aliæ partes sub minori numero constitutæ: ut septima pars, et sexta, et ceteræ. Minorem ætatem autem dicuntur habere, qui nondum spatium viginti annorum compleverint: quibus, quoniam in tutela

## XXXIII.—DE GARDE D'ORPHELINS.

Nous debvons sçavoir que le prince de Normendie doibt avoir la garde de tous les orphelins qui sont de petit aage, qui tiennent de luy par hommage aulcun fief ou membre de haubert. L'en appelle membre de haubert la huictième partie d'un fief de haubert, et toutes les aultres parties qui sont contenues soubs mendre nombre: si comme la septième, la sixième et les aultres. L'en doibt sçavoir que ceulx sont dedens aage qui n'ont pas acomply vingt ans. Et pour ce qu'ils

---

(1) *Ecclesiæ—Sic Ludwig.* Dans *Le R. elemosina.*    (2) *Judicis—*Probablement *ducis,* dans l'un et l'autre cas.    (3) Dans le texte: *donnée et omosnée, est tenu.*

usque ad vicesimum annum completum tenendi sunt, unus ultra annus eis conceditur ex usu Normanniæ, quo clamorem de revocatione saisinam[4] antecessorum per inquisitionem debent in curia promovere. Ei autem, qui annum vicesimum jam complevit, inquisitio de saisina antecessorum non conceditur, nisi antecessor ille infra annum et diem clamoris facti mortuus fuerit. Habere etiam debet[1] omnium eorum custodias, qui baronias comitatus, vel mercatum vel sergentariam liberam feodatam, quæ nullam inter fratres divisionem debeat sustinere, vel domum vel turrem batillatam,[5] de Duce tenent per hommagium. Habere etiam debet custodias omnium heredum in minori ætate constitutorum, quorum custodiæ ad dominos feodorum pertinent rationibus prænotatis, dum tamen ipsi heredes aliquantulum feodi ducatus per hommagium teneant de eodem. Si vero per hommagium nihil teneant de eo ducatu, dominis, qui [de] feodis eorum in quibus pendet custodia habent hommagia, custodia remanebit. Notandum etiam est, quod si Dux Normanniæ ratione ducatus alicujus habuerit tutelam, cedent cum eo omnia alia feoda, sive partibilia sive impartibilia

doibvent estre tenus en garde tant que les vingt ans soient acomplis, on leur donne ung an par l'usaige de Normendie, en quoy ils pevent faire en Court clameur, et rappeler les saisines de leurs ancesseurs par enqueste. A celuy qui a acomply vingt et ung ans n'est pas otroyée l'enqueste de la saisine à son ancesseur, se l'ancesseur ne mourut dedens l'an et le jour que la clameur a esté faicte. Il[2] doibt avoir la garde de tous ceulx, qui tiennent de luy par hommage baronnies, contés, marchés, franches sergenteries fieffaulx, qui ne pevent estre parties entre frères, ou maisons ou tours bataillères. Il doit avoir la garde de tous les hoirs qui sont dedens aage, de quoy la garde appartient à leurs seigneurs par les raisons que dictes ont esté devant, pourtant qu'ils tiennent du Duc par hommage aulcun pou[3] de fief qui appartienne au duché. Et s'ils n'en tiennent rien par hommage, la garde remaindra aux seigneurs de qui ils tiennent par hommage. Nous debvons sçavoir que, quand le Duc de Normendie a la garde d'un hoir par raison du duché, tous les aultres fiefs qui appartiennent à celuy hoir, partables ou non partables, et les eschaetes

---

(1) *Debet—Dux* sous-entendu.   (2) *Il*—i.e. le Duc.   (3) *Pou*—V. n. 8, p. 27.
(4) *Saisinam—Sic.*   (5) *Batillatam, bataillères*—Fortifiées. "Munitam."—*Ducange.*

fuerint ; et etiam escaetæ, quæcunque ad possessionem minoris, dum erit in custodia, hereditarie devenient. Alii vero domini custodiam non habebunt nisi solum de feodis impartibilibus, in quibus debet esse custodia : nec etiam Dux Normanniæ,[2] cum alicujus tutela, non ratione ducatus sed alia ratione, ad ipsum devenerit. Sed pupilli qui in tutela sunt, non ratione ducatus, escaetas et alia feoda quæ non pertinent ad tutelam habebunt ; et percipient per procuratores et ductores suos, quos ad sua negotia elegerunt procuranda. Sciendum etiam est, quod si pupilli feoda sua ad tutelam non pertinentia ponere noluerint in custodiam dominorum, nullam eis victum domini facere tenebuntur, nec eis aliquod necessarium invenire. Si vero ea pupilli cum feodo custodiæ in dominorum tutela posuerint, domini eis tenentur victum[4] competentem facere vel necessaria invenire, prout ætas et

qui luy escherront par héritage, tant comme il sera en garde, seront avec luy en la garde du Duc. Les autres seigneurs n'ont pas si planière garde de ceulx qui tiennent d'eulx ; car ils ne l'ont fors des fiefs qui ne sont pas partables ; en quoy il doibt avoir garde. Et le Duc mesmes n'a pas les aultres choses en garde, quand la garde des hoirs vient à luy par aultre raison que par le duché. Mais ceulx qui sont en sa garde, par aultre raison que par le duché, auront les eschéances et les aultres fiefs, qui n'appartiennent pas à la garde, et les recepveront par leurs procureurs ou par leurs meneurs,[1] qu'ils esliront à procurer leurs besongnes. Et si doibt l'en sçavoir que, se les orphelins ne veulent mettre en la garde de leurs seigneurs les autres fiefs, qui n'appartiennent pas à la garde, les seigneurs ne seront pas tenus à leur trouver vivres, ne chose que mestier leur soit ; et s'ils les mettent en la garde de leur seigneur, avec le fief dont il a la garde, le seigneur est tenu à leur trouver vivre avenant,[3] et ce que mestier leur est, selon

---

(1) *Meneurs*—" Ceux qu'on baillait à un sous-âgé pour le mener, conduire, et conseiller."
—*Terrien.* Selon les rôles de la Cour Royale de *Jersey*, aux 15ᵐᵉ et 16ᵐᵉ siècles on employait toujours le mot *meneurs*, là où on se servirait aujourd'hui de *tuteurs.*
(2) *Normanniæ—De eis custodiam habet*, sous-entendu. (3) *Avenant*—D'autres éd. *advenant.* (4) *Victum*—" Quæ esui potui cultuique corporis, quæque ad vivendum " hujusmodi necessaria, vestimenta quoque et stramenta, et cetera quibus vivendi " curandive corporis nostri gratia utimur, *victus* verbo continentur."—*Reg. Juris.* [*Canon.*]

feodum postulabunt. Sciendum etiam est quod Dux Normanniœ ratione ducatus habet custodiam minorum, quousque vicesimum annum primum habuerint adimpletum ; ea videlicet ratione, quod [cum] a custodia sua exierint de saisinis ad eos pertinentibus possunt[1] inquirere ; et eas eis tenetur restituere si male fuerint alienatæ. In custodia autem heredes debent esse quousque viginti annos integros compleverint, et tunc debent illi, qui eos habeant in custodia, eis omnia feoda sua reddere, quæ occasione custodiæ ad manus eorum devenerint, nisi ea quæ interim per inquisitionem inductam mediante judicio perdiderint. In primo autem anno post vicesimum annum heredes saisinas antecessorum suorum, et eorum quorum escaetæ ad ipsos tanquam propinquiores heredes debent devenire, possunt per inquisitionem revocare. Si autem tacuerunt, quousque vicesimus primus ætatis suæ annus penitus fuerit adimpletus, ad dictas saesinas[2] revocandas per recognitionem audiri non poterunt, nec debebunt, nisi querelam eorum infra tempus moverint prætaxatum, et eam ordinarie fuerint prosecuti. Omnium escaetarum possunt saesinas

leur aage et la valeur du fief. L'en doibt sçavoir que le Duc de Normendie a par raison du duché la garde de ceulx qui sont en non aage, jusques à tant qu'ils ayent vingt et ung ans acomplis ; par ceste raison que, quand ils seront yssus hors de garde, ils pevent enquérir des saisines qui à eulx appartiennent : et est tenu à leur [les] rendre, se elles ont esté indeuement estrangées. Les hoirs doibvent estre en garde jusques à tant qu'ils ayent vingt ans acomplis ; et leur doibvent ceulx qui les tiennent en garde rendre tous leurs fiefs, qui estoient venus en leurs mains par raison de la garde, s'ils ne sont dedens ce perdus par jugement, ou par enqueste qui en ait esté faicte. Eu premier an après le vingtième pevent les hoirs rapeller par enqueste toutes les saisines de leurs ancesseurs, et de ceulx de qui les eschaetes doibvent venir à eulx, comme aux plus prochains hoirs. Et se ils se taisent, tant que les vingt et ung ans soient acomplys et passés, ils ne debveront après estre ouys, et ne pourront les saisines rappeller par le recongnoissant du voisiné, s'ils n'ont meu le plet dedens les vingt et ung ans, et ne l'ont suyvy ordonnéement. Ceulx qui sont en aage pevent rappeller les saisines

---

(1) *Possunt*—Dans le texte *potest.*   (2) *Saesinas*—On trouve dans *Le R.* les deux formes *saisinas* et *saesinas.*   Les éd. précéd. donnent la première.

ætatem habentes revocare, si querelam moverint infra annum et diem quo ille obierit, cujus saisina[3] per cognitionem ducitur[2] inquirenda. Cum autem heredes egressi fuerint de custodia dominorum, nullum de eis habebunt relevium; loco enim relevii debent proventus custodiæ reputari; ipsi tamen de hominibus suis relevium recipient: non enim occasione qua in custodia cum terris suis fuerint constituti, relevia hominum suorum, cum eis fecerint hommagium, amittere tenentur. Si autem femina in custodia fuerit, cum ad annos nubiles pervenerit, per consilium et licentiam domini sui, et consilium et consensum amicorum suorum et consanguineorum propinquorum, prout generis nobilitas et feodorum valor requisierint, debet maritari, et in contractu matrimonii debet ei feodum custodiæ[4] liberari. Femina tamen nisi per matrimonium custodia non egreditur, nec etiam ætatem habere dicitur, quousque viginti annos compleverit. Si autem femina maritata fuerit, tempore et ætate nuptiis deputatis, et ætatem ei præstat tempus nuptiarum et debet feodum custodiæ[4] liberari. Si vero aliquis in non ætate con-

de toutes les eschaetes, s'ils meuvent le plet dedans[5] l'an et le jour, que ceulx moururent de qui ce leur est escheu, dont ils demandent la saisine par le recongnoissant. Quand les hoirs seront yssus de garde, leurs seigneurs ne auront aulcun relief d'eulx de ce mesmes fief. Car les yssues[1] de la garde seront comptées eu lieu de relief; non pourtant ils prendront relief de leurs hommes. Car pour ce se ils et leurs terres furent en garde, ils ne doibvent pas perdre le relief de leurs hommes, quand ils leur auront faict hommage. Se femme est en garde, quand elle sera en aage de marier, elle doibt estre mariée, par le conseil et licence de son seigneur et par le conseil et l'assentement de ses parents et amis, selon ce que la noblesse de son lignage et la valeur de son fief le requerra: et au mariage luy doibt estre rendu le fief qui a esté en garde. Femme n'yst pas de garde fors par mariage; et ne dict l'en pas qu'elle ait aage, se elle n'a acomply vingt ans. Mais se elle est mariée, eu temps et en l'aage qui est estably à femme marier, le temps de mariage luy donne aage, et délivre son fief de garde. Se aulcun est en non aage, jà soit

---

(1) *Yssues*—Revenus et profits du fief en garde.    (2) *Ducitur*—Peut-être *dicitur.*
(3) *Saisina*—Dans le texte *saisinam.*    (4) *Custodiæ*—*Suppositum* sous-entendu *passim.*
(5) *Dedans*—Ainsi, par exception, dans le texte.    On y trouve ordinairement *dedens,* forme plus rapprochée du Latin.

stitutus, licet feodum non habeat quod custodiam subintraret, aliquam duxerit in [6] uxorem, habentem feodum custodiæ; feodum illud tamdiu in custodia erit, quamdiu adolescens ætatem non habebit : mulier enim viri sui conditionem sequitur atque legem. Feoda autem alicujus custodiæ supposita in integritate sua a dominis debent conservari, qui fructus eorum recipiunt ac proventus. Ex quo notandum est quod ædificia, maneria, boscos, prata et gardina,[3] stangna,[4] molendina, pascua et piscaria, et hujusmodi, quorum fructus debent percipere, in statu debito et ante habito debent tenere ; nec possunt boscum, domos seu arbores vendere vel evellere, seu transmovere. Victum autem sufficientem debent domini pueris invenire, qui eorum custodiæ supponuntur, prout ætatis ac feodorum requisierint facultates. Si quis autem dominorum domos vel boscos suæ [5] suppositos custodiæ vendiderit, vel evelli fecerit, vel aliquo alio modo extra feodum custodiæ fecerit transmoveri ; graviter debet emendare, et plene restituere : vel ipsa custodia penitus spoliari, eo quod fidem debitam custodiæ corrumpebat.

ce qu'il n'ait pas fief qui doye estre en garde, s'il prent aulcune femme qui ait fief qui doye estre en garde, le fief à la femme sera en garde, tant que l'homme soit en aage : car la femme ensuit la loy et la condition de son mary. Les fiefs de ceulx qui sont en garde doibvent estre gardés entièrement, par les seigneurs qui reçoipvent les fruicts et les yssues. Et pour ce doibt l'en sçavoir que le seigneur doibt tenir en droict estat ancien les édifices, les manoirs, les boys et les praes,[1] et les jardins et les estangs, les moulins, les pescheries, et les aultres choses dont ils doibvent avoir les yssues. Et si ne pevent vendre, arracher [2] ne remuer les boys, les maisons ne les arbres. Se aulcun seigneur vend les maisons ou les boys qui sont en sa garde, ou s'il les faict arracher ou mettre malicieusement hors du fief qu'il a en garde, il le doibt grièfvement amender, et rendre plainement, ou perdre la garde du tout ; pour ce qu'il n'a pas bien gardé la foy qu'il devoit à celuy qu'il avoit en garde.

---

(1) *Praes*—*Sic. Le R.* (2) *Arracher*—*Sic Le R.* Autres éd. *esrachier*. (3) *Gardina*— Dans le texte *jardina.* V. n. 3, p. 81. (4) *Stangna*—*Sic.* (5) *Suæ* — Dans le texte *seu.* (6) *In*—*Sic.*

## XXXIV.—DE RELEVIIS.

Post prædicta notandum est, quod habere debent domini feodorum relevia terrarum, quæ tenentur per hommagium de eisdem, excessu videlicet vel decessu eorum de quibus habebant hommagium. Cedere autem dupliciter possunt homines in Normannia. Aut religionem subeundo et omni terrenæ possessioni renunciando : et sic descendit hereditas ad eorum heredes ; ex quo casu sequitur relevium, et novum hommagium de herede iterari. Aut feodum aliis tradendo, nihil retinendo in eodem : ut per venditionem vel hujusmodi ; ex quo sequitur relevium et novum hommagium. Unde patet quod hommagio inhæret relevium ; ubicunque enim sit relevium, necessarium est hommagium concurrere : sed non e converso ; multa enim sunt feoda, quæ non tenentur relevare in diversis partibus Normanniæ : ut sunt quittantiæ, franchisiæ et plures aliæ dignitates ; quæ licet illa hommagium habeant, tamen relevia non persolvunt. Et sciendum est, quod in quibusdam feodis per totam Normanniam est relevium generaliter terminatum : ut in feodis loricæ, per quindecim libras ; et in baroniis per centum libras ; et in acris[1] terrarum

## XXXIV.—DE RELIEF.

L'en doibt sçavoir que les seigneurs du fief doibvent avoir relief des terres qui sont tenues d'eulx par hommage, quand ceulx meurent de qui ils avoient hommage. En deux manières laissent les hommes leurs héritages en Normendie. Une manière est, quand ils entrent en religion et ils laissent toute possession terrienne, et ainsi descendent leurs héritages à leurs hoirs, et relief en doibt estre payé, et nouvel hommage prins. L'autre manière est, quand ils baillent à aultre le fief et n'y retiennent rien : si comme par vente ; et d'illec vient relief et nouvel hommage. Par ce appert-il que relief et hommage sont aussi comme conjoincts ensemble. Car partout où il y a relief, il convient que hommage y soit, combien que partout où il y a hommage il ne convienne pas avoir relief. Car il y a en diverses parties de Normendie moult de fiefs qui ne sont pas tenus à payer relief : si comme quictances, franchises et autres dignités, qui ne payent point de relief, jà soit ce qu'ils doibvent hommage. Et si doibt on sçavoir que par toute Normendie relief est généralement déterminé, en fief de haubert par quinze livres, en baronnie par cent livres ; ès

---

(1) *Acris*—Mesure de terre contenant quatre vergées : Allem. *acker*. Cf. Lat. *ager*.

viventium[2] culturæ subjacentium, fit relevium per duodecim denarios de acra. Sciendum tamen quod masnagium[3] per tres solidos relevatur; et per hoc primam acram acquitat, vel totum tenementum, si acra non fuerit in eodem. Et sciendum est, quod in diversis partibus Normanniæ, secundum diversas consuetudines relevandi in eisdem de terris quæ *publice* non subjacent culturæ, diversitas sequitur reletiorum quæ relevanda sunt secundum diversas ab antiquitate consuetudines observatas; ut in molendinis et furnis[4] quæ per se tenentur sine alio tenemento. Molendina tamen bannium et moutarios[1] habentia, si per se teneantur sine aliis feodis, per sexaginta solidos solent relevari. Si autem molendina teneantur cum feodo loricæ, ad quod pertineant sergenteria, vavassoria vel alia franca feoda, in relevatione feodi loricæ, vel aliorum feodorum, quittatur relevatio molendini. Cetera autem conservant consuetudinem de eis observatam, ut bosci, et landæ[6] saltuosæ quæ nullo tempore fuerunt cultui subjugatæ. Consueverunt plurimi, per aliorum tenementorum relevium, in diver-

terres gaennables[5] est faict relief par douze deniers l'acre. Et si doibt l'en sçavoir que le mesnage[3] est relevé par trois sols, et par ce acquicte la première acre; ou tout le ténement, s'il n'y a plus d'une acre. En diverses parties de Normendie, a [l'en] diverses coustumes de relever les terres qui ne sont pas cultivées, si les doibt on relever selon les coustumes qui ont esté gardées anciennement: si comme les fours et les moulins, qui sont tenus par soy sans aultre ténement. Les moulins qui ont ban et moultes,[1] qui sont tenus par soy sans aultre fief, seulent estre relevés par soixante sols. Se les moulins sont tenus avec le fief de haulbert, à quoy ils appartiennent, ou avec sergenteries ou vavassoureries ou aultre franc fief, le relief du moulin est acquicté par le relief du fief. Les aultres choses, si comme les boys, ou les landes[6] qui oncques ne furent gaengnées, doibvent estre relevées selon la coustume qui a esté gardée. Car en aulcune partie de Normendie a l'en acoustumé que les ungs des ténements sont relevés par

---

(1) *Moutarios, moultes*—"Pensitatio pro molitura domino a vassallis exacta."—*Ducange.*
(2) *Viventium*—Cf. l'expression *terræ mortuæ* dans ce même Chapitre. (3) *Masnagium, mesnage*—"Le manoir, masure, court, jardin, pourpris et ténement, appellé anciennement "*vol de chapon.*"—*Terrien, in loco.* V. n. 1, p. 86. (4) *Furnis*—Dans le texte *firmis.*
(5) *Gaennab'es*—Labourables. (6) *Landæ, landes*—Terres non défrichées.

is partibus Normanniæ relevari. .c terris autem silvestribus,[1] .ræ in Normannia mortuæ terræ .cuntur, solet per sex denarios aera in pluribus locis Normanniæ relevari. Et notandum est quod de morte illius qui de domino per hommagium tenebat, debetur relevium ab herede, qui ei succedit, et de casu ejus feodum domino relevat, novum faciens hommagium de eodem. Auxilium autem relevii debetur, quando dominus moritur, et domino relevat capitali heres ejus feodum quod tenebat de eodem ; et tale auxilium debet fieri per dimidium relevium feodi. Unde generaliter sciendum est, quod omnia feoda quæ debent relevium relevii debent auxilium, ex decessu domini tenentium ; et istud auxilium debetur heredibus dominorum. Et sic eos auxiliantur, et auxiliari tenentur, ad relevandum feodum suum versus dominum superiorem. Unde notandum est quod quædam sunt feoda capitalia, quædam supposita. Capitalia dicuntur quæ in capite tenentur : ut comitatus, baroniæ et feoda loricæ, et sergenteriæ francæ, et alia feoda, quæ in capite tenentur, nec alicui feodo loricæ sunt supposita : et dominis hujus-

le relief des aultres. Des terres saulvages, que l'en appelle en Normendie mortes terres, soult l'en en plusieurs lieulx paier relief six deniers pour acre. Et si doibt l'en sçavoir que, quant cil est mort qui tenoit de son seigneur par hommage, son hoir qui a receu l'héritage en doibt relief. Car de sa mort doibt relief estre prins et nouvel hommage estre faict au seigneur. Aide de relief est deu,[2] quand le seigneur meurt, et son hoir relieve vers celuy de qui il tenoit son fief ; et cest aide doibt estre faict[2] par demy relief. Et pour ce doibt l'en sçavoir, que généralement tous les fiefs qui doibvent relief doibvent aide de relief de la mort au seigneur : et cest aide est deu aux hoirs des seigneurs ; et ainsi leur aident leurs hommes, et doibvent aider, à relever leurs fiefs vers les chefs seigneurs. Et pour ce doibt l'en sçavoir, que il y a fiefs en chef et fiefs qui sont par dessoubs. Les fiefs en chef sont, qui en chef sont tenus des seigneurs : si comme les contés, les baronnies, les fiefs de haubert, et les franches sergenteries, et les aultres fiefs qui sont tenus en chef et ne sont submis à aulcun fief de haubert. Et aux seigneurs

---

(1) *Silvestribus*—Sauvages ; n'emportant pas nécessairement l'idée de bois ou forêt : ici, comme indique *Terrien*, dans le sens de terres nouvellement défrichées : celles qui, à l'égard des dîmes, rentreraient à *Jersey* dans la catégorie de " désertes " ou *novalia*.
(2) *Aide* * * *deu, aide* * * *faict—Sic :* suivant le genre d'*auxilium*.

modi feodorum debentur auxilia tria Normanniæ capitalia.[1] Feoda supposita[5] dicuntur illa, quæ a capitalibus feodis descendentia eisdem supponuntur : ut vavassoriæ serviles tam per sommagium[4] quam per equum masculum, et alia feoda quæ per acras[7] tenentur de domino capitali. Notandum siquidem quod ex consensu[3] voluntario dominorum, nisi factus fuerit per professionem religionis, per quam ad nullam terrenam de cetero possessionem valeat recurrere, non debetur auxilium relevii ; ut si quis vendat terram suam, vel tradat filio suo vel heredi, qui exinde hommagium faciat domino capitali et persolvit relevium ; non propter hoc homines feodi auxilium relevii persolvere tenebuntur : cum dominus eorum non cesserit perpetue, ita quod mundo mortuus penitus reputetur.[6]

de tels fiefs sont deubs les troy chevels[1] aides de Normendi Les fiefs de par dessoubs son qui descendent des fiefs cheve et sont soubsmis à eulx ; si comme les vavassourcries qui sont tenues par sommage et par service de cheval,[2] et les aultres fiefs qui sont tenus par acres[7] du chef seigneur. L'en doibt sçavoir que s'aulcun seigneur délaisse son fief, se ce n'est par profession faicte en religion, par quoy il ne peut revenir à aulcune terrienne possession, ceulx qui tiennent de luy ne doibvent pas aide de relief. Si comme : se aulcun vend sa terre, ou il la baille à son fils ou à son hoir, qui en faict hommage au chef seigneur et en paye relief, les hommes du fief ne sont pas pour ce tenus à payer aide de relief, puisque leur seigneur n'est du tout mort, ne tenu comme mort au monde.

## XXXV.—DE CAPITALIBUS AUXILIIS.

Post prædicta, de capitalibus auxiliis Normanniæ videndum est ; quæ ideo capitalia dicuntur quia dominis capitalibus sunt reddenda. Tria autem sunt capitalia

## XXXV.—DE AIDES CHEVELS.

Après convient veoir des chevels aides de Normendie, qui sont appellés chevels pour ce que ils doibvent estre payés aux chefs seigneurs. En Normendie [il y]

---

(1) *Capitalia, chevels* — Chefs. V. Ch. xxxv.    (2) *Cheval* — "Service à sac et à "somme."—Glose, *in loc.* V. n. sur *sommagium* et, dans le Chap. lii, sur *sac.* (3) *Consensu—Sic.* Probablement pour *concessu,* ou *excessu.*    (4) *Sommagium* — "Charge d'une bête de somme : obligation de porter les paquets du seigneur."—*Glossaire du Droit Fr.*    (5) *Supposita—*Dans le texte *composita.*    (6) *Reputetur—*Ainsi dans les éd. précéd. : dans *Le R. reducetur.*    (7) *Acres—*Teneures roturières de campagne.

auxilia Normanniæ. Primum videlicet ad primogenitum filium domini sui in ordinem militiæ promovendum : secundum videlicet ad primogenitam filiam domini maritandam : tertium videlicet ad corpus domini sui de prisonia redimendum, cum captus fuerit pro guerra Ducis Normanniæ. Ex his patet quod auxilium militiæ[2] debetur, cum primogenitus in militem promovetur. Primogenitus autem est ille qui primogenituræ obtinet dignitatem ; et hoc idem intelligendum est de auxilio maritali. Redemptionis autem auxilium tunc debetur, cum domini corpus ab hostium Ducis Normanniæ prisonia liberatur. Hujusmodi relevia sunt in quibusdam feodis dimidio relevio æqualia, et in quibusdam feodis tertiæ[1] partis relevii. Vavassoriæ autem in quibusdam feodis[1] lecem solidos pro auxilio solvere consueverunt. Unde, quoniam diversitatem dominorum solet sequi diversitas auxiliorum, consuetudines ab antiquitate conservatæ in auxiliis persolvendis maxime sunt attendendæ. Sciendum etiam est quod, si aliquod feodum capitale divisum fuerit per consanguineorum portiones, quilibet participum in portione sua debet reputari pro domino

a trois chevels aides. L'un est à faire l'ainsné fils de son seigneur chevalier. Le second à son ainsnée fille marier. Le tiers à rachapter le corps de son seigneur de prison quand il est prins pour la guerre au Duc. Par ce appert-il que l'aide de chevalerie est deu, quant l'ainsné fils de son seigneur est faict chevalier. L'ainsné fils est cil qui a la dignité de l'ainsnéesse ; et ce mesme doibt l'en entendre de l'aide de mariage. L'aide de rançon est deu pour délivrer le corps de son seigneur de la prison aux ennemis au Duc. Ces aides sont payés en aulcuns fiefs à demy relief, et en aulcuns fiefs à tiers de relief. Il y a aulcuns fiefs en quoy les vavassoureries seulent payer dix sols de aide. Et pour ce que la diversité des aides est selon la diversité des fiefs ou des seigneurs, l'en se doit tenir aux coustumes qui ont esté gardées anciennement. L'en doibt sçavoir que s'aulcun fief chevel est divisé par parties de cousins, chascun personnier[3] doibt estre tenu en sa partie pour chief seigneur ;

---

(1) *Tertiæ* * * *feodis*—Ces mots ne sont pas dans les textes anciens. Ils se trouvent dans l'ouvrage de *Ludwig.* (2) *Militiæ*—Dans le texte *justitiæ.* (3) *Personnier*—*Sic.* Cf. dans le Chap. ix, et ailleurs, *pers* pour *pairs.*

capitali, et auxilii proventus percipere capitalis. Notandum iterum est, quod subtenentes non tenentur auxilium persolvere domino capitali, sed domino suo intermedio tenentur auxiliari, ad auxilium suum domino capitali persolvendum ; et tale auxilium subauxilium nuncupatur, et debet fieri per dimidium auxilium capitale. Primogenitura siquidem in[1] se reportat plurimam dignitatem. Ad primogenitum autem antecessoris saesina debet descendere ; qua perfecta, postnatis suis de ea tenetur debitas facere portiones. Et debet feodum mitti in manibus postnatorum ad faciendas portiones ; et primogenitus eligendi habet dignitatem. Portiones autem postnatorum absentium in sua custodia remanebunt, quousque ad eas accesscrint requirendas, vel quousque ipsos decessisse certum fuerit aut probatum, *vel cessisse*. Primogenitus etiam super postnatos suos talem obtinet dignitatem, quod ei debent deferre reverentiam cum honore ; nec convicium, seu injuriam corporalem, primogenito filio suo vel uxori suæ debent aliquatenus irrogare. Et si eos super hoc accusaverit, super hoc tenebuntur in curia sua respondere. Hommagia autem facient primogeniti domino capitali, et et si doibt avoir de ses hommes les chevels aides. Et oultre doibt l'en sçavoir que les soubstenans, qui ont seigneur moyen entre eulx et le chef seigneur, ne doibvent pas payer au chef seigneur aide ; mais ils doibvent aider à celuy, de qui ils tiennent nu à nu, à payer l'aide au chef seigneur : et cest aide est appellé soubsaide, et doibt estre faict par demy aide chevel. L'ainsné emporte moult grand dignité. A l'ainsné doibt descendre la saisine de son ancesseur, et quant il [l']aura, il en doit faire partie à ses puisnés, telle comme ils la doibvent avoir ; et doit le fief estre mis en la main du puisné pour faire les parties, et l'ainsné doibt choisir. Les parties aux puisnés qui ne sont pas présent demourront à l'ainsné en garde jusques à tant qu'ils la requièrent ou que leur mort soit sceue o prouvée. L'ainsné a telle dignité sur ses puisnés qu'ils luy doibvent porter honneur et révérence, e ne luy doibvent dire ne faire injure ne villennie, ne à son ainsné fils, ne à sa femme : et se il les accuse de ce, ils sont tenus à respondre en sa Court. Les ainsnés font les hommages aux chiefs seigneurs ; et les puisnés

---

(1) *In*—Dans *Le R. inter.*

postnati sine hommagio per paragium de eis tenebunt. Per manus
autem primogenitorum relevia et
auxilia et omnes aliæ faisantiæ
lominis capitalibus persolventur;
et per ipsos autem omnes submonitiones[1] in postnatos debent
exerceri. Postnati etiam ipsis
vel eorum successoribus, cum ad
sextum consanguinitatis gradum
pervenerint, fidelitatem facere
tenebuntur. In septimo autem
gradu hommagium facient, eo
quod extra consanguinitatis lineas
est gradus septimus constitutus.

## XXXVI.—DE DONIS FACTIS FILIIS A PATRIBUS.

Præterea sciendum est quod,
cum pater plures habeat filios,
unum altero de hereditate sua
non potest facere meliorem; sed
post ejus decessum omnia dona
hereditatis, quæ eorum alicui
fecerit, ad portiones faciendas
inter eos debent revocari. Nullus
nim aliquem eorum, qui æquales
hereditatis suæ post decessum
ipsius expectant portiones, dando
vadendo vendendo, vel aliquo
alio modo, potest de hereditate
sua facere aliis meliorem; nec
etiam aliquem ex ipso procreatum: et quod dictum est de
masculis, similiter intelligendum
est de feminis. Sciendum etiam

tiennent d'eulx par parage sans
hommage. Par la main des
ainsnés, payeront les aultres les
reliefs, les aides et toutes les
aultres redevances aux chefs seigneurs; et par eulx doibvent estre
faictes toutes les semonses aux
puisnés. Quant le lignage sera
allé jusques au sixte degré, les
hoirs aux puisnés seront tenus
à faire féaulté[2] aux hoirs de
l'ainsné; et quant il sera allé
jusques au septiesme degré, ils
seront tenus à leur faire hommage,
pour ce que le septiesme degré
est du tout hors du lignage.

## XXXVI.—DE DONS QUE PÈRES FONT À LEURS ENFANTS.

L'en doibt sçavoir que, quand
le père a plusieurs fils, il ne peut
pas faire de son héritage l'un
meilleur de l'autre; mais après
sa mort, tout ce qu'il aura donné
à aulcun d'eulx sera rapporté à
partie entre eulx. De ceulx qui
après sa mort attendent partie de
son héritage ne peut-il faire l'un
meilleur que l'autre, par donner
ne par bailler ne en aulcune
manière mettre en sa main; ne
à aulcun qui soit descendu de
luy. Et ce qui a esté dict des
fils doibt aussi estre entendu des
filles. L'en doibt sçavoir que

---

(1) *Submonitiones*—Dans le texte *submotiones*.   (2) *Féaulté*—V. Ch. xxx.

est, quod nullus filio suo bastardo potest aliquid, de feodo quod hereditarie possidet, conferre vendere tradere invadiare, vel aliquo alio modo, in manum suam ponere, quod ab heredibus suis, infra diem et annum post decessum illius, non valeat revocari ; quod si forsan negatum fuerit, debet infra diem et annum, mota super hoc quæstione, per INQUISITIONEM PATRIÆ declarari. Notandum tamen quod, licet pater vel alius antecessor alicui expectantium ex escaeta ipsius portionem non possit de aliquo feodi sui donum facere, tamen aliis tam extraneis quam consanguineis, quibus nulla imminet portio de ipsius escaeta, de feodo suo dare potest usque ad tertiam partem, dum tamen duæ partes residuæ plene sufficiant ad jura feodi omnia persolvenda, non obstante suorum reclamatione coheredum. Sciendum insuper est, quod bastardus nullum potest habere heredem, nisi ipsum procreaverit de uxore propria; vel nisi processerit ex procreato vel procreatis ex utroque : sed saesina feodalis, quam tempore decessionis suæ possidebat, ad dominum revertetur de quo feodum immediate tenebat. Ea autem quæ acquisivit in feodo potest dare vel vendere, sicut legitimi, prout ei videbitur expedire.

aulcun ne peut donner à son fils bastard aulcune chose de son héritage, ne vendre ne engaiger ne mettre en aucune manière en sa main, que les hoirs ne puissent rappeller dedens l'an et jour que le père sera mort. Et se cil qui ainsi tient la chose le nye, et le plet est meu dedens l'an et le jour, il doibt estre terminé par l'enqueste du pays. Jà soit ce que le père ne l'ancesseur ne puisse riens donner de son fief à aulcuns, qui attendent partie de son héritage ne de son eschaete, non pourtant il en peut donner jusques à la tierce partie aux estranges ou à ses cousins, qu n'y attendent aulcune partie pourtant que les deux parties qui remainent suffisent à payer toutes les droictures du fief; ne les hoirs ne le pevent contredire. Et si doibt l'on sçavoir que bastard ne peut avoir aulcun hoir s'il ne l'a de sa femme espousée ou s'il ne l'a des enfants qu'il a de sa femme : mais la saisine du fief, qu'il tenoit quand il mourut remaindra au seigneur, de qui il tenoit nu à nu. Mais ce qu'il acquiert en fief peut-il donner là où il vouldra, aussi comme cil qui n'est mie[1] bastard.

(1) *Mie*—Particule négative : *point.*

# PREMIÈRE PARTIE.

—◦◦—

## Quarte Distinction.

# Capitulum trigesimum septimum.

# Chapitre trente-septième.

## DE DILATIONIBUS.

Post hæc autem de dilationibus agendum est. Dilationes vero sunt prorogationes querelarum, earum judicium retardantes. Harum siquidem quædam sunt concessæ, quædam vero prohibitæ. Prohibitæ autem sunt, quæ nullam excusationis suæ causam protendunt, ut defectus et exoniæ falsæ. Concessæ autem sunt dilationes, quæ manifestæ necessitatis excusationem protendunt, ut viduitates, exercitus, gesinæ, et hujusmodi, in quibus vera vel clara est excusationis necessitas.

## XXXVIII.—DE DEFECTIBUS.

Defectus autem est dilatio querelarum, ex absentia alicujus partis contentiosæ, ad præfixos loci vel temporis terminos, submonitione debita præcurrente, non comparentis. Unde notandum est, quod ad hoc quod defectus fiat duo exiguntur, videlicet submonitio ad terminum comparandi, et

## DE DÉLAY.

Or dirons-nous des délays. Délays sont allongements de plet qui retardent les jugements. Les ungs des délays sont denyés : les aultres ottroyés. Ceulx sont denyés, où il n'a[1] aulcune droicte cause de excusement : si comme sont les défaultes, et les faulses exoines. Ceulx sont ottroyés, qui ont excusation de apperte nécessité : si comme veufvetés, gésines, ost et telles choses, èsquelles l'excusation est toute clère.

## XXXVIII.—DE DÉFAULTE.

Défaulte est délayement de plet, par ce que aulcun ne vient pas au jour ne au lieu où il a esté semons. Et pour ce doibt l'en sçavoir qu'il convient deux choses à mettre homme en défault : c'est qu'il soit semons à venir à jour ;

---

(1) *A*—Le V. F. disait toujours *il a* au lieu de *il y a*.

absentia ad eundem. Unde ad defectus calumniam[2] duplex potest esse responsio. Potest enim submonitio negari, et lex[1] contra submonitorem vadiari ; quam nisi debite expleverit accusatus duplicis pœnæ percipiet incommodum. Nam et pro lege cassa versus submonitorem, et pro defectu qui tunc patet, emendabit. Omnis enim defectus in curia debet emendari, cum ex hoc irridetur curia et spernatur ; et justiciationis pœna semper sit comprimendus, quousque in curia fuerit emendatus.

## XXXIX.—DE EXONIIS: ET EORUM DIVERSITATIBUS.

Exonium est dilatio, suæ prætendens excusationem absentiæ ex infirmitatis infortunio procreatam. Quarum una[6] est de via curiæ : alia[6] autem de morbo residenti. Exonium de via curiæ sic vocatur, eo quod placitator, morbo inopinato in via curiæ præpeditus, non potest ad curiam comparere. Hujusmodi autem exonium fit in hac forma : A. veniebat ad hanc curiam contra B. placitaturus ; morbus cepit eum in via curiæ,

et ne vient pas. Et pour ce, quant homme est accusé[3] de deffault, il peut respondre en deux manières, car il peut nyer la semonse ; et gaiger une loy[1] contre le semonneur. Mais s'il ne la faict, il sera en double amende, l'une pour la faulse loy, l'autre pour la défaulte qui lors est toute apperte ; car toute défaulte doibt estre amendée[4] pour le despit de la Court, et pour ce doit il estre justicié tant que il ait amendée.

## XXXIX.—DE EXOINE.

Exoine est ung délay qui monstre cause pourquoy cil qui est semons ne vient à Court pour maladie qu'il a. Il y a une exoine[5] de voye de Court : aultre de mal resséant. Exoine de voye de Court est ainsi appellée pour ce que cil qui plède est empesché en la voye de Court pour soubdaine maladie, si que il ne peut venir en la Court. Ceste exoine est faicte en ceste manière : Richard venait en ceste Court pléder contre Guillaume ; maladie

---

(1) *Lex*—Épreuve ou enquête. V. n. 2, p. 25, sur *desrène ;* et n. 4, p. 36. sur *loi.*
(2) *Calumniam*—Ici simplement pour accusation : ce mot est employé dans le *Coutumier* dans les sens de : accusation, demande en justice, action, querelle, reproche, ou réclamation.
(3) *Accusé*—Dans les éd. précéd. *suy.* (4) *Amendée—Sic : défaulte,* de *defalta,* étant féminin. On s'en sert dans le texte Fr. indifféremment de *défaut,* et *défaulte.* (5) *Exoine* —De *exonia,* et par conséquent féminin. (6) *Una, alia—Sic.*

in tantum quod nec ad hanc curiam, nec ad aliam, potest venire cum sui corporis sanitate, super quo esgardum[1] curiæ facere sum paratus. Locum autem ubi dimisit infirmatum tenetur dicere, dum tamen super hoc fuerit requisitus. Hoc autem exonium in audientia partis adversæ recipiendum est, et dies exonianti debet assignari, ad prima placita vel assisias ejusdem curiæ, dum tamen pars adversa dictum in nihilo exonium noluerit infirmare. Infirmari autem potest exonium istud, si alias factum fuerit de eadem querela. Semel enim per hoc exonium de una et eadem querela potest aliquis excusari, nec per illud amplius potest placitum prorogari. Hoc autem exonium nec testem requirit, nec curiam præmunit.[2] Cum autem exoniatus ad curiam accesserit, si pars adversa jus requirat de exonio, asserens se credere illud non ex vera causa, sed ad gravamen et dilationem adversarii, fuisse procuratum; et requirat ut super hoc tantum faciat quod credatur, vel emendet defectum, ipse exoniatus tenetur emendare, vel salvare exonium suum per

luy est prinse en la voye de la Court, si qu'il ne peut venir en ceste Court, ne à aultre, par santé de son corps; de quoy je suis prest de faire l'esgard de la Court. Et si est tenu de dire où il l'a laissé malade et le lieu, se on luy demande. Ceste exoine doibt estre receue en la présence de l'aultre partie, et si doibt estre jour assis à l'exoineur d'estre aux premiers plets, ou à la première assise, de celle Court, pourtant que l'autre partie ne vueille de rien casser l'exoine. Ceste exoine ne peut estre cassée, s'elle n'a esté aultre fois faicte de celle mesme querelle, car aulcun ne peut estre exonié que une fois en une mesme querelle, ne le plet n'en peut plus estre prolongé. Ceste exoine ne requiert point de tesmoing, ne elle ne garnist[3] pas avant la Court. Quand cil qui a esté exonié viendra à Court, se l'autre partie demande droict de l'exoine, et qu'il ne croit pas qu'elle fust vraye, ains fust faicte pour le grever et pour délayer le plet, s'il en demande le serment de l'exoiné, face [celui] tant qu'il en soit creu, ou il amende sa défaulte. Car il est tenu à l'amender, ou saulver son exoine par son ser-

---

(1) *Esgardum*—Examen; jugement. "Sententia judicis."—*Ducange.* Mais ici dans le sens de " soutenir un examen par la Cour." Cf. *eswardeurs*, expression Franque signifiant *jugeurs;* et *award* en Angl. (2) *Præmunit*—Doit avertissement à la Cour. (3) *Garnist* —i.q. *præmunit.*

suum juramentum in omnibus verbis in exonio expositis, vel per juramentum exoniatoris, prout requisierit pars adversa ; et si salvare noluerit emendabit ut defectum ; nec aliam exoniam poterit mittere ulterius ad curiam de eadem querela, cum se falsum misisse exonium convictus in curia fuerit evidenter : licet ad hoc aliqui non consentiunt, eo quod semper querelas volunt prorogare. Exonium autem de morbo residenti[2] et testem exigit et curiam præmunire debet. Lator exonii die præcedente diem partibus assignatam, ad locum curiæ debet accedere et, quod ibi accessit pro A. quem in crastino exoniabit, præmunire justiciarium, vel illum qui loco justiciarii ibidem fuerit ; et eos si necesse fuerit expectare, prout debet in curia expectatio fieri placitandi ; videlicet, ab hora nona usque ad vesperas ; et si interim nemo ibidem loco justiciarii fuerit ante locum ubi debet placitare, aliquo convocato testimonio, debet exponere id quod quærit, et sic recedere sine pœna, et in crastinum exonium debet facere in hac forma : A. hodie diem habebat contra B. in hac curia : ipse morbo infirmatur residenti, in tantum quod cum

ment, de toutes les parolles qui furent dictes en l'exoine ; ou par le serment à l'exoineur, se l'autre partie le requiert. Et se il ne la veult sauver, il l'amendera comme défaulte, et ne pourra plus envoyer en Court exoine en celle querelle, pour ce qu'il est convaincu d'avoir envoyé en Court faulse exoine ; jà soit ce que aulcuns ne s'acordent pas à ce, pour ce qu'ils veullent tousjours prolonger le plet.[1] Exoine de mal rességant[2] veult avoir tesmoing, et garnir la Court ; et cil qui porte l'exoine doibt venir à Court le jour de devant, et dire au juge ou aultre pour luy qu'il trouvera, qu'il est illec venu pour R. que il exoinera à demain ; et doibt attendre tant comme l'en attent en Court, c'est de midy jusques aux vespres. Et se dedens ce, n'y a aulcun eu lieu de la justice, il doibt appeller aulcun devant ce lieu où il doibt pléder, et doibt dire ce qu'il quiert ; [et] si s'en pourra partir sans peine, et faire lendemain l'exoine en ceste forme : Richart avoit jour à huy en ceste Court contre Guillaume ; il est malade de mal rességant, si qu'il ne peut

---

(1) *Plet*—Éd. précéd. *plect*.　　(2) *Residenti, mal rességant*—Qui oblige le malade à garder la maison.

corporis sanitate nec ad hanc potest, nec ad aliam curiam, comparere, super quo testem habeo et garantorem. Qui statim subjungat : Hoc vidi et audivi ; et esgardum curiæ facere sum paratus. Secundum autem et tertium exonium de morbo residenti similiter sunt facienda, hoc tamen apposito, videlicet : De quo alias se fecit exoniari. Notandum tamen est, quod in nulla querela plura quam tria exonia possunt fieri de morbo residenti ; quod IN QUERELIS declarabitur evidenter.

## XL.—DE LANGUORE.

Languor autem terminationem prorogat querelarum. Factis enim tribus exoniis, præcipiendum est ut exoniati persona videatur ad locum, in quo exoniatores ipsum dixerunt infirmatum subjacere ; et die visionis assignato tam exoniato quam parti adversæ, debet justiciarius quatuor milites vel plures, et alios octo homines fide dignos non suspectos, *vel plures*, per submonitionem factam secum adducere ad illam visionem faciendam. Et si ibi exoniatum invenerint, per justiciarium est ab eo inquirendum quod eligere maluerit, vel ad primas assisias accedere, vel languorem jurare. Si vero dicat se ad curiam acces-

venir à ceste Court ne à aultre par santé de son corps, et de ce ay je tesmoing et garant. Maintenant doibt le garant dire : Je le vy et ouy et prest suis de faire l'esgard de la Court. La seconde exoine et la tierce doibvent ainsi estre faictes, mais ce y doibt estre adjousté : De quoy il se est aultre fois faict exoiner. L'en doibt sçavoir que en une querelle ne peut avoir plus de trois exoines de mal resséant ; si comme nous dirons après plus appertement.

## XL.—DE LANGUEUR.

Langueur prolonge la fin des querelles. Quand les trois exoines sont faictes, l'en doibt commander que la personne de celuy qui a esté exoinié soit veue eu lieu où les exoineurs dirent qu'il gysoit malade, et doibt jour estre assigné à celuy qui a esté exoinié et à son adversaire ; et doibt le Bailly y aller, et mener avec luy quatre chevaliers, ou plus, et huyt loyaulx hommes qui ne soient pas souspeçonneux qui viennent par semonse. Et se il treuve celuy qui a esté exoinié, la justice luy doibt demander lequel il ayme mieulx, venir à première assise ou jurer langueur. Et s'il dict qu'il viendra à Court, il en doibt

surum, plegii super hoc capiantur, dato prius eidem in præceptis, quod exoniatores suos ad impositum sibi terminum habeat ad curiam, pro suis salvandis prout debuerunt[2] exoniis. Si vero languorem jurare voluerit, jurabit in hac forma : quod credit se esse tali morbo oppressum, quod infra diem et annum non æstimat convalescere prosperitate sanitatis. Milites vero et tales homines, qui ad jurationem languoris præsentes fuerunt, recordabunt *bailliro et militibus* assisiæ, ut per eorum recordamentum si opus fuerit reportet in posterum firmitatem. Si vero ad locum per exoniatores expressum in curia exoniatus inventus non fuerit ; et exoniatores curiæ emendabunt, et ipse deficientis incommodum reportabit. Si quis vero facta exonia se misisse negaverit, et super hoc accusatus obtulerit deraisnare ; deraisna super hoc penitus recipietur, et exonia sua iterum facere poterit. Sed si ea iterato[1] deneget se misisse, nullo modo super hoc amplius audietur.

donner plèges : et si luy doibt l'en commander qu'il ait ses exoineurs avec soy au jour, pour sauver ses exoines si comme ils debveront. Se il veult jurer langueur, il jurera en ceste forme : Que il croit avoir telle maladie qu'il n'a pas espérance de en guarir dedens ung an et ung jour. Les chevalliers et les aultres qui illec seront présents doibvent venir aux *premières* assises, et recorder que cil a juré langueur, tant qu'il puisse estre prouvé par leur record se mestier en est ; et se ils ne le treuvent eu lieu où les exoineurs dirent qu'il gisoit malade, les exoineurs l'amenderont à la Court, et il amendera les défaultes. Se il nye qu'il ne envoya pas les exoines qui ont esté faictes, et il offre à s'en desréner, la desrène sera prinse, et il pourra derechef faire ses exoines. Mais se il nye aultresfois qu'il ne les envoya pas, il n'y sera plus ouy.

### XLI.—DE PUERPERIO.

Puerperii autem infirmitas, quæ gesina vocatur, terminationem querelarum prorogat ac protendit. Et per quemcunque legitimum delata fuerit in curia, excusare

### XLI.—DE GÉSINE DE FEMMES.

Maladie d'enfantement, que l'en appelle gésine,[3] prolonge la fin des querelles. Et par qui que l'exoine soit loyalement apportée en Court, elle excuse la

---

(1) *Iterato*—Adverbe.  (2) *Debuerunt*—Sic.  (3) *Gésine*—De *gésir: jacere.*

poterit patientem ; et quadraginta dierum terminum reportabit. Si vero pars adversa hanc dilationem esse factam fraudulenter cognoverit, inquisitio fieri debet de puerperio per homines de vicineto, et partus mulieris emissionem demonstrari. Et si de fraude convicta fuerit, debet graviter emendare. Et si sane facta fuerit excusatio, adversarius eam reprobans *graviter* emendabit.

## XLII.—DE VIDUITATE MULIERUM.

Viduitas autem mulierum quæ non habent patrem vel matrem, filium vel filiam vel nepotem ætatem habentes, easque manu tenentes, quorum cum ea communis esset possessio tam feodi quam mobilis, terminationem prorogat querelarum ; et habent terminum quærendi consilium usque ad diem et annum. Elapsis autem die et anno, debent se justiciario ad deductionem querelæ inchoatæ præsentare. Hanc etiam dilationem, quam habent viduæ, quilibet contra eas secundum quorumdam opinionem poterit reportare, et in hoc attenditur exceptio de proprietate hereditatis in querelis ; non enim propter hoc inquisitiones remanebunt.

femme, et donne terme de quarante jours. Mais se l'autre partie dict que ce est faict par barat, enqueste doibt estre faicte de son enfantement par ceulx du voisiné, et l'enfant doibt estre monstré et la femme veue : et se elle est attaincte du barat, elle le doibt amender estroictement. Et se l'exoine a esté à droict faicte, cil qui la contredict l'amendera.

## XLII.—DE VEUFVETÉ DE FEMMES.

La veufveté de femme, qui n'a père ne mère, frère, fils ne nepveu qui soient en aage, ne qui la tiennent en leur main, ne qui avec elle ayent possession de meuble ne de fief, prolonge la fin des plets ; et a terme d'avoir conseil jusques à ung an et ung jour. Et quant ce terme sera passé, elle se doibt présenter devant justice pour mener le plet qui est commencé. Et ce terme que les femmes veufves[1] ont, pourra chascun avoir contre elles, si comme aulcuns dient. Ceste exoine a lieu ès querelles qui sont meues de propriété de héritage : mais enquestes pour ce ne remaindront pas.

---

(1) *Veufves*—Dans *Le R.* très-souvent *refves*, *vefté*.

Q

## XLIII.—DE NON ÆTATE.

Minor etiam ætas terminationem prorogat querelarum. Minorem etiam ætatem dicimus ætatem cujuslibet qui nondum viginti annos habuerit adimpletos. Omnes etiam minores, quos infra ætatem dicimus, terminum habebunt de omnibus querelis, quousque ad ætatem pervenerint viginti et unius annorum, exceptis tamen querelis quæ per inquisitiones fiunt vel per breves. Nihil etiam quod minores dicant vel faciant in curia laicali ratitudinem reportabit, nisi in hoc tantummodo, quod per legem, secundum jus et consuetudines Normanniæ adimpletum, fuerit judicatum; de quibus in sequentibus plenius tractabitur, cum de brevibus[1] antecessorum consuetudines exsequemur.[2]

## XLIII.—DE NON AAGE.

Non aage prolonge la fin des querelles. Nous dirons que ceulx sont en non aage, qui n'ont pas acomply vingt ans. Tous ceulx qui sont en non aage auront terme de toutes querelles, tant qu'ils viennent en l'aage de vingt et ung ans, fors des querelles qui sont déterminées par enquestes ou par briefs. Chose que ceulx qui sont en non aage facent ne dient en Court laye ne sera establi, fors ce qui sera déterminé par loy oultrée,[3] selon les droicts et les coustumes du pays de Normendie; de quoy nous dirons après, quant nous traicterons des briefs et des coustumes aux ancesseurs.

## XLIV.—DE EXERCITU[4] PRINCIPIS.

Exercitus autem Principis Normanniæ, a die quo de eo facta banitio fuerit, querelas quas minor ætas prorogat et omnes alias eorum, qui in servitium

## XLIV.—DE L'OST AU DUC.

L'ost[5] au Prince de Normendie, dès le jour qu'il est banny, prolonge les querelles que non aage prolonge, et toutes les aultres, de ceulx qui sont allés au service

---

(1) *Brevibus*—V. Ch. xcix. et c. (Texte Lat.) (2) *Exsequemur*—Dans le texte toujours *exequor*, ainsi que dans le Latin ecclésiastique. (3) *Loi oultrée*—" C'est-à-dire ce qui est " déterminé par enquestes ou par briefs ès quereles possessoires."—*Terrien, in loc.* " Et " si peut on dire que gaiger devant Justice ce est Loi oultrée."—*Glose, in loc.* " Neque " a lege apparente differt illa quæ *Loi oultrée* dicitur in Cap. 43, Vet. Cons. Norman. ; "quamvis eadem quæ lex duelli primum videtur."—*Ducange.* " Enfés dedans age ne " peut fère recort d'assise, fors de Loi oultrée, *si comme de bataille, ou d'establie, ou* " *de recort.*"—*Marnier* : Arrêts, p. 98. V. n. sur Chap. lxxxvii. (Texte Lat.) (4) *De exercitu*—L'ost au Duc considéré, non seulement comme service, ainsi que dans le Chapitre xxv. (Texte Lat.) q.v. mais aussi comme raison d'exoine valable. (5) *Ost*— Armée : de *hostis*.

principis profecti fuerint, excusabit, quousque Princeps exercitum suum remiserit Normanniæ. Ad servitium autem exercitus, quod ex feodo facere tenetur, nullus potest per exonium vel alio modo se excusare ; nullam enim patitur dilationem. Sed si quis ita fuerit infirmatus, quod exercitus servitium non valeat adimplere, sufficientem loco sui ad hoc debet destinare, qui suum servitium adimpleat competenter. Sciendum autem quod quædam feoda loricæ servitium exercitus debent dominis, quod debetur Principi : quædam vero auxilium exercitus. De illis autem qui servitium debent, tenentur facere servitium in exercitu, vel pro ipsis mittere qui faciat competenter. Illi autem qui debent auxilium nullum debent reddere nec relevare auxilium, donec Princeps auxilii feodorum concesserit quantitatem. Ipsoque auxilio terminato et concesso a Principe, quilibet tenetur illud reddere ad submonitionem quindecim dierum vel amplius, omni dilatione remota, prout tenet de feodis. Et si satisfecerit de auxilio feodi sui, prout ad alium satisfecerit exercitum ultimo ante persolutum, habito respectu ad utriusque quantitatem datam a Principe et concessam, per hoc

du Duc, jusques à tant qu'il ait renvoyé son ost en Normendie. Aulcun ne se peut excuser par exoine ne par aultre manière de l'aide de l'ost, à quoy il est tenu du fief qu'il tient, car il n'y peut avoir aulcun délayement. Mais se aulcun est si malade qu'il ne puisse acomplir le service de l'ost, il doit envoyer homme suffisant en son lieu qui bien face son service. L'en doibt sçavoir que il y a aulcuns fiefs de haulbert, qui doibvent à leur seigneur le service de l'ost qui doibt estre faict au Prince ; les aultres doibvent l'aide de l'ost. Ceulx qui doibvent le service sont tenus à le faire en l'ost, ou envoyer personne pour eulx qui le face avenamment.[2] Ceulx qui doibvent l'aide n'en doibvent point rendre ne le lever,[1] devant que le Prince ne leur ait ottroié la quantité de l'aide du fief. Mais quand l'aide sera déterminé et ottroyé par le Prince, chascun sera tenu le rendre à la semonse de quinze jours, si comme il tient du fief, sans aulcun délay. Et s'il faict gré de l'aide de son fief, ainsi comme il fist à la derraine fois quant l'aide de l'ost fut payé, selon la quantité que le Prince détermina et ottroya, il doibt par

---

(1) *Lever*—L'expression *rendre et lever* est souvent employée par *Le R.* là où les éd. précéd. ont *payer et rendre.*    (2) *Avenamment*—*Avenaument* presque toujours dans le texte.

debet in pace remanere. Si autem dominus feodi majus auxilium secundum quantitatem quam habet in feodo voluerit extorquere, super hoc, ut de feodis et hereditatibus aliis, poterit in curia placitari. Nec majus auxilium exercitus potest de jure aliquid levare quam illud, quod domino vel Principi tenetur persolvere.

ce remaindre en paix. Se le seigneur du fief veult prendre greigneur aide d'ost qu'il ne doibt, les hommes en pevent pléder en la Court au Duc, aussi comme des fiefs et des aultres héritages : car aulcun ne peut par droict lever greigneur aide d'ost, qu'il ne luy convient payer à son seigneur ou au Duc.

## XLV.—DE PRIVILEGIO CRUCIS.[2]

Crucis etiam assumptæ privilegium terminationem prorogat querelarum, in quibus de proprietate placitatur; et reportant cruce signati de hereditate terminum respondendi, videlicet unius anni et unius diei. Et si interim peregrinationem[3] vel tunc arripuerint,[1] terminum habebunt usque ad septem annos, nisi interim de peregrinatione redierint, vel mors eorum probata fuerit. Probari autem potest per testimonium duorum testium, *vel trium,* vel plurium fide dignorum, qui de peregrinatione illa redierint, et juraverint eos vivos et mortuos se vidisse ; vel *per testimonium vel* per litteras patentes diocesis episcopi vel ejus officialis.

## XLV.—DE PRIVILÉGE DE CROIX.[2]

Le privilége aux croisiés prolonge la fin des querelles, en quoy l'en plède de la propriété d'aulcun fief, et ont les croisiés terme de respondre ung an et ung jour ; et se dedens ce ils se mettent en voye d'aller oultre mer, ils auront terme de sept ans, s'ils ne reviennent ainçois, ou se leur mort n'est prouvée ; qui peut estre prouvée par le tesmoing de deux hommes créables ou de plus, qui sont venus de ce pélerinage, et ils jurent qu'ils le virent mort et vif; ou par les lettres de l'évesque du lieu ou de son official.

---

(1) *Arripuerint*—Auront entrepris ou commencé. (2) *Cruce*—V. les n. sur Chap. xci. (Texte Lat.) (3) *Peregrinationem*—i.e. *solenniorem.*

## XLVI.—DE EXCUSATIONE PER JUSTITIAM.

Si autem quis, a diversis justiciariis ad diversa loca, eadem die comparandi submonitionem receperit, ad superioris curiam debet accedere ; qui eum per suas patentes litteras de defectu illius diei poterit excusare, et querelam ipsam ad alium terminum facere prorogari. Et hoc semel potest fieri excusatio per eundem.

## XLVII.—DE DILATIONE PER NIVEM.

Si vero visio alicujus terræ sit assignata, et terra per nivem vel pluviarum superabundantiam [2] fuerit occultata, visio et alia querela ad alium terminum sunt prorogandæ, cum, nive vel pluviis consumptis, terra fuerit detecta.

## XLVIII.—DE DILATIONE PER PRISONIAM.

Si quis autem in prisonia detentus fuerit, non tenebitur respondere de querelis feodalibus, quousque a carcere fuerit liberatus : sed ad alium competentem terminum debent suæ querelæ prorogari, excepta tamen occasione illa pro qua tenetur carceratus. Omnes autem illi

## XLVI.—DE EXCUSATION PAR JUSTICE.

Se aulcun a receu semonses de divers juges de estre en divers lieux en ung mesme jour, il doibt aller à la Court au plus hault, qui par ses lettres pendans [1] le pourra délivrer de la faulte de ce jour, qui sera prinse sur luy en aultre Court, et faire le plaict délayer jusques à ung aultre terme. Ceste excusation peut estre faicte une seule fois par ung juge.

## XLVII.—DE EXCUSATION PAR NOIF.

Se veue d'aucune terre est assise, et la terre est si couverte de noif ou d'abondance de pluye que on ne la puisse monstrer, la veue et le plect doibt estre prolongé jusques à ung aultre terme, que la terre soit descouverte de noif ou de la pluye.

## XLVIII.—DE EXCUSATION PAR PRISON.

Se aulcun est tenu en prison, il n'est pas tenu à respondre des querelles fieffaulx, devant qu'il soit delivré de prison ; ains doibt le plect estre prolongé jusques à aultre terme avenant : mais la cause pour quoy il est tenu en prison est exceptée. Tous ceulx qui sont suyvis de

---

(1) *Pendans*—Ou *pandans ;* du Lat. *pando,* dans un sens neutre.  (2) *Abundantia*—Dans le texte *habundanciam.*

qui secuti sunt de felonia, post-quam redacti fuerint ad prisoniam, hanc dilationem reportabunt, sive in prisonia fuerint redacti sive traditi ad custodiendum. Secutores autem eorum ad mortem, duello vadiato, hanc dilationem reportabunt. De prisonia autem Rex Ludovicus[1] instituit, quod nullus in prisonia mitteretur, et cetera; sicut continetur in sua institutione[2] prænotata.

félonnie, puis qu'ils sont mis en prison ou baillés en garde, auront ceste dilation, et aussi ceulx qui suyvent l'auront, jusques à la mort, puis que la bataille sera gaigée. De la prison establyt le roi Loys, que aulcun ne fust mis en prison, ne détenu; fors si comme il est contenu en son establissement[2] cy-devant.

## XLIX—DE INSUFFICIENTI TERMINO.

Si quis etiam habuerit sub-monitionem respondendi de sua hereditate, ad breviorem terminum quam ad spatium quindecim dierum, non tenetur respondere: sed ipsam querelam et terminum respondendi potest usque ad quindecim dies protrahere ad minus.

## XLIX.—DE TERME NON SUFFISANT.

Se aulcun a terme de respondre de son héritage à moins de quinze jours, il conviendra que le terme et le plet soient alongés, jusques à quinze jours au moins.

## L.—DE GARANTO.

Vocamentum etiam garanti terminationem prorogat querelarum. Dupliciter autem potest garantus vocari: aut tanquam defensor qui feodum garantizare teneatur, aut tanquam antenatus feodi ad quem ejus pertineat actio principalis. Et sciendum est, quod querelatus de feodo per garantum defensorem potest protrahere querelam, quousque ad

## L.—DE VOUCHEMENT DE GARANT.

Vouchement de garant prolonge la fin des querelles. Garant peut estre appellé en deux manières, ou comme défenseur qui est tenu à garantir le fief, ou comme ainsné du fief de qui on doibt pléder principalement. Et si doibt l'en sçavoir que cil qui est querellé du fief peut allonger le plet par garant défenseur, tant qu'il vienne

---

(1) *Ludovicus*—Saint-Louis.    (2) *Institutione, establissement*—V. Ch. vi, p. 20.

curiam accesserit responsurus.
Vocato autem garanto, debet dies
habendi eum competens in curia
assignari; et advocans debet interim garantum requirere, ut cum
ipso ad curiam accedat, ipsum
garantizaturus die sibi assignata.
Et si habere non poterit, debet ad
justiciarium accedere, ut eum ad
diem submoneri faciat assignatam,
dum tamen diei assignatio habeat
spatium *quadraginta* dierum; et
easdem dilationes habere garantus
poterit, quas haberet advocans
principalis.   Et notandum est,
quod garantus alium potest vocare
garantum; et sic potest hæc
vocatio fieri usque ad tertium.
Tertius autem garantus quartum
non potest advocare, sed ipsum
oportet querelam defendere, vel
aliis defensionem dimittere; quam
si defendere noluerint, feodum
pars contraria obtinebit, et querelatus excambium.[1]   Et hoc intelligendum est de primogenitorum
excambiatione.   Et sciendum est,
quod sicut querelatus non tenetur
respondere de feodo ex antecessoribus ad eum devoluto in
absentia primogeniti sui; similiter nec querulus in absentia
primogeniti, si de feodo quod
requirit primogenitum habeat,
nullatenus respondetur.   Easdem

à Court pour respondre.   Quant
garant est appellé, jour doibt estre
mis de l'avoir à Court; et cil qui
l'appelle, le doibt requérir dedens
ce, que il vienne avec luy à Court
au jour qui luy est mis pour le
garantir; et s'il ne le peut avoir,
il doibt aller à la justice, et le
faire semondre d'estre au jour,
pourtant qu'il y ait *quinze* jours
jusques au terme qui est mis.
Et le garant pourra avoir semblables[2] dilations comme auroit
celuy qui l'appella.   Et si debvons
sçavoir que le garant qui est
appellé premièrement peut avoir
le sien garant, et cil second le
sien, jusques au tiers.   Le tiers
garant ne peut appeller le quart,
mais convient qu'il défende la
querelle, ou que il laisse aux
aultres la défense, et s'ils ne la
veult deffendre l'autre partie aura
le fief, et cil qui est querellé,
c'est à dire de qui on se plainct,
aura l'eschange[1] : et ce mesme
doibt-on entendre de l'eschange
aux ainsnés.   Et doibt-on sçavoir
que, aussi comme cil qui est
querellé n'est pas tenu à respondre en derrière[3] de son ainsné
du fief qui luy est venu de ses
ancesseurs, non peut cil qui se
plainct avoir ce qu'il demande
en derrière son ainsné, se il a
ainsné eu fief.   Celles mesmes

(1) *Excambium, eschange* — i.e. obtiendra du garant la valeur du fief, ou un héritage
de valeur égale.   (2) *Semblables*—Dans les éd. précéd. *autelles.*   (3) *En derrière*—En
l'absence : locution juridique usuelle.

etiam dilationes poterit habere querulus quas querelatus haberet, si querelam voluerit prorogare. Notandum etiam est, quod si quis vocetur ad garantum, et a parte adversa denegetur, per inquisitionem declarandum est, utrum de illo feodo de quo vocatur ad garantum sit garantus vel non. Quod si per inquisitionem declaretur quod sit garantus, garantizandi retinebit potestatam ; et emendabit pars adversa. Si vero declaratum fuerit ipsum non esse garantum, pro garanto recipi non poterit, sed emendabit qui eum vocavit ad garantum. Postquam aliquis super se garantizationem receperit, ad ipsum incumbit defensio feodi garantizati, et æque potest defendere sicut ille qui eum vocavit ad garantum : tamen si succubuerit, ad excambium tenebitur de eodem.

dilations que cil qui est querellé a, pourra avoir cil qui se plainct s'il veult alonger le plet. L'en doibt sçavoir que si aulcun est appellé à garant, et l'aultre partie dict qu'il n'est pas garant, il doibt estre enquis, s'il est garant du fief dont il est appellé à garant ou non. Et se l'enqueste dict qu'il en soit garant, il aura povoir de garantir le fief, et l'aultre partie l'amendera. Et se l'enqueste dict qu'il n'en est pas garant, il ne pourra pas estre receu à garant ; mais amendera celuy qui l'appella à garant. Puis que aulcun recept sur soy la garantie d'aulcun fief, la défense du fief appartient à luy, et le peut défendre aussi comme cil qui l'appella à garant. Mais s'il en déchet, il en sera tenu à en faire eschange.

# PREMIÈRE PARTIE.

—•◦•—

# Quinte Distinction.

# Capitulum quinqua-gesimum primum.

# Chapitre cinquante-et-unième.

## DE INJURIA.

Injuria est actio læso jure indebite alicui irrogata, ex qua contentiones singulæ oriuntur, tanquam ex eodem fonte rivuli defluentes. Omnis enim contentio procreatur, aut ex injuria alicui in sui personam irrogata, aut in ipsius possessionem. Unde contentionum quædam personalis dicitur, quædam impersonalis. Personalis autem dupliciter fit, aut per factum aut per dictum. Per factum autem, quando ex percussione alicui generatur. Per dictum autem, quando ex convicio illato alicui contentio promovetur. Contentio autem impersonalis dupliciter fit; aut enim fit ex possessione mobili aut immobili. Ex possessione immobili fit, quando contentio occasione alicujus feodi inter aliquos ventilatur. Ex possessione mobili fit, quando contentio occasione alicujus catalli

## DE TORT FAICT.

Tort faict est oultrage qui est faict à aulcun, de quoy tous les contends naissent ainsi comme les ruysseaulx naissent de la fonteine. Tout contends est engendré de tort qui a esté faict à la personne d'aulcun, ou à sa possession. Et pour ce dict l'en que les ungs des contends sont personnels et les aultres de possession. Tort est faict à la personne d'aulcun en deux manières, ou par faict ou par dict. Par faict, quant aulcun contends est engendré par ce que aulcun a esté féru.[1] Par dict, quant contends naist par laidenges qui ont esté dictes à aulcun. Contends de possession est double, car il est engendré de possession qui est mouvable, ou de possession qui n'est point mouvable. Contends de possession mouvable est, quand contends naist par raison d'aulcun chatel,

---

(1) *Féru*—Part. de *férir* (Lat. *ferire*) ; frapper.

vel possessionis mobilis excitatur; et ex his quattuor rivulis omnes aliæ contentiones oriuntur. Unde patet quod, cum isti quattuor procedant ab injuria, ipsa mater est contentionum singularum. De quibus in secunda parte hujus operis, cum DE QUERELIS plenius tractabitur, exsequemur.

ou d'aulcune possession mouvable. Contends de possession qui n'est pas mouvable est, quand contends naist par raison d'aulcun fief. De ces quatre ruysseaulx naissent tous les aultres contends; et pour ce que ces quatre choses naissent de tort, appert-il que tort est la mère de tous contends; de quoy nous traicterons en la seconde partie de cest œuvre, quant nous dirons DE QUERELLES.

### LII.—DE VI: ET QUID SIT.

Vis est injuria alicui violenter irrogata, lædens pacem patriæ et Principis dignitatem. Cum enim ad Principem pertineat sub pacis tranquillitate populum sibi regere subrogatum, ad ipsum pertinet pacis fractores corrigere violentos. Unde notandum est quod, si quis alium a possessione fœdali per vim illatam expulerit, ad justiciarium pertinet super hoc inquirere, dum tamen illa violentia infra annum fuerit perpetrata, et restitutionem debet facere fieri taliter spoliato; et similiter de aliis violentiis agendum est, in quibus vitæ periculum non incumbit. Nullus enim inquisitionem ad vitæ vel ad membrorum periculum tenetur sustinere, nisi eam expresse obtulerit expectare. *De aliis autem dessaisinis et spoliationibus, scilicet quæ sine violentia perpetrantur, agendum est secundum*

### LII.—DE FORCE.

Force est tort qui est faict à aulcun malgré soy, contre la paix du pays et contre la dignité au Duc de Normendie. Et pour ce qu'il appartient au Duc qu'il gouverne en paix le peuple qui est soubs luy, il est tenu à chastier ceulx qui à force brisent la paix. Et pour ce doibt l'en sçavoir, que se aulcun met ung aultre hors de la possession de son fief à force, il appartient à la justice à enquérir de ce, dedens l'an que la force a esté faicte : et doibt faire rendre la possession à celuy qui en a esté despouillé. Ainsi doibt-on faire des aultres forces où il n'y a péril de vie. Aulcun n'est tenu attendre enqueste de choses où il y a péril de vie ou de membres, s'il n'offre de son gré la soustenir.

*legem dessaisinæ in feodis, et in mobilibus secundum leges de eisdem institutas. Quod clarescit plenius in sequentibus.*

## LIII.—DE CURIA LAICALI.

Cum itaque contentiones et injuria procreantur, quæ per judicium coram justiciario debent in curia terminari, de curia consequenter agendum est. Laicalis itaque curia est congregatio, certo loco et die assignato, eorum per quos jus est super querelam contentionis placitantibus exhibendum. Placitatores siquidem dicuntur, qui in placitis coram justiciario querelam deducunt. Notandum est ergo, quod ad querelarum terminationem exigitur et oportet, quod justiciarius sit præsens, et quod quicquid judicatum fuerit in querela faciat observari, et quod justiciarii[2] intersint, per quos de propositis et responsis in curia judicium proferatur, et quod placitatores querelam deducant coram ipsis. Certus locus etiam et certa dies debet placitatoribus assignari per submonitionem prius factam, querimonia jam recepta et plegiis habitis de ea prosequenda. Sciendum tamen est, quod Princeps Normanniæ principaliter habet curiam tenere de omnibus injuriis quæ ad suam pertinent dignitatem, ut de moneta et foagio[1] et

## LIII.—DE COURT.

Pour ce que les contends naissent de tort, et doibvent estre finés par jugement devant la justice en Court laye, nous dirons de Court. Court laye est une assemblée de saiges hommes en certain lieu et à certain jour, par lesquels droict doibt estre faict des contends à ceulx qui plèdent. Ceulx sont appelés plédeurs qui mènent les querelles ès plets par devant la justice. Nous debvons sçavoir, que à finer le plet convient que la justice soit présente, qui face garder ce qui sera jugié de la querelle, et que les jugeurs soient présents, par qui jugement sera faict des choses proposées et respondues, et que les plédeurs démènent les querelles par devant eulx. Certains lieux et certains jours doibvent estre assignés aux plédeurs, par semonse qui soit avant faicte, de quoy la plaincte sera jà receue et pleiges donnés de suyr. L'en doibt sçavoir que le Duc de Normendie doit avoir la Court de tous les torts faicts qui appartiennent à sa dignité: si comme de la monnoye, du fouage,

(1) *Moneta et foagio*—V. Ch. xv.　(2) *Justiciarii*—V. n. 4, p. 31.

hujusmodi, et placitis spadæ, et de omnibus aliis rebus ad laicalem curiam pertinentibus, de quibus querimonia jam recepta delata fuerit ad eundem, tam in simplicibus quam in criminalibus, levibus etiam et grossis[1] querelis. Si quis tamen curiam in[2] suam requisierit, [et hoc fit] ab eodem qui eam habere debeat, ei reddenda est. Habet etiam Dux Normanniæ curiam principaliter de omnibus injuriis sibi illatis, mobilibus videlicet et immobilibus, necnon et personalibus [ipsius, et] omnium eorum qui tenent de ipso, et de omnibus injuriis personalibus baillivorum et servientium et eorum attornatorum. Habet etiam principaliter curiam de omnibus injuriis personalibus, et de omni placito spadæ, et de omnibus roberiis, multritiis, homicidiis, treugis fractis, iniquis assaltationibus, *recognitionibus* et inquisitionibus, et hujusmodi, quæ ad placitum spadæ pertinent evidenter; exceptis tamen illis, quibus Principes Normanniæ de hujusmodi habendis placitis curiam concesserunt, prout per instrumenta vel per præscriptionem diuturnam est apparens, vel per longævam possessionem quæ fecerit præscriptionem, vel per excambiationem, vel per rationem aliam evidentem. Milites autem

et de tels choses, du plet de l'espée, et de toutes aultres choses qui appartiennent à la Court laye, de quoy plaincte est faicte à luy, tant ès pesantes querelles et ès légières, comme ès criminelles et ès simples. Mais se aulcun requiert sa Court de ce de quoy [il] la doye avoir, elle luy sera rendue. Le Duc de Normendie a principalement la Court de tous les torts qui luy sont faits, en choses mouvables ou non mouvables, ou contre sa personne ou ceulx qui tiennent de luy, et de tous les torts qui sont faicts à ses baillifs et sergents ou à leurs attournés. Et si a le plet de l'espée : si comme de roberie, de meurdre, d'homicide, de trèves frainctes, de assault en félonnie, d'enquestes, et de tels choses qui appartiennent au plet de l'espée ; exceptés ceulx à qui les princes de Normendie ont ottroyé à avoir la Court de tels choses : si comme il est apparoissant par chartre, par longue tenue, par eschange ou par aultre raison apperte. Les chevaliers, et

---

(1) *Grossis*—Bas Latin ; d'où le mot *gros*.    (2) *In suam*—i.e. *ut suam*.

ac libere tenentes qui habent comitatus vel baronias vel dignitates alias feodales vel feoda loricæ vel francas sergenterias vel alia franca feoda ac libera, habent curias de suis residentibus in simplicibus querelis, levibus et grossis, mobilium et hereditatum, et de latrocinio, licet per duellum habeant terminari. Antenati[1] etiam habent curias de postnatis in tribus tantummodo casibus; convicio eidem illato, vel uxori suæ, vel ejus filio primogenito. Istis tribus casibus tenentur postnati in primogenitorum curiis respondere, et deraisnare vel emendare. Omnes etiam feoda puræ elemosinæ tenentes suas habent curias in suis tenentibus de eisdem. Si quis autem feoda, sub dominio diversorum dominorum constituta, per unum testem[2] et unum duellum impetierit contra aliquem, Princeps debet de hujus[3] curiam habere, cum neuter dominorum in tota causa contentionis habeat potestatem. Cum enim una sit querela, per unam legem habet terminari. Una enim dicitur querela, [cum], per unum

ceulx qui tiennent franchement les contés, les baronnies, et les aultres dignités fieffaulx, ou les fiefs de haubert ou franches sergenteries, ou aultres francs fiefs, ont la Court de leurs rességants ès simples querelles, et ès légières et ès pesantes, de meuble d'héritage et de larcin, jà soit ce que ils[4] doibvent estre finées par bataille. Les ainsnés ont la Court de leurs puisnés en trois cas tant seulement; pour le mesfaict ou laidenge que ils luy ont faict ou dict, ou à sa femme, ou à son ainsné fils : en ces trois cas sont les puisnés tenus à respondre en la Court de leur ainsné, ou eulx desréner, ou à l'amender. Tous ceulx qui tiennent pure omosne ont la Court de leurs tenants de l'omosne. S'aulcun demande, par ung tesmoing[2] ou par une bataille, fiefs qui soient soubs divers seigneurs, le Duc en aura la Court, car aulcun des seigneurs n'a povoir de juger tous les contends; et dès ce qu'il n'y a que une querelle, elle doibt estre terminée par une loy,[6] [c'est] par ung tesmoing[5] ou par une bataille. L'en dict que ce n'est que une querelle, que ung

(1) *Antenati*—Dans *Le R. attenuati*(!) par témoins. V. n. sur Chap. lxxxvii. (3) *Hujus*—i.e. *hujusmodi querelis.* (4) *Ils*—Sic. (2) *Testem, tesmoing*—Recognition, ou enquête (5) *Tesmoing*—Témoignage. (6) *Loy*—i.e. par une des deux formes de *Loi apparaissant* alors pratiquées, l'enquête—*recognoissant*—par témoins, ou le duel judiciaire. Voir aussi les n. sur les Chaps. lxxxvii et cxxvii. (Texte Lat.)

testem et unum duellum, unus querulus versus unum querelatum querelam agit unius speciei, cum fit de feodo tantum, vel de mobili et hujusmodi. Insuper autem sciendum est, quod nullus tenens feodum suum per vile servitium potest habere curiam super tenentes de eodem : bordarii [scilicet], et servientes ad saccum[1] et sommam,[2] et alii qui vilia debent servitia, videlicet, compostum educere, fenum[3] facere, terras compostare.

homme mène contre ung aultre, par ung tesmoing ou par une bataille, et pour une chose d'une espèce : si comme est la querelle qui est de fief tant seulement, ou de meuble ou de tels choses. L'en doibt sçavoir que aucun qui tienne son fief par vil service ne doibt avoir la Court de ses tenants de ce mesme fief : si comme sont les bordiers,[7] et ceulx qui servent à sac et à somme, et les aultres qui doibvent les villains services : si comme *de curer les mares*, de maller[4] ou de fumer[6] les terres, de fener[5] les foins, et faire les aultres villains services.

## LIV.—DE CLAMORE QUI DICITUR HAROU.

Habet etiam Dux Normanniæ curiam de clamore illo, qui vulgariter HAROU[8] dicitur, et ad ipsum pertinet inquisitio de

## LIV.—DE HARO.

Le Duc de Normendie a la Court du HARO,[8] et en doibt faire enqueste s'il fut cryé à

---

(1) *Saccum*—"Servitii species, cum dominus in exercitum proficiscitur reddenda."— *Ducange :* service de transport. V. n. 4, p. 108, sur *sommagium*. (2) *Sommam*— "i.q. *sagma : onus.*"—*Ducange.* (3) *Fenum*—i.q. *prati servitium.* V. n. 7, p. 75. (4) *Maller*—i.q. *marler*, ou *marner :* les engraisser avec de la marne ; Angl. *marl.* (5) *Fener* ou *faner*—Etendre pour sécher. (6) *Fumer*—Engraisser avec du fumier. (7) *Bordiers*— V n. 4, p. 80, et n. 1, p. 91.

(8) *Harou*—Une dissertation sérieuse et approfondie sur la *Clameur de Haro* a été faite dans un Discours au Barreau de *Caen* (Valin. *Caen*, 1880), par M. *Albert Tiphaigne*, Docteur en Droit, (qu'une mort prématurée a enlevé à sa famille et à ses amis, depuis la rédaction de cette note). Les auteurs qu'il cite semblent démontrer la justesse de la proposition soutenue par lui, qu'il faut renoncer à l'origine généralement attribuée à ce mot. A cet effet, il produit des exemples de son emploi avant l'époque même de Rollon. La formule donc dont on se sert à Jersey, (Haro ! Haro ! Haro ! à l'aide. mon prince ! on me fait tort !), et l'orthographe *harou*—formule et orthographe qu'on aurait autrement alléguées à l'appui de telle origine, ont dû plutôt naître de cette tradition erronée. Du reste, le mot a été employé par plusieurs auteurs anciens, tant Anglais que Français,—e.g. *Chaucer* et *Froissart*,—dans le sens tout ordinaire de clameur et de bruit, et "se rapproche ainsi " peut-être, dans son étymologie, du mot acclamatif *hurrah !* n'étant, par conséquent,

eodem ; utrum, videlicet, justa causa vel injusta fuerit exclamatus. Non enim debet exclamari, nisi in discrimine criminoso, ad ignem, vel ad latronem, homi- droict ou à tort : car il ne doit estre cryé, fors pour cause criminelle : si comme pour feu ou pour larcin ou pour homicide ou

---

" qu'une formule spéciale d'un terme qu'on retrouve dans tous les vieux idiomes " germaniques et scandinaves." M. *Georges Métivier*, l'éminent philologue Guernesiais, lui aussi a cité des exemples de l'emploi du mot, à une époque antérieure à la cession de la Neustrie, sous les formes de *hara*, *hareu*, *haro*. il en rapporte l'origine au verbe Franc. *haran ;* crier, huer, hurler. On concluera alors que, " l'étymologie du mot n'étant pas " exclusivement Normande, l'origine de l'institution ne l'est pas davantage." Une étymologie et une origine probables, selon nous, de la *Clameur de Haro* se trouvent dans le mot Teut. *herad,* centaine, ou division territoriale, dont les hommes libres, en entendant l'appel fait à la communauté entière, au moyen du cri de leur nom collectif, jeté par la partie lésée ou par les officiers publics, devaient quitter leurs maisons ou leurs labeurs, pour aider à la poursuite et à l'arrestation des meurtriers ou des voleurs ; comme dans le cas du *Hue and Cry* Anglais, (*Hutesium et Clamor*). A Jersey, selon *Le Geyt* (Vol. I, p. 294), à l'époque où il écrivait (1697—1715, *circiter*), on ne se servait plus de la Clameur dans les querelles personnelles, ni dans les cas de violence ou de crime, mais seulement pour des faits possessoires en matières d'héritage. Son opinion, que cet usage soit contraire à celui de l'ancienne Coutume de Normandie, quoique justifiée par le texte du *Coutumier*, n'est pas complètement exacte. En effet, l'auteur de la Glose, qui date d'avant 1483, c'est-à-dire, avant que ledit texte eût été imprimé, dit : " si test que ung homme a frappé ung aultre, " * * * * ou que il lui toult ou veult tollir la possession de ses biens à tort, * * * * " il peut * * * * crier *haro* " ; et, plus loin, il parle du " lieu descordable, ou le lieu " où l'en dict le *haro* ou malefaçon avoir esté faict." Dans le *Style de Procéder*, qui fut imprimé pour la première fois au commencement du seizième siècle, et fait partie des éditions subséquentes du *Coutumier*, il est dit (éd. 1539, fol. 70) : " Pour sçavoir quelles " introductions sont possessoires seulement," (i.e. qui ne sont pas pétitoires) : " ce sont " *Bref de nouvelle dessaisine*, et *Clameur de Haro*. Et combien que par le texte du " *Coutumier, Haro* ne soit pas mis à fin hérédital possessoire, mais seulement pour " malefaçons, toutefois il est ainsi usé et pratiqué." A la réforme de la Coutume (A.D. 1585), on introduisit dans le texte ces attributions étendues, qu'avait gagnées la *Clameur* depuis sa première introduction, en y spécifiant, en outre, son application " au " meuble, et aux matières bénéficiales ou concernant le fait de l'Eglise ; mais *est interdictum* " *retinendæ, non recuperandæ aut adipiscendæ possessionis.*" — *(Basnage).* Quant à l'usage, à Jersey, de la *Clameur* pour les faits criminels, Poingdestre (M.S.) est en contradiction avec *Le Geyt*. Il dit : " Le Chapitre de *Haro* est *non seulement pratiqué au* " *regard des causes criminelles comme anciennement,* mais on l'a étendu à toutes causes " possessoires, et il a la force d'un interdit en toutes causes où il peut arriver force, " dessaisine, empiètement ou empêchement : et non seulement pour terres, mais aussi " pour rentes, services, servitudes, bâtiments ou autres ouvrages , jurisdiction, détourne-" ments d'eaues courantes, franchises, et choses semblables : et nous en usons aussi " amplement que l'en fait à présent (1670—1690, *circiter*) en Normandie." Peut-être cette contradiction s'explique-t-elle par un changement d'usage qui serait survenu dans le court intervalle entre la composition des deux traités. Dans la procédure Anglaise actuelle, l'objet que sert ici la *Clameur de Haro* est atteint, et les résultats en sont assurés, par un interdit *(injunction)* temporaire accordé sommairement par la Cour, à la demande de la partie lésée. On s'adresse ordinairement, à cet effet, à l'un des juges de la division dite *Chancery Division.*

cidium vel roberiam, vel in aliquo hujus[3] imminenti periculo ; ut si quis arrepto gladio irruat in alium furibunde. Qui enim sine imminenti periculo hujus clamorem extulerit, Principi debet emendare ; et si clamor hujusmodi negatus fuerit, Princeps per propinquiores, et eos qui eum audierint, inquircre poterit, utrum illi qui negaverint clamorem se audivisse illum audierint ; et si super hoc convicti fuerint emendabunt. Si vero inquisitio in NON SCIRE redacta fuerit, accusati super hoc poterunt deraisnare. Et si quis culpabilis inventus fuerit, videlicet, quod injuria non præcessit, propter quam talis clamor exclamari debeat, talis graviter debet emendare ; non tamen propter hoc carceri mancipandus est, si sufficientes plegios dederit de emenda. Nec etiam quisquam, si de tali clamore fuerit accusatus, propter hoc non[4] debet carceri mancipari, nisi malefactum grande de plaga et sanguine, vel alia grandi læsura subjacenti, sit apparens. Et si etiam appareat malefactum, et accusatus super hoc inquisitionem, utrum de imposito sibi crimine sit inculpabilis, se offerat sustinere, non debet prisoniam subintrare, cum se satis evidenter ostendat

aultre évident péril ; si comme se aulcun court seure à[2] ung aultre le cousteau traict. Cil qui crie HARO sans appert péril le doibt amender au prince. Et s'il nye[1] qu'il ne le cria pas, le prince doibt enquérir par les prochains d'illec et par ceulx qui l'ouyrent, sçavoir, se ils ouyrent le HARO que cil nye. Et s'il en est attaint, il l'amendera. Et se l'enqueste le met en NON SÇAVOIR, il s'en pourra desréner. Et se aulcun est attaint que il n'eust point de raisonnable cause, pour quoy il deust cryer HARO, il le doibt amender griefvement. Non pourtant il n'en doibt pas estre mis en prison, se il donne bons plèges de l'amende. Et se aulcun est accusé de tel cry, il ne doibt pas estre mis en prison, se il n'y a appert mesfaict de sang et de playe, ou d'aulcun grant mesfaict. Et se le mesfaict est apparissant, et cil qui en est accusé die que il est prest de soustenir l'enqueste, sçavoir, se il est coulpable ou non, il ne doibt pas estre mis en prison ; car il monstre assez clèrement

---

(1) *Nye*—V. n. 7, p. 24.    (2) *Seure à (sic)*—Sur : *sus à* dans *Terrien*.    (3) *Hujus*— L'emploi de *hujus* pour *hujusmodi*, très-usuel dans le texte, se fait spécialement remarquer dans ce Chap.    (4) *Non—Sic.*

super hoc innocentem. Ad hunc autem clamorem omnes debent exire qui illum audierint. Et si maleficium vitæ vel membrorum periculum viderint, vel latrocinium, propter quod malefactor pœnam deberet reportare amissionis vitæ vel membrorum, ipsum debent retinere, vel clamorem post ipsum increscere supradictum ; aliter enim tenerentur Principi emendare, vel deraisnare quod clamorem non audierint supradictum, si super hoc fuerint accusati. Si autem malefactorem detinuerint, eum justiciario reddere tenebuntur, nec eum apud se, nisi propter imminens periculum, nisi per unam noctem poterunt detinere. Omnes, quos justiciarius requisierit sibi, ad malefactores hujus conservandos, vel ad eos ad carcerem deducendos, auxilium impartiri, in villa in qua sunt residentes, per unam noctem vel per unum diem eos deducendo ad carcerem debent subsidium proprii corporis, vel sufficientis pro ipsis, exhibere. Et hujus placitum spadæ dicitur, eo quod in hujus querelis, malefactores spadæ gladio[3] et armis sunt reprimendi, vinculisque [et] carceribus mancipandi. Et dicuntur querelæ criminosæ, quas vitæ vel membrorum sequitur damnamentum. Aliæ autem querelæ

que il n'y a point de coulpe. A ce cry doibvent yssir[3] tous ceulx qui l'ont ouy. Et se ils voyent mesfaict, où il y ait péril de vie, ou de membres, ou de larcin, par quoy le malfaicteur doive perdre vie ou membre, ils le doibvent retenir, ou crier HARO après luy ; aultrement sont-ils tenus à l'amender au prince, ou de s'en desréner qu'ils n'ont pas ouy le cry, se ils en sont accusés. Se ils tiennent le malfaicteur, il sont tenus à le rendre à la justice, et ne le pevent garder que une nuict, si ce n'est pour appert péril. Tous ceulx à qui la justice commandera à garder tels malfaicteurs, ou les amener en prison en la ville où les malfaicteurs sont, doibvent faire aide de leurs corps une nuict et ung jour, ou d'aultres pour eulx qui soient suffisants, à les mener en prison. Et ce est appellé le plet de l'espée. Car tels malfaicteurs doibvent estre refrénés[2] à l'espée et aux armes, et doibvent estre mis en prison et lyés. Teiles querelles sont appellées criminaulx, de quoy homme pert vie ou membre. Les aultres querelles sont appellées

---

(1) *Yssir*—Du Lat. *exire;* sortir : *yst* ou *ist;* il sort. Autres éd. *réservés.*     (2) *Refrénés*—Sic Le R.     (3) *Spadæ gladio.*—V. n. 4, p. 15.

simplices dicuntur, eo quod simplici[2] pœna quasi virgæ mollitiæ[1] delinquentes in eis corrigantur. Insuper autem notandum est, quod quædam curia in placitis, quædam in assisiis, quædam in scacario celebratur. In placitis autem vicecomitatus tenetur curia de simplicibus querelis, de defectibus assisiarum emendandis, et omnino de omnibus querelis quæ quindecim dierum spatium dignoscuntur retinere, *dum tamen ad finem suæ terminationis non ducantur.* Nulla enim querela potest similiter terminari, nisi in assisia vel scacario vel præsentia[3] Principis, unde recordationem suæ terminationis valeat reportare.

simples, pour ce que ceulx qui meffont en sont chastiés simplement,[2] ainsi comme l'enfant de la verge. L'en doibt sçavoir que la Court de aulcunes querelles est en la Viconté, et d'aulcunes en l'assise, et d'aulcunes en l'Eschiquier. Ès plets de la Viconté est tenue la Court des simples querelles, et des défaultes de l'assise amendées, et de toutes les querelles qui doivent avoir terme de quinze jours. Aulcune grande querelle ne peut estre terminée, fors en l'assise ou en l'Eschiquier, ou par devant le prince, par quoy la fin en puisse estre recordée.

## LV.—DE ASSISIA: ET QUID SIT.

Assisia autem est curia, in qua quod factum est in jure firmitatem debet perpetuam retinere ; quod enim factum est in placitis, si negatum fuerit per deraisnationem, penitus poterit irritari. Quod in assisia factum est nullam deraisnationem sustinebit, sed per recordationem assisiæ firmitatis suæ perpetuum percipiet fulcimentum. Et hoc quadraginta dierum spatium debet adimplere.

## LV.—DE ASSISE.

Assise est une Court en laquelle ce qui est faict doit avoir pardurable fermeté. Car se l'en nye ce qui a esté faict ès plets de la Viconté, on le peut amender par une desrène. Mais ce qui est faict en assise ne receoit aulcune desrène, ains est confermé à tousjours par le record de l'assise. Et doibt avoir quarante jours *entre deux assises.*

---

(1) *Mollitiæ*—Ainsi dans le texte. *Mollitia* signifie quelquefois manque de virilité ; " *mollis* i.q. *imberbis* " ; et de là, peut-être, arrive à désigner la jeunesse. Ou bien doit-on lire *molliter ?* (2) *Simplici*—"C'est assavoir d'amende pécuniaire envers le Roy, et " envers la partie."—*Terrien, in loc.* (3) *Præsentia*—Dans le texte *præsencia ;* et, pareillement, presque toujours *justicia, precium, disracionare, spacium, eciam, dilacio, negocium, scrvicium, &c.*

## LVI.—DE SCACARIO: ET QUID SIT.

Scacarium[1] autem dicitur congregatio in curia justiciariorum superiorum, ad quos pertinet de baillivis et aliis minoribus justiciariis errata corrigere, minus discrete in assisiis judicata revocare, et quibuslibet tanquam ex ore Principis justitiæ reddere plenitudinem indilate, et ejus jura penitus observare ; male alienata revocare, et tanquam ejus oculis circumspicere quæ ad ejus pertinent honestatem. Quicquid autem in hac curia per solenne judicium factum fuerit, inviolabiliter debet observari. Solenne autem judicium dicimus quod, auditis opinionibus singulorum, ab omnibus in pleno scacario concordatur. Cui tamen si aliqui contradixerint, dum tamen opiniones eorum certa ratione fuerint infirmitatæ, pro nullis in judicio debent reputari.

## LVI.—DE ESCHIQUIER.

L'en appelle Eschiquier assemblée de haults justiciers, à qui il appartient amender ce que les baillifs et les aultres mendres justiciers ont mal faict et maulvaisement jugié, et rendre droict à ung chascun sans délay, ainsi comme de la bouche au prince, et à garder ses droicts et rappeller les choses qui ont esté mises maulvaisement hors de sa main, et à regarder de toutes parts, ainsi comme des yeulx au prince, toutes les choses qui appartiennent à la *dignité et* honnesteté au prince. Tout ce que l'en faict en eschiquier par solennel jugement doibt estre gardé fermement. Nous appellons solennel jugement ce qui a esté jugé par accord en plain eschiquier, quant l'en a ouy l'opinion de chascun. Et se aulcuns le contredient, pourtant que leurs opinions soient cassées par certaines raisons, elles ne doibvent pour riens estre comptées en jugement.

---

(1) *Scacarium*—Probablement du mot Arab ou Perse *Schach;* Roi : Cf. *Shah, Sheik.* De là a-t-on fait dériver les noms, et du jeu d'échecs et de la table—*eschiquier*—sur laquelle on le jouait. La désignation a passé aux autres tables disposées de pareille façon. Dans le *Dialogus de Scaccario,* œuvre très-intéressante du temps de *Henri II* (d'Angleterre), qu'on trouve à la page 168 du *Select Charters* de M. *Stubbs,* son auteur en parle comme suit : " Quid " est scaccarium " ? " Tabula est quadrangula : * * *. Licet autem tabula talis scaccarium " dicatur, transmutatur tamen hoc nomen, ut ipsa quoque curia, quæ consedente scaccario " est, scaccarium dicatur : adeo ut, si quandoque per sententiam aliquid de communi " consilio fuerit constitutum, dicatur factum ad scaccarium illius vel illius anni." " Quæ " est ratio hujus nominis " ? " Nihil mihi verior ad præsens occurrit, quam quod scaccarii " lusilis similem habet formam." *Le Rouillé* rapporte l'origine du nom au jeu : " Scaccarium dicitur ad instar ludi scacorum, in quo est Rex cum militibus." D'après *Blount* une dérivation alternative mais, selon nous, moins probable se trouve dans le mot Allem. *Schatz ;* trésor : puisqu'il s'agissait dans l'Echiquier des causes et matières financières. " Statarium, vulgo schacarium."—*Polydore Virgil,* xx.

## LVII.—DE QUERIMONIA.

Quandoque[2] ad terminationem querelarum, ad quam jura, leges et consuetudines tendunt, exigitur quod querulus et querelatus querelam deducant in curia, factá prius querimonia et datis plegiis de ea prosequenda, de eis, et primo de querimonia, videndum est.[2] Notandum itaque est, quod querimonia sive clamor est ostentio[1] facta justiciario conquerendo injuriæ irrogatæ, ut super hoc in curia passo injuriam justitia tribuatur. Justiciarii autem clamores seu querimonias possunt recipere, et diem ad placitandum assignare, [et] de eisdem plegios recipere prosequendis.

## LVIII.—DE QUERULO.

Querulus autem dicitur persona, quæ exponit conquerendo justiciario querimoniam de sibi injuria irrogata. Iste sine defectu aliquo prosequi tenetur querimoniam a se justiciario demonstratam. Notandum etiam est quod, si in prosecutione querimoniæ in curia deficiens fuerit querulus, ad diem sibi assignatam ejus adversarius comparens a curia, sine diei assignatione, recedendi debet licentiam obtinere. Quis enim jus requirit de injuria sibi irrogata, si curiæ

## LVII.—DE PLAINCTES.

Pour ce que à terminer les querelles, à quoy les droicts, les loyx et les coustumes tendent, convient que cil qui se plainct et celuy de qui on se plainct démènent la querelle en Court, et que la plaincte en soit avant faicte, et plèges donnés de la suyr, nous dirons premièrement de plainctes. Plaincte ou clameur est quand aulcun monstre à la justice, en soy plaingnant, le tort qui luy a esté faict, affin qu'il en puisse avoir droict en Court. Les justiciers pevent recepvoir les clameurs et les plainctes, et assigner jour de en pléder, et prendre plèges de suyr les clameurs qu'ils font.

## LVIII.—DE PLAINCTIF.

Le plainctif est cil qui monstre à la justice, en soy plaingnant, le tort qui luy a esté faict. Cil est tenu à poursuyr la plaincte qu'il a faicte sans aulcune défaulte. Et si doibt l'en sçavoir, que s'il défault en Court de suyr sa plaincte au jour qui luy est mis, son adversaire qui à Court vient doibt avoir congé de s'en aller sans jour. . Car se cil, qui demande droict du tort qui luy a esté faict, ne vient à Court

---

(1) *Ostentio*—Dans le texte *offensio*. (2) *Quandoque, est*—Dans le texte Latin les mots *quandoque * * * est* font partie du Chap. précéd.

non comparcat jus suum prose-
cuturus, videtur quod scolide[1]
querimoniam excitavit. Si autem
querimonia de feodo facta fuerit,
laicali visione de eo sustentata ;
si querulus postea deficiens fuerit
de querimonia sua prosequenda,
audiri non debet de cetero in
querimonia super hoc ventilata ;
et si querelatus in tali causa defuerit, saisinam amittere tenetur
feodi demonstrati : quod plenius
cum DE QUERELIS tractabitur
elucebit.

poursuyr son droict, il semble
qu'il se soit follement plainct.
Se plaincte est faicte de fief lay,
et veue en est faicte et sostenue,
se le plaintif défault puis-après
de suyr sa clameur, il ne doibt
pas estre ouy d'illec en avant ; et
se cil qui est querellé défault en
tel cas, il doibt perdre la saisine
du fief qui a esté monstré. Et
ce pourra l'en veoir plus planièrement quant l'en traictera
DE QUERELLES.

### LIX.—DE QUERELATO, ET QUIS DICITUR QUERELATUS.

Querelatus autem dicitur persona de qua ostenditur querimonia
justiciario, ut super hoc jus exhibeat prout debet ; de quo plegii
recipiendi sunt, et dies eidem
ad prima placita, si quindecim
dierum spatium obtinuerint, as-
signanda ; vel ad assisias, prout
querimonia sive deducta in ea
actio postulabit.

### LIX.—DE CIL DE QUI ON SE PLAINCT.

Le querellé est cil, de qui la
plaincte est faicte à la justice,
affin qu'il[2] en face droict si
comme il doibt ; de qui plèges
doibvent estre prins, et jour luy
doibt estre mis et assigné aux
premiers plets, se il y a espace
de quinze jours, ou aux assises,
se la cause est telle qu'elle y
doie estre mise.

### LX.—DE PLEGIIS.

Plegii autem dicuntur personæ,
quæ se obligant ad hoc quod qui
eos mittit tenebatur. Plegiorum
autem quidam sunt simplices, et
quidam debitum retinentes. Ple-

### LX.—DE PLEIGES.

Pleiges sont unes personnes qui
se obligent à ce, à quoy cil qui les
met en pleige estoit tenu. Les
ungs sont simples pleiges, et les
aultres sont pleiges et debteurs.

---

(1) *Scolide* — Tiré de l'adjectif Grec *skolios* ; injuste, pervers, tortu : " *skolias*
" *krinein themistas.*" Il. xvi, 387. Ou bien de *scholé :* et représentant adverbialement,
ainsi que le Texte Français l'indique, *scholastikos*, dans son sens de, niais, ou imbécile.
(2) *Il* — Le Justicier : *justitia* est souvent employé dans le Latin du moyen âge comme
l'équivalent de *justiciarius :* e.g. *Capitalis Justitia Banci Regii*, et *coram nobis, vel
Capitali Justitia nostra.*

giatio autem simplex contrahitur in hac forma : Ego plegio[1] A. quod reddet B. decem solidos ad Natale. In hac plegiatione notandum est quod mortuo plegio moritur[2] plegiatio; quia simplex plegiatio non transit in heredes. Notandum est quod de simplici plegiatione nemo ducitur ad LEGEM APPARENTEM, sed ad deraisnam simplicem; nisi per instrumenta aliqua ipsa plegiatio valeat demonstrari, vel recordatio assisiæ in qua facta fuerit apparenter. Notandum etiam est quod, in simplici plegiatione de stando juri, mortuo plegiato plegii absolvuntur. Et est plegiatio idem quod *fidejussio*[2]: qui enim aliquem plegiat, de ipso facit credere quod plegiationem adimplebit. Notandum etiam est, quod plegius in curia inventus fateri vel negare tenetur plegiationem. Si confessus fuerit se plegium extitisse, debitum vadiabit, et terminum habebit illud reddendi, vel habendi debitorem in curia super hoc, quod jus fuerit effecturus. Si autem debitor ad terminum comparuerit, dicens se debitum debere, illud persolvat, vel nampta ejus debitum valentia pro plegio tradantur. Si autem non habuerit unde persolvi valeat, plegius persolvat totum debitum, vel re-

Simple plévyne est faicte en ceste forme : Je plévys Jehan, qu'il rendra à Michiel vingt sols à Noël. En ceste plévyne doibt l'en sçavoir que, se le plège meurt, la plévine meurt ; car simple plévine n'oblige pas les hoirs. L'en doit sçavoir, que pour simple plévine n'est aulcun mené à LOY APPARISSANT, mais à simple desrène ; se la plévine ne peut estre monstrée par aulcuns muniments, ou par le record de l'assise où elle fust faicte. Quand ung homme a pleigié ung aultre d'ester à droict par simple plévyne, se celuy qui est plévy meurt, sa plévyne meurt, et le pleige est quicte. Plévyne est autant comme *promesse de loyaulté* : car celuy qui pleige aulcun promet, que cil fera loyaulment ce de quoy il le pleige. L'en doibt sçavoir, que le plège qui est trouvé en Court doibt congnoistre ou nyer la plévine. S'il congnoist qu'il fust pleige, il gaigera la debte, et aura terme de la payer, ou d'avoir en Court le debteur, qui en fera droit ; et se le debteur vient au terme, et il dict que il doibt la debte, si la paye,[3] ou ses namps qui le vaillent soient pour le plège baillés. Se il n'a de quoy payer, le pleige doibt payer la debte, ou le demeurant qu'il ne

---

(1) *Plegio*—"Id est, spondeo pro *A*."—*Descriptio Juris*, p. 36. (2) *Moritur, fidejussio*—V. Ch. lxxxix et les notes là-dessus. (3) *Paye*—V. n. 2, p. 24.

siduum quod debitor persolvere non poterit; vel ejus[1] nampta tradentur pro debito. Unde notandum est, quod nullus nampta vel vadia, pro debito sibi tradita vadiato, tenetur custodire ultra spatium quindecim dierum; nisi [autem] interim exvadiata fuerint, per præceptum justiciarii, coram hominibus fide dignis, ea debet vendere ita bene et ea fide ac si sua essent, et ex eorum pretio suum retinere debitum, et residuum eidem reddere, pro quo ei eadem tradebantur. Et hoc intelligendum est de omnibus rebus aliis, pro alicujus debito venditioni expositis. Sciendum etiam est quod, si debitor negaverit se aliquem plegium fecisse, et ipse negatus plegiationem jam persolverit, ipse debitor per simplicem legem se poterit deraisnare: dum tamen recognitio vel fortior lex non obviaverit. Et notandum est, quod omnes hommagiarii[4] dominum suum debent plegiare, et tenentur de debitis suis; ita tamen quod nullus tenetur, ultra valorem redditus vel faisantiarum quas ei debet per unum annum, ipsum plegiare. Personam etiam plegiare tenentur, si fuerit imprisonata; et ipsum etiam in suis querelis[3] prosequendis et defen-

peut payer, ou soient ses namps baillés pour la debte. Et sy doibt l'en sçavoir, que aulcun ne est tenu à garder plus de quinze jours les namps ou gaiges, qui luy sont baillés pour la debte qui lui est gaigée: mais se ils ne sont dedens ce desgaigés, il les doibt vendre par le commandement de la justice,[2] par devant loyaulx hommes et créables, aussi bien comme s'ils fussent siens, et retenir du pris ce que l'en luy doibt, et si doibt rendre le demourant à celuy pour qui les gaiges furent baillés. Et ce doibt estre entendu de toutes aultres choses, qui sont vendues pour aultruy debte. L'en doibt sçavoir que se le debteur nye que il n'a mis aulcun plège, et cil qui le plévyst a payé la debte, le debteur se pourra desréner par une simple loy, pourtant que recongnoissant ou plus forte loy ne soit encontre. Et si debvons sçavoir, que tous ceulx qui ont faict hommaige sont tenus à plévir leur seigneur de ses debtes. Mais aulcun n'est tenu à le pléger de plus que les rentes et les redevances qu'il luy doibt en ung an vallent. Son corps ils sont tenus de pleiger, s'il est mis en prison, et de suyvir ses clameurs, et de le[5] défendre en Court,

---

(1) *Ejus*—i.e. *plegii.* (2) *Justice*—V. n. 2, p. 143. (3) *Querelis*—Dans quelques éditions, e.g. 1510 et 1515, on commence ici à écrire dans le texte *querella* pour *querela.* (4) *Hommagiarii*—Sic Le R. Dans d'autres éd. *hommagiati.* (5) *Le*—Sic Le R. Dans les éd. précéd. *soy.*

T

dendis, et de stando juri, et de emendis; et nampta sua si capta fuerint plegiare. Et hoc intelligendum est, si præsentes fuerint ubi ipsum necessitas compellit plegios exhibere. Residentes vero homines per vicecomitatum et in assisiis vicecomitatus dominum suum plegiare tenentur; ad expensas tamen ejus, et ipse eos indempnes super hoc reddere tenebitur. Et si eos incurrere[4] de plegiatione permiserit, non tenebuntur ipsum ulterius nec amplius plegiare, quousque super illa plegiatione et damnis et perditis satisfactum fuerit evidenter. Plegiatio autem dicitur debitum retinere, quando plegium aliquis de debito aliquo ita se constituit, quod se de eodem obligat redditorem, ita quod de eo plegius est et debitor, *et hujusmodi a debito quem plegiat jam resolvit.* Unde notandum est quod, A. mortuo,[1] ejus heredes a debito non solvuntur, sed reddere tenentur; debitum enim jam transiit in eundem, eo quod se super hoc debitorem constituit.[2] Per accidens autem aliquis debitor est et constituitur,[3] cum hereditas vel mobile ad ipsum deveniunt ex successione alicujus, per quod ejus debitum solvere teneatur:

et d'ester à droict; et de ses amendes, et de ses namps se ils sont prins[5]; et ce doibt on entendre, se ils sont présents là où il a mestier de plèges donner. Les resséants sont tenus de pléger leur seigneur en la Viconté et en l'assise, mais que ce soit à ses despens; et il est tenu à les garder qu'ils n'y ayent dommage. Et s'il les laisse encourir en dommage de la plévine, ils ne seront pas puis tenus de le plévir, devant qu'il leur aura satisfait de l'autre plévine, et des dommages qu'ils y auront eus. L'en doibt sçavoir que la plévine retient debte, quand aulcun met plège de sa debte en telle manière que il se establist rendeur, si que il en est plège et debteur. *La mort ne le délivre pas de ceste plévine.* Et pour ce doit on sçavoir que, se le plège meurt, ses hoirs ne seront pas quictes de ceste debte, mais seront tenus de la payer, pour ce que leur ancesseur s'en establyt principal debteur. Aulcun devient plège d'adventure, quant l'héritage ou le meuble de aulcun luy eschet, parquoy il est tenu à payer ses

---

(1) *Mortuo*—Dans le texte *mortuus.*     (2) *Constituit*—Dans le texte *constituitur.* (3) *Per* * * * * *constituitur.* Ces mots ne se trouvent ni dans l'édition de 1515, ni dans celle de *Le Rouillé.*     (4) *Incurrere*—" In mulctam vel pœnam incidere."—*Ducange.* (5) *Prins*—Suppléer : *ils le doivent pléger.*

ut filius cui devenerit patris hereditas, vel exsecutores, vel alii ad quos devenerint catalla mortuorum ; vel quicunque recipit super se alicujus negotia in ejus procuratione. Et hi, nisi submoniti fuerint ad certum locum et diem certam, non tenentur de debito respondere, ut debitores teneri superius diximus ; sed habebunt terminum negandi vel cognoscendi debitum competentem. Et hi *in simplici querela*, cum debitum ab ipsis contractum non fuerit, non poterunt deraisnare : nullus enim alienum factum potest deraisnare ; sed querulus debitum suum probabit, se tertio[2] juratorum. Deraisnare autem poterit se plegium non fuisse, nisi munimenta vel recordatio prætendantur. Si autem aliqui se plegios constituerint de toto, nulla alicui eorum terminata quantitate, et aliquis eorum decesserit, vel eum inopia excusaverit, ejus defectum alii debent adimplere. Si in causis personalibus quisquam plegium constituerit, ut scilicet quod maleficium non inferat alicui, plegius læso debet satisfacere et tenetur, vel plegiatum habere,[3] qui maleficium emendet vel defendat.

debtes : si comme le fils qui a l'héritage du père, ou ses exécuteurs, ou aultres qui ont les chatels aux morts, ou cil qui prent sur soy à procurer les besongnes d'aulcun ; iceulx ne doibvent pas respondre de la debte, se ils ne sont semons à certain jour et à certain lieu, comme nous avons dict devant comme les debteurs sont tenus, mais auront terme de congnoistre la debte ou de nyer ; et ne s'en pourront pas desréner, pour ce que l'en ne dict pas que la debte fust acreue[4] par eulx, car aulcun ne peult desréner aultruy faict ; mais cil qui demande la debte la doibt prouver, soy tiers.[2] Non pourtant il se pourra desréner qu'il ne fut pas pleige, se la plévine ne est prouvée par muniments ou par record. Se plusieurs se mettent en plège de toute une debte, sans déterminer combien chascun le plévyst, se aulcun meurt, ou il n'ait de quoy payer, les aultres doibvent payer pour luy. Se ung homme plège ung aultre qu'il ne mesfera à nully,[1] se il mesfaict, le pleige le doibt amender, ou l'amener avant, et luy faire amender ou s'en défendre.

---

(1) *Nully—Sic* 1515. Plutôt *nullui.*   (2) *Tertio, tiers*—V. n. sur Chap. lxxxiv. (Lat.)
(3) *Habere*—i.e. *in curia.*   (4) *Acreue*—Encourue.

## LXI.—DE SUBMONITIONIBUS.

Submonitio est citatio facta alicui, ad certos terminos tam loci quam temporis assignata. Et notandum est, quod secundum diversitatem causarum diversæ sunt submonitiones. Quædam enim submonitio fit, ut aliquis de hereditate ad diem respondeat assignatam, et hæc ad minus quindecim dierum spatium debet continere ; et debet fieri per justiciarium[1] attornatum, expressa querimonia partis adversæ : omnes etiam submonitiones, quæ fiunt ad respondendum in curia, habent fieri per justiciarium[1] attornatum, nec ab alio sunt admittendæ. Quædam etiam submonitiones fiunt ad reddendos redditus, vel servitia sive debita dominorum, et hæc ad minus nocte præcedente debent fieri, nisi causæ ita subito emerserint, quod mora incommodum reportaret. Sciendum etiam est, quod barones submonendi sunt per baillivum, vel per vicecomitem, vel per servientem spadæ principalem, in præsentia quattuor militum ad minus, ex quorum testimonio submonitio roboretur. Non enim ad deraisnam ducendi sunt si defuerint, sed ex testimonio assistentium debet submonitio recordari. Indecens enim

## LXI.—DE SEMONSES.

Semonse est ung commandement qui est fait à aulcun, à certains termes tant de lieu que de temps. L'en doibt sçavoir, que selon la diversité des causes sont les semonses diverses. Car se aulcun est semons à respondre de héritaige, la semonse doibt avoir au moins quinze jours de terme, et doibt estre faicte par le sergent attourné, qui doibt dire à celuy que il semond la plaincte de l'autre partie. Toutes les semonses, qui sont faictes à respondre en Court, doibvent estre faictes par le sergent attourné, et ne doibvent pas estre receues se aultre les faict. Unes semonses sont faictes pour rendre les rentes, debtes ou les services aux seigneurs ; cestes doibvent estre faictes au moins la nuit de devant, se la cause n'y est sy soubdaine qu'il y ait péril en la demeure. L'en doibt sçavoir que les barons doibvent estre semons par le Bailly, ou par le Vicomte, ou par le maistre sergent, par devant quatre chevaliers au moins, qui puissent porter tesmoignage de la semonse ; car s'ils défaillent, ils ne doibvent pas estre menés à desrène, ains doibt la semonse estre recordée par le tesmoignage de ceulx qui y furent ; car ce ne seroit pas chose advenant, que

---

(1) *Justiciarium—Sic.* Plutôt *justiciatorem ;* celui qui justicie. V. Ch. vi.

esset viros tantæ auctoritatis ex defectibus suis ad legem deraisnæ provocare. Notandum etiam est, quod submonitiones quandoque fiunt senescallis vel præpositis, ut dominos suos habeant ad terminum; quod si non habuerint ipsi emendare debent vel deraisnare. Si autem dixerint dominis suis submonitiones sibi factas retulisse, domini emendabunt, vel deraisnabunt contra ipsos. Notandum etiam est, quod omnis submonitio ad certam personam hominis submonendi debet deferri. Si inveniri non potest, ad senescallum vel præpositum suum fit submonitio; si autem nec præpositum nec senescallum habuerint,[3] ad proprium domicilium recurrendum est, et ad eos qui ibi inventi fuerint debet submonitio fieri. Si autem submonendus nec residentiam habuerit, nec in baillivia fuerit, dum tamen fuerit in provincia, per litteras baillivi, ad baillivum directas in cujus baillivia residens fuerit, debet querulus requirere, ut ejus adversarium faciat submoneri, et submonitionem factam, per ejus baillivi litteras qui eum fecit submoneri, debet ad curiam revocare. Si querelatus in provincia non fuerit, debet in ecclesia, Dominica die

hommes de si grant auctorité fussent menés à desréner leurs défaultes. L'en doibt sçavoir que l'en semond aulcunes fois les séneschaulx ou prévosts des seigneurs, qu'ils ayent leurs seigneurs au jour qui leur est assigné. Et s'ils ne l'ont, ils le doibvent amender, ou s'en desréner. Se ils dient qu'ils firent assavoir à leurs seigneurs les semonses, les seigneurs l'amenderont, ou ils s'en desrèneront envers eulx. Toute semonce doibt estre apportée à la personne de celuy que on semond; et s'il ne peut estre trouvé, elle doibt estre faicte à son séneschal ou à son prévost: et se il n'a ne séneschal ne prévost, l'en doibt aller en sa maison et faire la semonse à ceulx que l'en trouvera. Et se cil que l'en doibt semondre n'a point de rességantise, ne il n'est en la baillye, pourtant qu'il soit en la contrée,[2] le Bailly doibt envoyer ses lettres adressants[1] au bailly du bailliage où il est rességant, par celuy qui est plainctif, que il le face semondre contre luy; et si doibt[4] raporter en Court les lettres du bailly qui l'a faict semondre, certifiants qu'il l'a faict semondre contre le plainctif. Et se cil qui est querellé n'est à la contrée, il doibt, à ung dimenche

---

(1) *Adressants*—Dans le sens de *s'adressant*: dans les éd. précéd. *adréchans*. Cf. la prononciation locale *addraichir*, (ou *adraisshir*—Rimes Jersiaises, p. 177). V. n. 2, p. 47, et n 3, p. 60.    (2) *Contrée*—"Qu'il ait, c'est-à-dire, domicile au pays de Normandie." —*Terrien*.    (3) *Habuerint*—*Domini* sous-entendu.    (4) *Doibt*—i.e. le plaignant.

vel alia solennitate, in audientia singulorum evocari, ut ad assisias comparcat de exposita querimonia responsurus ; vel[3] ad aliquem terminum quadraginta dierum spatium reportantem.[3] Si alicui autem fiat submonitio de servitio quod non debeat, talis submonitio non est admittenda. Omnis autem submonitio facta ad respondendum in curia debet admitti, dum tamen tali loco curia teneatur in quo submonitus debeat respondere ; non enim, si quis dominus diversa feoda habeat, potest homines suos submonere de uno feodo ad respondendum in alio ; nec etiam homines suos ducere de querelis ad remotiorem curiam, quam ad eam in qua querclæ suæ de vicinio terminantur. Submonitiones autem de servitio faciendo per quemcunque de familia domini possunt fieri ; et similiter de redditu reddendo.

ou à une aultre feste solennelle, estre *appellé sur la terre de quoy le contends est meu, et* appellé, à l'église, oyants tous, que il soit aux assises pour respondre de ce de quoy l'en se plainct de luy, si que le terme qui luy sera mis ait du moins quarante jours. Se aulcun est semons pour service qu'il ne doye, telle semonse ne doibt pas estre receue. Toute semonse qui est faicte à respondre en Court doibt estre receue, pourtant que la Court soit tenue en tel lieu que celuy qui est semons y doye respondre. Se ung seigneur a divers fiefs, il ne peult pas semondre les hommes d'un fief à respondre en l'autre, ne mener ses hommes de leur querelle en plus loingtaine Court, que à celle où les querelles du voisiné sont déterminées. Semonse de service faire peut estre faicte par chascun qui est de la mesgnye[2] au seigneur : et aussi celles de rentes payer et des redevances.

## LXII.—DE TESTIBUS.

Testes[1] autem in laicali curia dicuntur, qui actoris propositionem testantur in hæc verba : Hoc vidi et audivi ; et quod curia esgardiaverit super hoc, facere sum paratus. Notandum

## LXII.—DE TESMOINGS.

L'en appelle tesmoings en la Court laye ceulx qui tesmoingnent ce que le demandeur propose, par ces paroles : Je le vy et ouy, et suis prest d'en faire ce que la Court esgardera. L'en doibt

---

(1) *Testes*—"Et appelle la *Coutvme* tesmoins, ceux qui rapportent de certain par ces "paroles : *Je le vy et ouy ;* et quant aux gens d'enquête, elle les appele *jureurs* et *veeurs*." —*Terrien, in loc.* V. Ch. lxix. *De jureurs,* et *Bigelow,* p. 308. (2) *Mesgnye*—Dans le sens de *ménage*. (3) *Vel* * * * *reportantem.* Texte selon *Ludwig ;* les éditions originales donnent tous *ut* (*aut ?*) * * *reportandam.*

siquidem est, quod nemo in querela sua pro teste recipiendus est, nec ejus heredes, nec participes querelæ. Et hoc intelligendum est tam ex parte actoris quam ex parte defensoris. Omnes autem illi, qui perjurio vel læsione fidei sunt infames, ob hoc etiam sunt repellendi, et omnes illi qui in bello [1] succubuerunt. Omnes etiam excommunicati ab omni actione in laicali curia, tam pro se quam pro aliis, repellendi sunt, et omnis audientia ipsis agentibus in curia debet denegari ; tamen respondere tenentur, si quis circa eos agere voluerit : nullus enim ex sua malitia debet commodum reportare. Testium autem alii offerunt esgardum [2] curiæ substinere, *alii offerunt probare ad esgardum curiæ*, ut in grossis querelis in quibus duellum habet judicari. Omnis autem propositio, facta in curia *ad diem terminatam* sine teste, irrita decernitur et inanis : non autem opus est testibus, donec dies fuerit assignatus.

sçavoir que aulcun ne doibt estre receue à tesmoing en sa cause, ne ses hoirs, ne ceulx qui sont parsonniers de la querelle : et ce doibt estre entendu tant des demandeurs que des défendeurs. Tous ceulx qui sont mal renommés de parjure ou de mescréantise, et ceulx qui ont esté vaincus en bataille, ne sont pas receus à tesmoings en Court laye. Tous les excommuniés aussi sont deboutés de toute action en Court, et n'y sont receus pour soy ne pour aultre ; et toute audience qu'ils demandent en Court leur doibt estre denyée. Mais s'aulcun veult pléder à eulx, ils sont tenus de respondre ; car ils ne doivent pas gaigner en leur malice. Il y a ungs tesmoings qui offrent à soustenir l'esgard de la Court, si comme ès grosses querelles, où il y a bataille à juger. Toute chose qui est proposée en Court sans tesmoing est jugée pour vaine ; mais il ne convient aulcun tesmoing devant que le jour soit assis.

## LXIII.—DE PLACITATORIBUS.

Placitatores autem dicuntur, qui querelam deducunt in curia tam querelando quam respondendo.

## LXIII.—DE PLÉDEURS. [3]

Ceulx sont appellés plédeurs, qui mènent les querelles en Court en demandant et en défendant.

---

(1) *In bello*—i.e. *in duello :* avaient été vaincus dans le duel judiciaire.　(2) *Esgardum* —Inspection, examen, décision : *esgardiare,* décider. V. n. 1, p. 117.　(3) *Plédeurs*— "Les parties qui plèdent l'un à l'aultre, et non pas les advocats : [lesquels] sont appelés "prolocuteurs, ou conteurs."—Glose, *in loc.*

## LXIV.—DE PROLOCUTORIBUS.

Prolocutor autem dicitur, quem quis pro se instituit ad loquendum ; cujus verba idem pondus debent habere, ac si ex ore attornantis processissent ; nec, cum institutus fuerit ad loquendum, ille pro quo instituitur ejus dictis poterit contraire quæ pro ipso pronunciaverit, institutione permanente ; tamen ipsum destituere, et alium instituere, cum voluerit poterit : duos enim prolocutores simul habere non licet. Si quis autem sic instituat prolocutorem suum : Iste debet loqui pro me contra talem, ipsum audiatis ; et cum pro me proposuerit quod sibi injunxi, ipsum garantizabo ; ipsum debet audire justiciarius, et ipso audito debet inquirere ab institutore, utrum pro ipso protulerit quæ dicta sunt. Si autem garantizet verba prolocutoris jam prolata, non poterit contraire ; si autem dixerit, quod aliqua protulit quæ ei non injunxit, nec de illis ipsum garantizet, et prolocutor emendabit et super garantizatis in curia procedetur. Qui vero provide prolocutorem instituerit, instituat in hac forma : nullus enim providus debet in dicendis, sed in dictis, si expedierit, statuere se garantum.

## LXIV.—DE CONTEURS.[1]

Cil est appellé conteur, que aulcun establit à parler et conter pour soy en Court. Si doibvent ses parolles autant valoir, comme se ils yssoient de la bouche à celuy qui le establist à parler pour luy : et ne peut [il] en riens contredire chose que son conteur die en jugement pour sa cause. Non pourtant quand il vouldra il le pourra changer, et establir ung aultre ; car deux conteurs ne doibt aulcun avoir ensemble. Se aulcun establist ainsi son conteur : Cestuy doibt parler pour moi contre cestuy ; oyez le : et quant il aura dict pour moy ce que luy ay enjoinct, je le garantiray ; la justice le doibt ouyr, et puis demander à celuy qui l'a estably, s'il a dict pour luy ce qu'il a dict. Se il le garantit, il ne pourra puis contredire riens qu'il ait dict. Se cil dict que il a dict aulcune chose dont il ne le garantit pas, le conteur l'amendera, et la Court jugera des choses qui sont garanties. Cil sagement establit son conteur qui l'establit en ceste forme ; car aulcun sage homme ne doibt garantir les choses qui sont à dire, mais celles qui sont dictes, se il voit que ce soit bien.

---

(1) *Conteurs*—" Advocats, *causidici*."—*Terrien.*

## LXV.—DE ATTORNATO.

Attornatus autem est, qui coram justiciario, in scacario vel in assisia habentibus recordationem, ab aliquo attornatus est ad jus suum prosequendum vel defendendum ; et debet in eodem statu de querela recipi in quo est qui attornat : et quem [1] attornat non debet audiri, si præsens sit qui attornavit ; nec etiam debet audiri nisi in querela de qua est attornatus. Solent autem attornatos facere in absentia adversariorum, quod non debet de jure fieri, nisi coram Domino Rege, cujus solius testimonium sufficit ad recordationem faciendam. Cum enim curia partibus æqualiter se debeat habere, statum unius partis, in absentia alterius, non debet permutare. Cum enim attornatio in curia fieri habeat quæ recordationem valeat reportare, si in absentia partis adversæ facta fuerit, ejus conditio affirmabitur [2] minus juste ; non enim, si obtinuerit contra attornatum recordationem, sciet, vel poterit attornationis ejus copiam [4] postulare, cum nec præsens fuerit, nec personas noverit coram quibus fuerit attornatus.

## LXV.—DE ATTOURNÉ.

Attourné [3] est cil qui est attourné par devant la justice pour aulcun en eschiquier ou en l'assise, où il y a record, à poursuyr ou à défendre sa querelle et sa droicture. Et si doibt estre receu en autel estat de la querelle comme cil qui l'aura attourné. [6] Et l'attourné ne doibt de riens estre ouy, tant comme cil soit présent qui l'attourna ; et si ne doibt estre ouy d'aulcune querelle, fors de celle dont il est attourné. Aulcuns seulent faire leur attourné en derrière de leurs adversaires, mais ce ne doibt pas estre fait de droict, fors pardevant le Roy, de qui seul le tesmoing suffit à recorder ce qui est faict pardevant luy ; car pour ce que la Court le doibt porter esgalement aux deux parties, elle ne doibt pas muer l'estat d'une partie en derrière de l'autre. Quand l'en faict l'attournement en Court qui porte record, si ce est faict en derrière de l'autre partie, sa condition en est empirée contre droict ; car s'il gaigne contre l'attourné, il ne sçaura pas, ne pourra demander le record de l'attournement, pour ce qu'il ne fut pas présent, ne il ne vit pas les personnes devant qui il [5] fut

---

(1) *Quem*—Dans le texte q̃m. Peut-être le texte doit se lire ainsi : *qui attornat et quando attornat : non debet, etc.* (2) *Affirmabitur*—Sic ; pour *infirmabitur*. (3) *Attourné*—Procureur, mandataire. "Ad turnum, id est ad vicem, alterius constitutus." (4) *Copiam*—V. n. 1, p. 82. (5) *Il*—L'attourné de l'autre partie. (6) *Aura attourné*—Dans le texte *attournera*.

U

Per litteras etiam patentes Domini Regis, lectas in assisia recordationem habente, præsente parte adversa, potest attornatus fieri, cum ex hac attornatione possit recordatio haberi.

## LXVI.—DE VISIONIBUS.

Sciendum etiam est quod diversæ sunt visiones. Est enim quædam visio feodi, quædam languidi, quædam maleficii illati, quædam hominis interfecti, quædam virginis defloratæ. Visio autem feodi est inspectio feodi, in curia requisita et ad certam diem assignata, quæ secundum diversas querelas diversimode habent sustineri. In querela enim de hereditate, per duellum impetita vel per STABILIAM[1] defendenda, et omnino de omnibus querelis, in quibus jus hereditarium materiam retinet querelarum, per quattuor milites non suspectos, et per duodecim homines legales[3] debet visio sustineri. In NOVIS autem DESSAISINIS,[2] et omnino in eis querelis quæ per modum NOVÆ deducuntur DESSAISINÆ, sine militibus per

attourné. Attournée[5] peut estre faicte par les lettres du Roy, leues en assise qui porte record, se l'autre partie est présente ; car de tel attournement peut l'en avoir record.

## LXVI.—DE VEUES.

L'en doibt sçavoir que diverses veues sont. Il y a veue de fief, veue de homme en langueur, veue de mesfaict, veue de homme occis,[4] et veue de femme despucellée. Veue de fief est quant aulcun demande en Court, que le fief luy soit monstré de quoy on plède à luy, et certain jour luy est assis pour le monstrer. Telles veues doibvent estre soustenues en diverses manières, selon la diversité des plainctes. En querelle d'héritage qui est demandé par bataille ou par ESTABLIE, et généralement en toutes les querelles où il y a droicture d'héritage, doibt veue estre soustenue par quatre chevaliers qui ne soient pas souspeçonneux, et par douze loyaulx[3] hommes. En NOUVELLES DESSAISINES,[2] et en toutes querelles qui sont menées par manière de NOUVELLE DESSAISINE, peut

---

(1) *Stabilia*—V. Ch. cxv. (Texte Lat.) Bref accordé par le Duc à celui qui était troublé dans la possession de son fief par un seigneur puissant. "Brefs d'*establie* sont ottroyés "pour fond d'héritage ; * * par leur moyen le porteur d'iceux *establit*, ou tient en "état, la possession en quoi il est ; * * et par cette cause peuvent avoir esté appelés "*establie.*"—*Terrien, in loc.* (2) *Novis dessaissinis*—"Cum quis, *infra assisam Domini* "*Regis*, alium injuste et sine judicio disseisiverit de libero tenemento suo."—*Glanville* XII, 32. "Desseisin est quand un homme entre en aucunes terres, lorsque son entrée n'est pas "congéable, et oustre celui qui a le franc ténement."—*Rastall.* V. aussi *Bigelow*, pp. 169, 183, et la n. 4, p. 24 de ce livre. (3) *Legales, loyaulx*—En pleine possession de tous leurs droits civils. "*Legalis homo:* * * he who stands *rectus in curia*, not outlawed, nor "excommunicated, nor defamed."—*Blount.* V. Ch. lxxii. *De testibus.* (4) *Attournée* — i.q. attournement. (5) *Occis*—Du Lat. *occidere*, tuer.

duodecim legales homines de vicineto debet visio sustineri; nec tamen nocet ad eam milites interesse, si ex facili ad hoc possint applicari. Visio autem languoris jurandi[3] per quattuor milites et justiciarium fieri debet et sustineri, vocata parte adversa certa die et certo loco, in quo videlicet exoniatores ipsum infirmari protulerunt: et propter hoc ad hæc pars adversa vocanda est ut, si languidus se languorem jurasse negaverit, per visores recordationem habeat evidenter. Et hoc modo faciendæ sunt visiones de multro, homicidio et mehaignio, et omnino plagarum per violentiam illatarum. Sciendum tamen est quod, si aliquis vulneratus plagam suam in hac forma non monstraverit, ex ea sequelam nequitiæ non poterit deducere. Si etiam aliquis interfectus traditus fuerit sepulturæ, et hoc modo visus non fuerit, sequela deduci non poterit. Et si justiciario non fuerit demonstratus, antequam sit sepulturæ commendatus, omnes qui ad hoc præsentes fuerint emenda gravi pecuniaria debent puniri. Si autem tali occasione aliqui fuerint accusati, negantes se ad hoc interfuisse, per inquisitionem debet

la veue estre soustenue sans chevaliers par douze loyaulx hommes du voisiné. Mais ce n'y nuyst pas qu'il y ait chevalliers, se on les peut avoir légièrement.[1] Veue de homme en langueur doibt estre soustenue par quatre chevaliers et par la justice, si que celuy à qui il plède y soit appellé, à certain jour et en certain lieu, là où les exoineurs dirent qu'il gésoit malade. Et pour ce doibt estre appellé son adversaire, affin que, se le malade nye qu'il n'a pas juré langueur, il puisse avoir record de ceulx qui le virent. En telle manière doibt estre faicte veue de meurdre, de homicide et de meshaing, et de playe faicte à force. L'en doibt sçavoir que se aulcun est navré, et il ne monstre sa playe en ceste manière, il ne pourra suyvir de félonnie celuy qui le navra. Se aulcun qui a esté occis est enfouy, et n'a esté veu en ceste manière, l'en ne pourra pas faire suyte de sa mort, s'il ne fust monstré à la justice ains qu'il fust enfouy; et tous ceulx qui furent présents à l'enfouyr le doibvent amender. Se aulcun est accusé de telle achoison,[2] et il nye[4] qu'il ne fut pas présent, la vérité en doibt estre sceue par l'enqueste. Et s'il est

---

(1) *Légièrement*—Aisément, facilement.   (2) *Achoison*—V. n. 1, p. 20.   (3) *Jurandi* —*Sic*: peut-être *jurati*.   (4) *Nye*—V. n. 7, p. 24.

declarari ; quod si in NON SCIRE redactum fuerit, si a justiciario ulterius fuerint super hoc accusati, per deraisnationem se ex hoc poterunt liberare. Visio autem virginis defloratæ per septem mulieres viduas vel maritatas fide dignas debet fieri, per quas si necesse fuerit de defloratione veritas recordetur.

mis en NON SÇAVOIR, et la justice l'en accuse, il s'en pourra délivrer par une desrène. Veue de femme despucellée doibt estre faicte par sept veufves femmes ou mariées, bien créables, par qui le despucellement puisse estre recordé, se mestier en est.

# SECONDE PARTIE.

# SECONDE PARTIE.

## Première Distinction.

# Capitulum sexagesimum septimum.

## DE QUERELIS.

Post prædicta autem de querelis agendum est, et de legibus per quas ipsæ querelæ habent terminari. Sciendum ergo est, quod querela est contentio inter querulum et querelatum coram justiciario ad assignatum terminum[2] ventilata. Quarum quædam sunt personales, quædam vero reales.[3] Inter quas de personalibus primo est agendum. Est ergo personalis querela contentio inter querulum et querelatum ventilata, ex injuria in alicujus personam irrogata. Harum autem querelarum quædam sunt per factum, quædam per dictum. Et de eis quæ per factum sunt, primo est agendum. Sciendum ergo est, quod querela

# Chapitre soixante-septième.

## DE QUERELLES.

Or nous convient veoir et traicter des querelles, et des loix par quoy les querelles doibvent estre finées. L'en doibt sçavoir, que querelles sont contends entre celuy qui se plainct et celuy de qui l'en se plainct, qui sont démenées devant la justice à certain terme[2] qui est mis. Des querelles les unes appartiennent aux personnes, et les aultres aux *autres choses*. Et premièrement nous dirons de celles qui appartiennent aux personnes. Querelle personnel[1] est contends démené entre celuy qui se plainct et celuy de qui on se plaint, pour tort qui a esté faict à la personne d'aulcun. De ces querelles les unes sont de faict, et les aultres de dict. Et premièrement dirons de celles qui sont de faict. L'en doibt

---

(1) *Personnel*—Dans *Le R. personelle.* Les éd. précéd. *personnel.* V. n. 4, p. 4.
(2) *Terminus, terme*—Limite, borne, délai: jour et lieu *déterminés* pour l'audition ou l'épreuve d'une cause: époque; e.g. *né à terme:* limite, ou duration, d'une occupation temporaire: (Cf. *term of years* dans le Droit Angl.): plus tard, il venait à signifier, selon un autre usage de *term*, les périodes d'audience des cours: " Termini apud nos (i.e. Anglos) " dicuntur certæ anni poitiones agendis litibus designatæ." (3) *Reales*—Dans un sens plus étendu que celui du mot jurid. Angl. *real.*

personalis de facto procreata fit ex violentia in personam alicujus per factum irrogata, ut percussiones, vulnerationes et hujusmodi. Harum autem quædam est simplex, quædam criminalis. Simplex est quæ per SIMPLICEM[6] LEGEM habet terminari. Criminalis autem est quæ per LEGEM APPARENTEM[1] deducitur ab adversis. Et ideo criminalis dicitur, eo quod ex tali crimine habet ortum, quod mortis vel membrorum sequitur damnamentum. Hujus autem querelæ criminalis diversæ sunt species, secundum quod ex eis diversæ sequelæ deducuntur quæ ex diversis maleficiis oriuntur. Est enim quædam querela de multro, quædam de homicidio, quædam[4] de mehaignio, quædam de treuga fracta,[4] quædam de defloratione virginis, quædam de roberia et assaltu, quædam de carrucæ,[2] quædam de assaltu in domo vel in possessione assaltati; quædam autem sunt de proditione. Inter quas de multro primo agendum est, et quomodo et sub qua forma verborum sequela de multro deduci debeat partibus ab adversis. Et hujusmodi sequelæ omnes de felonia[3] nuncupantur.

sçavoir que querelle personnel qui descend de faict est force qui a esté faicte à aulcun ; si comme de bateures, playes ou tels[5] choses. De ces querelles est une simple, et l'autre criminal.[5] La simple est celle qui doibt estre terminée par SIMPLE LOY. La criminal est celle qui est terminée par LOY APPARISSANT,[1] et est appellée criminal pour ce que elle nayst de tel crime, de quoy l'en doibt et peut perdre vie ou membre. Il y a diverses manières de querelles criminaulx, selon ce que diverses suytes sont menées qui naissent de divers mesfaicts. Il y a querelle de meurdre, d'homicide et de mehaing, de trefves frainctes, de despucellement de femmes à force, de roberie, d'assault de charrue, d'assault de maison ou en la possession à cil qui fut assailly, et de trahison. Entre les aultres nous dirons premièrement de suyte de meurdre, comme et par quelle forme de parolles l'en en doibt suyr ; et toutes telles manières de suytes sont appellées de félonnie.

---

(1) *Legem apparentem*—V. *Glanville* XIV, 1. Preuve par le duel, ou par quelque autre forme du *judicium Dei*. Angl. : *Ordeal by battle, by water, by fire.* V. Ch. lxxxvii et cxxvii (Lat.) (2) *Carrucæ—Assaltu* sous-entendu : " Assaltus hominis cum carruca " laborantis."—*Ducange*. (3) *Felonia*—" Omne crimen capitale infra læsam majestatem "; aussi : " Delictum vassalli in Dominum."—*Ducange*. (4) *Quædam * * fracta*—Omis par *Le R.* (5) *Criminal, tels—Sic.* V. n. 1, p. 161, et n. 4, p. 4. (6) *Simplicem*— "Témoignage de certain, ou desrène."—*Terrien.* V. Ch. lxxxiv et cxxvi. (Texte Lat.) et n. 2, p. 25.

## LXVIII.—DE SEQUELA[2] MULTRI.

Sequela autem de multro facienda est in hac forma: P. queritur de T. quod patrem suum nequiter in pace Domini Regis multrivit; quod paratus est probare, et facere ei recognoscere una hora diei: T. autem hoc denegat, de verbo ad verbum, et offert vadium ad defendendum.

Primo capiendum est vadium defensoris, et postea vadium appellatoris; et de lege deducenda plegios debent dare; uterque tamen in prisonia Ducis est retinendus. Per justiciarium tamen eis quod justum fuerit ad duellum debet inveniri, et utrumque si voluerit vivæ prisoniæ[1] poterit committere, dum tamen bonos custodes de ipsis habuerit, qui eos ita fideliter custodiant, quod vivos vel mortuos ad diem duelli terminatam reddant, et ad duelli deductionem apparatos habeant. Si autem eis vel de ipsis aliqua violentia fuerit perpetrata et interim procreata, justiciarius de officio suo potest inquirere et, prout facti merita exigerint, hujus rei convictum factum debet punire:

## LXVIII.—DE SUYTE DE MEURDRE.

Suyte de meurdre doibt estre faicte en ceste manière: R. se plainct de T., qui a meurdry son père félonneusement en la paix de Dieu et du Duc; que il est prest de prouver, et de luy faire congnoistre, en une heure de jour. Se T. le nye mot à mot, et il offre son gaige de s'en défendre, l'en doibt premièrement prendre le gaige au défendeur, et puis celuy à l'appelleur, et chascun doibt donner plèges de mener la loy. Non pourtant ils doibvent tous deux estre retenus en la prison du Duc; et ce que droict sera à faire la bataille leur doit estre ottroyé par la justice. Et si peut bailler l'un et l'autre en vifve prison,[1] si leur[3] plaist; pourtant que l'en les baille féalement à bons gardes, qui les rendront morts ou vifs au jour de la bataille, appareillés de la bataille faire, *se ils sont vifs*. Se aulcune force est faicte dedens ce d'aulcun d'eulx ou à aulcun d'eulx, le Bailly en peut enquérir de son office, et punyr celuy qui en sera attaint[4] coulpable, selon la desserte du faict; et ceulx qui le

---

(1) *Vivæ prisoniæ*—Dans la garde de son plège. "Ab initio salvo accusatus attachiabitur, "vel per plegios idoneos, vel per carceris inclusionem."—*Glanville* XIV, 1.   (2) *De sequela*—Dans le texte ici, et souvent ailleurs, *sequella*.   (3) *Leur—Sic:* le justicier. (4) *Attaint*—De *attinctus*. Taché, convaincu. Cf. l'Angl. *attainted.*

et custodes, si ex hoc inventi fuerint culpabiles. Et quoniam ipsi custodes pœnam, quam custoditus subiret si per defectum suum de duello condemnaretur, ex antiqua consuetudine subire solebant judicari, si ab eorum custodia ita se substraxerit quod eum justiciario reddere ad diem non valeant terminatam; solet in Normannia usitari, quod datis vadiis nullus in causis criminalibus extra Ducis prisoniam debeat custodiri. Ad diem autem duelli assignatam se debent pugiles[1] in curia justiciario offerre, antequam hora meridiei sit transacta, apparati in corietis[3] vel tunicis, cum scutis et baculis cornutis,[2] armati prout necessarium eis fuerit, de panno et corio, lana et stupis. In scutis autem, vel baculis, vel armaturis tibiarum non possunt habere nisi lignum vel corium vel aliud prædictorum; nec alia possunt habere instrumenta in adversarium aggravandum quam scutum et baculum. Et uterque debet habere super aures capillos rotunde adæquatos;

gardoient, se ils en sont coulpables. Et pour ce que ceulx qui les gardent, par la coustume ancienne, seulent porter la peine que ceulx deussent porter, se ils ne les pevent[4] rendre à la justice au jour qui leur est mis, l'en seult user en Normendie, que en bataille de félonnie, puis que les gaiges sont donnés, aulcun ne doibt estre gardé hors de la prison au Duc. Au jour qui est assis à faire la bataille se doibvent les champions offrir à la justice, ains que heure de midy soit passée, tous appareillés en leurs cuyrées ou en leurs cotes,[7] avecques leurs escus et leurs bastons cornus, armés[6] si comme mestier sera de drap, de cuyr, de laine et d'estoupes. Ès escus, ne ès bastons, ne ès armeures des jambes ne doibvent avoir, fors fust[5] ou cuyr ou ce qui est devant dict; ne ils ne pevent avoir aultre instrument à grever l'ung l'aultre fors l'escu et le baston. Et chascun doibt avoir les cheveulx rongnés par dessus les aureilles.[8]

---

(1) *Pugiles*—Terme gladiatorial ; les combattants.   (2) *Cornutis*—"Desinentes in acumen."   (3) *Corietis, cuyrées* — "Haud dubie corcetis, i.q. corcellis."—*Ducange*. (4) *Pevent*—Peut-être, ici et ailleurs, *peuent :* mais dans le texte, l'*u* manque dans la plupart des inflexions de *pouvoir*.   (5) *Fust*—De *justis ;* bois d'une lance.   (6) *Armés*—"Ce texte " ne parle, ne s'entend, quant à la déclaration des armeures, si non au regard des non nobles ; "* * pour ce qu'il est tout notoire quelles armeures [les nobles] doibvent avoir pour soy "combatre : * * * [assavoir] tel harnois, comme ils doivent avoir en la guerre au Duc "pour desservir leur fiefs."—Glose, *in loc.*   (7) *Cotes* ou *cottes*—Dans le même sens que *cotte* dans *cotte de maille.*   (8) *Aureilles—Sic.* Une des nombreuses affectations classiques de *Le R.* Dans les éd. précéd. *oreilles ;* de *oricula*, B. L. pour *auricula.* Pareillement on le trouve dans *Ronsard :* "La divine aureille."

et forma hæc in omni duello debet solenniter observari ; ungi autem possunt si voluerint. Cum autem uterque eorum se justiciario obtulerit, per justiciarium verba duelli debent retrahi, et si forsan alicui eorum visum fuerit, quod verba duelli non bene fuerint recordata, vel alio modo quam lex fuerit vadiata, recordationem curiæ super hoc postulare poterunt, et habere per eos qui in duelli vadiamento affuerint. Et si bene fuerit retractatum, ad campum inde ducantur pugnaturi. Quattuor milites eligantur qui campum custodiant, et alii omnes sedeant in coronam[1] : bannum[2] Ducis proclametur, ne quis astantium, super vitam et membra, in tantam prorumpat audientiam,[3] quod alicui pugilum dicto vel facto auxilium inferat aut gravamen ; et si super hoc aliquis fuerit culpabilis, in prisonia Ducis ad voluntatem suam tenebitur carceri mancipatus. Post hæc autem pugiles ad campum evocentur, et juret primus defensor, per verba de duello recitata, flexis amborum genibus ; et tenebunt se per manus, appellator a dextris et defensor a sinistris. Interrogato ab utroque et res-

Ceste forme doibt estre gardée en toutes batailles ; et si pevent estre oings, se ils veulent. Quant ils seront tous deux offerts à la justice, les parolles de la bataille seront recordées par la justice ; et s'il est advis à aulcun d'eulx, que les parolles de la bataille ne soient pas bien recordées, ou que la bataille fust gaigée par aultres mots, ils pourront demander le record de la Court, et l'auront par ceulx qui furent à gaiger la bataille ; et quant elle sera bien recordée, si soient menés au champ pour combattre, et quatre chevaliers soient esleus qui gardent le champ, et tous les aultres se séent entour. Le ban du Duc soit crié, que aulcun de ceulx qui illec sont, sur vie et sur membre, ne soit si hardy qu'il face à aulcun des champions aide ne nuysance, par faict ne par dit. Et se aulcun faict contre ce, il sera mis en la prison du Duc, et l'amendera à sa volunté.[4] Après, les champions soient appellés au champ, et jurent les parolles de la bataille, et se agenouillent tous deux,[5] et se entretiennent par les mains, l'appelleur à dextre et le deffenseur à senestre. L'en doibt demander à chascun, comme il a

(1) *Coronam*—Cercle ; cercle de personnes ; et ainsi, assemblée judiciaire. (2) *Bannum* —Proclamation. (3) *Audientiam*—Ainsi que le texte l'indique, pour *audentiam*, dans le le sens d'*audaciam*. V. n. 2, p. 66, sur la substitution d'*audatia* pour *audientia*. (4) *Volunté*—Dans des éd. précéd. *voulenté* ; *volonté* ne se trouve guère dans les ouvrages du 16ᵐᵉ siècle. (5) *Deux*—Dans des éd. précéd. *deulx*. V. n. 3, p. 23.

ponso nomine quo denominantur in baptismo ; utrum credat in Patrem et Filium et Spiritum Sanctum ; et utrum teneat fidem quam Sancta conservat Ecclesia ; et responso ab utroque quod ita ; tunc jurabit in hac forma : Audi, homo, quem teneo per manum sinistram, qui te N. in baptismo facis appellari, quod ego patrem tuum non multrivi, nec in felonia *necui*: sic[4] me Deus adjuvet et sacrosancta.[3] Jurabit autem et alius sic : Audi, homo, quem teneo per manum dextram, qui te T. in baptismo facis appellari, quod, de omnibus verbis quæ jurasti, falsum jurasti : sic[5] me Deus adjuvet et sacrosancta. Deinde jurabunt sorcerias, et primus jurabit defensor, quod nec per se nec per alium in campo sorcerias fecit afferre, quæ ei possint vel debeant juvare, vel parti adversæ nocere ; et appellator etiam jurabit similiter. Exinde autem utrique scutum et baculus tradentur, et quattuor milites, ad campum servandum electi, sint inter eos, quousque oraverint competenter, et bannum

nom en baptesme, et se il croit eu Père, eu Fils et eu *bénoist*[2] Sainct Esprit, et se il tient la foy que Saincte Église garde. Quand chascun aura respondu ouy, le défenseur jurera en ceste forme : Oes,[1] homme, que je tien par la main senestre, qui T. te fais[6] appeller en baptesme, que ton père ne meurdry[5] en félonnie : ainsi m'aist Dieu et ses[8] saincts. L'appelleur jurera après : Oes,[1] homme, que je tien par la main dextre, qui R. te fais appeller en baptesme, que des parolles que tu as jurées tu te es parjuré : ainsi m'aist Dieu et ses saincts. Après si jureront les sorceries ; le défenseur jurera premier, que par luy ne par autre n'a fait[5] apporter sorceries eu champ, qui luy puissent ne doibvent aider, ne à son adversaire nuyre : et après l'appelleur jurera ainsi. L'en baillera lors à chascun l'escu et le baston, et les quatre chevaliers, qui sont esleus à garder le champ, seront entre eulx deux, tant qu'ils ayent aouré[7] avenamment : et le ban

---

(1) *Oes*—De *ouir ;* aussi *oyez, oyes.* (2) *Bénoist*—i. e. *benedictum ;* béni. (3) *Sacrosancta* —Les Évangiles ou les reliques ; sur lesquels on devait jurer. (4) *Sic*—Dans le texte, et ainsi très-souvent, *si.* (5) *Meurdry, fait*—V. n. 2. p. 24. (6) *Fais*—Dans *Le R. faicts.* (7) *Aouré*—De *orare :* prié. (8) *Scs*—*Sic :* préférablement *ces,* comme dans le Chap. lxxxv.

Ducis *iterum* recitetur. Peracta autem competenter oratione, ad metas campi milites se retrahant in quattuor partes. Si autem defensor se usque ad stellas de nocte in cælo apparentes poterit defendere, victoriæ retinet juvamentum. Et hæc forma in omni duelli sequela est attendenda ; hoc sane intellecto quod juramentum debet fieri de verbis, de quibus duellum vadiatum fuerit et retractum. Sciendum tamen est, quod *nullus* de multro potest sequi, quousque certa et cognita signa de multritione fuerint declarata. Si autem de multro facto nullus sit, qui sequelam faciat aut clamorem, si publica infamia aliquem super hoc fecerit criminosum, per justiciarium debet arrestari et firmo carcere debet observari, usque ad diem et annum, cum penuria victus et potus, nisi interim super hoc patriæ[1] inquisitionem se offerat sustinere ; quam si sustinere voluerit, sollicitudo justiciarii debet procurare quod omnes illos,[5] quos de multro aliquod scire presumpserit, vel [qui] ipsius facti aliquam notitiam habuerint, de quocunque loco fuerint, coram se certa die faciat convenire ; et hoc subito et inopinate, et causa celata propter

du Duc sera cryé derechief. Quand ils auront aouré, les quatre chevaliers se trairont ès orées[2] du champ en quatre parties. Se le défenseur se peut défendre tant que les estoilles appairent eu ciel, il aura la victoire. Et ceste forme doit estre gardée en toutes les batailles, fors que le serment doibt estre faict des parolles de quoy la bataille fut gaigée. L'en doibt sçavoir que aulcun ne peut suyr de meurdre, devant que certaines enseignes soient trouvées du meurdre. Se aulcun n'est qui face suyte ne clameur de meurdre, et aulcun en est blasmé communément, il doibt estre arresté par la justice et mis en prison, jusques à ung an et ung jour, à peu de menger et de boire, s'il n'offre dedens ce à soustenir l'enqueste du pays.[1] Et s'il la veult soustenir, la justice li[3] doibt pourveoir, et faire semondre ceulx, que elle cuidera[4] qui[6] sachent aulcune chose du meurdre, de quelque lieu qu'ils soient, et qu'ils viennent soudainement et despourveument, sans sçavoir pourquoy ils sont ainsi mandés par justice, pour et affin que les amis de cil qui est en prison ne les divertissent, corrumpent, *ne facent ou dient*

---

(1) *Patriæ inquisitionem.* Enquête par le *jury* d'alors. V. la note sur *jurea*, p. 168, et au Ch. lxix, lxxxiv, lxxxv, et cxxvi (Lat.)   (2) *Orées*—Bords : de *ora* : dans *Le R. ourées.* (3) *Li*—*Sic :* mais *Le R. y.*   (4) *Cuidera*—Pensera.   (5) *Illos*—Dans le texte *illi.* (6) *Qui*—V. n. 4, p. 13.

quam eos fecerit submoneri, ne parentes criminosi eorum prece vel pretio corrumperent sermentum[5]; et ab eis, unoquoque per se vocato, coram quattuor militibus non suspectis, utrum illud multrum fecerit,[3] inquirat diligenter; et auditis dictis eorum, et in scripturis redactis, criminosus coram eis debet adduci, et ab eo quæri si quem eorum saonnare[4] voluerit. Et [si] sufficiens saonnium super aliquem miserit, dictum ejus pro nullo debet reputari, et a jurea[1] debet removeri; et si sufficiens non fuerit saonnium, nihilominus ulterius procedatur. Hujusmodi jurea fieri debet per viginti quattuor homines ad minus legales et non suspectos, quos nec favor nec odium a jurea debet amovere; et per fidelem servientem debet submonitio fieri, qui nec prece nec pretio nec amore nec odio corrumpatur, quin veriores ac probiores homines submoneat quos poterit invenire circa loca et in locis, in quibus factum fuerit

aulcune chose, soit par prière ou par loyer,[2] ou par quelconque aultre moyen illicite, qui puisse empescher ne retarder que justice ne soit faicte et accomplye. Si doibt l'en appeller chascun par soy pardevant quatre chevaliers, qui ne soient pas souspeçonneux, et enquérir diligemment se cil, qui est en prison détenu, a faict iceluy meurdre. Et quànt l'en aura ouy leurs dicts, et mis en escript, cil qui est en prison doibt estre amené devant eulx, et luy doibt on demander s'il en veult aulcuns saonner. Et s'il dict sur aulcuns d'eulx suffisant saon, chose que dient ceulx qui sont ainsi saonnés ne doibt estre en riens comptée. Mais se le saon ne est suffisant, ce que il dira sera receu avec les aultres. Telle enqueste doibt estre faicte par vingt-et-quatre loyaulx hommes au moins, qui ne soient pas souspeçonneux par amour ne par haine. Et la semonse doibt estre faicte par loyal sergent, qui ne soit corrumpu par don ne par loyer, par prière, par amour ne par haine, qu'il ne semonne les plus preudes hommes et les plus loyaulx qu'il pourra trouver eu

---

(1) *Jurea*—Enquête judiciaire : le rôle du *jury* à cette époque se rapprochait autant de celui de témoins, que d'hommes d'enquête dans le sens actuel. Il y a, à Jersey, un parallèle peut-être plus exact, celui, c'est-à-dire, des six *principaux* " convenus " pour faire rapport à la Cour, quant à l'état d'esprit d'une personne à laquelle on veut établir un curateur.
(2) *Loyer*—Gages, récompense. Dans les éd. précéd. *loier* et *louier*. V. n. 3, p. 11.
(3) *Fecerit*—i.e. *criminosus*. (4) *Saonnare*—Reprocher, récuser. (5) *Sermentum*—Sic Le R. : dans les éd. précéd. *sacramentum*.

maleficium, de quo reus accusatur; et eos insuper qui facti creduntur percepisse veritatem. Si vero de furto vel roberia jurea fuerit sustinenda, de locis, in quibus reus conversatus fuerit et de quibus latrocinia dicitur perpetrasse, debent submoneri legitimi juratores, veritatem factorum et vitæ ejus cognoscentes. Et ita subito debent coram justiciario adduci, ne[1] per amicos corrumpi valeant accusati. Justiciarius autem secreto, assumptis secum tribus vel quattuor militibus, debet singillatim eos examinare, et de vita et actibus accusati, quid sciunt et quid credunt, diligenter inquirere. Auditis autem singulorum dictis, accusatus adducendus est, et ab eo quærendum est si aliquem juratorum illorum velit saonnare. Omnes juratores eidem sunt monstrandi, et si aliquem legitime saonnaverit, dictum ejusdem eidem non debet nocere, sed a jurea debet removeri. Post hæc autem, coram ipsis juratoribus *et aliis* in publico *convocatis*, dictum eorum coram reo debet per justiciarium retractari, et per juratores confiteri quod ita juraverint, et super hoc debet fieri judicium in continenti, et

lieu où le mesfaict fut faict, et ceulx que l'en croit qu'ils sachent mieulx la vérité du cas, et comme il est advenu. Se enqueste doibt estre soustenue de larcin ou de roberie, loyaulx jureurs doibvent estre semons de là où celuy qui est accusé a conversé,[2] et de là où l'en dict que il fist le larcin, et que ils sachent la vérité de ses faicts et de sa vie ; et doibvent estre semons si soudainement, et amenés devant la justice, que les amis à cil qui est accusé ne les puissent corrumpre *par les moyens et raisons dessus desclairées.* Le Bailly les doibt prendre secrètement devant quatre chevaliers, et demander à chascun par soy ce qu'il scet[3] de la vie à cil qui est accusé, et de ses faicts, et ce qu'il en croit. Quand il aura ouy chascun par soy, cil qui est accusé doibt estre amené[4] avant, et luy doit on demander s'il veult saonner aulcuns des jureurs, qui tous luy doibvent estre monstrés. S'il en saonne aulcun raisonnablement, chose qu'il die ne luy peut nuyre. Lors seront les jureurs appellés en commun, et ce qu'ils auront dict sera recordé par la justice à celuy qui est accusé. Et ils

---

(1) *Ne*—Dans le texte ici, et ailleurs, *nec.* conversai."—*Wace.* Cf. le mot Bibl. Angl. *conversation* (Vulgat. *conversatio*) comme traduction de *politeuma.*—*Phil.* III, 20. pour *sçaivent.* (4) *Amené*—Éd. précéd. *admené.*

(2) *Conversé*—Demeuré. "A Caen lunges conversation (Vulgat. *conversatio*) comme (3) *Scet*—Éd. précéd. *sçait :* et ainsi *scèvent* pour *sçaivent.*

X

judicium factum sine dilatione adimpleri. Et quod viginti eorum juraverint observetur : *et si aliqui eorum se nescientes dixerint, tot debent apponi juratores, si possint inveniri, quod per sermentum* [5] *viginti* [7] *eorum veritas rei eluceat inquisitæ.*

## LXIX.—DE JURATORIBUS.

De juratoribus autem sciendum est, quod illi juratores dicuntur qui, præstito in curia corporali sacramento, verum tenentur dicere de querelis, prout eis a justiciario, vel vices ejus gerente, in curia fuerit inculcatum. Cum autem per sermentum juratorum habeat querela terminari, ad submonitionem juratorum contentionis circumstantiæ attendendæ sunt ; videlicet, personæ adversæ, res ipsa de qua agitur contentio, locus, causa, modus, tempus, et per quos. Inimici eorum vel amici speciales et notorii consanguinei [2] utriusque partis, et illi de [1] quibus suspectio certa amoris, specialis favoris habiti, vel affinitatis vel odii certis rationibus possit prætendi, [1] ad jurandum recipi non debent. Illi etiam,

doibvent recongnoistre que ainsi ont ils juré. Et sur ce doibt maintenant jugement estre faict *par l'advis et opinion des assistents de la Court.* Et ce qui sera jugé [6] doibt estre acomply sans délay : et ce que les vingt diront soit gardé sans contredict.

## LXIX.—DE JUREURS.

L'en doit sçavoir que ceulx sont appellés jureurs, [3] qui, par le serment que ils ont faict en Court, sont tenus à dire vérité des querelles, selon ce qu'il leur sera enchargié par la justice, ou par cil qui sera en son lieu. Quand contends doibt estre finé par le serment de jureurs, il convient qu'ils sachent les circunstances [4] des contends : si comme des personnes entre qui le contends est, et de la chose de quoy il est, la cause, le lieu, le temps et la manière. Les espéciaulx amis ne les ennemis, ne les cousins [2] à l'une partie ne à l'autre, ne aulcun de qui l'en puisse, par certaine raison, avoir souspeçon d'amour ou de hayne, ou de lignage, ne doibvent pas estre receus au serment ; ne ceulx

---

(1) *De* \* \* *prætendi*—Texte de *Ludewig.* Les anciens textes sont inexacts et trèsconfus. (2) *Consanguinei, cousins*—Dans le sens général de parents. (3) *Jureurs*—V. *History of Trial by Jury* par M. *Forsyth,* Chapitres vi et vii, *The Constitutional History* de M. *Stubbs,* Vol. I, et *Bigelow,* pp. 331 à 338. Cf. aussi *Glanville* XIII. (4) *Circunstances*—Sic. Le *R.,* se rapprochant du Lat. Les éd. précéd. *circonstances.* (5) *Sermentum*—Dans les éd. précéd. ici, comme ci-devant, *sacramentum.* (6) *Jugé*—Éd. précéd. généralement *jugié.* (7) *Viginti*—À Jersey aujourd'hui le nombre d'hommes d'enquête, i.e. le *jury* dans les cas criminels, est vingt-quatre, et il faut le concours de vingt de ces hommes pour déclarer l'accusé coupable.

qui in causa consimili sunt, ad juramentum recipi non debent, vel qui sunt querelæ participes; et illi etiam per quos querela mota defenditur. Et illi, qui propinqui vel vicini non sunt rei petitæ, vel [qui] nihil sciunt de quo est contentio, et illi, quos tempus vel locus demonstrat querelæ veritatem ignorare, repelli debent; et illi omnino, qui perjurio seu falso testimonio notabiles sunt et infames; et illi etiam quos certa suspectio veritatem contentionis demonstrat ignorare. Unde ad juramenta facienda probiores et propinquiores homines, et quos publica fama testatur scire melius contentionis veritatem, et quos partes suspectos non habeant, justum est submonere. Similiter autem agendum est de illis qui sunt publice infames latrocinio, homicidio seu incendio, vel aliqua alia causa criminali, dum tamen non sit qui eos super hoc insequatur. De maleficio tamen vivorum[1] non potest fieri inquisitio, nisi de consensu partis utriusque. Solet autem a multis concordari quod, si quis ad mortem alium appellaret, et defensor inquisitionem patriæ forma præ-

qui sont parsonniers de la querelle, ou qui ont semblable querelle, ne ceulx qui l'ont menée ou défendue en Court, *ne maintenue, ou esté conseilleurs.* Ne ceulx qui ne sont prochains de la chose qui est demandée, ne ceulx qui rien ne scèvent de la chose de quoy le conteuds est, et qui ne sont du temps ne du lieu de quoy ils en puissent rien sçavoir, ne doibvent estre receus à la jurée, ne ceulx qui sont reprins de parjure ou de porter faulx tesmoing, *ou vaincus en champ de bataille,* ou ceulx qui sont infâmes. Et pour ce doibt l'en sçavoir, que l'en doibt semondre aux jurées les plus preudes hommes, et les plus loyaulx, et les plus prochains, et ceulx que l'en croit qui mieulx sachent la vérité, et qui ne soient souspeçonneux à l'une partie ne à l'autre. Ainsy doibt l'en faire de ceulx qui sont communément blasmés d'homicide, d'arson, de larcin ou d'aulcun aultre crime, de quoy il n'est aulcun qui les suyve. Du mesfaict, qui a esté faict à ceulx qui vivent, enqueste n'en peut estre faicte, fors par le consentement d'une partie et d'aultre. Plusieurs se seullent accorder que, se ung homme suyt ung aultre à mort, et cil qui a esté appellé veult soustenir l'enqueste du pays, en la forme que

---

(1) *Vivorum—Sic* dans les premières éd. Dans *Le R. viatorum.*

dicta voluerit sustinere super hoc, ipsam debet habere ; et si per eam convictus fuerit, condemnetur. Si autem super hoc inventus fuerit innocens, liberetur ; et si redactum fuerit in NON SCIRE, appellator ad duellum recurrat. Et hoc plurimum ad falsas et detestabiles querelas reprimendas solet a pluribus approbari ; licet plures hoc non velint, nec concordent.

nous avons dicte, il la doibt avoir ; et se il est attaint par l'enqueste, il doibt estre condemné. Et se l'enqueste le saulve, il doibt estre *saulvé et* délivré. Et s'il est mis en NON SÇAVOIR, l'appelleur peut revenir à la bataille. A ce se seulent plusieurs acorder, pour abatre les faulses plainctes et les faulses clameurs, jà soit ce que plusieurs ne le veulent pas.

## LXX.—DE MEURDRE[1] ET DE HOMICIDE.

De multro autem vel homicidio propinquior in genere sequelam faciendi retinet potestatem. Si autem propinquior in non ætate fuerit, vel ætatem transegerit, alius propinquior interesse poterit in sequela, vel alius de genere, in quem consenserit omnis parentela. Si tamen inter ipsos pax fuerit conformata, cum pupillus ad ætatem pervenerit sequelam de eodem poterit reformare. Si autem lex deducta fuerit et perfecta,[4] alia lex super hoc non poterit reformari. Si autem aliquis de homicidio extraneus clamorem suum fecerit, debet facere in hac forma : Ego conqueror de T., qui R. dominum meum, cum quo eram, in felonia assal-

De meurdre et de homicide peut le plus prochain du lignaige faire la suyte ; et se le plus prochain est en non aage, ou il a passé aage, le plus prochain après celuy pourra la faire ; ou aultre du lignage à qui tout le lignage se accordera. Et se paix en est faicte, quand cil qui est en non aage sera venu en aage, il pourra recommencer la suyte. Mais se la loy en a esté demenée et parfaicte, aultre loy n'en pourra pas puis estre faicte, ne commencée. S'aulcun estrange[3] fait clameur de homicide, [il la doibt faire] en ceste forme : Je me plain[2] de T. qui a assailly R. mon seigneur en félonnie, avec

---

(1) *De meurdre*—Dans le texte Latin ce chapitre fait partie du précédent.    (2) *Plain*—Éd. précéd. *plang.*    (3) *Estrange*—Étranger : i.q. *homo extraneus.* V. *infra.*    (4) *Lex*  
\* *perfecta*—V. n. 3, p. 122, sur *Loi oultrée.*

tavit, et eum interfecit, et ipsum defendendo hanc plagam et hunc sanguinem mihi fecit. Ostensis plaga et . sanguine coram justiciario et militibus, qui hoc valeant recordare, lex vadianda est, alio se defendere offerente, et ducenda est modo supradicto. Et sic per extraneum poterit fieri sequela de homicidio.

qui j'estoye, et l'occist : et si comme je le deffendoye, il me fist ce sang et ceste playe. Lors doibt il monstrer le sang et la playe à la justice, pardevant chevaliers qui le puissent recorder. Se l'autre offre à soy deffendre, la bataille en doibt estre gagée : si comme nous dismes devant. Ainsi peut estre faicte suyte de meurdre et de homicide par hommes estranges.

### LXX.—DE CLAMORE ROBERIÆ.

De roberia autem sciendum est, quod clamor faciendus est in hac forma : Ego conqueror de Titio,[1] qui me in pace Dei et Domini Regis assaltavit in felonia et verberavit me, et mihi plagam fecit et sanguinem, et abstulit mihi capam[2] in roberia : unde me HAROU oportuit clamare. Alio se defendere offerente super hoc de verbo ad verbum, primo facienda est inquisitio de clamore HAROU, per eos in quorum vicinio fuerit exclamatus, vel qui præsentes affuerunt. Qui si dicant clamorem roberiæ se audisse, tunc duelli vadia modo supradicto sunt recipienda, et hujusmodi lex sub forma prænotata est penitus deducenda.

### LXXI.—DE ROBERIE.

De roberie l'en doibt sçavoir, que clameur en doibt estre faicte en ceste forme : Je me plaing de G. qui en la paix de Dieu et du Duc m'assaillit et me batit, et me fist sang et playe, et me tollit ma chape en roberie, pour quoy il me convinst crier HARO. Se l'autre le nye mot à mot, et il offre à soy défendre, l'en doibt premièrement faire enqueste du HARO par ceulx euquel voysiné il deust estre crié, ou ceulx qui y furent présents. Et se ils dient et tesmoignent que ils ouyrent le HARO de la roberie, lors doibvent les gaiges de la bataille estre receus en la manière que nous avons dict. Et ceste loy doibt estre menée selon la forme qui a esté dicte devant.

---

(1) *Titio*—Dans les textes *Tycio* et *Tytio*.    (2) *Capam*—Chappe, manteau.

## LXXI.—DE SEQUELA TREUGÆ FRACTÆ

De sequela autem quæ fit de treuga fracta sciendum est, quod fieri non potest nisi prius treuga facta fuerit, in curia ex qua recordatio valeat reportari. Et sciendum est quod treuga, prout in laicali accipitur curia, est assecuratio facta, præstita fide corporali, quod nec per se nec per alium aliquod malum non inferat, cui datur. Si autem post talem assecurationem aliquis conqueratur sic : Ego conqueror de P., qui me, post treugam datam in curia, in pace Dei et Regis in felonia assaltavit, et hanc plagam et sanguinem mihi fecit, quam[1] nunc ostendo ; quod paratus sum facere ei cognoscere una hora diei. Defensore enim hoc de verbo ad verbum denegante, vadia recipienda sunt sub tenore formæ prænotatæ. Sciendum itaque est quod in istis sequelis, videlicet de roberia et treuga fracta, si clamor qui dicitur HAROU per inquisitionem factam dignoscatur non fuisse exclamatus, sequens cadit a sequela : et similiter de

## LXXII.—DE SUYTE DE TREFVES FRAINCTES.

De suyte de trefves frainctes doibt l'en sçavoir, que elle ne peut estre faicte, se les trefves ne furent avant données en Court qui porte record. Et si doibt l'en sçavoir que trèves, si comme on les prent en Court laye, est ung asseurement qui est faict par la foy du corps, que cil qui les donne ne fera mal, par luy ne par les siens, à celuy à qui il les donne, ne aux siens. Se aulcun se plainct après tel asseurement, [il le doibt faire] en ceste forme : Je me plaing de P. qui, puis les trèves qu'il m'avoit données en Court, m'assaillit en la paix de Dieu et du Duc en félonnie, et me fist ce sang et ceste playe que je monstre cy en présent : et suis prest de luy faire congnoistre en une heure de jour. Se l'autre le nye mot à mot, le gaige doibt estre receu, si comme nous avons dit. L'en doibt sçavoir que en suyte de roberie et des trèves frainctes, se l'en scet par l'enqueste du pays que HARO ne fust crié, cil qui le suyt encherra[2] de sa suyte. Et aussi, s'il ne

---

(1) *Quam—Sic.*  (2) *Encherra*—Éd. précéd. *enchairra.*

treuga, nisi possit recordari quod data fuerit, appellator cadit a sequela.

peut estre recordé que les trèves fussent données, celuy qui suyt encherra de sa suyte.

## LXXII.—DE SEQUELA TRADITIONIS PRINCIPIS.

De traditione autem Principis Normanniæ debet fieri sequela in hac forma : Ego, cui Princeps Normanniæ tradiderat castrum suum custodiendum, conqueror de tali qui mecum erat ad illud custodiendum, ut[3] ipse proditorie et nequiter, de castro exiens, ejus inimicos introduxit, ex quo vix potui evadere ; quod si negare voluerit, paratus sum facere ei recognoscere una hora diei.

Alio autem negante de verbo ad verbum, vadia recipienda sunt modo supradicto ad duellum deducendum ; dum tamen manifestum sit ipsum[2] ab inimicis obtineri.

## LXXIII.—DE LA TRAHISON AU[1] DUC.

De la trahison[4] au Duc de Normendie doibt la suyte estre faicte en ceste manière : Je[6] à qui le Duc de Normendie avoit baillé son chastel à garder, me plaing de P. qui estoit avec moy à le garder, que en trahison et félonneusement yssit[5] par nuyct hors du chastel, et mist dedens les ennemis au Duc, de quoy je ay peu à peine eschaper. S'il le nye, je suis prest de luy faire congnoistre en une heure de jour.

Se l'autre le nye, mot à mot, et il offre à soy défendre, le gaige doit estre receu, si comme nous avons dict, et la bataille faicte ; pourtant que ce soit apperte chose que les ennemis au Duc tiennent le chastel.

## LXXIII.—DE SEQUELA MEHAIGNII.

Fit autem sequela de mehaignio per hominem suum, vel per

## LXXIV.—DE SUYTE DE MEHAING.

Suyte de mehaing doibt estre faicte par l'homme à celuy qui est

---

(1) *Au*—Dans les éd. précéd. ici *ad.*    (2) *Ipsum*—i.e. *castrum.*    (3) *Ut*—Dans le texte *et.* V. n. 1, p. 4.    (4) *Trahison*—Éd. précéd. *traison.*    (5) *Yssyt*—V. n. 2, p. 24, et n. 1, p. 139.    (6) *Je*—Employé soigneusement dans le V. F. pour exprimer le sujet : e.g. *je qui lis, tu qui chantes &c.* : la locution correcte n'est conservée maintenant que dans la phrase : *Je soussigné &c.* V. *Brachet, Grammaire Historique,* p. 174.

consanguineum,[1] tali forma : Ego conqueror de tali qui mehaigniavit in felonia dominum meum, et cetera, quæ in sequelis superius sunt expressa.

## LXXIV.—DE SEQUELA ASSALTUS.

Est etiam sequela de assaltu et fracta pace; quæ secundum diversitatem locorum sunt diversæ. Quædam enim fit de assaltu ad carrucam, quædam de assaltu in chemino[2] Ducis, quædam de assaltu in domo sive in agro ; quæ uno et eodem modo habent fieri, mutato tamen locorum vocabulo, maleficio autem cum sanguine, corporis, periculoso de morte vel mehaignio, demonstrato : quæ sic communiter solent fieri : Ego conqueror de T. qui ad carrucam meam, cum agueito[3] præcogitato, in pace Domini et Ducis me crudeliter assaltavit, et plagam, maleficium et sanguinem mihi fecit, quod demonstravi justiciario ; quod si negaverit, ego, vel homo qui pro me possit facere et debeat, parati sumus facere ei recognoscere una hora dici, ad esgardum curiæ. Appellatus

mehaingné, ou par son cousin,[1] en ceste forme : Je me plaing de J. qui en félonnie mehaingna mon seigneur, *ou mon cousin.* Et puis, tout ainsi comme devant.

## LXXV.—DE SUYTE D'ASSAULT.

L'en fait suyte d'assault et de paix brisée en diverses manières, selon la diversité des lieux. Car l'en suyt d'assault de charrue, d'assault de chemin, d'assault de maison, d'assault de champ. Les suytes en sont toutes faictes en une manière, mais que l'en nomme les lieux où l'assault fut faict, et si convient monstrer le mesfaict du corps et le sang, où il y ait péril de mort et de mehaing. La plaincte doibt ainsi estre faicte : Je me plaing de P., qui en la paix de Dieu et du Duc me assaillit félonneusement à ma charue, en aguet pourpense,[5] et me fist cest sang et ceste playe que je monstre à la justice. Se il le nye, je,[4] ou homme pour moy qui faire le puisse et doie, sommes appareillés de luy faire congnoistre à une heure de jour, à l'esgard de la Court. Cil qui

---

(1) *Consanguineum, cousin*—V. n. 2, p. 170. Angl. : *King's highway.*   (3) *Agueito, aguet*—Du Teut. *wahtan* : surprise, piège, guet-à-pens : ici, avec préméditation.   (4) *Je*—V. n. 6, p. 175.   (2) *Chemino*—i.q. *caminus* : haute voie.   (5) *Pourpense*—Angl. *prepense.*

autem debet negare nequitiam expositam in clamore expressam,[1] et petere licentiam consulendi ; et si, habito consilio, de verbo ad verbum negaverit, vadia recipienda sunt modo supradicto, et duellum deducendum. Ex hoc autem notandum est quod per tales sequelas, nisi maleficium corporis, cum sanguine, periculum de morte vel mehaignio reportans, justiciario fuerit demonstratum et visum sufficienter, non debet duellum vadiari. Notandum etiam est quod, nisi violentia in clamore fuerit expressa, non debet duellum de dictis sequelis vadiari. In omni enim sequela, quæ fit ad damnamentum membrorum, debet in clamore exprimi, quod illud, super quo appellatio movetur, factum est cum felonia in pace Dei et Ducis. Sciendum etiam est quod, si quis infra ætatem constitutus de membris fuerit appellatus, ipse custodiendus est quousque ad ætatem legitimam pervenerit, vel tradendus custodiæ, prout justiciario placuerit, et prout facti merita cognoverit postulare. Justiciarius enim attendere ac diligenter *addiscere* in talibus veritatem debet, ut favorem innocuis tribuat et levamen, nocuis autem exhibeat ingratitudinem ac rigorem, juris ordine conservato. Nec tamen

est appellé doibt nyer la félonnie qui est mise en la clameur, et doibt demander congé[2] de soy conseiller. Quand il sera conseillé, s'il nye mot à mot le faict, le gaige doibt estre receu et la bataille menée, si comme nous avons dict. L'en doibt sçavoir que en telles suytes, se le sang et le mesfaict où il y ait péril de corps, si comme de mort ou de mehaing, n'est monstré à la justice et veu suffisamment, bataille n'en doit pas estre gaigée ; et si doibt l'en sçavoir que se violence ne fut expressément mise en la clameur, bataille n'en doibt pas estre gaigée ; car en toutes suytes, où l'en tend à mort d'homme, doibt l'en dire en la plaincte, que ce, de quoy l'en se plainct, fut faict en félonnie et en la paix de Dieu et du Duc. L'en doibt sçavoir que, se aulcun qui est en non aage est appellé de ses membres, il doibt estre gardé tant qu'il soit venu en aage, ou estre baillé en garde, si comme il plaira à la justice, et si comme elle verra que la chose le requiert. Et doibt [elle] entendre diligemment la vérité en tels choses, si que elle ayde aux innocents, et soit roide contre les malfaicteurs ; mais qu'elle garde l'ordre de droict. En telles

---

(1) *Expressam*—Employé adverbialement.    (2) *Congé*—Éd. précéd. *congié :* ainsi que *marché* pour *marche*, *jugié* pour *jugé*, *chargié* pour *chargé*, &c.

Y

aliquis potest alium ponere pro se in istis querelis deducendis, nisi mehaignium corporis habuerit manifestum, vel extra ætatem fuerit constitutus. Extra ætatem sunt, quorum vita spatium sexaginta annorum pertransivit. In sequelis autem criminosis, appellatores in clamoribus suis juste expositis addere possunt et eas augmentare, abstrahere autem aut dimittere nihil possunt in eisdem. Quod si quis de clamore facto relaxaverit, vel aliquid dimiserit appositum in clamore, haberi debet sequela pro irrita et inani.

querelles mener, ne peut aulcun mettre aultre pour soy, se il n'y appert mehaing de son corps, ou s'il n'a passé aage. Cil a passé aage qui a passé plus de soixante[1] ans. Ès suytes qui sont faictes pour crimes, l'appelleur peut adjouster à la plaincte qu'il fist en Court, et l'acroistre, mais il n'en peut riens oster ne soustraire. Et s'il relâche aulcune chose de la clameur qu'il a faicte, ou il délaisse aulcun de qui il se plaignit, sa clameur ne doibt rien valoir.

## LXXV.—DE TREUGA FRACTA, PLAGA ET SANGUINIS EFFUSIONE.

De treuga fracta sciendum est, quod non potest fieri sequela, nisi treuga taliter data fuerit, quod ex ejus datione recordatio haberi valeat si negetur, et nisi plaga cum sanguine demonstretur. Fit autem sequela de treuga fracta sub hac forma : Ego queror de T. qui me, in pace Dei et Ducis, et in treuga ab eo mihi data, cum felonia assaltavit, et mihi fecit inique plagam, maleficium et sanguinem, quem ostendo ; quod si negare voluerit, ego, vel alius

## LXXVI.—DE TRÈVES FRAINCTES.

De trèves f;ainctes doit l'en sçavoir que suyte n'en peut estre faicte, se les trèves ne furent données en telle manière que le record en puisse estre eu, se on les nye, et se l'en ne monstre le sang et la playe. La suyte de trèves frainctes doibt estre faicte en ceste forme : Je me plains de R. qui, en la paix de Dieu et du Duc et ès trèves qu'il m'avoit données, me assaillit en félonnie, et me fist félonneusement ce sang et ceste playe, que je monstre ; et s'il le veult nyer,

---

(1) *Soixante*—Dans le texte, par erreur, *quarante.*

pro me qui facere possit et debeat, paratus sum ei facere recognoscere ad esgardum curiæ una hora diei. Responso autem ad hæc modo superius annotato, recipienda sunt vadia et duellum deducendum, ut superius est expressum. Si vero treugam esse datam negatum fuerit, et objectum quod ex tali simplici plaga, quæ nec mortis nec mehaignii reportat periculum, non debet duellum vadiari, appellator recordationem petat curiæ, in qua treugam fuisse asserit sibi datam; si ea non valeat recordari, ejus sequela irrita decernitur et inanis. Si autem recordatum fuerit, duellum vadiandum est, et emenda recipienda est de negante. Notandum siquidem est quod, clamore facto et etiam duello vadiato, in omnibus sequelis criminosis potest[1] retractari de pace per licentiam justiciarii, et pax etiam reformari, omni tempore antequam duellum ducatur ad effectum. Exceptis tamen sequelis de proditione et latrocinio, in quibus, postquam vadiata sunt duella, de pace nullo modo concedit consuetudo Normanniæ esse tractandum : quicunque enim de proditione vel latrocinio pretium recepit vel

je, ou homme pour moy qui faire le puisse et doye, suis prest de luy faire congnoistre en une heure de jour, à l'esgard de la Court. Se l'autre le nye, ou il offre à défendre, les gaiges doibvent estre prins et receus, et la bataille menée, si comme nous avons dict. Se l'en dict encontre que les trèves ne furent pas données, et que pour la playe, où il n'a péril de mort ou de meshaing, ne doibt pas bataille estre gaigée, l'appelleur demande le record de la Court où il dit que les trèves furent données. Se il ne peut estre recordé, la suyte ne vauldra rien. Et s'il est recordé, la bataille doit estre gaigée, et l'amende prinse de celuy qui nya les trèves. L'en doibt sçavoir que, puis que la clameur est faicte ou que la bataille est gaigée de félonnie, l'en peut parler de paix et la faire, par le congié de la justice, en tout temps jusques à tant que la bataille soit menée à fin ; fors sans plus en suyte de trahison et de larcin, en quoy la coustume de Normendie ne souffre[3] point que l'en parle de paix en aulcune[2] manière, puis que les batailles en sont gaigées. Car qui de trahyson ou de larcin prend loyer

---

(1) *Potest*—Impersonnel.   (2) *Aulcune*—Dans le texte *nulle*. **V. n. 5, p. 30.**
(3) *Souffre*—V. n. 3, p. 18.

persolvit, a talibus criminibus se demonstrat non quittum[4] nec insontem. Qui vero in prædictis sine licentia justiciarii de pace tractaverit vel composuerit, justiciario emendabit, et quicquid per ipsum compositum fuerit vel tractatum est ut irritum est revocandum. Notandum siquidem est, quod in querelis criminalibus tam appellatores quam defendentes in prisonia Ducis, duello vadiato, sunt detinendi. Si vero appellator bonos custoditores [dederit,] qui ipsum vivum vel mortuum ad diem nominatam reddere valeant, eis potest ad custodiendum tradi; et hujusmodi [custoditores] dicuntur viva prisonia[2] Ducis Normanniæ. Hujus custoditores ipsum vivum vel mortuum ad diem reddere tenentur assignatam, sine exonio et aliis dilationibus, tanquam geolarius[1] eum redderet, si fuisset per eum in carcere custoditus, aliter autem graviter sunt per mobile[3] puniendi. Si autem forsan ita se absentaverit quod ipsum justiciario nullo modo reddere valeant nec habere, custoditores affligendi sunt pœna *graviori* per consilium in assisia existentium exprimenda. Et dictus fugitivus modo debito ad assisias evocari debet et, nisi veniat

ou le donne, il monstre bien que il n'est pas quicte et * * de tels crimes; et qui sans le congié à la justice traictera de paix ou la fera en cause criminelle, il l'amendera griefvement, et tout ce qu'il a faict rien ne vauldra. Et si doibt on sçavoir que en toutes causes criminelles, dès que la bataille est gaigée, l'appelleur et le défenseur doibvent estre gardés en prison. Et se l'appelleur donne bons plèges, qui le prennent en garde, qu'ils le rendront au jour qui est assis, ou mort ou vif, il leur peut estre baillé à garder. Et ce appelle l'en la vive prison au Duc de Normendie. Ceulx qui le prennent en garde sont tenus à le rendre au jour, ou mort ou vif, sans exoine et sans délay, ainsi comme le geollier le rendroit s'il estoit en sa garde. Et s'ils ne le rendent, ils le doibvent griefvement amender par le chatel.[3] Et s'il est allé en tel lieu, que ils ne le puissent en aulcune manière avoir ne rendre à la justice, ils doibvent avoir telle peine comme le conseil de l'assise dira. Et cil qui est fuytif doibt estre appellé à l'assise. Et s'il ne vient avant

---

(1) *Geolarius*—De *geola.* "*Geola;* ex caveola" (per *gaviola, gabiola*) "formatum."— *Ducange.* (2) *Viva prisonia*—V. n. 1, p. 163. (3) *Mobile, chatel*—À *Jersey*, dans le 16ᵐᵉ siècle, les rôles de la Cour de *Cattel* sont souvent intitulés *Rotulla* (sic) *mobiliaria.* (4) *Quittum*—i.e. *quietum,* libre.

ante judicium de forbanisione editum, tanquam victus habendus est, et forbanizandus; si autem ante forbanizationem se reddiderit justiciario, de eo agendum est ac si carcerem Ducis fugiens confregisset. De omni autem vi, maleficio et violentia ei [ab illis] irrogatis, quibus justiciarius ipse commiserit vivæ prisoniæ custodiendum, pertinet ad ipsum diligenter inquirere. Et de maleficiis similiter quæ aliis diceretur intulisse : quæ etiam custoditores sui, quibus commissus est custodiendus, tenentur cum ipso graviter emendare; nec, si ex hoc convinceretur, vivæ esset ulterius prisoniæ committendus. Defensor autem, si justiciario placuerit, vivæ potest committi prisoniæ. Et quæ dicta sunt de viva appellatoris prisonia, circa defensorem similiter sunt attendenda. Hæc autem recredentia[1] ardenti cupiditatis malitia fuerit introducta ; cum ex antiqua Normanniæ consuetudine, quæ non[4] fideliter ad salutem pacis et ad pericula devitanda antiquis temporibus fuerat observata, nullus sequens vel secutus de actione criminali aliquo modo a Ducis prisonia poterat extramitti, quousque querela fuisset solenniter terminata. Si vero in carcere detenti fuerint, justiciarius eis ma-

qu'il doye estre forbany par jugement, on le doibt forbanir, et tenir comme vaincu. Se il se rend à la justice avant qu'il soit forbany, l'en doibt faire de luy ainsi comme s'il avoit brisé la prison et s'en fust fuy. De toute la force et de tous les mesfaicts, que l'en faict à cil que la justice a mis en vive prison, appartient que elle en enquière : et aussi des mesfaicts qu'il a faicts aux aultres. Ceulx à qui il fut baillé à garder sont tenus l'amender griefvement avec luy : et s'il en est attainct, il ne doibt jà puis estre mis en vive prison. S'il plaist à la justice, le défenseur peut estre mis en vive prison : et ce qui a esté dict de la vive prison à l'appelleur doibt on faire de celle au défenseur. Ceste manière de vive prison fut trouvée par l'ardant malice de convoitise; car, par l'ancienne coustume de Normendie, qui fut establie pour garder la paix et pour eschiver[3] les périls, aulcun qui suyst ou qui fust suy de cause criminelle, ne povoit, en aulcune manière, yssir hors de la prison au Duc, jusques à tant que la cause fust terminée et finée solennellement. Se ils sont tenus en prison, la justice leur doit bailler ung

---

(1) *Recredentia*—Livraison provisoire : v. n. 1, p. 23. Le texte ici est légèrement transposé.     (3) *Eschiver*—Dans *Le R. eschever :* esquiver, éviter.     (4) *Non*—*Sic :* par erreur.

gistrum *in prisonia*, qui eos doceat et arma et cetera necessaria ejus[modi], invenire debet, quæ omnia ipsi pagare tenentur. Notandum siquidem est, quod nullus potest sequi de maleficio, quod justiciario infra annum et diem non fuerit demonstratum, eidem super hoc clamore exposito prout debet. De multro tamen potest fieri sequela, cum certa signa per legitimum testimonium patriæ fuerint demonstrata, per quem[1] multrum certum sit ac notorium fuisse perpetratum.

## LXXVI.—DE SEQUELA MULIERUM.

Mulieres autem ad sequelas criminosas sequendas vel defendendas non sunt admittendæ. Viri autem de maleficiis, uxoribus suis illatis, sequi possunt in omnibus casibus supradictis, et [eas defendere], si fuerint appellatæ. Et si eas defendere noluerint, dum tamen sit notorium ipsas imposito crimine esse culpabiles, sub gravi prisonia usque ad diem et annum, modo quo de viris dictum est, debent custodiri: et de viris accusatis contra mulieres similiter intelligendum est. Olim mulieres in criminalibus causis insecutæ, cum

maistre, qui les enseigne ès armes et les aultres choses qui mestier leur sont ; et ils sont tenus à tout paier. L'en doibt sçavoir que aulcun ne peut suyr de mesfaict, qui dedens l'an et le jour ne ait esté monstré à la justice, [et] de quoy la clameur n'ait esté faicte si comme elle doibt. Mais de meurdre peut on suyr, quand certain signe et enseignes en sont monstrées par loyal tesmoingnage du pays, par qui l'en sache certainement du meurdre qui a esté faict.

## LXXVII.—DE SUYTE DE FEMMES.

Femmes ne doivent pas estre receues à suyr causes criminelles, ne à les défendre. Mais les hommes pevent suyr des mesfaicts qui ont esté faicts à leurs femmes, en tous les cas dont nous avons parlé devant, et les défendre, se elles en sont appellées. Et se ils ne les veulent défendre, pourtant que on sache comment elles en soient coulpables, elles doibvent estre gardées en forte prison jusques à ung an et ung jour, ainsi comme nous avons dict des hommes. Et ce mesmes doibt on entendre des hommes qui sont accusés contre les femmes. Jadis[2] quand femmes estoient accusées de crime, et elles n'avoient qui les

---

(1) *Quem—Sic.*   (2) *Jadis*—Dans *Le R.* : *Et jà soit ce que*, etc.

non haberent qui eas defenderet, ygnisio[1] se purgabant, et homines per aquam vel per ignem, cum justitia vel mulieres in criminalibus eos impetebant. Et quoniam hujusmodi ab Ecclesia[2] Catholica sunt abscissa, inquisitione loco eorum frequenter, et in multis [aliis,] utimur. Et de muliere contra mulierem in criminalibus causis esse procedendum, [* * *] aut[3] tantam justitiam de infamatis super imposito crimine credimus esse faciendam, quæ de viris, infamia criminosis, superius sunt[4] expressa.

## LXXVII.—DE PROTECTIONE VIDUÆ ET PUPILLI.

Cum autem Duces Normanniæ, assueto ductu charitatis, ex antiquo viduas sub protectione sua susceperint et pupillos, eo quod earum fragilitas sibi alium [non] provocet defensorem ; de maleficiis criminosis eisdem illatis, vel

défendist, elles se expurgeoient par ignise, et les hommes par eaue ou par ignise, quand la justice ou femmes les suyvoient de causes criminelles. Et, pour ce que Saincte Eglise[2] a osté ces choses, nous usons souvent de l'enqueste. De femme contre femme en cause criminal doit on faire enqueste. Et doit l'en faire sy grant justice de celle qui est maulvaisement renommée, comme nous avons dict devant des hommes qui sont mauvaisement renommés.

## LXXVIII.—DE VEUFVES FEMMES ET D'ORPHELINS.

Pour ce que le Duc de Normendie, plain de charité, receut anciennement en sa garde et protection les veufves femmes et orphelins, pour ce que leur fragilité ne leur laisse avoir aultre défenseur, le Bailly doibt faire aspre justice des mesfaicts qui

---

(1) *Ygnisio, (sic.) aquam*—Épreuves par le fer chaud, l'eau, &c. : quelquefois appelées *purgationes vulgares*, en opposition à la *purgatio canonica*, (preuve par serment). V. n. 2, p. 25. *Glanville*, (XIV, 1), fait dépendre l'*ordeal*, que devait subir l'accusé, de sa condition. "Per ferrum calidum, si fuerit homo liber, per aquam si fuerit rusticus": distinction qui date d'avant la conquête. Ces épreuves furent abolies en Angleterre au commencement du règne de Henry III, A.D. 1219. (2) *Ecclesia*—Définitivement par le quatrième Concile de Latran, en 1215. Toutefois plusieurs Papes, depuis le neuvième siècle, les avaient dénoncés. Cf. aussi la *Reformatio Legum*, où l'on en parle comme suit : "Illa prisca defensionis remedia non admittimus, quæ ratione et probabilitate non "nituntur, * * * qualia sunt singularia certamina." [cependant le duel judiciaire ne fut pas aboli formellement en Angleterre qu'en 1819, après avoir été réclamé, et obtenu, par l'accusé, dans la poursuite de *Ashford* v. *Thornton*, dans l'année précédente], "flammæ, ferrum candens, vel effervescens aqua, nam isto modo primum Dei tentabatur "omnipotentia, deinde non certitudinis hæc aut veritatis indicia, sed casus erant et "fortunæ ludibria."—*De purgatione*, c. 12. (3) *Procedendum, aut*—Sic. (4) *Sunt*—Sic.

per eas aliis, prout factorum requirunt merita, debet justiciarius gravem et asperam justiciam exercere, quousque hujus veritas per INQUISITIONEM PATRIÆ plenius poterit declarari.

leur sont faicts, et de ceulx qu'elles font aux aultres, si comme la dessérte le requiert, jusques à tant que la vérité en puisse estre déclairée par L'ENQUESTE DU PAYS.

## LXXVIII.—DE FURIOSIS.

Si autem aliquis extra mentem constitutus sua dementia aliquem interfecerit, vel mehaigniaverit, perpetuo carceri est mancipandus, et in eodem de suo sustinendus ; vel communibus elemosinis ad ejus vitæ sustentationem est providendum. Si autem aliquis demens taliter fuerit et taliter furibundus, quod de ejus dementia timendum sit ne, per ignem, vel per factum ejus aliquod, saluti communi vitæ vel rerum obvians, valeat perturbare patriam, per eos qui res suas habent debet custodiri et ligatus teneri, ne per ipsum alicui maleficium inferatur. Et si nihil habeat, totum convicinium, ad suæ dementiæ refrenationem, debet consilium et adjutorium[2] de suis facultatibus exhibere.

## LXXIX.—DE FORCENÉS.[1]

Se aulcun est hors du sens, et il occist ou mehaine ung homme par sa forsenerie, il doit estre mis en prison, et estre soustenu du sien ; ou l'en luy doibt pourveoir des communes omosnes,[5] s'il n'a de quoy il puisse estre soustenu. Se aulcun est en telle manière forsené, que l'en le doye doubter que de sa forcenerie il ne trouble le pays, ou par feu ou par aulcune chose qui soit contraire au commun salut, il doibt estre lié, et gardé par ceulx qui ont ses choses, qu'il ne mesface à nulluy[3] ; et s'il n'a rien, tout le voesiné[4] doibt mettre conseil et aide du sien, à refréner sa forcenerie.

## LXXIX.—DE RECEPTATORIBUS DAMNATORUM.

Omnes autem damnatorum receptatores, et forjuratorum et forbanizatorum, necnon eorum, qui ad pacem Principis in assisiis

## LXXX.—DE RÉCEPTEURS.

Tous récepteurs qui réceptent les forjurés, les forbanis et les damnés, et ceulx qui se défuyent à venir à la paix du Duc, qui

(1) *Forcenés*—Sic.  (2) *Consilium et adjutorium*—V. la même phrase dans le Chap. xxvi, p. 86.  (3) *Nulluy*—Dans *Le R. aulcun*.  (4) *Voesiné*—Sic.  (5) *Omosnes*—Sic ici *Le R.*

evocati diffugiunt, si de receptatione eorum fuerint diffamati, ipsi Principis prisoniœ usque ad diem et annum debent committi, nisi PATRIÆ INQUISITIONEM obtulerint expectare. Si vero ipsam expectare voluerint, per bonos plegios debent liberari, et eis debet dies de facienda inquisitione assignari, nisi alio modo super hoc prius convicti fuerint, vel cum fugiativis[3] deprehensi. Si vero per ipsam inquisitionem inventi fuerint super imposito receptationis crimine innocui, in pace cum omnibus rebus suis debent dimitti. Quod si super hoc inventi fuerint culpabiles, omni mobili possessione ad voluntatem Principis seu justiciarii sunt privandi. Et si mobile non habeant, per gravem sunt et diuturnam prisoniam corrigendi. Si vero in NON SCIRE eorum receptationis maleficium redigatur, per legem DERAISNÆ, si justiciarius eos ulterius super hoc voluerit impetere,[1] poterunt se purgare. Consentiarii latronum in latrociniis suis, et receptatores eorum, alio modo sunt puniendi. Si enim super hoc fuerint convicti, eandem pœnam solent in Normannia reportare, quam et ipsi latrones deberent sustinere; et similiter omnes participes et consentientes malefactorum suorum.

ont esté appellés, doibvent estre mis en la prison du Duc jusques à ung an et ung jour, s'ils n'offrent à soustenir L'ENQUESTE DU PAÏS. Et s'ils la veulent attendre, ils doibvent estre délivrés par pleiges, et jour leur doibt estre mis d'avoir l'enqueste, se ils [ne] sont attaints avant en aultre manière, ou prins avec les fuytifs. Et se l'en treuve par enqueste qu'ils ne soient point de ce coulpables, ils doivent estre laissiés en paix, et toutes leurs choses. Et se ils sont trouvés coulpables, ils doibvent perdre tous leurs meubles à la volunté au Duc ou au Bailly. Et se ils n'ont meuble, ils doibvent estre chastiés par longue prison. Et se l'enqueste le met en NON SÇAVOIR, se la justice les veult plus poursuyr, ils s'en doibvent desréner et espurger. Les consentants aux larrons en leurs larcins, et ceulx qui les receptent, doibvent estre punis en aultre manière; car, s'ils en sont attaints, ils seulent en Normandie emporter autelle peine[2] comme les larrons mesmes; et aussi tous leurs parçonniers et consentans de leurs mesfaicts.

---

(1) *Impetere*—Dans le texte *impetrare*.     (2) *Peine*—Dans les éd. précéd. on l'écrit *paine*.
(3) *Fugiativis*—*Sic.*

## LXXX.—DE TEMPORIBUS IN QUIBUS LEGES NON DEBENT FIERI.

Notandum autem est, quod quæ-dam sunt tempora in quibus leges non debent fieri, nec simplices[1] nec apertæ,[2] videlicet omnia tempora in quibus matrimonia non possunt celebrari. Ecclesia autem LEGIBUS APPARENTIBUS omnes dies festivos prohibet ac defendit, videlicet, ab hora nona die Jovis usque ad ortum solis in die Lunæ sequente, et omnes dies solennes novem lectionum[3] et solennium jejuniorum et quattuor temporum[4]; et dedicationis ecclesiæ [ejus parochiæ], in qua duellum est deducendum.

## LXXXI.—DE TEMPS EN QUOY LOY N'EST PAS FAICTE.

L'en doibt sçavoir qu'il y a ung temps en quoy les loix ne doibvent pas estre faictes, ne simples ne appertes. Ce sont les temps en quoy mariages ne se pevent assembler.[7] Saincte Eglise défend à faire LOY APPARISSANT tous les jours de feste d'église, c'est du Jeudy[8] nonne[5] jusques au Lundy ensuyvant soleil levant: et toutes les festes solennelles de neuf leçons, et les jours de jeusnes solennelles[6] et les jeusnes des Quatre temps, et la feste de la dédication de l'église, où la bataille doibt estre faicte.

## LXXXI.—DE DAMNATIS QUI FUGIUNT AD ECCLESIAM.[10]

Si quis autem damnatus vel fugitivus ad ecclesiam confugerit, vel ad cimiterium vel atrium[9]

## LXXXII.—DE DAMNÉS ET DE FUYTIFS.

Se aulcun damné ou fuytif s'enfuyt à l'église, ou en cymitière ou en lieu sainct, ou il

---

(1) *Simplices*—V. n. 2, p. 24, et n. 2, p. 25.    (2) *Apertæ, appertes*—i.e. Lois apparaissantes. V. Chaps. lxxxvii et cxxvii (Texte Latin) ; et n. 8, p. 24.    (3) *Novem lectionum*—"Omnibus (aliis) diebus per totum annum, si festivitas est, novem lectiones dicimus; * * * "in Dominicis diebus novem lectiones dicimus."—*Gratian*, Decret. Les contrats hérédi-taires passés devant Justice à Jersey, avant la Réforme de l'Eglise, portent quelquefois la date de tel jour "après la feste des neuf lechons." (4) *Quattuor temporum*—Angl. *Ember days*. (5) *Nonne*—La neuvième heure du jour ; heure de l'office de *none*, i.e. trois heures de l'après-midi.    (6) *Solennelles*—Sic.    (7) *Assembler*—Traduction du mot *celebrare*, dans son sens primitif.    (8) *Jeudy*—Dans *Le R. judy*.    (9) *Atrium*—"In the large Early "Christian Churches an *atrium* was placed before the principal entrance doors, and this "practice as well as the name was retained to the eleventh century. * * * When "the practice of constructing an enclosed court before the Western door was abandoned, "the name was transferred to the chuchyard and cemetery. Thus Gervase relates that, "when the roof of *Canterbury* cathedral caught fire, the people saw the flames in the "churchyard, *in atrio ecclesiæ*."—*Parker, Glossary of Architecture*, I, p. 50.    "*Atrium*— "Cimetière ; V. F. *atre*. 'L'atre et cimetière de St. Jaques.'"    "Atrio privatus: "i.e. ecclesiæ ingressu et communione, [nec non] sepultura in * * terra benedicta, "privatus."—*Ducange*.    (10) *Ecclesiam*—V. Ch. xxiii, et n. 3, p. 61.

sanctum, vel crucifixo adhæret, ecclesiastico privilegio, debet in pace a laicali potestate dimitti, ita quod manus in eum non apponat. Custodes tamen, ne exinde diffugiat, justiciarius debet apponere laicalis, et nisi infra nonum diem se reddere voluerit justiciario laicali, vel Normanniam forjurare,[2] nona die completa, justiciarius exinde nullum victum ad ejus sustentationem sufferret deportari, quousque se justiciario reddiderit, qui de ipso sibi reddito secundum exigentiam culpæ ordinabit; vel [quousque] patriam se obtulerit forjurare. Et forjurabit in hac forma, manu extensa super Sacrosancta Evangelia; quod

ipse recedet a Normannia, nunquam in eadem de cetero rediturus; et quod nullam patriæ vel gentibus, occasione præteritorum, per se nec per alium perturbationem[3] procurabit; et quod in aliqua villa nisi per unam noctem, quousque egressus fuerit a Normannia nunquam regrediendo, nocturnabit. Et egressum suum incipiet in instanti, expresso tamen prius ab eo versus quas partes

se aert[1] à une croix qui soit fichée en terre, la justice laye le doit laisser en paix, par le privilége de l'église, si qu'elle ne mette la main à luy. Mais la justice doibt mettre gardes qu'il ne s'enfuye d'illec. Et s'il ne veult dedens neuf jours se rendre à la justice laye, ou forjurer Normendie, la justice ne souffrira d'illec en avant que on luy apporte que menger à soustenir sa vie, jusques à ce qu'il [se] soit rendu à justice pour en ordonner selon sa desserte, ou jusques à ce qu'il offre à forjurer le pays. Et le forjurera en ceste forme; il tendra ses mains sur les Saincts Evangiles, et jurera, que il partira de Normendie, et que jamais n'y revendra; qu'il ne fera mal au pays, ne aux gents qui y sont, pour chose qui soit passée, ne les fera grever ne grèvera, et mal ne leur fera ne pourchassera, ne fera faire ne pourchasser, par soy ne par aultre en aulcune manière. Et que en une ville ne gerra que une nuict, si ce n'est par grand défaulte de santé; et ne se faindra[4] d'aller, tant qu'il soit hors de Normendie; et ne retournera *aux lieux que il aura*

---

(1) *Aert* ou *aerd*—De *adhærere*; s'attacher à, saisir. Cf. "*embrassent*," p. 60, l. 13. (2) *Forjurare*—Quitter, renoncer. "Abjurare rem aliquam."—*Ducange*. *Forjurare patriam*: se vouer à un bannissement perpétuel. (3) *Perturbationem*—Dans le texte *perturbare*. (4) *Faindra*—Boiter: ici dans le sens de *hésiter*.

iter suum voluerit dirigere a patria sic recedens, et assignatis eidem dietis[2] in recessu, prout possibilitas personæ et locorum distantia postulabunt. Et si, expleto termino sibi dato, inventus fuerit in·Normannia vel regressus fuerit per leucam,[1] suum secum judicium reportabit. Sermento enim suæ forjurationis inventus est obviasse, propter quod Ecclesia non debet ulterius patrocinium exhibere.

*passés, ne à aultres pour revenir, ains yra tousjours en avant.* Et si commencera maintenant à s'en aller; et si doibt dire [vers] quelle part il vouldra aller, ainsi luy taxera l'en ses journées, selon sa force et selon la grand quantité et longueur de la voye. Et si remaint en Normendie depuis que le terme que on luy donnera sera passé, ou se il se retourne une lieue arrière, il portera son jugement avec soy: car dès que il sera allé contre son serment, Saincte Eglise ne luy pourra plus aider.

## LXXXII.—DE CLERICIS ET PERSONIS ECCLESIASTICIS.

Nullus autem clericus vel persona Ecclesiastica seu religiosa debet capi vel arrestari, nisi ad præsens maleficium captus fuerit *vel detentus*, vel quousque captus fuerit cum clamore HAROU[3] insecutus: et Ecclesiæ reddi debet ipsum requirenti. In cujus curia, si de injecto sibi maleficio confessus fuerit vel convictus, ab omni ordine et privilegio clericali penitus est deponendus, et exsul a patria profugandus, dum tamen

## LXXXIII.—DE CLERCS ET DE PERSONNES DE SAINCTE ÉGLISE.

Nul clerc, ne nulle personne de Saincte Eglise ou religieuse, ne doibt estre prinse ne arrestée, se elle n'est prinse à présent mesfaict, ou se elle n'est suye à HARO. Après il doibt estre rendu à la Court de Saincte Eglise, se elle le requiert. Et se il recongnoist en la Court de Saincte Eglise le mesfaict dont il est suy, ou il en est attaint, il doibt estre déposé de toutes ordres et de tout privilége de clerc, et chassié[4] hors du pays, comme exilié,[4] pourtant que le

---

(1) *Leucam* ou *leugam*—Lieue; Angl. *league:* d'un mot Gaulois *leak* ou *leag* (Cf. le Bret. *leo* ou *leu*), qui signifiait les pierres plates, par lesquelles on indiquait les distances sur les routes et qui vinrent ensuite à désigner ces distances mêmes. (2) *Dietis*—De *dies:* Angl. *day's journeys.* (3) *Harou*—"Car si tost que HAROU est crié sur aucun, il est "prisonnier du Roy."—*Terrien, in loc.* (4) *Chassié, exilié*—V. n. 2, p. 177.

tale sit maleficium, quod vitæ vel membrorum percipere debeat damnamentum. Hujusmodi enim personæ ab omni laicali curia sunt exemptæ, nisi in quantum exigit feodum laicale.

mesfaict soit tel que homme en doye perdre vie ou membre. Icelles[6] personnes sont quictes de pléder en Court laye, fors pour cas qui appartienne à fief lay.[6]

### LXXXIII.—DE DOMINIS ET HOMINIBUS SUIS.

Notandum est quod nullus dominum suum, cui fecerit hommagium, criminaliter potest appellare. Nec etiam dominus hominem suum, propter fidem per quam in hommagio tenentur alligati. Sed oportet, si quis in hujusmodi[4] sequelam facere voluerit criminalem, si dominus fuerit, quod homini suo fidem et hommagium reddat, antequam gagium[1] de eo offerat repellendo;[5] et homo similiter. Et si dominus succubuerit, homo de cetero terram quam tenebat de eo non tenebit, sed de domino superiori immediate; et eas ei super hoc faisantias faciet, quas dominus suus de ea faciebat. Si vero homo victus fuerit, terra penitus domino remanebit.

### LXXXIV.—DE SEIGNEURS ET DE LEURS HOMMES.

L'en doit sçavoir que aulcun ne peut appeller de félonnie son seigneur, à qui il a faict hommage, ne le seigneur son homme, pour la foy de l'hommage que l'un doibt porter à l'autre. Mais se le seigneur veult ainsi suyr son homme, il convient que il luy rende son hommage, ains que il luy offre son gaige de l'appeller; et l'homme aussi. Et se le seigneur enchiet,[3] l'homme ne tiendra[2] jamais de luy la terre ne le fief que il en tenoit, mais la tiendra nuement du seigneur qui est par dessus, et en fera au dict chef seigneur ce que son seigneur luy en faisoit. Et se l'homme est vaincu, la terre remaindra quicte au seigneur.

### LXXXIV.—DE SIMPLICI QUERELA PERSONALI.

De simplici querela personali agendum est. Simplex enim

### LXXXV.—DE SIMPLE QUERELLE PERSONNEL.

Or dirons de simple querelle personnel; que l'en appelle sim-

---

(1) *Gagium*—i.q. *vadium* dans les Chapitres précédents. (2) *Tiendra*—Dans les éd. précéd. *tendra*. V. n. 15, p. 5. (3) *Enchiet*—Sic dans les premières éditions, l'*i* de *incidit* étant retenu. Dans *Le R. en chet.* (4) *Hujusmodi*—i.e. *dominum vel hominem.* (5) *Repellendo*—Sic: plus probablement *appellando.* (6) *Icelles * * lay*—Cette clause ne se trouve pas dans quelques unes des éditions antérieures à *Le R.*

dicitur, eo quod per simplicem legem habeat terminari, quæ vulgariter DERAISNA vocitatur. Est enim deraisna, super injuria a querulo exposita coram justiciario, purgatio per sermentum[1] querelati et coadjutorum suorum in querela facienda. Quoniam ergo simplicium querelarum quædam sunt de facto, quædam de dicto, de illis quæ sunt de facto primo videndum est. Est itaque simplex querela personalis de facto contentio inter placitatores, coram justiciario ventilata, ex *antiqua* læsione personæ queruli irrogata. Verbi gratia : Ego conqueror de T. qui de palma in facie me percussit. Teste autem consequenter hoc dicente : Hoc est verum ; vidi et audivi, et esgardum curiæ facere super hoc sum paratus. Omnis testis in laicali curia de visis et auditis debet testimonium exhibere ; nec etiam sufficiens est testimonium, nisi esgardum curiæ super hoc offerat se facturum. Querelatus autem postea tenetur respondere, et habebit licentiam consulendi, si requirat ; habito autem consilio, debet factum negare quo accusatus est, et offerre se illud deraisnare in hac forma : Istam læsionem tibi non feci, et iste

ple, pour ce que elle doibt estre terminée par simple loy, qui se nomme DESRÈNE. Desrène est espurgement de ce dont aulcun est querellé, qui est faict par son serment, et par le serment de ceulx qui luy aident. Et pour ce que les unes de ces querelles sont de faict, les aultres de dict, nous dirons premièrement de celles de faict. Simple querelle personnel de faict est contends, qui est mené entre les plédeurs par devant la justice, du mesfaict qui fut faict à celuy qui se plainct, en ceste manière : Je me plaing de J. qui m'a féru[2] de sa paulme en la joe.[4] Et le tesmoing doibt maintenant dire : Cest voir, je le vy et ouy, et suis prest d'en faire l'esgard de la Court. Tout tesmoing en Court laye doibt porter tesmoignage de ce que il a ouy et veu ; et si n'est pas son tesmoing suffisant, se il n'offre à en faire l'esgard de la Court. Après ce est tenu le querellé à respondre, et aura congié de soy[5] conseiller se il le demande. Et quand il sera conseillié, il peut nyer le faict dont il est accusé, et soy[5] offrir à desréner, en ceste forme : Le mesfaict ne te feis[3] oncques,

---

(1) *Sermentum*—Dans les éd. précéd. presque toujours *sacramentum*.    (2) *M'a féru*—Éd. précéd. *me féry*.    (3) *Feis*—*Je* sous-entendu.    (4) *Joe*—*Sic*.    (5) *Soy*—V. n. 1, p. 192.

qui se super hoc testem constituit nec vidit nec audivit; quod paratus sum deraisnare. Et debet gagium suum dare ad deraisnandum, quod justiciarius recipiet, et plegios capiet de deraisna facienda ad diem quam assignabit. Hujusmodi autem querelæ unum tantum exonium et unum defectum patiuntur.

## LXXXV.—DE LEGE[4]; ET QUALITER DEBEAT FIERI.

Ad diem autem assignatam partes debent comparere, et lex debet recordari per justiciarium sub forma verborum, sub qua constat eam fuisse vadiatam. Post hæc autem querelatus ad sacrosancta[5] debet accedere et, manu desuper extensa, in hac forma debet jurare, justiciario vel alio pro ipso eidem legem escariante[1]: Hoc audias N. quod ego tibi talem læsionem non feci, nec testificator vidit nec audivit; sic[6] me Deus adjuvet, et hæc sacrosancta. Post hæc debet a juramento surgere, et coadjuratores ad jurandum debent accedere, non tracti[3] nec vocati donec lex peracta fuerit. Et jurare debent in hac forma: De sacramento eo quod T. juravit salvum jura-

et cil qui tesmoingne ce faict ne le veit ne ouyt, et suys prest de m'en desréner. Et lors doibt baillier son gaige de s'en desréner, et la justice le doibt recepvoir, et prendre plèges de faire la desrène, au jour que on luy mettra. Et telle desrène peut avoir ung exoine et une défaulte, tant seulement.

Au jour qui est mis doibvent les parties venir à Court, et la loy doibt estre recordée par la justice, des parolles dont elle fut gagée. Lors doibt cil qui est querellé venir aux saincts,[5] et estendre sa main dessus et jurer. Et la justice, ou aultre pour luy, doibt desclairer la loy en ceste forme: Ce oye tu P., que ce mesfaict ne te feis oncques,[2] ne ton tesmoing ne le veit ne ouyt; ainsi m'aist Dieu et ces saincts: et lors se doibt lever du serment, et ceulx qui luy aideront à faire la loy doibvent venir jurer aux saincts, sans attraire ne appeller, jusques à tant que la loy soit parfaicte. Et doibvent jurer en ceste forme: Du serment que Guillaume a

---

(1) *Escariante*—Ou *esgardiante*. i.q. *disjudicante*. Peut-être de *exclarare*, dans le sens de *declarare*. (2) *Oncques*—De *unquam*; jamais. (3) *Tracti*—Dans le texte *tacti*. Cf. le Ch. *De purgatione* dans la *Reformatio Legum*, Cap. 11: "Quanquam homines in "certis causis ad testimonium dicendum inviti possunt trahi, tamen neminem volumus ad "purgandum aliquem nolentem trudi." (4) *De lege, &c.*—La division de ce Chapitre ne se trouve que dans le texte Latin. (5) *Sacrosancta, saincts*—V. n. 3, p. 166. (6) *Sic*—*Si* est employé très-souvent pour *sic* dans le texte Latin.

mentum fecit; sic[2] Deus nos[3] adjuvet, et hæc sacrosancta. Præstito autem a singulis coadjutoribus sermento, accusatus per hanc se deraisnam liberabit, et accusans remanebit in emenda. Circa hoc autem notandum est quod, nisi testis se vidisse dixerit, testimonium reprobatur; et nisi etiam dixerit, esgardum curiæ super hoc se facturum. Notandum etiam est quod, si deraisnator verba dimiserit vel mutaverit, et [non] juraverit quæ ei in deraisnatione fuerint escariata, ejus deraisnatio reprobatur : et similiter, si quis coadjutor defuerit, vel verba escariata dimiserit vel mutaverit, vel etiam, [si] ad deraisnam oporteat evocari vel compelli vel attrahi. Notandum etiam est quod, secundum diversas[4] personas, plures vel pauciores in deraisnis exiguntur adjuratores.[5] Inter *pares* enim *vel* vicinos potest quilibet se tertia manu[6] facere deraisnam; versus autem

juré sauf serment a juré; ainsi m'aist[3] Dieu et cossaincts. Quant chascun de ceulx qui luy aident aura juré, il sera délivré par celle desrène, et l'autre qui se plainct l'amendera. En tel plet doibt l'en sçavoir que, se le tesmoing ne dict qu'il ait veu et ouy ce qu'il tesmoingne, son tesmoing ne vault rien, [ne] s'il ne dict qu'il est prest d'en faire l'esgard de la Court. L'en doibt sçavoir que, se cil qui a faict la desrène laisse les parolles qui luy furent déclarées, ou se il les change, sa desrène ne vault rien. Et se aulcun de ceulx qui luy aident y fault ou délaisse, ou change les parolles qui furent déclairées; ou se il les convient appeller à la desrène ou contraindre ou attraire; la desrène ne vault rien. Et si doibt l'en sçavoir que, selon la diversité des personnes, convient avoir plus ou moins de aides à soy[1] desréner. Entre ceulx qui sont prochains voisins peut desrène estre faite, soy tierce main.[6] Mais envers

---

(1) *Soy*—Dans le 16$^{me}$ siècle on plaçait *soi* avant, aussi bien qu'après, le verbe.—(*Brachet*). (2) *Sic*—V. n. 6, p. 191. (3) *Nos, me*—V. *Bigelow*, p. 304. (4) *Diversas*—"Numerus purgatorum judicis arbitrio constituetur, hoc tamen retento quod celebrior "persona pluribus, obscurior paucioribus, utetur integritatis suæ testibus."—*Ref. Leg., de Purg.*, C. 10. (5) *Adjuratores*—Dans *Le R.* ici *adjutores*. Dans les Lois de *Henry I* (d'Angleterre), ils sont appelés *consacramentales*. (6) *Tierce main, quinte main, sexte main*—Le nombre des jureurs; qui, selon l'usage primitif, juraient en se joignant les mains, et en répétant simultanément la formule du serment. Plus tard, ils s'avançaient séparément, et, en jurant, posaient la main sur les Evangiles, ou sur quelques reliques. (V. *Bigelow*, pp. 301—316). Originairement, la partie elle-même comptait pour une *main*, comme l'indiquent les expressions *se tertia manu*, du texte, et *duodecima manu*, de *Glanville* (I—9). A propos de cette dernière, *Blackstone* cite, comme éclaircissement,

dominum sexta manu in curia domini sui. Si autem in curia domini superioris placitaverint, se tertia manu deraisnabit versus dominum, et dominus etiam versus hominem suum simili modo ; in curia enim domini superioris placitando sunt quasi pares. Versus autem Domini Regis servientem quinta manu debet fieri deraisna. Ex prædictis autem patet, quod nec cæci nec surdi possunt in hujusmodi legibus testimonium exhibere. Mulieres etiam ad hujusmodi testimonia deferenda non sunt admittendæ aut recipiendæ ; nec etiam conjunctæ personæ : sunt autem hujusmodi conjunctæ personæ, pater, filius, frater, qui immediate se contingunt ; nec etiam infra ætatem constituti. Omnes etiam convicti de perjurio et de fide læsa, et in duello devicti, et omnes increduli,[2] et publica infamia no-

son seigneur se convient il desréner, soy sexte main, en la Court [à] son seigneur : mais en plus haulte Court l'homme se desrènera vers son seigneur, soy tierce main, et aussi le seigneur vers son homme ; car ils plèdent paer[1] à paer. Vers le sergent du Roy se doibt l'en desréner, soy quinte main. Par ce que nous avons dict appert il que aveugles ne sourds ne pevent porter tesmoignage. Femmes ne doibvent pas estre receues à tel tesmoing porter, ne personnes conjoinctes ; si comme sont le père et le fils et le frère, qui sont prochains de lignage ; ne ceulx qui sont en non aage. Tous ceulx qui sont attaints de parjure ou de foy mentie, et ceulx qui ont esté vaincus eu champ, et les mescréants,[2] et ceulx qui sont mal renommés

l'extrait suivant d'un ouvrage du 16ᵐᵉ siècle, *La Dyversité des Courts :* " Il convient aver " ove luy XI mains, de jurer ove lui, sc., que ils entendre en lour consciens que il discyt " voier." (*Sic*). Et *Coke* (sur *Littleton*, l. 2, c. 3, s. 234,) traite incidemment la même question : " And it seemeth to me that the law delighteth herself in the number of 12, for there " must . . . . be 12 jurors for the tryall of matters of fact, . . . . and he that wageth his " law must have 11 others with him, which think he says true." Dans *Poingdestre* (M.S.), " on trouve également : " La desraine se faisait, entre pareils, par deux témoins *et par le* " *serment de la partie ; . . . .* et si on voulait annuler le record au vicomte, il faudrait que " ce fût par quatre témoins, *avec la partie.*" Mais *Marnier* (p. 140), dans un Arrêt de l'Echiquier (de Normandie) de 1220, donne : *Per legem, sexta manu præter suam,* comme l'équivalent, soit original, soit traduction, des mots : *Par une loy, sixte main ;* ce qui semble indiquer un procédé contraire. Quoi qu'il en soit, à l'époque de la Glose le serment de la partie n'était plus requis, puisqu'on y voit écrit (Ch. cxxiii, texte Fr.) : " Soy tierce " main ; c'est assavoir deux témoins entre pers : car on ne use plus faire jurer la partie." Il est probable que, dans la plupart des cas, au lieu de retrancher simplement la partie, comme dans le cas mentionné dans la dernière citation, on lui substituait un autre jureur ; tout comme le *juramentum duodecima manu* fut en effet remplacé par le *veredictum juratæ* des *duodecim homines legales.* V. aussi n. 2, p. 25, et les Chaps. cxxv et cxxvi. (Texte Lat.)
(1) *Paer—Sic.*   (2) *Increduli, mescréants*—Hérétiques.     2 A

tabiles, a testatione exhibenda et a coadjuratione[2] in deraisna sunt repellendi ; et si producti fuerint, deraisna vel testimonium abrogatur, dum tamen pars pro qua aderint ipsum acceptet, non repellens. Notandum etiam est quod hujusmodi simplices querelæ spatium quindecim dierum ad responsionem suam faciendam non requirunt, sed ad omnem diem assignatam in ipsis est respondendum. Nullus etiam de simplici percussione, post responsionem factam in curia, si aliqua partium defuerit in querela, condemnetur. Notandum etiam est quod nullus de simplici percussione, quam servo suo intulerit vel filio vel nepoti, vel cuicunque alii de familia[1] sua, seu filiæ vel uxori, non debet ad legem provocari : illud enim correctionis causa factum fuisse præsumendum est. Si vero querelatus de lege quam vadiavit inciderit, debet maleficium tam læso quam curiæ emendare : de

ne doibvent pas estre receus à porter tesmoing, ne aider à faire desrène. Et se ils sont amenés, le tesmoingnage ou la desrène est faulse, pourtant que la partie pour qui ils viendront ne les oste. Et si doibt l'en sçavoir que ces simples querelles ne requièrent pas quinze jours de terme à respondre, mais à tel terme comme on leur mettra il conviendra respondre. Et si doibt l'en sçavoir que, puis que demande est ouverte en Court, et response y est faicte et donnée, se aulcune des parties se défault, elle sera condemnée. L'en doibt sçavoir que aulcun n'est tenu à faire loy pour simple bateure qu'il ait faicte à son servant ne à son fils ne à son nepveu ne à sa fille ne à sa femme, ne à aulcun qui soit de sa mesgnie[1] ; car l'en doibt entendre qu'il le faict pour les chastier. Se cil qui est querellé enchet de la loy que il a gaigée, il doibt amender le mesfaict à celuy à qui il le fist, et à la Court : d'un coup de

---

(1) *Familia, mesgnie*—Maison, famille. "Li nom de mesnie (*familia*) contient les "sers et toz cex qui servent, quique ils soient, ou franc home, ou autre serf qui servent par "bone foi." Extrait du *Livre de Justice et de Plet*, dans le Gloss. du Dr. Fr. Pareillement en Lat. le mot *familia*, auquel on s'y rapporte, signifiait primitivement l'ensemble des esclaves d'un propriétaire : "Famuli origo ab Oscis pendet, apud quos servus *famel* nominabatur, unde et familia" : (citation par *Andrews*). "Generally, however, in the "language of Ancient Roman Law, it includes all persons under a man's *potestas*, and his "material property or substance is understood to pass as an adjunct or appendage of "his household."—*Maine's* Ancient Law, p. 308. "Familiæ appellatio et in res et in "personas deducitur."—*Ulpian*. Dans ce sens de biens, ou d'héritage, il se rapproche de l'idée de maison, qui est contenu dans ménage, et de la signification du mot (*mansionaticum*), duquel celui-ci est dérivé. (2) *Coadjuratione*—Dans *Le R. coadunatione*.

percussione palmæ per quinque solidos, de pugni percussione per duodecim denarios, de prostratione ad terram quæ QUADABLUM[1] dicitur, per decem et octo solidos; de plaga autem facta cum effusione sanguinis, per triginta et sex solidos. Et hæ emendæ inter simplices personas attenduntur in querelis personalibus simplicibus. De personis autem autenticis,[2] videlicet, quæ tenent francas sergenterias, vel per armorum servitia feoda sua deserviunt, aliter attendendum est de emendis; in hujusmodi querelis, per arma et hernesia[3] [emendabunt], per quæ feoda sua deserviunt. Si enim [aliquis] fuerit contra militem in hujus querelis convictus, ei debet emendare per plena arma, videlicet, per equum, loricam, scutum, ensem et galeam. Si vero miles non fuerit nec habens feodum loricæ passus injuriam, sed per plena arma feodum suum deservit, per roncinum,[4] videlicet, gambaisum[5] et capellum et lanceam, per ea debet ei satisfieri de emenda. Et omnino de hujus-

paulme cinq souls,[6] d'ung coup de poing douze deniers; de abateure à terre, que l'en appelle, acabler, dix-huict sols; de plaie à sang trente-six sols. Ces amendes sont deues aux simples personnes de simple querelle personnel. Des personnes autentiques, si comme de ceulx qui tiennent franches sergenteries ou qui desservent leurs fiefs par services d'armes, doibt l'en aultrement entendre. Car en telles querelles, les amendes doibvent estre faictes par les armes et par les harnois dont ils servent. Se aulcun est attaint de telle querelle contre chevallier, il luy doibt amender par plaines armes, c'est par le cheval, par le haulbert, par escu, par espée, et par le heaulme. Et se cil à qui le mesfaict fust faict n'est pas chevallier et n'a point de fief de haubert, mais dessert son fief par plaines armes, l'amende luy doibt estre faicte par ung roucin,[4] par ung gamboison,[5] par ung chapel et par une lance. Et doibt l'en

---

(1) *Quadablum*—"Idem quod contusio."—*Ducange.*    (2) *Autenticis*—V. n. 1, p. 30. (3) *Hernesia*—Allem. *harnische.* Angl. *harness.* Armure; ou harnois de cheval. Ici, probablement dans le dernier sens.    (4) *Roncinum*—"Equus minor."—*Ducange.* Bête de somme. Cf. Allem. *ross*, cheval. "Il y a chevaux de plusieurs manières, à ce que "li un sont *destrier* grant pour le combat, li autre sont *palefroy* pour chevaucher à l'aide "de son corps: li autre sont *rouci* à somme porter."—Du Gloss. du Dr. Fr. V. n. 2, p. 108, et n. 1, p. 136.    (5) *Gambaisum*—Vêtement de toile ou drap contrepointe; "*vestimentum coactile.*" "Item omnes burgenses et tota communa liberorum hominum "habeant *wambais* et capellet (sic) ferri et lanceam." *Assisa de Armis.*—*Stubbs: Select Charters.*    (6) *Souls*—*Sic* dans les éd. précéd.: dans *Le R. sols.* Ainsi met-on *prouchain* et *prouffit*, pour *prochain* et *profit.*

modi personis sciendum est, quod qui feodum suum per armorum servitia deserviunt, quædam eis emenda in hujus querelis debet exhiberi per arma, quibus ad retrobannium Ducis debent servire vel ad acquitationem feodorum. De emenda autem domini, in cujus curia hæc aguntur in hujusmodi querelis, est sciendum, quod decem et octo solidos *cum uno denario* potest habere de emenda. Princeps vero, si in ejus curia hujusmodi querela deduceretur, triginta et sex solidos potest levare de emenda. Solet autem antiquitus in Normannia usitari, quod major non esset emenda curiam tenentis quam personæ injuriam sustinentis. In concordationibus autem, et hujusmodi terminationibus querelarum, pertinet ad justiciarium Principis de emendis ordinare, prout personæ facultas et facti merita postulabunt.

## LXXXVI.—DE PERSONALIBUS QUERELIS QUÆ DICTO ORIUNTUR.

Viso itaque de querelis in personam actualibus,[2] consequenter videndum est de personalibus querelis quæ ex dicto oriuntur. Sunt autem hujusmodi querelæ quotienscunque convicium aliquod personæ alicujus ab alio irrogatur. Unde notandum est

sçavoir que [à] tous ceulx, qui desservent leurs fiefs par service d'armes, leur doibvent estre faictes amendes par telles armes comme ils doibvent porter à l'arrière-ban au Duc, [ou] pour acquicter leurs fiefs. De l'amende au seigneur, en la Court duquel on plède de telles querelles, doibt l'en sçavoir, que il en peut lever dix-huit sols d'amende. Le prince, se la querelle est démenée en sa Court, en peut lever trente-six sols d'amende. L'en seult anciennement user en Normendie, que l'amende de la Court ne doibt pas estre greigneure que celle à cil à qui le mesfaict fut faict. Ès concordes, et telles manières de fins, appartient à la justice à ordonner des amendes, selon l'aisement des personnes, et selon leurs dessertes.

## LXXXVI.—DE QUERELLE QUI NAIST DE MESDICT.

Nous avons dict des querelles personnels qui naissent de faict : or dirons de celles qui naissent de dict. Telles querelles naissent de laidenges[1] que les ungs dient aux aultres. Et pour ce doibt l'en sçavoir que les unes des

---

(1) *Laidenges—Sic* dans *Le R. : lédenges* dans les 6d. précéd.    (2) *Actualibus*—i.e. *quæ de actu, vel facto, oriuntur.*

quod quædam convicia criminalia sunt, quædam simplicia. Criminalia autem sunt convicia, quorum actum corporis vel membrorum sequitur damnamentum ; ut si quis alicui imputet latrocinium vel homicidium vel aliquod hujusmodi vitium, quorum actum membrorum vel vitæ sequatur damnamentum. Unde sciendum est quod, si querela ex tali convicio fuerit procreata, et querelatus super hoc confessus fuerit vel convictus, per justiciarium debet graviter per pecuniam puniri ; et passo injuriam per opprobrium corporale taliter debet emendare, quod nasum suum digitis suis per summitatem tenebit, et sic dicet : Ex eo quod vocavi te homicidam, (vel de quocunque alio convitio convictus fuerit in querela), mentitus fui, quia hoc crimen in ipso non est, et ore meo, quo illud protuli, me mendacem exhibui : et hoc solenniter debet fieri, in assisia vel in placitis vel in ecclesia die solenni, ut vitium expositum nullum appareat extitisse, cum hujus auctor vitii super hoc confessus fuerit se mendacem. In simplicibus autem conviciis debet querelatus, si convictus super hoc fuerit, justiciario emendare et passo injuriam, dicendo simpli-

laidenges sont criminaulx, et les aultres simples. La criminal est celle de quoy homme auroit desservi à perdre vie ou membre, se ce estoit vérité que on luy dict ; si comme aulcun reprouche à l'autre larcin ou homicide ou aulcun aultre crime, de quoy il eust desservy à estre condemné à mort deshonneste. Et pour ce doibt l'en sçavoir que, se plaincte est faicte de laidenge, et cil qui en est querellé le congnoist ou il en est attaint, la justice luy doit faire grefvement amender par le chatel ; et si doibt faire amende à celuy que il a lédengié, si que il se prenne par le bout du nez, et die : De ce que je t'ay appellé larron ou homicide, (ou de ce de quoy il est attaint), je ay menti : car ce crime n'est pas en toy : et de ma bouche, dont je le dis, je suis mensongier.

Et ce doibt estre faict en assise ou en plets, ou en église à jour solennel, affin que il appaire que le vice que il luy mist sur ne soit pas en luy, pour ce que celuy qui luy dist s'en recongnoist à mensongier. Eu simple laidenge, se cil qui l'a dict en est attaint, il le doibt amender à la justice et à celuy qu'il laidengea ; et doibt dire simplement, que la

citer, quod vitium non est in eo quod ei objecerat inconsulte. Sciendum tamen est, quod si aliquis alicui vitium criminale objecerit, et hoc confiteatur, et paratus sit probare, bene probare poterit, si querela talis sit quod ad ipsum debeat pertinere ; ut de homicidio patris vel matris vel fratris, vel de furto sibi illato, vel hujusmodi, ad cujus rei, objecti [videlicet] criminis, prosecutionem esse propinquior dignoscatur. Quod superius, *quando* tractatum fuit DE QUERELIS et sequelis earundem, *fuit multo plenius et longius declaratum.*

## LXXXVII.—DE QUERELA POSSESSIONALI.

De possessionali querela sequitur declarare. Sciendum itaque est, quod querelarum possessionalium quædam est de mobili, quædam de immobili, quædam simplex, quædam apparens. De mobili autem est querela, cum super aliqua possessione mobili inter partes adversas contentio ventilatur: ut si Titius petat [a] P[etro] duodecim *solidos* quos ei debet. Mobile enim dicimus omnem possessionem quæ de loco ad locum potest transmoveri: et omnis talis possessio catallum vulgariter dicitur, ut *bos, asinus,* aurum, argentum et hujusmodi. Immobilem autem dicimus possessionem quæ de loco in locum

villanie que il luy dist par folie n'est pas en luy. L'en doibt sçavoir que, se aulcun a dict à aultre lédenge criminal, et il le recongnoist, et est prest de le prouver, il le pourra bien prouver, se la querelle est telle qu'elle appartienne à luy ; si comme de occire son père ou sa mère ou son frère, ou de larcin que cil luy a faict, ou aulcune telle chose, de quoy il soit le plus prouchain à en faire la suyte : si comme nous traictasmes des querelles criminaulx.

## LXXXVII.—DE QUERELLES DE POSSESSION.

Or convient veoir des querelles de possession. L'en doibt sçavoir que les unes des querelles de possession sont de meuble, les aultres de terre, les unes simples, les autres apparissants. Querelle de meuble est quand il y a contend entre aucuns pour aulcune possession mouvable : si comme P. demande à R. douze *deniers* qu'il luy doibt. Nous appellons meuble toute possession qui peut estre remuée de lieu en aultre, et toute telle possession est appellée communément chatel ; si comme *ung cheval, robes,* or, argent et tels choses. Nous appellons possession non mouvable tout ce

transmoveri non potest, ut ager, pratum et omnes possessiones fundo terræ inhærentes, quæ feoda vulgariter nuncupantur. Simplices autem dicuntur querelæ possessionales, quando per simplicem legem processus earum terminantur; apparentes[1] autem,

qui ne peut estre remué de lieu en autre : si comme champ, pré, et tout fons de terre, qui est communément appellé fief. L'en appelle simple querelle de possession [celle] qui est terminée par simple loy. Querelle apparissant[1]

---

(1) *Apparentem, apparissant*—Quoique cette phrase ait eu, à différentes époques, des significations différentes, elle s'entendait ordinairement, au moyen-âge, du duel judicaire. *Ducange* l'explique en termes généraux : " Quæ et paribilis ; . . . purgatio, seu judicium " divinum, cujus eventu rei controversæ et dubiæ veritas elucescit, et evidenter apparet." Son exposition du mot *ordela* (ou *ordalium*) est conçue dans le même sens, et comprend le duel : " Quodvis judicium divinum : purgatio vulgaris ; . . . aquæ frigidæ judicium, " duellum, ferrum candens, . . . totidem erant ordaliorum genera." Les statuts de *Charles Ier*, Roi de Sicile (Charles d'Anjou ; qui y régna de 1266 à 1282), cités par *Ducange*, désignent, par ce terme, les ordalies : " [Loi apparente] laquele l'en apeloit lois paribile : " . . . par la loi devant dite cuidoient échaper cils qui estoient accusés à aucun crime. " Car l'en mettoient le fer eschaufer, et le faisoient prendre à l'accusé, etc." Une autre citation de *Ducange* réunit dans une même classe les lois paribiles et les duels : " Quia vero " duella et leges paribiles Deo sunt odibiles, . . . . nullus . . . . in quacunque causa, per " pugnam fatigetur, neque judicetur . . . neque per ferrum calidum, neque per aquam." *Bernard*, abbé du Mont Cassin, A.D. 1267. Dans le *Domesday Book*, se trouvent le duel et l'ordéal, comme étant les deux formes optionnelles, par l'une desquelles on déterminait, au besoin, les réclamations héréditales : " Quocunque modo judicetur, vel bello, vel judicio [ferri candentis]." Quand, grâce aux influences chevaleresques, jointes à celle de l'Eglise, les épreuves furent tombées en désuétude, le duel, qui conservait toujours son caractère de moyen de déterminer les questions héréditales, leur survécut en qualité d'ordéal dans les cas de crime. Mais l'autorité ecclésiastique ne regardait pas évidemment "la bataille," dans l'une ou dans l'autre de ses attributions, avec plus de faveur que les épreuves ; et une influence nouvelle et croissante, celle des légistes, vint se joindre à elle sur cette question. En effet, quant aux questions de droit de propriété, et aux manières de les décider,— c'est-à-dire, le point que l'on discute à cet endroit du texte—le roi *Henri II*, dans ce *jury* extraordinaire, appelé la *Magna Assisa*, avait établi à peu près cent ans avant la date présumée du *Coutumier*, un autre procédé, entre lequel et le duel, comme moyen de défense, le défendeur, dans une action pétitoire, pouvait faire son choix. La formation et la raison d'être de ce tribunal,—la *Recognitio* du texte,—ainsi que les dispositions pour le duel alternatif, sont expliquées par *Glanville*, dans son Second Livre. En France, *St Louis*, par un édit de 1260, défendit les duels et les batailles sur toutes les terres du Roi, et ordonna que les preuves se fissent par titres et par témoins ; et son petit-fils, *Philippe-le-Bel*, étendit cette défense à tout le royaume. Ainsi le texte Français du *Coutumier* (Ch. cxxiv, *De loy apparissant*), qui est probablement postérieur au texte Latin, ne contient pas la dernière partie du Chap. correspondant (cxxvii) de celui-ci—c'est-à-dire, la partie qui renferme les dispositions relatives au duel. Mais le nom de *" Loy apparente"* continua toujours d'exister, et resta l'appellation de celui desdits moyens alternatifs qui survivait—la *Recognitio* ou enquête de reconnoissant ; et ainsi est-il employé pour la désigner, dans la *Coutume Réformée*. *Basnage*, dans son Commentaire là-dessus, trace la transition qui eut lieu: " Ce que nôtre Coutume apelle *Loi aparoissant*, est la même chose que *Lex apparibilis* " ou *parabilis* (sic), dont les auteurs font mention en traitant du duel. . . . . Les anciens

quando per legem apparentem,— vel per duellum vel per inquisitionem patriæ, quæ recognitio dicitur,—earum processus terminantur. Inter quas de querela de mobili possessione videndum est. Est ergo querela de mobili possessione contentio inter partes adversas, coram justiciario ventillata, super re aliqua possessionali mobili: ut si Titius conqueritur de Seio, qui ei asinum suum difforciavit et injuste, teste modo dudum terminato testimonium exhibente. Harum autem querelarum, quædam sunt de debito, quædam de præstito, quædam de adirato, quædam de pacto, quædam de damno illato, quædam de namptatione et quædam de furto: et harum omnium quæ- est celle qui est terminée par loy de recognoissant,[3]—ou par bataille ou par l'enqueste du pays, que l'en appelle recongnoissant.[2] Voyons donc première- ment de querelle de meuble. Querelle de meuble est contends qui est démené entre aulcunes personnes par devant la justice, pour aulcune possession non mouvable, en ceste manière: N. se plainct de L., qui à tort et sans raison luy détient son asne; et le tesmoing le doibt tesmoigner, si comme nous dismes avant. De ces querelles les unes sont de debte, les aultres de convenant, les aultres de choses adirées, les aultres de dommage faict, les aultres de promesse, *les aultres de choses tollues*, les aultres de namptissement, les aultres de larcin. De toutes ces querelles

---

". . . . décidoient . . . leurs querelles et leurs procès . . . par des combats: et celui "qui demeuroit le vainqueur était réputé avoir le meilleur droit; . . . durant que, par "l'événement et l'issue du duel, l'innocence et le crime demeuroient connus, et ils faisoient "la justification du victorieux. . . . . On tâcha d'abolir peu à peu l'usage du duel: il "fut permis, tant au demandeur qu'au défendeur, de vuider les différents, ou en l'assise, "ou par le duel. . . . . Les Anglais et les Ecossais ont retenu notre forme d'agir, et même "nos termes: ils appellent leur Bref de Loy aparente, *Clameur d'héritages.*" Plus tard, toutefois, du temps de *Pesnelle*, on avait oublié à un tel point l'origine et les acceptions successives de ce terme,—désigné alors, du reste, "*Clameur* de loy apparente,"—qu'on essaya d'en établir la raison d'être, par des considérations tirées du sens que l'usage de l'époque lui attribuait: "On a donné à cette action le nom de *Loi apparoissant*, dans "l'ancienne Coutume, parce qu'il falloit que le demandeur fit *apparoître* au Juge, au moins "par la déposition d'un témoin, du droit qu'il avoit dans la chose." V. aussi la note sur le Ch. lxviii (Lat.): *De sequela multri*; et ledit Chap. cxxvii: *De lege apparenti*. (2) *Recongnoissant*—"Loi apparaissant est divisée et desclairée sur deux points: c'est "assavoir par bataille, ou par enquête d'establissement, qu'on appelle recongnoissant. Et "sont ces deux mots, bataille et enquête de recongnoissant, déclaration de ce mot Loy "apparaissant. Et ne veult pas [le texte] dénoter, que loy apparaissant soit loy distincte "et aultre que bataille et recongnoissant."—Glose, *in loc.* (3) *Par loy de recognoissant* —Ces mots se trouvent ici apparemment par erreur, pour *par loy apparaissant.*

dam sunt simplices, quædam apparentes. Unde sciendum est, quod omnis querela de mobili possessione, cum res in causa deducta decem solidorum usualis monetæ pretium non excedat, per legem simplicem habet terminari. Si vero dictum excedit pretium, per legem deducitur apparentem.

les unes sont simples, et les autres apparaissants.[3] Et pour ce doibt l'en sçavoir, que toute querelle de meuble qui est meue en Court, qui ne passe dix souls, est terminée par simple loy : mais se elle passe dix souls, elle est terminée par loy apparaissant.[3]

## LXXXVIII.—DE QUERELIS EX DEBITO PROCREATIS.

De debito autem fit querela, cum aliquis conqueritur super aliqua re mobili, qua tenetur eidem alius obligatus. De debito autem sunt omnes querelæ, in quibus aliqua causa procedit qua aliquis obligatus alicui de aliquo teneatur. Quædam harum ex pacto conficiuntur, quædam ex præstito, quædam ex alienatione sive privatione.[1] Ex præstito autem est querela, quotiens fit contentio inter partes adversas super re aliqua alicui mutuo tradita ; ut : Tu mihi debes decem solidos quos tibi præstiti.[2] Sciendum etiam est, quod hujusmodi querela variatur, secundum quod ex diversis causis querelæ vel debita producuntur. Quidam enim debitores tenentur per se, eo quod in mutuo receperunt: ut in exemplo præmisso ; et hæc querela

## LXXXVIII.—DE QUERELLE DE DEBTE.

Querelle de debte est faicte, quand aucun se plainct de meuble, de quoy ung aultre est obligié à luy. Toutes fois les querelles sont de debte, en quoy il y a aulcune cause par quoy l'un est obligié à l'aultre. Les unes de ces querelles naissent de prest, les aultres de convenant et les aultres d'estrangement. Querelle vient de prest toutes fois qu'il y a contends entre aulcuns pour chose prestée, si comme : Tu me doibs dix souls que je te prestay. Et si doibt l'en sçavoir que telles querelles se muent, selon ce que les debtes viennent, pour diverses causes et [par] diverses manières. Les ungs debteurs sont debteurs pour soy, en ce que ils ont emprunté, si comme l'exemple que nous dismes devant ; en ceste querelle est il

(1) *Privatione*—"Choses tollues."—*Poingdestre* M.S.      (2) *Præstiti*—Dans le texte *præstavi*.      (3) *Apparaissant*—V. n. 4, p. 4.

2 B

est de debito pro se. Quidam vero pro aliis : ut filius Titii debitor est pro patre suo,[3] vel alio antecessore, cui hereditarie succedit. Notandum tamen est, quod nullus de antecessoris debito tenetur respondere, ultra valorem ejus quod de ejus hereditate dignoscitur possidere.

## LXXXIX.—DE DEBITORIBUS.

Debitorum autem pro aliis quidam sunt per se, quidam per accidens. Per se autem debitor est, qui se pro alio debitorem constituit : ut, si A. obligaverit se pro B. in solutione decem solidorum versus M., dicitur A. debitor per se pro alio ; eo quod debitum se concessit pro eo redditurum. Harum querelarum quædam sunt ex plegiatione simplici, quædam ex plegiatione debitum retinente. Plegiatio simplex[4] contrahitur in hac forma : Ego plegio Titium, quod tibi reddet decem solidos ad Natale. In simplici plegiatione notandum est, quod mortuo plegiato moritur[1] plegiatio : non enim transit

debteur pour soy. Les aultres sont debteurs pour aultruy : si comme le fils est debteur pour son père ou pour son aultre ancesseur, de qui il a l'héritage. Et si doibt l'en sçavoir que aulcun n'est tenu à respondre de la debte de son ancesseur, de plus vaillant que[2] ce que il a de son héritaige vault.[2]

## LXXXIX.—DE DEBTEURS.

Les ungs des debteurs qui sont debteurs pour aultruy sont par soy debteurs, et les aultres par aventure. Celuy est par soy debteur pour aultruy, qui de la debte à aulcun se establist principal debteur : si comme, se R. s'oblige pour T. envers M. à payer dix sols, l'en dict que R. est par soy debteur pour aultruy, pour ce qu'il ottroya qu'il payeroit la debte pour luy. De ces querelles les unes sont de simple plévine, les aultres de plévine qui retient la debte. Simple[4] plévine est faicte en ceste forme : Je plévis S. qu'il [te] rendra soixante sols à Noel. En simple plévine doibt l'en sçavoir que, quant celuy qui est pleige est mort, la plévine est morte[1] ; car simple

---

(1) *Moritur, morte*—"Le contraire est de droict."—*Terrien, in loc.* Droict avec *Terrien* veut presque toujours dire le *Droit Civil.* La même opposition entre le droit primitif, et celui d'une époque plus avancée, se trouvait dans le Droit Romain. Les obligations du *sponsor* et du *fidepromissor* du temps de *Gaius* ne descendaient pas à leurs hoirs : mais dans le temps de *Justinien* on ne s'en servait plus ; et le *fidejussor*, qui les remplaçait, "heredem "obligatum relinquit."—*Instit.* III, 20. (2) *Que * * * * vault*—Dans *Le R.* : *que ce qu'il a, et que son héritaige vault.* (3) *Patre suo*—Dans *Le R. parte sua.* (4) *Simplex, simple*—Beaucoup de ce qui suit n'est qu'une répétition du Ch. lx, *De plegiis,* q.v.

plegiatio simplex in heredes. Sciendum est quod de simplici plegiatione nullus ad legem apparentem potest duci : sed per simplicem super hoc accusatus se poterit liberare, dum recordatio vel *juramentum* contra ipsum non præbuerit testimonium. Notandum etiam est, quod plegius in curia inventus fateri tenetur vel negare plegiationem ; et si confessus fuerit, debitum vadiabit, et terminum habebit illud reddendi, vel habendi debitorem super hoc quod jus fuerit effecturus. Si debitor ad terminum apparuerit, dicens se debitum debere, persolvat illud, vel nampta ejus debitum valentia pro plegio tradantur. Si non habuerit unde debitum persolvere valeat, plegius persolvat totum, vel residuum quod debitor persolvere non poterit ; vel ejus nampta tradantur pro debito. Nullus nampta vel vadia, pro debito sibi tradita vadiato, tenetur custodire ultra spatium quindecim dierum ; sed, nisi interim exvadiata fuerint, per præceptum justiciarii, coram hominibus fide dignis, ea debet vendere, ea fide ac si sua essent, et ex eorum pretio suum retinere

plévine ne descend pas jusques aux hoirs. L'en doibt sçavoir que de simple plévine aulcun ne doibt estre mené à loy apparissant, ains se peut délivrer par simple loy, se record ou *chartre* ne porte tesmoing contre luy. Le pleige,[1] qui est trouvé en Court, est tenu à congnoistre la plévine ou à la nyer ; se il congnoist que il ait esté plège, il gaigera la debte, et aura terme de la payer ou d'avoir le debteur en Court pour faire ce que droit sera. Se le debteur vient au terme, et il dict qu'il doie la debte, si la paye, ou ses namps qui vallent la debte soient prins et baillés pour le plège. Se il n'a de quoy la debte puisse estre payée, le plège la payera toute, ou le remanant[2] de ce que le debteur ne pourra payer : ou ses namps soient prins ou baillés pour la debte. Et si doibt l'en sçavoir que aulcun n'est tenu à garder plus de quinze jours les namps qui luy sont baillés en gaige pour sa debte. Mais, se ils ne sont dedens ce desgaigés, il les doibt vendre par le commandement de la justice, par devant prudents hommes et créables, aussi bien et loyaulment comme s'ils fussent siens, et retenir du

---

(1) *Pleige*—Employé encore aujourd'hui à Jersey comme expression juridique : o g. les cautions personnelles, garants qu'on poursuivra une action de *Clameur de Haro*, sont ainsi désignées. (2) *Remanant*—De *remanentum* ; reste, residu.

debitum, et residuum ei reddere pro quo ei tradebantur; et hoc intelligendum est de omnibus aliis rebus pro alicujus debito venditioni expositis. Sciendum etiam est quod, si debitor negaverit se plegium fecisse, et ipse negatus jam plegationem persolverit, debitor per simplicem legem se poterit deraisnare, dum tamen recognitio vel fortior lex non obviaverit. Et notandum est, quod omnes hommagium facientes dominum suum debent plegiare,[4] et tenentur, de debitis suis; ita quod nullus tenetur ultra valorem redditus vel faisantiarum, quas ei debet per unum annum, ipsum plegiare. Personam ejus plegiare tenentur, si fuerit imprisoniata; et ipsum etiam in suis querelis prosequendis *et defendendis, et de stando juri*, et de emendis, et nampta sua si capta fuerint, plegiare; et hoc intelligendum est, si præsentes fuerint ubi ipsum necessitas compulerit plegios exhibere. Residentes vero homines, per vicecomitatum et in assisia vicecomitatus, dominum suum plegiare tenentur, ad expensas tamen ejus; et ipse eos indemnes[2] super hoc reddere tenebitur; et si eos incurrere de plegiatione

prix ce que on luy doibt, et le surplus rendre à celuy pour qui les gaiges estoient tenus. Et ce doibt estre entendu de toutes aultres choses qui sont vendues pour aultruy debte. L'en doibt sçavoir que, se le debteur nye qu'il ne le mist pas[1] en plège, et le plège a jà payé la debte, le debteur s'en pourra desréner par une simple loy, pourtant que le recongnoissant ou plus forte loy ne soit encontre. Et si doibt l'en sçavoir que tous ceulx qui tiennent par hommage d'aulcun seigneur sont tenus à le plégier[4] de sa debte; mais aulcun n'est tenu à plévir son seigneur de plus que les rentes et services qu'il luy doibt par an vallent. Ils sont tenus à plégier son corps s'il est tenu en prison, et à le pléger de suyr ses clameurs, et de ses amendes, et à pléger ses namps, se ils sont prins. Et ce doibt estre entendu, s'ils sont présents là où il a mestier de plèges. Les resséants[3] sont tenus à plégier leur seigneur en la viconté, et aux assises de la viconté, à ses despens, et il est tenu à les garder qu'ils n'y ayent dommage. Et se les seigneurs les laissent encourir de la plévine,

---

(1) *Ne . . . . pas*—Dans le *Coutumier*, on se sert beaucoup de ce surcroit de négatifs, pour fortifier la négation. V. n. 7, p. 24.   (2) *Indemnes*—Dans quelques textes *indempnes*.   (3) *Resséants*—Tenants d'un seigneur, demeurant sur son fief.   (4) *Plegiare* —V. Ch. xxix, p. 94.

permiserit, non tenebuntur ulterius plegiare, quousque super alia plegiatione de damnis et de perditis satisfactum fuerit evidenter.

ils ne seront pas depuis tenus à les plévir, jusques à tant qu'ils leur ayent fait gré de la plévine et de leur perte.

## XC.—DE PLEGIATIONE.[1]

Plegiatio dicitur debitum retinere, quando plegium aliquis de debito aliquo ita se constituit, quod se de eodem obligat redditorem, ita quod de eo plegius est et debitor: hujusmodi[5] autem a debito quem plegiat jam resolvit. Unde notandum est quod, talis dum moritur, ejus heredes a debito non solvuntur sed reddere tenentur. Debitum enim[2] jam transiit in eundem, eo quod se super hoc debitorem constituit. Per accidens aliquis debitor constituitur, cum hereditas vel mobile ad ipsum deveniunt ex successione alicujus, per quod ejus debitum solvere teneatur; ut filius cui devenit patris hereditas, vel exsecutores vel alii ad quos deveniunt catalla mortuorum, vel quicunque recipit super se alicujus negotium in[3] hujusmodi procurare. Et hi, nisi submoniti fuerint ad certam diem et locum, non tenentur de debito respondere, nec debitores constituuntur[4] [ut] superius diximus, sed habebunt

L'en doibt sçavoir que la plévine retient la debte, quand l'en s'establist plège d'aulcune debte, si que il s'oblige comme debteur, et en est plège et debteur, et délivre celuy que il plège de sa debte. Et pour ce doibt l'en sçavoir que, quant le plège meurt, ses hoirs ne sont pas quictes de la debte, ains sont tenus à la rendre. Car dès ce qu'il s'establist debteur, la debte passa en luy. D'aventure devient aulcun debteur pour aultruy, quand l'héritage ou le chatel au mort luy eschiet, par quoy il est tenu à paier ses debtes : comme le fils qui a l'héritage à son père, ou les exsécuteurs qui ont les chatels aux morts, et tous ceulx qui prennent sur soy à procurer besoingne d'aultruy. Ceulx ne sont pas tenus à respondre des debtes aux morts, se ils n'en sont semons à certain jour et

---

(1) *De plegiatione*—Dans le texte Français, ce Chapitre fait partie du précédent. V. n. 4, p. 202. (2) *Enim*—Dans le texte *nisi*. (3) *In*—Sic. (4) *Constituuntur*— Dans le texte *teneri*. (5) *Hujusmodi*—i. e. *plegius*.

terminum negandi vel recognos-
cendi debitum competentem. Et
hujusmodi in simplici querela,
cum debitum ab ipsis contractum
non fuerit, non poterunt deraisnare. Nullus enim alienum
factum potest deraisnare. Sed
querulus debitum suum probabit,
*se tertio juratorum.*[1]

### XCI.—DE PACTIS.

Querelarum ergo quædam est
ex alicujus pacti contractu, quædam vero ex alicujus rei obtentu.
Ex contractu pacti, verbi gratia :
Pro domo quam tibi feci mihi
debes decem solidos, quos propter
hoc mihi promisisti. Querela de
rei obtentu est, verbi gratia :
Debes mihi decem solidos, quos
pro me vel a me recepisti ; quos
mihi debes, eo quod sic eos ob-
tinuisti. Est ergo omnis talis
querela *aut ex debito, aut ex res-
titutione ;* ex debito vero modo
supradicto. Pactum enim est rei
perceptio, cum [se] debitores con-
stituunt rerum[2] receptatores et obligant. Ex promisso autem nemo
debitor constituitur, nisi causa
præcesserit legitima promittendi.
Nullus pro rei inhonestæ actu

à certain lieu, ains ont terme
de congnoistre ou nyer la debte ;
et ne se pevent pas desréner de
la debte, qui ne vient pas de
leur faict, car aulcun ne peut
desréner aultruy faict ; mais le
demandeur doibt prouver sa debte.

### XC.—DE CONVENANT.

Les unes de ces querelles naissent de convenant, et les aultres
de chose receue. De convenant,
si comme : Tu me doibs dix
souls, pour une maison que je
te fis, lesquels pour ce tu me
promis. Querelle de chose receue
est si comme : *Je dy ;* tu me
doibs dix souls que tu receus
de moy, ou pour moy, que tu
me doibs, pour ce que tu les
as receus, *et me les enconven-
anceas à rendre.* Toute telle
querelle est de debte, si comme
nous avons dict. Convenant qui
est faict de chose receue oblige
les recepveurs, et sont tenus
comme debteurs. Aulcun n'est
estably debteur pour promesse
qu'il face,[3] se il n'y eust droicte
cause de promettre. Aulcun

---

(1) *Se tertio juratorum*—Par le serment de deux témoins à l'appui du sien propre.
V. n. 6, p. 192.    (2) *Rerum*—Dans le texte *eorum.*    (3) *Face*—Employé au 16ᵐᵉ siècle
pour *fasse :* quelquefois aussi dans le *Coutumier* pour *fais* ou *fait.*

aliquid persolvere tenetur, nec actor ejus fovendus est, sed potius puniendus. Nec etiam promissio aliquem facit debitorem, nisi causa promittendi fuerit demonstrata. Videndum est ergo qui et quomodo in hujusmodi querelis habeant querelari. Omnes laicæ personæ super hoc possunt querelari, exceptis catallis mortuorum, et maritagiorum,[1] et peregrinorum in solennibus peregrinationibus profectorum. Solennes dicuntur peregrinationes cum peregrini, accepta in parochia sua licentia, cum cruce et aqua benedicta et processione extra parrochiam conducitur, pergens[5] *Hierusalem,* Romam vel Sanctum Jacobum,[2]

n'est tenu à payer chose qui ait esté promise pour faire vilain service,[4] et cil qui la demande n'y doibt pas estre sousteu, ains le doibt griefvement amender. Aulcun n'est debteur pour promesse, se l'en ne monstre cause pour quoy la promesse fut faicte. Il convient donc veoir qui doibt estre querellé de telles querelles, et comment. Toutes personnes layes en pevent estre querellées, excepté les chatels aux morts, et les mariages, et les chatels à ceulx qui sont en solennel pèlerinage. Solennels pèlerinages sont quant les pèlerins se partent par congié de leurs églises, avec la croix et l'eaue bénoiste, et sont convoyés hors de leur parroisse, pour aller *oultre mer,*[3] ou à Sainct Jaque, ou à Romme, ou en aultre

---

(1) *Maritagiorum (sic)*—Dots, et douaires.   (2) *Sanctum Jacobum*—St.-Jacques de Compostelle. "Peregrinationes majores, * + Romam, Hierusalem, Sanctum Jacobum."— *Ducange.* V. n. au Ch. xcix, sur *Galiciam.*   (3) *Aller oultre mer*—Terme habituel pour signifier départ en croisade : ou en pèlerinage à la Terre Sainte. Le mot *peregrinus* est quelquefois appliqué, par les Historiens des Croisades, aux croisés proprement dits. Il paraîtrait par le texte que *cruce signatus* fut à son tour, à l'époque du *Coutumier,* employé dans le sens ordinaire de *pèlerin.* L'auteur de la Glose dit là-dessus, au Chap. xlv : "On "doit savoir qu'il est deux manières de croisiés. L'une est de ceux qui vont en pèlerinage, "convoiés hors de la paroisse à la croix et à l'eaue bénoiste. L'autre manière est de ceux "qui prennent la croix pour aller combatre sur les mescréans, dont l'en souloit user plus "communément qu'on ne fait à présent, pour ce qu'il estoit lors plus de Sarrasins en ce "pays qu'il n'est de présent. * * Et doit on savoir que tous voyages croisiés peuvent "estre appelés *pèlerinages,* comme il peut apparoir eu *Coustumier* en Latin. * * Solennels "pèlerinages sont ceulx qui expressément sont ordonnés de l'auctorité de Dieu, et du saint "père de Romme, * * et non pas [les] autres où l'en va par dévotion, comme à "St.-Michel." * * * "Par ce mot *oultre mer* ne sont pas entendus tous pèlerinages, où "l'on passe la mer pour y aller, comme en Engleterre ou en Escosse ou en autre pays, * * "mais seulement le pèlerinage du saint sépulchre. * * * Générale croisée est des "pèlerinages constitués expressément de l'auctorité de Dieu, ou des saint pères de Romme." V. les Ch. xxiv (Texte Latin), et xlv.   (4) *Vilain service*—Le *promissum ex turpi causa* des *Instituts :* qu'on ne confondra pas avec les *vils services,* mentionnés à la fin du Chap. liii.   (5) *Conducitur, pergens*—Sic : *peregrini* étant considéré comme équivalent de *peregrinatio.*

vel in aliam peregrinationem per generalem cruce signationem. *Similiter et cruce signati per diem et annum crucis retinent privilegium; nisi* infra ætatem constituti, qui ab hujusmodi querelis sunt exempti, eo quod discretionem videntur non habere ; nec cum talibus sine plegiis aliquid est contrahendum ; nec etiam antecessorum debita, quousque ad ætatem pervenerint, reddere tenebuntur in curia laicali.

pèlerinage par général croiseure. Ceulx qui sont en non aage sont quictes de ces querelles pour ce qu'ils n'ont pas encoire[1] discrétion ; car l'en ne doibt pas marchander à tels gens sans plèges ; et ne sont pas tenus à paier les debtes à leurs ancesseurs en Court laye, devant qu'ils soient venus en aage.

---

(1) *Encoire—Sic Le R.*

# SECONDE PARTIE.

## Seconde Distinction.

## Capitulum nonagesimum secundum.

### DE QUERELIS POSSESSIONUM IMMOBILIUM.

De immobili possessione dicendum est. Dicitur autem possessio immobilis feodum seu hereditas, quæ ab aliquo possessa de loco ad locum transmoveri non potest. Querelæ autem ex mobili possessione oriuntur, quotiens contentio ex injuria, occasione feodi illata, coram justiciario excitatur. Et quoniam ex diversis causis oriuntur, laicalis juris diversis legibus dirimuntur. Sunt enim quædam [de] dessaisina antecessoris, quædam de nova dessaisina, quædam de maritagio impedito, quædam de dote, quædam de escacta, quædam de præsentatione ecclesiarum, quædam de feodo et firma,[2] quædam de feodo et vadio, quædam de genere negato, quædam de superdemanda, quæ-

## Chapitre nonante-et-unième.

### DE POSSESSION NON MOUVABLE.

Nous avons dict de possession mouvable, et des querelles qui en naissent : or dirons de possession non mouvable. Possession non mouvable est appellée fief ou héritaige que aulcun possède,[1] qui ne peut estre meu de son lieu. Les querelles de possession qui n'est pas mouvable naissent, quand contends est meu, par devant la justice, de tort qui est faict par la raison du lieu. Et pour ce que ils[4] naissent par diverses causes, ils sont terminées[4] par diverses loix[3] en Court laye. Il y a ung brief de nouvelle dessaisine, aultre de mort d'ancesseur, l'autre de eschaete, l'autre de mariage encombré, l'autre de douaire, l'autre de présentement d'église, l'autre de fief et de gage, l'autre de fief et de ferme,[2] l'autre d'establie, l'autre de sourdemande, *l'autre de fief lay et*

---

(1) *Possède*—Dans le texte *poursuyt.*    (2) *Firma*—Terre baillée à titre d'un loyer annuel.    (3) *Loix*—"C'est-à-dire, moyens de preuve, et de mener à fin les querelles." —*Terrien, in loc.* V. n. 4, p. 36.    (4) *Ils, terminées*—Sic.

dam de stabilia, quædam de hereditate; quæ querelæ quoniam diversos habent processus[1] ad contentiones earum dirimendas, diversæ sunt leges super hoc institutæ. Normannorum itaque Principes pupillis, viduis ac ceteris peritia seu consilio caren- tibus [consulentes], ne fortiorum seu potentium astutia jure debito privarentur, quasdam supradic- tarum querelarum per brevia terminari voluerunt: omnes, vide- licet, quæ superius sunt notatæ, excepta illa quæ est de hereditate difforciata, quæ per legem duelli est terminanda.

## XCIII.—DE INQUISITIONE.

Notandum itaque est, quod que- relarum de possessione [im]mobili, quæ feodales dicuntur, quædam per inquisitionem, quædam per legem deraisiniæ terminantur. Inter quas de inquisitione primo agendum est; unde primo viden- dum est quid sit inquisitio, et per quos et quomodo habeat fieri. Est igitur inquisitio recognitio[2] veritatis illius rei super qua con-

d'omosne, l'autre de lignage nyé, et l'autre d'héritaige. Et pour ce que ces querelles nayssent de divers commencements, et sont menées en diverses manières, diverses lois sont establies à les terminer. Les princes de Nor- mendie establirent pour les or- phelins, et pour les veufves, et pour tous ceulx qui sont sans sens et sans conseil, affin que ils ne perdissent leur droicture par la force des puissants hommes, que les unes de ces querelles soient finées par briefs : ce sont toutes celles qui sont nommées devant, fors de héritaige def- forcié, qui doibt estre terminée par bataille.

## XCII.—DE QUERELLE FIEFFAL.

L'en doit sçavoir que les unes des querelles fieffaulx sont ter- minées par enqueste, et les aultres par loy de desrène. Nous dirons premièrement d'enqueste, et que c'est que enqueste, et comme elle doibt estre faicte, et pour quoy. Enqueste est recongnoissant de vérité de la chose de quoy con-

---

(1) *Processus*—V. les Chaps. y ayant trait : xciv, xcix, c, ci, cii, cxi, cxiii, cxiv, cxv, cxvi, et cxvii. (Texte Lat.)  (2) *Recognitio*—"The difference between a mere "inquisition, and a recognition, was that the former might be held by the Court "itself as inquisitors : while a recognition was effected by a chosen body of men not "sitting as part of the Court. * * Both made *inquiry* as to the facts in dispute, but "the former had to report."—*Bigelow*, p. 175. *Recognoissant :* "Témoins d'enquête * * "du voisiné."—*Terrien, in loc.*

tentio ventilatur, per sermentum, videlicet, duodecim hominum militum vel aliorum fide dignorum, qui neutra parte[1] aliqua occasione debita sint suspecti ; unde patet quod nullus ad aliquam inquisitionem faciendam est recipiendus, qui suspectus aliqua legitima suspectione ab eadem debeat[2] amoveri. Fieri etiam debet in assisia, ut recordationis robore fulciatur. Omnes etiam personæ perjurio vel falso testimonio vel alia detestabili infamia notabiles, ab omni inquisitione sunt amovendæ. Inquisitiones autem quædam sunt de querelis personalibus, quædam de possessionalibus. De personalibus superius dictum est : de possessionalibus vero sciendum est, quod quædam sunt de possessione mobili, quædam de possessione immobili. Et quia de mobilis possessionis inquisitione dictum est, de inquisitione immobilis possessionis dicendum est. Sciendum itaque est quod inquisitionum quædam sunt ex institutione, quædam ex jure. Ex jure sunt inquisitiones illæ quæ, ex judicio jurisperitorum,[ex] ductu rationis vel ex consuetudine approbata, fieri consueverunt. Verbi gratia : si quis versus fratrem suum portionem hereditariam requirat, et

tends est, par le serment de douze chevaliers, ou de douze aultres preudes hommes créables, qui ne soient pas souspeçonneux. Et pour ce appert il que aulcun ne doibt estre receu à enqueste faire, qui en doye estre osté par aucune raison de souspeçon : et si doibt [ce] estre faicte en assise, pour avoir record. Toutes personnes qui sont mal renommées de parjure, de faulx tesmoing ou d'autre villain mesfaict, doibvent estre ostées de toutes enquestes. Il y a unes enquestes de querelles personnels, et aultres de querelles de possession. De personnels avons dict devant : de ceulx de possession doibt l'en sçavoir que les unes sont de meuble, les aultres des choses qui ne sont pas mouvables. Et pour ce que nous avons dict de celles de meuble, nous dirons de celles qui ne sont pas mouvables. L'en doibt sçavoir que les unes enquestes sont de establissement, les aultres de droict. Celles sont de droict, qui sont faictes par jugement de saiges hommes, et par raison, et par coustume gardée de long temps. Raison comme : se aulcun demande à son frère partie d'héritaige, et cil dit en-

---

(1) *Neutra parte*—Dans le texte *neuter parte*.    (2) *Debeat*—Dans *Le R. habeat.*
V. n. 1, p. 3.

alius excipiat[5] contra ipsum, quod terram habuit et centum solidos pro portione, unde tenuit se pro pagato, quod paratus est probare si negaverit : requirente autem asserente, quod nihil habuit de hereditate supradicta, unde paratus est inquisitionem sustinere ; inquisitio super hoc facienda est. Ex institutione autem fiunt inquisitiones omnes illæ, quarum materia in brevibus continetur, quarum multiplicitas superius est distincta ; quæ inquisitiones, per brevia currentes, recognitiones nuncupantur. Inter quas primo agendum est de illa recognitione quæ fit per BREVE NOVÆ DESSAISINÆ.

## XCIV.—DE BREVI NOVÆ DESSAISINÆ.

Notandum siquidem est, quod BREVE NOVÆ DESSAISINÆ[2] in hæc verba est institutum : Præcipe Titio, quod juste et sine mora ressaisiat[1] Getum de terra apud Betum, de qua dessaisiavit eum, injuste et sine judicio, post ultimum Augustum ante istum ; quod nisi fecerit, submone recognitionem de vicineto, quod sit ad

contre qu'il a eu terre et cent sols pour sa partie, dont il se tint à bien payé ; [et] que il est prest de le prouver, se il le nye ; et cil qui demand respond, que il n'eust oncques rien de l'héritaige, de quoy il est prest de soustenir l'enqueste ; elle doibt estre faicte *par coustume.* De establissement sont faictes toutes les enquestes, de quoy la matière est contenue ès briefs[4] de quoy nous avons parlé ung peu[6] devant : et ces enquestes qui courent par briefs sont appellées recongnoissant. Entre les aultres nous dirons premièrement de recongnoissant qui est faict par BRIEF DE NOUVELLE DESSAISINE.

## XCIII.—DE BRIEF DE NOUVELLE DESSAISINE.

L'en doibt sçavoir que BRIEF[3] DE NOUVELLE DESSAISINE est estably par ces paroles : Commande à R. que à droict et sans délay il ressaisisse T. d'une terre qui est assise en la parroisse de Marbeuf, dont il l'a dessaisy à tort et sans jugement depuis le derrain Aoust devant cestuy ; et se il ne le faict, semond le recongnoissant du voisiné, qu'il soit

---

(1) *Ressaisiat*—Rétablisse ; remette en possession, ou en " saisine." (2) *Dessaisinæ*— V. *Glanville* XIII, 2, 32. (3) *Brief*—"Ce bref est appelé en droict *interdictum* "*recuperandæ possessionis, vel restitutorium.*"—*Terrien, in loc.* (4) *Briefs*—Ainsi trèssouvent dans le texte. (5) *Excipiat*—*Allégue en sa defense :* V. F. *exciper.* (6) *Peu*— Dans les éd. précéd. *pou.*

primas assisias bailliviæ ; terram interim videri facias, et esse in pace. Hoc breve debet mitti spadæ servienti de baillivia, qui recepto brevi diem visionis tenendæ debet querelanti assignare, et adversam partem ad ipsam diem pro visione sustinenda submonere, et usque ad viginti homines, viciniores terræ videndæ et fide digniores ; tales videlicet, qui neutri parti sint suspecti vel affines, et tales etiam debent esse qui querelæ ipsius veritatem certius credantur cognovisse. Et in eorum præsentia terra, quæ a querelante ostendetur, in manu Principis debet arrestari, si pars adversa præsens vel absens [fuerit] indifferenter ; nec a dicta manu debet extramitti quousque querela fuerit inter eos terminata. Et si quis adversantium manum miserit interim in eadem, per corporis captionem est compescendus, quousque emendaverit competenter ; et plene restituerit, si quid per factum suum habuerit immutatum. Si quis autem interim ad justiciarium accesserit, dicens se saisinam illius terræ habuisse tempore quo in Principis manu fuerit arrestata, eidem dies ad assisias debet assignari, ad quas alii contentionarii adjornentur[1]; et peracta recognitione

aux premières assises de la baillie, fay dedens ce veoir la terre et estre la chose en paix. Ce brief doibt estre envoyé au sergent de l'espée ; et quant il aura receu, il doibt assigner jour à celuy qui se plainct, de tenir la veue, et doibt semondre l'autre partie pour la veue soustenir, et jusques à vingt hommes, des plus prouchains de la terre et des mieulx créables, qui ne soient souppeçonneux ne à l'une partie ne à l'autre, ne parents ; et si doivent estre tels que l'en croye que ils sachent la vérité de la querelle : et par devant eulx doibt estre la terre arrestée en la main au prince, vienne ou non vienne l'autre partie ; ne elle ne doit estre mise hors de la main au prince, devant que la querelle soit finée. Et se aulcun de ceulx qui en plèdent y met la main, de ce le corps de luy doibt estre mis en prison, et retenu jusques à tant qu'il l'ait amendé, et rendu ce qui a esté empiré par son mesfaict. Se aulcun vient dedens ce à la justice, et requiert la saisine de celle terre, et dict qu'il en estoit saisy eu temps qu'elle fust arrestée en la main du prince, jour luy doit estre mis aux assises, à quoy les aultres qui plèdent de la dessaisine sont adjournés. Et quand le recongnoissant sera couru, et

---

(1) *Adjornare*—"In jus citare."—*Ducange :* assigner un jour à comparaître en justice.

inter eos, et saisina reddita obtinenti, dies visionis eidem assignabitur ultimo requirenti, et fiet inquisitio ejus, processu deducto sicut decet de his verbis, utrum ille exigens, tempore quo terra ipsa capta fuit in manu Principis pro querela dessaisinæ prædictorum, erat saisitus de eadem, et quomodo. Et si inquisitio pro eo fuerit, saisina eidem reddetur indilate, et alius emendabit: et si e contrario fuerit, requirens emendabit. Sciendum siquidem est, quod hujusmodi querelæ unum solum exonium et unum solum defectum patiuntur, quæ, videlicet defectus et exonium, ad assisias retorquentur. Si enim ad assignatam visionem aliqua partium non accesserit, ejus defectus ad assisias retorquetur, *et instanter debet reportari*[3]; et justiciari ibidem præcipietur pro defectu. Ad aliam autem assisiam, si non accesserit vel [non] exoniatus fuerit, visio teneri præcipietur, et dies de ea tenenda assignabitur, eo quod jam duo defectus concurrerunt, quos facere non licebat. Et debet teneri visio, sive præsens sive absens fuerit ad eandem, et recognitio ad sequentem assisiam terminari. Si autem accesserit, diem visionis reportabit;

la saisine rendue à celuy qui gaignera, lors sera la veue assise à celuy qui derrainement[2] requist la saisine. Et celle enqueste sera faicte, assavoir : mon,[1] se cil qui ores la requiert en estoit saisy au temps qu'elle fust prinse en la main au prince, pour le contends de la dessaisine qui estoit entre les aultres ; et comme il en estoit saisy. Et se l'enqueste dict qu'il en estoit saisy, la saisine luy sera rendue maintenant, et l'autre l'amendera : et se l'enqueste dict aultrement, cil qui la requiert l'amendera. L'en doibt sçavoir, que en telles querelles ne peut avoir que une exoine et une défaulte, et si doibvent [elles] estre apportées à l'assise. Se aulcune des parties ne vient à la veue qui est assise, sa défaulte doibt estre apportée à l'assise, et commandera l'en que il soit justicié pour sa deffaulte. Et s'il ne vient à l'autre assise, ou se il ne se faict exoiner, l'en commandera que la veue soit tenue, et sera jour assis à là tenir, pour ce qu'il a jà deffailly deux fois, que il ne peut faire. Et si doit la veue estre tenue vienne ou non vienne, et le recongnoissant courra à l'autre assise. Se il vient à l'assise il aura jour de la veue ; et se il

---

(1) *Mon*—V. n. 1, p. 88.    (2) *Derrainement*—Dans *Le R. dernièrement.*    (3) *Reportari* —" Causam judicandam referri."—*Ducange.*

ad quam si defuerit, ejus defectus ad assisias sequentes reportabitur, et ex tunc procedetur ut dictum est, eo quod duo defectus concurrerunt. Si autem se exoniaverit de via curiæ, exoniator de illo habendo ad aliam assisiam diem reportabit ; ad quem, sive comparuerit sive non, procedetur ut dictum est. Hujusmodi enim querela ulterius non potest prorogari. Defectus etiam debent emendari, et exoniæ salvari *vel emendari*, si præsens *qui fecerit* fuerit in curia, antequam inquisitio teneatur. Nec tamen, ex defectu facto post visionem, in hujusmodi querela absens vel deficiens saisinam tenetur amittere, nec querelans sequelam ; sed pecuniariter[1] emendabit. Notandum est siquidem quod, si querelans defuerit, querelatus ad diem comparens recedet sine termino respondendi, et terra quæ capta fuerit, ob sequelam deficientis, eidem debet liberari. Sciendum siquidem est, quod dessaisinarum[2] quædam sunt de terra, quædam de herbagiis, quædam de redditibus, quædam de faisantiis, quædam de servitiis ; quorum brevia variantur secundum varios terminos perceptionis eorum. De terris enim, in quibus fructus ad

défault, la défaulte sera apportée à l'assise, et adonc[4] yra l'en avant en la querelle, si comme nous avons dict devant des deux deffaultes. Se il se faict exoiner de voye de Court, l'exoineur aura jour de le faire venir à l'autre assise. Et à icelle vienne ou non vienne, l'en yra avant en la querelle, car telle querelle ne peut plus estre prolongée. Les défaultes doibvent estre amendées et les exoines saulvées,[3] se il * * est présent en Court, ains que le recongnoissant coure. Pour la défaulte qui est faicte en telle querelle puis la veue, n'est pas le défaillant tenu à perdre sa saisine, ne l'autre sa suyte, se ils défaillent ; ains l'amenderont par le chatel. Et si doibt l'en sçavoir que, se le demandeur défault, et l'autre vient en Court, il s'en yra sans jour ; et la terre, qui fut prinse en la main au prince pour la suyte à celuy qui se défault, doit estre délivrée au deffenseur. L'en doibt sçavoir que des dessaisines les unes sont de terres, les aultres de herbages, les aultres de rentes, les aultres de faisances, *les aultres de franchises*, les aultres de services ; de quoy les briefs se varient, selon les divers termes où ils doibvent estre receus. Des terres de quoy

---

(1) *Pecuniariter*—Dans les éd. précéd. *pecunialiter*.  (2) *Dessaisinarum*—V. n. 2, p. 154.  (3) *Saulvées*—Éd. précéd. *saufvées*.  (4) *Adonc*—Alors.

Augustum colliguntur, fit recognitio de ultimo Augusto ante istum, eo quod dessaisitus est in isto qui saisitus erat in præcedenti, vel in tempore intermedio, cum fructuum saisina percipiatur in Augusto : de herbagiis et pasturis similiter. De redditibus autem debet fieri recognitio de ultimo termino ad quem redditus solvi statuitur : scilicet, qui ultimo præteriit ante istum in quo dessaisina fit, cum redditus contratenetur[1]; ut, si terminus persolvendi talem redditum assignatum sit ad Natale, debet fieri visio et inquisitio per breve de ultimo Natali ante istud ; et similiter intelligendum est de aliis terminis. Notandum siquidem est quod quædam saisinæ singulis annis renovantur, et annuales dicuntur ; ut de terris quæ annuatim excoluntur, et de redditibus qui singulis annis redduntur. Quædam vero sunt tardiores, ut de auxiliis *tertionariis* quæ de tertio anno in tertium colliguntur, de quibus inquisitio debet fieri, utrum querelans de eo erat saisitus ad proximum seu ultimum terminum, ante istum quo auxilium illud fuit collectum. Similiter de pasnagiis et faisantiis et servitiis quæ non annuatim, sed ex

le fruict fut cueilly en Aoust, l'en faict le recongnoissant du derrain Aoust devant cestuy, pour ce que cil en est dessaisi en cestuy, qui en fut saisy en l'autre, ou puis que la saisine des fruicts est cueillie en Aoust; ainsi est il des herbages et des pasturages. Des rentes doibt le recongnoissant estre faict du derrain[2] terme, à quoy les rentes sont deues, devant cestuy en quoy la dessaisine est faicte, quand la rente est contretenue[1]; si comme, [se] le terme de payer la rente fut à Noel, l'enqueste doibt estre faicte par le brief du derrain Noel devant cestuy, et ainsi doibt l'en entendre de tous les aultres termes. L'en doibt sçavoir que unes saisines sont renouvellées, tous les ans, et sont appellées annuelles ; si comme des terres qui sont cultivées d'an en an, et des rentes qui chascun an en sont rendues. Les aultres sont plus tardives, si comme les aides qui sont payés de tiers an en tiers an, de quoy enqueste doibt estre faicte, sçavoir se cil qui se plainct de nouvelle dessaisine en fut saisy, au derrain terme devant cestuy que elle fut cueillie; ainsi est il des pasnages, faisances et services, qui ne viennent pas de an en an, mais de adventure,

---

(1) *Contratenetur, contretenu*—" Contra legem detinetur."—*Ducange.* (2) *Derrain*— *Le R.* l'écrit dans ce Chap. *dernier.*

casu vel gratia, eveniunt. Ex gratia, ut pasnagia et cætera fructuagia, quæ ex Dei gratia, non annis singulis sed aliquando ad humani sustentamentum [1] generis effunduntur. Ex casu autem eveniunt, ut *concisiones seu* diruptiones exclusarum, [2] innovationes fossetorum, reparationes domorum et similia, quæ non singulis annis sed casualiter aliquando eveniunt, ad quorum reparationem servitia consueta requiruntur. Quæ si negata fuerint, visio et recognitio debet fieri de eis, de ultimo pasnagio ante istud, de ultima diruptione ante istam vel renovatione vel reparatione, utrum saisina petita tunc habebatur. Et similiter intelligendum est de omnibus saisinis, quarum actus non singulis annis, sed cum ipsa rerum natura vel eventus deposcit, eveniunt. Tunc enim fit de pasnagio dessaisina, cum evenit et contratenetur, similiter et in aliis prænotatis. Sciendum etiam est quod, si prædicta postquam evenerint contratenta fuerint, [contratentione] silentio commendata, nulla tamen super hoc justiciario querimonia reportata per spatium diei et anni, nulla super hoc recognitio NOVÆ DESSAISINÆ ulterius est

ou de grâce ; si comme le pasnage et les aultres fruictages, qui viennent par la grâce de Dieu, et non pas de an en an, mais aucunesfois, à soustenir le peuple. D'aventure eschéent services, si comme quand escluses d'aulcune eaue despièent, ou il convient renouveller les fossés ou rappareiller maisons, ou telles choses qui ne viennent pas de an en an mais d'aventure, par quoy l'en demande les services acoustumés à les rappareiller. Et se ils sont nyés, le recongnoissant doit estre faict du derrain pasnage devant cestuy, et de la derraine fois que les escluses furent faictes ou les fossés rappareillés, assavoir, se la saissine que l'en demande ores fut lors eue ; et ainsi doibt l'en entendre de la saisine de toutes les choses qui ne sont pas faictes chascun an, mais quand l'adventure en advient et la nature des choses le requiert. Dessaisine de pasnage est faicte quant il advient et il est contretenu, et ainsi ès choses dessusdictes. Car l'en doibt sçavoir, que se elles adviennent et elles sont contretenues, se cil qui les doit avoir se taist, [et] que il ne monstre à la justice, dedens l'an et jour, [celles] qui luy sont contretenues, recongnoissant de NOUVELLE DESSAISINE

---

(1) *Sustentamentum*—i.q. *alimentum.*       (2) *Exclusarum*—Écluses.

sustinenda, nisi partes ad hoc spontaneæ voluerint consentire. *Notandum est quod in novis dessaisinis nullus potest aliquem trahere ad garantum. Violentum enim est et nullo modo sustinendum, quod possessionem alienam nec[2] per se nec per alium præsumat [aliquis] sustinere[1] vel ausu temerario perturbare: de tali autem facto quilibet auctor puniendus est.*

n'en doibt puis estre soustenu, se les parties ne s'y consentent de leur gré.

## XCV.—DE PEREGRINANTIBUS ET NEGOTIATORIBUS.

De illis autem qui in Hierusalem vel in aliquam peregrinationem seu negotiationem longinquam profecti sunt sciendum est, quod, nondum elapsis die et anno quo regressi sunt, recognitionem de saesina habebunt quam habebant die et anno quo a patria proficiscentes recesserunt. Notandum etiam est, quod hujusmodi inquisitiones ad visiones sustinendas nullam dilationem privilegii crucis vel exercitus patiuntur, sed semper processu debito potiuntur. Notandum[3] siquidem est, quod hujusmodi inquisitiones ad visiones sustinendas, seu ad recognitiones [et] juramenta de eis facienda, milites non requirunt[3]: séd sine militibus quicquid ad earum visiones pertinet poterit recordari

## XCIV.—DE PÈLERINS ET DE MARCHANDS.

De ceulx qui oultre mer ou en aultre pèlerinage ou en loingtaine marchandise sont allés, doibt l'en sçavoir que, dedens l'an et le jour de leur revenue, ils auront le recongnoissant de la saisine que ils avoient en l'an et jour que ils partirent du pays. Et si doibt l'en sçavoir que ces recongnoissants ne doibvent estre mis en délay pour excusation de croix ne pour oost,[4] ains doyvent tousjours estre poursuys. Et doit l'en sçavoir, que en telles enquestes il ne convient pas avoir chevalliers aux veues ne aux serments de recongnoissants, mais tout ce que il appartient aux veues pourra estre recordé

---

(1) *Sustinere*—Ainsi dans le texte : peut-être dans le sens de *retinere :* ou bien, écrit par erreur pour *subtrahere* ou *sustollere*. (2) *Nec*—Négatif redondant. (3) *Notandum* \* \* \* *requirunt*—Texte de *Ludewig.* Les anciennes éditions ont ici un texte défectueux. (4) *Oost*—*Sic.*

per illos videlicet duodecim, cum justiciario qui visionem tenuit, qui a jurea NOVÆ DESSAISINÆ aliqua legitima ratione non debeant amoveri. Hoc tamen sane intellecto, quod visiones de baroniis vel de membris earum, et etiam visiones scilicet de feodis loricæ, et de membris eorum, necnon et sergenteriarum feodalium, quæ inter masculos successores nullam divisionem patiuntur, [et] quarum occasione heredes earum infra ætatem constituti sunt in custodia dominorum, sine militibus non debent sustineri; dum tamen milites in vicineto valeant reperiri qui, justo saonnio vel rei ipsius ignorantia, ab ipsa jurea non debeant amoveri.

sans chevaliers, par la justice qui tint la veue, et par les douze hommes qui par aulcune droicte raison ne puissent estre ostés de la jurée. Ce doibt estre sainement entendu, car les veues des baronnies ou de leurs membres, ou les veues des fiefs de haulbert ou de leurs membres, et des sergenteries fieffaulx, qui entre les hoirs masles ne pevent estre parties [et] de quoy les hoirs, qui sont en non aage, sont en la garde de leurs seigneurs, ne doibvent pas estre soustenues sans chevalliers; pourtant que on les treuve eu voisiné qui ne doibvent pas estre ostés de la jurée par droicte raison.

### XCVI.—DE VISIONE.

Post hæc autem de visione videndum est, quomodo debeat assignari et quomodo teneri. Est enim visio hujus inspectio rei petitæ, per querulum demonstratæ coram justiciario ad hoc in assisia deputato, *videlicet ad visiones petendas*, et hominibus fide dignis, nulla debita occasione ab ipsa recognitione repellendis. Debet autem visio ad certam horam et certum locum per *justiciarium* assignari. Sunt enim diversæ horæ, quæ ad visiones sustinendas solent usitari, videlicet: prima

### XCV.—DE VEUE.

Après convient veoir de veue, et comme elle doit estre faicte, assise et tenue. Veue est quant le plainctif monstre, par devant la justice, la chose qu'il demande, et par devant loyaulx hommes qui ne doibvent pas estre ostés du recongnoissant par aulcune droicte raison. Veue doit estre assise par le *sergent*[1] en certain lieu et à certain jour et à certaine heure. Il y a diverses heures en quoy[2] est accoustumé tenir veues. La première est au

(1) *Sergent*—N. l'emploi de ce mot comme l'équivalent de *justiciarius*. V. n. 1, p. 148.
(2) *Quoy*—*Sic.*

est in mane, et in hac debent convenire adversæ partes, justiciarius et visores in ortu solis, et expectare debent si necesse fuerit usque ad primam.[1] Qui enim infra primam ad visionem se non præsentaverit pro absente debet reputari. Alia autem visionis assignatio est ad primam, et in hac expectandum est si necesse fuerit usque ad tertiam.[2] Alia est ad tertiam, et in hac expectandum est si necesse fuerit usque ad nonam.[3] Alia est ad nonam et in hac expectandum est usque ad vesperas, id est ad tempus medium inter nonam et solis occasum. Alia autem visionum assignatio est ad vesperas, et in hac expectandum est usque ad occasum solis. Qui vero, infra terminos superius annotatos, ad visiones prout assignatæ fuerint non comparuerit, pro absente reputandus est, et deficientis pœna puniendus. Sciendum est etiam, quod ad ecclesiam parochiæ in qua visio debet teneri, vel ad alium locum proprio nomine cognitum propinquiorem rei videndæ, debet terminus assignari, ad quem partes adversæ et justiciarius conveniant et visores.[4] Eorum autem facto conventu, debet justiciarius coram omnibus materiam

matin, et à icelle se doibvent les parties consentir. Le sergent, qui doibt la veue tenir, et ceulx qui doibvent estre aux veues, doibvent venir à soleil levant, et attendre jusques à prime,[1] se mestier en est. Se la veue fut assise au matin, celuy qui ne vendra dedens prime doit estre tenu pour deffaillant. Ung aultre terme de veue est à prime, et lors doibt l'en attendre jusques à tierce,[2] se mestier en est. L'autre est assise à tierce, et lors doibt l'en attendre jusques à nonne.[3] L'autre est assise à nonne, et lors doibt on attendre jusques aux vespres, c'est jusques à la moitié du temps qui est entre nonne et le soleil couchant. L'autre est assise à vespres, et lors doibt l'en attendre jusques à soleil couchant; et qui, aux termes que nous avons nommés, ne vendra aux veues, selon ce que elles seront assises, il doibt estre tenu pour deffaillant, et l'amender. Et si doibt l'en sçavoir, que le terme doibt estre mis à comparoir à l'église de la parroisse, où la veue doibt estre tenue, ou à aultre lieu qui soit nommé par nom, et qui soit plus près de la chose qui doibt estre veue; illec[5] la justice, et

(1) *Primam, prime*—La première heure du jour, six heures du matin; heure de l'office de *prime*. (2) *Tertiam*—Neuf heures du matin; heure de *tierce*. (3) *Nonam, nonne*—V. n. 5, p. 186. (4) *Visores*—"Voyeurs": quoique l'usage, à Jersey, de ce mot est restreint aujourd'hui à désigner les douze hommes qui précèdent la Cour aux *Visites Royales* des Chemins; les *visores* des *vues de justice* et *vues de Vicomte*, étant appelés maintenant *experts*. (5) *Illec*—Avec dans le texte.

querelæ in brevi expressam recitare, vel legi facere ipsum breve.
Post hæc autem debet ipse querulus terram seu rem petitam
ostendere, videlicet terminos lati-
tudinis et terminos longitudinis.
Nihil enim in hujusmodi querela
potest obtineri, cujus termini
cum intermedio non fuerint demonstrati. Ipsa etiam terra seu
res demonstrata ad visionem
coram visoribus in Principis
manu est capienda, nec est reddenda quousque querela plene
fuerit declarata. Ad visionem
autem, demonstratione facta, justiciarius debet querelato præcipere, quod ipse ressaisiat[3] querelantem, ut in brevi penitus est
expressum; quod si fecerit vel
non, nihilominus ad assisias diem
debet partibus assignare. Et
notandum est quod, si querelatus
querulo rem petitam ad visionem
non dimiserit, et eam postea ad
assisias dimiserit, licet manum in
re petita non apposuerit, deten-
tionem tamen tenebitur emendare; qui enim ad visionem non
remittit, videtur contratenere rem
petitam. Et propter hoc visores
ad assisias præcipiuntur com-

les parties, et ceulx qui doibvent
veoir la chose se assemblent; et
quand ils seront assemblés, le
sergent doibt recorder la plaincte
qui est contenue eu brief, ou la
faire lire. Après ce, doibt le
plainctif monstrer la chose qu'il
demande et les bournes du long
et du ley,[1] car aucun ne peut
gaigner par ceste plaincte, fors
ce de quoy les bournes sont
monstrées, et ce qui est dedens.
A la veue, la terre ou la chose
qui est monstrée[2] doibt estre
prinse en la main du prince,
et ne doibt estre rendue jusques
à tant que le plet soit finé.
Quand la chose est monstrée,
le sergent doibt commander à
celuy qui tient, qu'il ressaisisse
le plainctif, si comme il est contenu eu brief et, quoy qu'il en
soit, il doibt assigner jour aux
parties à l'assise. Et si doibt
l'en sçavoir que, se cil qui tient
ne laisse au plainctif la chose
qu'il demande à la veue, et il
luy laisse puis à l'assise, jà soit
ce qu'il ne mist puis la main à
la chose demandée, il est tenu
à l'amender, *pour ce que il l'a
tenue puis le commandement au
sergent;* car dès ce que il ne
l'a laissée à la veue, il semble
qu'il la contretient. Et pour ce
commande l'en, que ceulx qui
ont esté à la veue soient à l'assise,

---

(1) *Ley*—De *latus;* large.    (2) *Monstrée*—Le texte a été un peu transposé.    (3) *Ressaisiat*
—Dans *Le R. ressesiat.*

parere, quocunque[1] ad visionem dicto non obstante vel obmisso, ut visio per eos, si necesse fuerit, recordetur,[1] vel recognitio teneatur. Sustentata autem visione et ad assisias recognitione adjornata, partibus ad assisias astantibus breve legendum est. Ipso autem lecto, justiciarius tenens assisias, vel ejus vice fungens, a querulo interrogabit, utrum breve suum prosequi voluerit: si dicat quod non, clamorem temerarium emendabit: et similiter si de prosecutione brevis se constituerit nescientem. Si autem breve suum prosequi dixerit se paratum, a querelato quærendum est, utrum breve lectum voluerit sustinere; qui si dixerit, quod visio de hoc brevi seu de verbis in eo lectis non fuerit sustentata: cum recognitio brevium non sit sustinenda, nisi de eo quod in brevi continetur vel exprimitur, et quod etiam ad visionem recitatur: hoc breve, quod a visione penitus est alienum, non tenetur sustinere; sed per visorum recordamentum debet hæc dilatio[2] terminari. Si autem dixerit quod breve non velit sustinere, cum nihil reclamet, [et] nihil habeat, in eo quod ad visionem fuerit demon-

et que ils ne laissent pour rien ce qui ait esté faict ne dict à la veue, si que la veue soit recordée par eulx se mestier en est, ou le recongnoissant soit tenu. Quand la veue aura esté sousteneue et le recongnoissant sera adjourné, le brief doibt estre leu en assise par devant les parties; et quand il sera leu, le Bailly qui tient les assises, ou autre pour luy, demandera au plainctif se il veult poursuyr son brief. Se il dict que non, il amendera sa faulse clameur; et aussi s'il dict que il ne sçet.[3] Et s'il dict qu'il est prest de suyr, l'en demandera à l'autre se il veult soustenir le brief qui a esté leu. Se il dict que la veue n'a pas esté soustenue de ce bref,[5] ne des parolles qui y sont contenues, et que recongnoissant ne doibt pas estre sousteneu, fors de ce qui est contenu eu brief, et qui a esté recordé à la veue, et que il n'est pas tenu à soustenir le brief, qui point ne s'accorde à la veue; ceste response doibt estre terminée par le record de ceux[4] qui furent à la veue. Se il dict que il ne veult pas soustenir le brief, et que il n'a rien, ne réclame ou réclamera, en la chose qui a esté veue, l'en

---

(1) *Quocunque* * * *recordetur*—Texte de *Ludewig*: celui des anciennes éditions est ici défectueux. (2) *Dilatio*—Ici, prétention; Angl. *plea*. (3) *Sçet*—*Sçait* dans les éd. précéd. (4) *De ceux*—Dans le texte *de deux*. (5) *Bref*—*Sic* ici, comme dans les éd. précéd.: quoique on le trouve généralement dans *Le R. brief*.

stratum, inquirendum tunc erit, utrum per operationem vel factum ejus, vel alterius pro ipso, querulus saisina sua aliquo modo fuerit spoliatus. Et omni modo sciendum est, quod nemo in NOVA DESSAISINA potest aliquem vocare ad garantum.[3] Garantum autem maxime dicimus illum, qui in curia evocatur ad rem querelæ defendendam vel excambiandam; et si in aliquo in saisina contentionis inventus fuerit culpabilis, et emendabit Principi et damna parti adversæ restituet, quæ in re contentionis receperit, prout per juratores[1] melius poterit declarari; et querulo remanebit saisina, quæ ei per dictum cognoscetur juratorum. Si autem dixerit querelatus se esse paratum recognitionem sustinere, tunc juratores in conspectu placitatorum ad juramentum singuli ac nominatim vocabuntur, et eorum nomina in scriptis assisæ redigentur; et poterunt ex eis placitatores saonnare, quos ratione legitima esse viderint repellendos. Et primus quidem, ejus nomine in scriptis redacto, jurabit sub hac forma: Hoc audiatis, domine Baillive, quod ego dicam vobis veritatem de hac querela, nec pro aliqua re dimittam; sic Deus me adjuvet et sacrosancta. *Secundus*

doibt enquérir, se le plainctif fut dessaisy par luy, ne par son faict, ne par aultre pour luy. Et quoy que il en advienne, l'en doibt sçavoir que aulcun ne peut appeller garant[3] en NOUVELLE DESSAISINE. Nous appellons garant celuy, qui est appellé en Court à défendre la chose dont l'en plède, ou à l'eschangor. Se cil, qui ne veult soustenir le brief, est trouvé coulpable en aulcune chose eu contends de la dessaisine, il l'amendera au prince, et restaurera[2] à l'autre ses dommaiges qu'il aura eus, si comme il pourra mieulx estre déclairé par les jureurs[1]; et la saisine remaindra au plainctif qui luy sera recongneue par les jureurs. Se cil qui tient dict qu'il est prest de soustenir le recongnoissant, lors doibvent les hommes estre appellés par devant les parties, chascun par son nom, à faire le serment. Et leurs noms seront mis eu registre de l'assise, et les parties pourront saonner ceulx où ils trouveront droicte achoison. Le premier jurera en ceste forme: Ce oyez, Sire Baillif, que je vous diray vérité de ceste querelle, ne pour rien ne la laisseray, ainsi m'aist Dieu et les saincts.

---

(1) *Juratores, jureurs*—" Tesmoins jurés et examinés en l'enqueste."—*Terrien, in loc.* V. n. 5, p. 37 et n. 3, p. 170.    (2) *Restaurera*—Dans les éd. précéd. *restovera.* (3) *Garantum, garant*—V. Ch. 1.

2 E

*autem jurabit sub hac forma, expresso nomine primi, ut, si vocetur Catho : De querela de qua Catho juravit de se verum dicere, quod*[5] *ego dicam de me ; sic Deus me adjuvet et sacrosancta.* Et omnes alii juratores similiter jurabunt. Post juramentum factum, nullus cum aliquo juratorum debet habere aliquod privatim colloquium ; nec etiam in publico, excepto justiciario, qui eis injunget verum dicere sub hac forma : Recognoscite verum nobis per fidem et credulitatem,[2] quam in Deum et Dominum nostrum Jesum Christum habetis et quam in baptismo recepistis, et super sacramentum quod corporaliter in præsentia nostra modo præstitistis, ita quod, si in aliquo de re ista mendaces fueritis, vel veritatem celaveritis, et animæ vestræ in perpetuum condemnentur, et corpora vestra opprobriosæ perditioni aptissime exponentur ; recognoscite, inquam, utrum Titius in ultimum Augustum, vel post, habuerit saisinam illius terræ quam vobis monstra-

Et les aultres jureront tout ainsi. Puis le serment, aulcun ne doibt parler aux jureurs privéement ιe en publique, fors le Bailly, qui leur commandera à dire voir en ceste forme : Recongnoissez vous, par la foy et par la créance que vous avez en nostre Seigneur Jesu Christ, que vous receustes en baptesme, et sur le serment que vous avez cy fait devant nous, si que, se vous en mentez de rien ou celez la vérité, les âmes de vous seront pardurablement[1] damnées eu puys[3] d'enfer, et les corps en voisent[4] à honte et à douleur sur terre ; recongnoissez vous, se T. eust, eu derrain Aoust devant cestuy, la saisine de celle terre que il vous a monstrée, et

---

(1) *Pardurablement*—Perpétuellement.    (2) *Credulitatem*—Dans le sens de croyance.
(3) *Puys*—Puits.    (4) *Voisent*—Voiser ; s'en aller.    (5) *Quod*—Sic.

vit, et quomodo eam habuit et qualem ; et utrum Catho post dictum terminum ipsum dessaisiavit de eadem, et quomodo. Exinde habeant juratores inter se consilium de veritate rei referendæ. Et interim per fidelem custodiam custodiantur, ne maligna persuasione eorum veritas corrumpatur. Habito autem inter se consilio, redire debent juratores coram justiciario in assisia, et per unum eorum, si concordes fuerint, debet eorum responsio recitari ; si vero discordes fuerint, ab unoquoque eorum sua est responsio proferenda. Si vero dixerint quod Titius habuit saisnam feodalem, ut asserit, et quod Catho eum dessaisiavit, ut dictum est, saisina Titio reddenda est, et Catho emendabit. Insuper autem continue inquirendum est per eosdem de damnis quæ Titius passus est in illa dessaisina, seu de herbagiis seu de quibuscunque aiis ex terra visa provenientibus : cuorum, ad æstimationem juraorum, debet Catho Titio restituere valorem] quem haberent, si ad debitum tempus ætatis suæ pervenissent. Si autem dixerint juratores quod Titius erat saisitus non feodaliter, sed ex præstito vel vadio vel ex conductione, vel qua-

comment et en quelle manière il l'avoit ; et se P. l'en dessaisist, et comment, puis ce terme. Lors voisent les jureurs à conseil, et soient gardés par loyal garde, que leur vérité ne soit corrompue par mauvais admonnestements.[1] Quand ils seront conseillés, ils doibvent revenir devant le Bailly en l'assise. Et se ils sont tous à ung accord, la response[2] doibt estre faicte par ung d'eulx, et se ils sont à descord, l'en doibt ouyr de chascun la response.[2] Se ils dient que T. eust la saisine fieffal, si comme il a affermé, et que P. l'en dessaisit, la saisine luy sera rendue, et P. l'amendera. Après doibt l'en enquérir des dommages, que T. a eus, par la dessaisine, en herbaiges ou en aultres yssues de la terre qui a esté veue, et à leur dict les rendra P. à T., à la vallue qu'ils vaulsissent[3] se ils fussent venus à leur droict temps. Se les jureurs dient que T. n'estoit pas saisy féodalement, mais de prest ou de gaige ou par louage ou par aulcune

---

(1) *Admonnestements*—Dans les éd. précéd. *amonnoistemens :* admonitions. (2) *Response* —Dans les éd. précéd. *responce.* (3) *Vaulsissent*—Auraient valu : Lat. *valuissent.*

cunque alia ratione *quæ feodum non fecerit requirenti,* dum tamen sit terminus quo talis saisina debeat terminari, saisina debet remanere possidenti, et querulus emendabit. Si in hujusmodi saisinis juratores de termino fuerint nescientes, sua tenenti saisina remanebit. Et querulus si voluerit probabit terminum quem ignorant. In NOVIS autem DESSAISINIS maxime attendenda est qualitas saisinæ, et quomodo habebatur. Non enim omnis saisina reddenda est requirenti. Si quis enim spontaneus, vel per judicium, saisinam quam habet in feodo alteri tradiderit, si deinceps eam requisierit non habebit. Si quis autem saisinam requisierit, quam vi[3] vel violentia subintraverit, vel a tali receperit qui nihil feodi habebat in eadem, si ita sit recognitum, talis saisina non est reddenda requirenti, cum sit omnis violenta vel furtiva possessio detestanda. Violenta autem dicitur possessio quæ, nullo jure sed contra jus, vi vel violentia occupatur, ut si quis alium ab agro vel domo, vel aliqua alia saisina, vi vel violentia extramiserit, et ipse expulsus eam sine vi et violentia rehabuit, hujus-

telle raison, *et[2] il ne veult rendre à P. le fief que il requiert,[2]* jà soit ce que le terme[1] que il avoit soit passé, la saisine remaindra à P., et l'autre l'amendera. Se ceulx, qui ont esté [jureurs] de ceste saisine, sont non sachants du terme, la saisine remaindra à cil qui la tient, et le plainctif prouvera, s'il veult, le terme que ils ne sçavoient pas. En plet de NOUVELLE DESSAISINE, doikt l'en regarder sur toutes choses la manière de la saisine, et comme elle estoit eue; car toute saisine ne doibt pas estre rendue à celuy qui la requiert. Se aulcun baille de son gré, ou par jugement, à ung aultre la saisine que il à, s'il la requiert après il ne l'aura pas. Se aucun requiert la saisine où il a entré à force ou que il receust de tel qui rien n'y avoi, s'il est ainsi, telle saisine ne luy doit pas estre rendue; car on doit hayr toute saisine qui est prinse à force ou en larcin. L'en appelle saisine à force, qui n'et eue à aulcun droict, mais contre droict par force ou violence: et comme, se ung homme met un aultre hors de son champ ou de sa maison ou d'aultre saisine, par force, et celuy qui en fut mi hors l'a depuis eue sans force

---

(1) *Terme*—De jouissance.　(2) *Et* \* \* *requiert*—Cf. le Lat.　(3) *Vi*—Très-souvent, dans le Latin des légistes, *vi* a simplement le sens de injustement, ou illégalement : et ne renferme pas nécessairement l'idée de violence, pas plus que les mots *vi et armis* dans la vieille *action of trespass* en Angleterre.

modi saisina non est reddenda si requisierit expulsori. Furtiva autem dicitur possessio quœ quasi furtive, ignorante domino, sublata est : ut si quis præpositus, vel alius custos terræ alicujus, terram quam habet in custodia, invito et absente domino, alii tradiderit in saisina, hujusmodi saisina pro furtiva reputatur. Et si eam dominus sine[2] vi et violentia rehabuerit et alius eam per breve requisierit, dum tamen ita fuerit recognitum, non[2] est ei restituenda. Si vero in hujusmodi casibus sacsina fuerit recognita, et modus et qualitas saisinœ per juratores in NON SCIRE redigantur, dessaisiato sua restituetur saisina. Et de dessaisina similiter sciendum est : si enim saisina justa fuerit, manifestum est quod dessaisina erit injusta. Et sciendum est quod, si quis per judicium fuerit dessaisinatus, saisinam illam non poterit per breve revocare, licet ad eum de jure pertineret, nisi judicium prius fuerit infirmatum. Et omnino sciendum est quod, si aliquis dessaisinam obtinuerit contra aliquem, et convictus in eadem saisina manum apposuerit, per corporis proprii captionem et rerum suarum justiciandus est, quousque alii damna de saisina sibi per ipsum irrogata restituerit, et quousque

ceste saisine ne doibt pas estre rendue, se cil qui fist la force la requiert. Saisine est eue par larcin, quand elle est ostée à celuy qui l'avoit, sans son sceu et céléement : si comme, [se] le prévost, ou aultre qui a la garde d'aulcune terre, en baille la saisine à ung aultre, sans le sceu de celuy à qui elle est, c'est saisine eue par larcin. Et se le seigneur l'a eue par[1] force, et l'autre la requiert par brief, pourtant qu'il soit ainsi recongnou, elle luy doit estre rendue.[1] En tel cas, se la saisine est recongneue, et la manière de la dessaisine est mise en NON SÇAVOIR par les jureurs, la saisine sera rendue au dessaisy. Et ainsy doibt l'en dire de la dessaisine ; car se la saisine est loyal c'est certaine chose que la dessaisine est desloyal. Et si doibt l'en sçavoir que, se aulcun est dessaisy par jugement, il ne pourra pas rappeller la saisine par brief, jà soit ce qu'elle deust estre sienne par droict, se le jugement n'est avant desjugié. Et si doibt l'en sçavoir que, se aulcun a gaigné la saisine d'aulcune chose contre ung aultre, et celuy qui l'a perdue y met puis la main, il doibt estre justicié par corps et par biens, tant qu'il ait restauré l'autre de

---

(1) *Par* * * *rendue*—N. la divergence entre le Français et le Latin.     (2) *Sine, non*— V. la note sur le Français.

curiæ emendaverit contemptum et transgressum judiciorum ejusdem. Aliter enim contingeret, quicquid in curia judicaretur ad irritum quotidie revocari. Quicquid enim in curia per judicium fuerit terminatum, inviolabiliter debet observari, quo usque per majorum et discretiorum sententiam judicium illud, si infirmum fuerit, revocetur. Si autem accusatus de hujusmodi transgressionibus se dixerit de nihilo in talibus procurasse, et plegios dederit de inquisitione super hoc sustinenda, ipse cum rebus suis debet liberari per bonos plegios, usque ad assisias in quibus inquisitio debet teneri. Et si tunc super præmissis inventus fuerit culpabilis, graviter punietur per mobile, vel per prisoniam corporis si mobile sufficere non valeat ad vindictam. Si vero super his inquisitio ipsum reddiderit innocuum, accusans eum super hoc est pœna consimili[1] puniendus.

## XCVII.—DE DEFECTU QUERULI.

Sciendum est enim quod, si petens defuerit, querelatus recedet sine diei assignatione ei facta ; et si ultra querelans contra eum procedere voluerit, ipsum de novo faciet adjornari, et ipsam querelam, si continget, revocari[2] ;

tous les dommaiges qu'il a eus par luy, et que il ait amendé à la Court le despit de ce qu'il est allé contre le jugement de la Court. Aultrement despèceroit-on chascun jour ce qui seroit faict et jugié en Court ; car tout ce qui est jugié en Court doibt estre gardé sans contredict, jusques à tant qu'il soit rappellé par plus solennel jugement. Se cil, qui est accusé qu'il a faict contre le jugement de la Court, dict qu'il ne l'a faict ne pourchassé, et il mette plèges de soustenir l'enqueste, il doibt estre avec ses choses délivré par bons plèges, jusques à l'assise en quoy l'enqueste doibt estre tenue. Et se l'en treuve qu'il soit coulpable, il l'amendera griefvement par le chatel, ou par tenir le corps en prison, se il n'a chatel suffisant à payer l'amende. Et se l'enqueste dict qu'il n'y a coulpe, cil qui l'accusoit le doibt amender en semblable manière.

## XCVI.—DE LA DEFFAULTE AU PLAINCTIF.

L'en doibt sçavoir que, se le plainctif défault, l'aultre s'en partira sans jour ; et se le plainctif veult plus pléder contre luy, il le fera semondre de nouvel, et ainsy renouvellera le plet. Et

(1) *Consimili*—Dans le texte *consilii*.    (2) *Revocari*—Être appellée de nouveau.

unde querelatus exinde se defendet, quasi tunc primum querela fuisset inchoata. Unde notandum est, quod querelans ex defectu suo sequelam suam amitteret, si interim tempus saisinæ revocationi haberetur deputatum; cum infra diem et annum post dessaisinam factam moveri debeant super hoc quæstiones. Defectus enim petentis querelam quam movit facit irritam et inanem.

cil qui est querellé se deffendra lors, ainsy comme se le plet fust maintenant commencé. Et pour ce doibt l'en sçavoir que le plainctif perdroit sa querelle par sa défaulte, se le temps estoit passé en quoy l'en se peut plaindre de NOUVELLE DESSAISINE; c'est ung an et ung jour. Car dedens l'an et le jour que homme est dessaisi, il se doibt plaindre : car la faulte du demandeur anéantit le plet que il a meu. *L'en*[1] *doibt sçavoir, que en brief de nouvelle dessaisine, ne peut aulcun appeller garant; car l'en ne doibt pas souffrir que aulcun retienne d'aultruy la possession, par soy ne par autre, ne que il la trouble par sa folle hardiesse; et quiconque le face, il le doibt amender.*[1]

## XCVIII.—DE DESSAISINA MULIERIS.

Notandum etiam est quod, si mulier dessaisita fuerit, viro suo extra ducatum commorante, ea, dum post viri sui recessum dessaisita fuerit, in viri absentia audienda est per BREVE NOVÆ DESSAISINÆ; et similiter, si ipsa aliquem dessaisiaverit post viri sui recessum, tenetur respondere sine viro, si non in ducatu fuerit, *per breve supradictum.*

## XCVII.—DE FEMME DESSAISIE EN L'ABSENCE DE SON MARY

L'en doibt savoir que, se femme est dessaisie tant que son mary est dehors du duché *de Normendie,* pourtant qu'elle ait esté dessaisie en derrière[2] de son mary, elle doibt estre ouye par BRIEF DE NOUVELLE DESSAISINE. Et aussi se elle a dessaisi aulcun, puis que son mary se partit du pays, elle est tenue d'en respondre en derrière de luy, s'il est hors du duché *de Normendie.*

---

(1) *L'en* * * * *amender*—Le Latin des mots italicisés se trouve à la fin du Chap. xciv, p. 220.   (2) *Derrière*—V. n. 3, p. 127.

# SECONDE PARTIE.

---

# Tierce Distinction.

# Capitulum nonagesimum nonum.

### DE BREVI ET[1] MORTE ANTECESSORIS.

De antecessoris[3] autem saisina consequenter agendum est, quæ per breve fieri vel teneri solet in hac forma : Si Titius dederit plegios de clamore suo prosequendo, submone recognitionem de vicineto, quod sit ad primas assisias bailliviæ ad recognoscendum, utrum Catho erat saisitus, in hoc anno quo obiit, de terra quam ci difforciavit Titius apud *Cambam*,[2] et quomodo, et utrum sit propinquior ad habendam escaetam illius ; terra interim per eos videatur, et sit in pace. Hoc breve spadæ servienti debet deferri, qui visionem debet deferenti assignare infra quindenam,

# Chapitre nonante-huitième.

### DE BRIEF DE MORT DE ANCESSEUR.

Après ce que nous avons parlé de la dessaisine de femme, nous dirons conséquentement de la dessaisine à ancesseur, qui doibt estre tenue par brief en ceste forme : Se T. donne plège de suyvir sa clameur, semond le recongnoissant du voisiné, qu'il soit aux premières assises du bailliage, à recongnoistre, savoir : se N. estoit saisy, en cest an quand il mourut, de la terre que T. luy déforce à *Rouen*, et comment : et sçavoir se T. est le plus prochain hoir à avoir l'escheance de N. ; la terre soit dedens ce veue, et soit en paix. Ce brief doibt estre porté au sergent de l'espée, qui doibt au plainctif asseoir la veue dedens

---

(1) *Et*—Sic.    (2) *Cambam*—Peut-être *La Cambe*, près de Bayeux.  Dans une donation du Roi *Jean*—qui est incluse dans la collection, *Rotuli Normanniæ*, de M. *Hardy*—se trouve une *ecclesia de Camba*.    (3) *Antecessoris*—V. *Glanville*, XIII, 2, 7.

querelatumque et recognitores ad eandem, certo loco et certa hora, submonere, et terram seu redditum vel aliam rem, quam querelans monstraverit, in manu Domini Regis arrestare, sive pars adversa comparuerit sive non. Nec a manu Regis exiet, quousque recognitio fuerit celebrata. Et omnino eodem modo in hac recognitione procedendum est, sicut in NOVA DESSAISINA, de qua superius tractatum est. Notandum tamen, quod nullus annos discretionis jam attingens, ex consuetudine Normanniæ, hanc recognitionem habebit, nisi breve ceperit infra diem et annum quo antecessoris illius mors communiter fuerit publicata, cujus saisinam nititur obtinere. Illis autem, qui nondum annos discretionis attigerunt, nulla temporis diuturnitas præjudicat, quin habeant inquisitionem supradictam. Hæc autem recognitio ad heredes pertinet propinquiores, qui antenationis aut per se aut per antecessores obtinent dignitatem, ut antenati vel filii antenatorum. Notandum siquidem est quod, si quis ultra mare, *Hierusalem* vel in Galiciam[1] vel aliis peregrinationibus, vel negotiationibus, extra Normanniam *vel infra,*[2] decesserit ; infra diem et annum quo mors

la quinzaine, et semondre cil qui tient et les jureurs, en certain lieu et à certaine heure : et doibt arrester en la main du Duc la terre, la rente ou aultre chose que le plainctif monstrera, vienne cil qui tient ou non vienne ; et ne doibt yssir de la main du Duc jusques à tant que le recongnoissant ait couru. L'en doibt faire en ce recongnoissant, tout ainsi comme nous avons dict de NOUVELLE DESSAISINE, de quoy nous avons parlé devant. L'en doibt sçavoir que aulcun, qui ait sens et aage, ne aura ce recongnoissant par la coustume de Normendie, se il n'en prent brief dedens l'an et le jour que la mort de l'ancesseur, de qui il veult avoir la saisine, sera sceue communément ; mais à ceulx qui ne sont pas en aage ne nuyst aulcune attente, que ils n'ayent ce recongnoissant. Ce recongnoissant appartient aux plus prouchains hoirs qui ont la dignité de l'ainsnéesse, par eulx ou par leurs ancesseurs. L'en doibt sçavoir que, se aulcun meurt oultre mer ou à Sainct Jaques[1] ou en aultre pèlerinage, ou en marchandise, hors du duché de Normendie, dedens l'an et le jour que les nouvelles de sa mort

(1) *Galiciam, S. Jacques*—Compostelle est dans la province de Galice, en Espagne.
(2) *Vel infra*—Ainsi dans le texte.

ejus ad residentiam suam fuerit publice divulgata, licet longo tempore ante hoc decesserit, heres tamen recognitionem habebit de saisina, quam habebat die et hora qua recessit a propriis sive a patria; et quamdiu in non œtate erit, recognitionem hanc habere poterit. Sciendum autem est, quod bastardi et religionem professi et ex damnato sanguine procreati et omnes damnati, licet propinquiores sint in genere, nullam antecessorum suorum saisinam poterunt reclamare; nec etiam leprosi : quod superius in Capitulo DE IMPEDIMENTIS SUC-CESSIONIS[1] plenius elucescit. In recognitione autem hujusmodi attendendum est, utrum antecessor saisitus erat. Saisitus autem aliquis dicitur, cum per ipsum vel nomine ipsius *vel ad opus ipsius* saisina habetur. Unde patet quod,[2] licet firmarii præpositi senescalli et hujusmodi terras excolant et proventus percipiant, [hoc fit] tamen ad opus alienum, sub nomine et auctoritate[2] ejus qui possidet. Ille enim rem dicitur possidere, cujus imperio seu auctoritate res ipsa tractatur:

viendront en sa maison, jà soit ce que il mourust long temps devant, aura son hoir le recongnoissant de la saisine, qu'il avoit au jour et à l'heure qu'il partit du pays ; et tant comme le hoir sera en non aage, il pourra avoir ce recongnoissant. L'en doibt sçavoir que les bastards, et ceulx qui sont en religion, où ils ont faict profession, ne les enfants à ceulx qui sont damnés, ne les damnés, jà soit ce que ils soient les plus prochains du lignage, ne pevent rien réclamer en la saisine de leurs ancesseurs, ne les méseaulx ; aussi comme nous disines et déclairasmes plus a plain en Chapitre DE EMPESCHEMENT D'HÉRITAGE. Et ce recongnoissant convient garder[4] se l'ancesseur estoit saisy. L'en dict que l'homme est saisy quand la saisine est eue par luy, ou par aultre en son nom. Par ce appert il que, jà soit ce que ung fermier, le prévost ou le séneschal tiennent les terres, et receoivent les yssues en aultruy nom, si n'en ont ils pas la saisine; mais cil en est ensaisiné, en quel nom et en quelle auctorité ils les tiennent et receoivent. Car cil posside[3] la chose, par quel commandement et auctorité elle est

---

(1) *De impedimentis successionis*—V. Ch. xxvii. Dans le texte : *de successione.*  (2) *Quod* * * * *auctoritate*—Le texte ici a été légèrement transposé.  (3) *Posside—Sic.* (4) *Garder*—i.e. *regarder.*

super quo superius in BREVI [NOVÆ] DESSAISINÆ plenius tractatum est ; et etiam de modo et qualitate saisinæ.

## C.—DE PROPINQUIORITATE HEREDUM.

Videndum etiam est, quod propinquioritas attendenda sit ad antecessorum saisinas obtinendas. Propinquior autem heres patris est filius primogenitus, et in eadem succedentes linea. Hac autem defecta,[2] linea propinquior est secunda ; et sic de aliis lineis. Et hoc idem intelligendum est de sexu femineo. Et sciendum est quod, quando aliquis de una linea masculus vel femina superstes fuerit, aliquis alterius lineæ eorum antecessorum non poterit succedere decedenti. Notandum tamen est, quod de novo[1] intro-

tenue. De ceste saisine parlasmes nous plainement eu Chapitre de BRIEF DE NOUVELLE DESSAISINE.

## XCIX.—DE BRIEF DE PROCHAINETÉ D'ANCESSEUR.

Il convient veoir que la prochaineté des hoirs soit gardée, à avoir la saisine aux ancesseurs. L'ainsné fils est le plus prochain hoir de son père, et ceulx qui descendent de luy. Et quant celle lignée fault, la seconde lignée est la plus prochaine ; et ainsi doibt l'en entendre des aultres lignées, soient masles ou femelles. Et si doibt l'en sçavoir que, tant que la première lignée dure, aulcun qui soit de l'autre ne doit avoir la saisine à son ancesseur. Non pourtant une coustume est de nouvel[1] amenée,

---

(1) *De novo, de nouvel*—V. l. 15, p. 74. *Sir Matthew Hale* écrit là-dessus (Hist. of the Common Law, Ch. VI) : " Richard I, dying without issue, left behind him Arthur, earl of " Britain, only son of Geoffry, earl of Britain, second brother of the said Richard, and " John, his youngest brother, who afterwards became King of England by usurping the " crown from his nephew Arthur. But the princes of Normandy still adhered to Arthur, " —' sicut domino ligeo suo, dicentes judicium esse et consuetudinem illarum regionum, " ' ut Arthurus, filius fratris senioris, in patrimonio sibi debito et hereditate, avunculo suo " ' succedat, eodem jure quod Gualfridus, pater ejus, esset habiturus, si regi Richardo " ' defuncto supervixisset.' And therein they said true, and the laws of England were the " same ; * * * and such were the ancient customs of the Normans, as we are told by the " *Grand Coutumier*, Chap. 99 : and such is the law of Normandy, and of the isles of *Jersey* " and *Guernsey* which some time were parcel thereof, at this day, as is agreed by *Terrien*, " the best expositor of their customs—and so it was adjudged within my remembrance, in " the isle of *Jersey*, in a controversy there between *John Perchard* and *John Rowland*, for " the goods and estate of *Peter Perchard*. But nevertheless John came by force and power, " ' et Rotomagum gladio ducatus Normanniæ accinctus est,' * * * * and, to countenance " his usurpation, and to give himself the better pretence of title, he by his power so far " prevailed there, that he obtained a change of the law there, purely to serve his turn, by " transferring the right of inheritance from the son of the elder brother to the younger " brother, as appears by the *Grand Coutumier*, Chap. 99. But, withal, the Gloss," (sur le Chap. xxv : q. v.) " takes notice of it as an innovation, and brought in by men of power, " though it mentions not the particular reason, which was as aforesaid." (2) *Defecta—* Dans le texte *directa.*

ducta est quædam consuetudo huic antiquæ consuetudini contraria; videlicet, quod si quis duos habuerit filios, et primogenitus, suscepto de uxore sua filio, decesserit, postea vero patre decedente, non nepos, qui filius est primogeniti, ejus saisinam obtinebit; sed eam filius superstes habebit: licet in nullo alio casu hæc reprobanda consuetudo conservetur, quæ non jure vel consuetudine, sed vi et oppressione potentium, fuit introducta. Filius enim ad saisinas habendas omnes, quas pater ejus si viveret haberet, per propinquitatem generis est admittendus; excepto hoc reprobando casu, quod ad saisinam patris vel matris propinquior est filius, quam nepos qui primogeniti est filius. Si tamen sorores fuerint heredes, primogenitæ[1] tam defunctæ saisinam patris et matris[5] obtinebunt, alia sorore non obstante. Si autem quis petat saisinam antecessoris, et ei objiciatur ex adverso, quod adhuc vivit ille cujus requirit saisinam, primo[3] mors probanda est quam inquisitio teneatur. Et probari potest per testimonium duorum vel trium proborum virorum fide dignorum, qui eum vivum et mortuum asserant se vidisse, vel per litteras patentes

qui est contraire à l'ancienne coustume; que, se ung homme a deux fils, et l'ainsné se marie et a enfants de sa femme, et puis meurt, ains que son père, quand le père sera mort, le nepveu,[4] qui est fils de l'ainsné fils, ne aura pas la saisine de l'héritage de son ayel, mais l'autre fils l'aura, jà soit ce que ceste coustume ne soit pas gardée en nul aultre cas, car elle fut amenée avant par la force des puissants hommes. Le fils doibt estre receu, par prouchaineté de lignage, à avoir toutes les saisines que son père auroit se il vivoit, fors en ce mauvais cas que nous avons dit, eu quel le fils est le plus prouchain à avoir la saisine [à] son père ou sa mère, que le nepveu qui est fils de l'ainsné fils. Et se seurs sont hoirs, les enfans à l'ainsnée, qui mourut ains que le père, auront la saisine à leur ayel ou à leur ayelle par devant l'autre fille. Se aucun demande la saisine de son ancesseur, et l'en dict encontre que encoire vit cil de qui il demande la saisine, sa mort doibt estre prouvée par le tesmoingnage de deux ou trois hommes créables, qui dient par leurs serments que ils le virent mort et vif, ou par les lettres patentes[2] de l'Évesque:

---

(1) *Primogenitæ—Filii vel nepotes* sous-entendu.   (2) *Patentes—*Dans les éd. précéd. *pendans.* V. n. 1, p. 125.   (3) *Primo—*Dans le sens de *prius.*   (4) *Nepveu—*Ici, petit-fils. V. n. 1, p. 74.   (5) *Patris et matris—*i.e. *primogenitæ.*

Ordinarii ; et postea inquisitio tenebitur. Ad visionem autem nullum placitum debet teneri, sed ostensio rei petitæ fieri. Si quis autem contra minorem aliquid proposuerit, quod, licet pater ejus quando obiit saesinam haberet quam exigit, ad ipsum tamen non debet devenire, eo quod terram illam non tenebat nisi ad vitam, vel nisi ad terminum, vel tali modo quod post ejus decessum alii debeat devenire ; in hujusmodi enim omni modo dicimus, quod qualitas saesinæ antecessoris et difforciationis veritas inquirendæ sunt. Heredes enim saesinam habere non debent, quæ ex successione hereditatis ad eos non debeat devenire ; quod etiam in illis qui ætatem habent observandum est. Modus enim tenendi possessionem frequenter ad alios quam heredes facit devenire : si enim quis feodum aliquod ad vitam suam solummodo possideat, talis saisina ad heredes non descendit.

## CI.—DE BREVI MARITAGII IMPEDITI.

Consequenter agendum est de BREVI MARITAGII IMPEDITI. Et sciendum est, quod relicta infra diem et annum post obitum mariti sui, qui illud fecit impedimentum, debet movere et clamorem excitare. Si enim diem et annum tacite dimiserit

et puis sera l'enqueste tenue. A la veue ne doibt aulcun plet estre tenu, mais la chose que l'en demande doit estre monstrée. Se aucun dict encontre celuy qui est en non aage, qui demande la saisine à son père, que, jà soit ce que son père quant il mourust eust la saisine qu'il demande, non pourtant il ne la doibt pas avoir, pour ce que son père ne tenoit celle terre, fors à sa vie ou à terme, ou en telle manière qu'elle ne devoit pas revenir à son hoir ; nous disons que, en ces cas, l'en doit enquérir la manière de la saisine, et la vérité du déforcement ; car les hoirs ne doibvent avoir la saisine de chose qui ne doic à eulx venir par héritaige : et ce doibt estre gardé en ceulx mesmes qui ont aage. Car la manière de tenir la chose la faict souvent venir à autres que aux hoirs : car se aulcun tient ung fief à sa vie seullement, telle saisine ne descend pas jusques aux hoirs.

## C.—DE BRIEF DE MARIAGE ENCOMBRÉ.

Il convient après veoir de BRIEF DE MARIAGE ENCOMBRÉ, de quoy la femme doibt faire clameur dedens an et jour après la mort de son mary qui l'encombra ; car, se elle laisse passer l'an et le jour, on ne luy res-

pertransire, ei super hoc per inquisitionem brevis non est respondendum. Notandum autem est, quod vir uxori suæ dicitur maritagium impedire, cum illud a saesina sua quocunque modo patitur declinare, ac si ipsa illud venderet vel abjuraret, nisi tamen per legem *plene et per judicium celebratam* obtentum fuerit et receptum; vel per duellum, vel per recognitionem *plene et per judicium deductam.* Quoniam,[1] si hoc per concordiam[2] fieret, mulier non teneretur observare. Cum enim mulier sub potestate viri sui sit constituta, vir ejus de ea et rebus suis et hereditate poterit disponere ad suæ arbitrium voluntatis, nec ea illo vivente aliquid de prædictis potest vendere, alienare vel impedire in ejus absentia; sed ejus factum potest revocare et irritare. Nec aliquid reclamare contra alium ipsa potest nec revocare, nec audiri in absentia viri sui, sed vir cum ipsa de omnibus quæ ad eam pertinent debet audiri. Sunt autem quidam casus, in quibus ea in absentia viri sui debet audiri; videlicet, si eam vir mehaigniaverit, ut eruendo oculum vel frangendo brachium, vel hujusmodi, vel [si] ejus corporis

pondra plus par enqueste de brief. L'en doibt sçavoir que l'homme encombre le mariage de sa femme, quant il faict en quelque manière que ce soit que elle en est dessaisie, mesmement se elle le vendoit, ou forjuroit; se il n'est gaingné vers elle par la loy de bataille ou par recognoissant. Car se concorde en estoit faicte par son mary, la femme ne seroit pas tenue à la garder. Car dès ce que la femme est en la pooste de son mary, il peut faire à sa volunté de elle, et de ses choses, et de son héritaige : et ne peut [elle] riens vendre tant comme il vive, ne encombrer en derrière de luy que il ne puisse rappeller. Mais elle ne peut rappeller ce que il faict, ne estre ouye, tant qu'il vive, en derrière de luy, mais ils doibvent estre ouys ensemble de toutes les choses qui appartiennent à elle. Il y a ung cas en quoy femme doibt estre ouye en derrière de son mary, si comme, se son mary la méhaigne, ou luy crève les yeulx, ou luy brise les bras, ou il a acoustumé[3]

---

(1) *Quoniam* ┼ * *fieret*—Éd. 1483. Une légère variation dans les autres.   (2) *Concordiam*—i.e. *mariti :* par son accord, ou avec collusion de sa part.   (3) *A acoustumé*—Cf. l'expression pareille dans l'*Extente* de 1607 : " every one have heretofore acoustomed," &c. V. l'*errata* ci-après.

2 G

enormi percussione, frequenter et indebite, male et infamose, [eam] tractare consueverit; hujusmodi actiones correctiones non judicantur. Item si mulier, viro suo in celebri[1] peregrinatione profecto vel negotiatione longinqua, dessaisiata fuerit, vel ei aliquid exciderit, licet absens vir ejus fuerit, audienda est, ne mora viri auferat inquisitionem infra diem et annum ei in tali concessam. Viro tamen in provincia existente, in ejus absentia nullo modo est audienda. Sciendum autem est, quod de maritagio impedito breve currere debet in hac forma: Si M. dederit plegios de clamore suo prosequendo, submone recognitionem, quod sit ad primas assisias bailliviæ ad recognoscendum, utrum terram quam Catho ei difforciat sit de ejus maritagio, vel de ejus hereditate ad eam devoluta, et utrum Titius, maritus ejus qui in hoc anno obiit, illud idem impedivit et quomodo; terra videatur, et sit in pace. Hæc visio modum sequitur NOVÆ DESSAISINÆ, excepto tamen quod garantus in ea potest vocari, et vocatus ad garantum alium potest vocare garantum. Tertius autem vocatus

à la traicter villainement, car ainsi ne doibt l'en pas chastier femme. Et se femme est dessaisie en aulcune manière, ou aulcune chose luy eschiet, tant comme son mary est en pèlerinage ou en loingtaine marchandise, elle doibt estre ouye, jà soit ce que son mary ne soit pas présent, que la demeure de l'homme ne luy tolle l'enqueste dedens l'an et le jour; mais se son mary est en la contrée,[2] elle ne doibt de rien estre ouye sans luy. L'en doibt sçavoir, que de mariage encombré doibt le brief estre faict en ceste forme: Se M. te donne plège de suyr sa clameur, semond le recongnoissant du voisiné, que il soit aux premières assises du bailliage, à recongnoistre, sçavoir, se la terre que T. luy defforce est de son mariage, ou son héritaige qui luy soit escheu, et sçavoir se G. son mary, qui mourut en cest an, luy encombra, et comme: la terre soit veue dedens ce, et soit en paix. Ceste veue ensuit la manière de celle de NOUVELLE DESSAISINE, mais garant y peut estre appellé. Et celuy qui est appellé à garant

---

(1) *Celebri*—i.e. *majori* ou *solenniori*. V. n. 2 et 3, p. 207.    (2) *Contrée*—V. n. 2, p. 149.

ad garantum non potest quartum vocare, quia sic contingeret ultra quartam in defensione personam querelam protendere. Nullus enim ultra quartum exonium [et] tertium garantum, quæ est quarta in defensione persona, potest querelam prorogare ; nec etiam aliquis fugitivus ultra quartam assisiam potest absentare, quin statim forbanisationis judicium subsequatur ; nec etiam aliquis ultra quartam assisiam post visionem terræ, ratione hereditatis impeditæ, potest deficere. Quod si factum fuerit, adversæ parti debet terræ saisina remanere, vel restitui. Sciendum itaque est quod, si quis[1] uxoris suæ hereditatem eidem excidentem ex antecessorum defectu, licet ejus saisinam nondum habuerit, *sive in toto sive in portione*, et vir ejus[1] eam vendat vel alio modo impediat ; defuncto viro suo, infra diem et annum eandem saisinam habebit quam vir ejus ei impedivit. Si vero quis terram venditam revocaverit, ratione uxoris suæ, eo quod ipsa, propinquitate generis, esset propinquior ad venditionem obtinendam, et etiam ipse eam postea vendat, post ejus decessum eam poterit revocare ut maritagium impeditum. Non enim maritus ejus res venditas revocare ad opus suum, sed ad

peut appeller ung aultre, et l'autre le tiers, mais le tiers qui est appellé à garant ne peut appeller le quart ; car ainsy eslongneroit il trop le plet. Aulcun ne peut avoir plus de quatre exoines, ne appeller le quart garant, ne aulcun qui soit fuytif ne peut deffaillir oultre la quarte assise, que il ne soit forbany, ne aulcun à qui l'on demande héritaige ne peut défaillir oultre la quarte assise depuis la veue. Et se il défault plus, la saisine de la terre doibt estre rendue à l'autre partie. Se aulcun vend l'héritaige de sa femme qui luy est escheu de ses ancesseurs, jà soit ce que elle n'en eust la saisine, elle aura, dedens l'an et le jour de la mort de son mary, la saisine que il luy encombra. Se aulcun rappelle par la raison de sa femme terre qui soit vendue, pour ce qu'elle est du lignage de celuy qui la vend ; se le mary la vend après, la femme la pourra rappeller après sa mort comme mariage encombré, car le mary n'eust peu rappeller la vente pour luy, mais à sa femme:

---

(1) *Quis, vir ejus*—Tous les deux sujets de *vendat*, la construction étant confuse.

opus uxoris suæ revocare, potuisset ; unde non sibi sed uxori suæ eam revocavit. Si quis vero terram emerit, quæ per hereditatem uxori suæ debeat devenire, vel cujus venditionem ipsa esset propinquior ad revocandum, hujusmodi emptio viro, non mulieri, remanebit et ejus heredibus ; ipse enim ad opus suum emit, et non ad opus mulieris suæ revocavit. Sciendum est quod nulla mulier, vivente sponso, aliquid hereditatis per emptionem seu per feodationem potest retinere, quod mariti sui heredibus post ejus decessum non oporteat remanere. In emptionibus autem hereditatis, quas vir fecerit, uxor nullam habebit portionem, excepto borgagio, in quo medietatem[2] habebit. Si qua vero hereditas mulieri data fuerit post contractum matrimonium, eam bene poterit possidere. Nulla vero mulier, contra fratres suos vel eorum heredes, aliquid ratione hereditatis potest reclamare, nisi id solummodo quod ei ad eam maritandam datum vel concessum fuerit, prout per recordationem maritagii probatum fuerit evidenter. Si enim ei nihil datum fuerit, ultra nulla ratione here-

et pour ce ne rappelle il pas pour luy, mais pour sa femme. Se aulcun achepte[1] terre, qui par héritage deust venir à sa femme, ou de quoy elle peust rappeller la vente, par ce qu'elle est la plus prouchaine du lignaige, l'achapt[1] ne remaindra pas à la femme, mais à l'homme et à ses hoirs ; car il achepta à soy, et ne le rappella pas pour sa femme. L'en doibt sçavoir que, tant comme le mary vit, la femme ne peut point retenir d'héritaige par achapt ne par fieffement, qui il ne convienne ramener aux hoirs son mary,[4] après sa mort. En achapt que le mary face d'héritaige, n'aura la femme point de partie, fors en bourgaige, où elle a la moytié.[2] Se aulcun héritage est donné à la femme puis que elle est mariée, elle le peut bien possider.[3] Femme ne peut rien réclamer, contre les frères ne contre leurs hoirs, par raison d'héritaige, fors sans plus ce qui luy fut donné ou ottroyé à mariage, si comme il pourra estre prouvé par le record du mariage. Et se rien ne luy fust donné, elle ne pourra rien réclamer par raison de héri-

---

(1) *Achepte, achapt*—Dans les éd. précéd. *achette, achat.*     (2) *Moytié*—V. p. 97, l. 14.
(3) *Possider (sic)*—"Entendez après le décès de son mary : car, de son vivant, il en est "reputé seigneur, aussi bien que des autres biens de sa femme : mais ses hoirs n'y auroient "rien."—*Terrien, in loc.*     (4) *Mary*—Cas possessif : *mariti.* Pareillement on trouve *l'héritage leur père : patris hereditas ;* etc.

ditatis aliquid poterit reclamare, contra fratres suos vel eorum heredes : contra sorores tamen semper erunt æquales. Mulier autem ultra tertiam partem hereditatis versus fratres suos vel eorum heredes non potest reclamare. Si vero duo, vel unus, fratres fuerint, et una soror, vel quantumlibet plures fuerint sorores, omnes solummodo tertiam partem habebunt hereditatis per successionem ad eas devenientem. Sciendum etiam est quod, si quattuor fuerint fratres et una soror, ipsa majus maritagium quam portionem unius eorum non poterit habere, nisi fuerit de consensu eorum. Unde sciendum est, quod omnes sorores non possunt habere ratione portionis, quotquot fuerint, nisi tertium hereditatis solummodo. Una autem soror si fuerit contra decem fratres, vel plures vel pauciores, majorem portionem quam unus fratrum habere non poterit. Si autem pater ultra tertium hereditatis suæ filiabus suis dederit, ejus successores die et anno post obitum suum per inquisitionem illud poterunt revocare. Quodcunque autem frater, nepos[1] *vel avunculus*[2] vel quicunque alii, exceptis patre vel matre, mulieribus in maritagio dederint, firmiter

tage contre ses frères ne contre leurs hoirs ; mais vers seurs, elles seront pers. Femmes ne pevent riens réclamer vers leurs frères ne vers leurs hoirs, plus que le tiers de l'héritaige. Se il y a ung frère ou deux, et une seur ou plus, toutes les seurs auront le tiers de l'héritaige tant seulement. Mais se il y a quattre frères ou plus, et une seur, elle n'aura pas partie en l'héritaige greigneure que ung des frères, se ce n'est par leur consentement. Et combien que il y ait de seurs, elles ne pevent avoir, par raison de partie, que le tiers de l'héritage : et, se il y a une seur contre dix frères, ou contre moins, si ne pourra elle pas avoir greigneure partie que ung de ses frères. Se le père a donné à ses filles plus que le tiers de son héritaige, les fils le pourront rappeller par enqueste, dedens l'an et jour que le père sera mort. Tout ce que les frères, ou les nepveux,[1] ou aultres, fors[3] père et mère, donneront à femme en mariage, doibt estre gardé fermement. Et

---

(1) *Nepos, nepveu*—Ici, dans le sens moderne de *neveu*. V. n. 1, p. 74, et n. 4, p. 239.
(2) *Avunculus*—Dans *Le R. advunculus :* employé tant du *patruus* que du *avunculus* proprement dit.     (3) *Fors*—Dans le texte *comme*.

est observandum et a datoribus garantizandum. Parentes autem primi filias suas, quotquot habuerunt, maritare possunt de catallo, et uni portionem omnibus debitam dare possunt, nec eam heredes poterunt reclamare. Nullus autem maritagium indebitum poterit reclamare, nisi super hoc moverit [querelam] die et anno post decessum donatoris, *et eam sine intermissione fuerit prosecutus*, vel ex die et anno, post ejus decessum, [quo] ad ætatem pervenerit. Si autem sorores contra fratres suos maritagium requisierint, si fratres eas custodire et maritare voluerint competenter, eas in suam custodiam usque ad diem et annum habebunt, ut eas maritent competenter, dum tamen eis necessaria, prout hereditatis facultas requirit, inveniant competenter : si vero, per testimonium viciniæ, fratrum defectum poterint probare, portiones sibi debitas ad se maritandas recipient. Quod plenius in Capitulo DE PORTIONIBUS[1] est tractatum.

## CII.—DE DOTE MULIERIS.

Acto itaque de maritagio impedito, et [de] lege et usibus

ceulx qui luy donnèrent [le] luy doibvent garantir. Le père et la mère pevent marier leurs filles de leur chatel, combien que ils en ayent, et pevent donner à l'une partie de l'héritaige que les aultres deussent avoir, ne les fils n'y pourront rien réclamer. Le frère ne se peut plaindre que ses seurs ayent désadvenant mariage, se il n'en meut le plet dedens l'an et le jour de la mort à celuy qui le donna, ou dedens l'an et le jour qu'il est venu en aage. Se les seurs demandent à leurs frères mariage, et les frères les veullent garder et marier convenablement, ils les auront en garde ung an et ung jour, pour les marier convenablement ; et leur trouveront ce que mestier leur sera, selon l'aisement de l'héritaige. Et se elles pevent prouver, par le tesmoing des voisins, que ce soit par la deffaulte aux frères que elles ne sont mariées, elles auront leur partie de l'héritaige à eulx marier, si comme nous dismes plainement eu Chapitre DE PARTIES D'HÉRITAGE.[1]

## CI.—DE BRIEF DE DOUAIRE À FEMME.

Nous avons dict de mariage encombré, et de la loy et des

---

(1) Chap. xxvi.

per quos habeat revocari, de dote[4] postea videndum est, et lege et usibus per quos contentio de dote procreata debeat terminari. Notandum ergo est, quod relicta in dotem habere debet, per consuetudinem Normanniæ, tertiam partem totius feodi, quod maritus suus tempore matrimonii contracti dignoscitur possidere. Notandum etiam est quod, si maritus suus tempore matrimonii contracti nullum feodum possideat,[2] relicta tertium habebit de feodo quod pater vel avus tempore matrimonii contracti hereditarie possidebant, dum tamen ipsi contractui præsentes fuerint in facie ecclesiæ, vel ipsum matrimonium procuraverint, et consenserint, et approbaverint[2] : dum tamen ipsi heredes alios non habuerint. Si enim alios heredes haberent, ipsa dotem suam percipiet de portione maritum suum contingente : et hæc dos facienda est post decessum patris vel avi, si vidua remanserit. Si vero pater vel avus contractui matrimonii non consenserint, sed ipsum reprobaverint matrimonium, post decessum mariti sui nullam relicta dotem reportabit, nisi de saisina mariti sui quam habebat quando eam duxit in uxorem, vel de eo

usaiges[3] par quoy il doibt estre rappellé : or convient veoir de douaire, et de la loy et des usages[3] par quoy le contends, qui naist de douaire, doibt estre finé. L'en doibt sçavoir, que femme doibt avoir en douaire, par la coustume de Normendie, le tiers de tout le fief que son mary avoit eu temps qu'il l'espousa. Et se le mary n'estoit de rien saisy quand il l'espousa, et que son père ou son ael tenoit encoires tout le fief ; se ils furent présents au mariage, ou le pourchassèrent ou consentirent, la femme aura, après la mort [de] son mary,[1] le tiers du fief que le père ou l'ael [à] son mary[1] tenoit eu temps que le mariage fut fait ; se ils n'avoient aultres hoirs. Et se ils avoient aultres, elle aura son douaire de la partie qui succéderoit à son mary, s'il vivoit. Et ce douaire doibt estre fait après la mort au père ou à l'ael, se elle remaint veufve. Se le père ou l'ael ne s'acordèrent pas au mariage, ains le blasmèrent, elle ne emportera, après la mort à son mary, point de douaire, fors de ce dont il estoit saisy quand il espousa, ou

---

(1) *Mort son mary, ael son mary*—V. n. 4, p. 244.  (2) *Possideat * * * * approbaverint*—Le texte ici a été transposé.  (3) *Usaiges, usages*—Sic.  (4) *Dote*— V. *Glanville*, **VI.**

feodo quod postea ad ipsum devenit, recta linea descendendo. Notandum siquidem est, quod relicta majorem dotem non potest habere quam tertiam partem feodi, quacunque in contractu matrimonii mariti sui conditione apposita. Nullus enim ultra tertium feodi potest in dotem concedere; quod si fecerit, quicquid datum est ultra tertium post ejus decessum debet ad irritum revocari. Minorem autem dotem quam tertium potest habere relicta, secundum conditiones in contractu matrimonii habitas et concessas. Si enim mulier, quando ducta fuit in uxorem, concessit et consensit se dotari de mobili vel de terra specificata, illud ei debet post decessum mariti sui sufficere, quod in contractu matrimonii concessit se pro dote recipere et consensit. Si autem in contractu nulla fuerit mentio dotis, vel conditio divulgata, relicta ad tertium saisinæ feodi viri sui poterit recurrere, quam habebat quando ipsam duxit in uxorem. Notandum etiam est, quod relicta nec dotem nec portionem de acquisitionibus, quas post contractum matrimonium maritus ejus fecerit, reportabit, excepto borgagio, in quo habebit medictatem,[3] sed dotem in hujusmodi habere non poterit. Notandum etiam est

de ce qui depuis luy est escheu en droicte ligne. L'en doibt sçavoir, que femme ne doibt avoir en douaire plus que le tiers du fief, quelque convenant qu'il soit faict aux espousailles; car aulcun ne peut donner en douaire que le tiers de son héritaige. Et se plus il en donne, tout ce que[1] il en donne, oultre le tiers, doibt estre rappellé après son décès. Moins que le tiers peut avoir femme en douaire, selon les convenances des espousailles; car se la femme ottroya et consentit ès espousailles, que elle fust douée de chatel, ou de une pièce de terre qui fut nommée, ce luy doibt suffire après la mort son mary,[2] puis que elle si consentit ès espousailles. Mais se il n'y eust point de convenant faict, elle pourra recourir au tiers du fief, de quoy son mary estoit saisi quand il l'espousa. L'en doibt sçavoir, que femme ne peut avoir douaire ne partie en conquest, que son mari ait faict puis que il espousa; fors en bourgage, où elle aura la moitié,[3] mais de douaire n'y aura elle point. Et se le

(1) *Tout ce que*—Dans les éd. précéd. *quanque;* un mot V. F. ayant le même sens.
(2) *Mary*—V. n. 4, p. 244, et n. 1, p. 247.    (3) *Medictatem*—V. n. 2, p. 244.

quod, si maritus habens comparticipes, tempore matrimonii contracti, totum feodum antecessorum
possidet, uxor tamen ejus dotem
non habebit de portionibus com-
participium suorum, nec etiam
si ad eundem, per excidentiam,
post tempus factæ redierint portionis. Si autem maritus obierit
nondum factis portionibus, et
heres de tertio feodi relictam
dotaverit, portionibus postea factis
et reclamatis, ipsa relicta dote
sua privabitur ; et dotem in sola
mariti sui percipiet portione, et
non in portionibus aliis, in quibus
dotem percipere non poterat nec
habere ; non enim quis de feodo,
quod non sibi sed aliis possidet,
potest vendere vel dare vel feo-
dare *vel in dotem tradere*, nisi hoc
solum quod ad suam pertinet
portionem. Notandum etiam est,
quod nulla mulier dotem reportabit de feodo mariti sui, si inter
ipsos divortium fuerit celebratum, licet pueri ex ipsis procreati
*hereditatem habeant et* legitimi
reputentur. Illa enim sola mulier
dotanda est de mariti sui feodo,
quæ in morte cum eodem invenitur matrimonio copulata. Si
autem contracto matrimonio maritus decesserit, nondum ipsis
insimul in eodem receptis cubi-
culo, relicta de terra sua nullam
dotem poterit reportare. Tunc

mary a parçonniers eu temps
qu'il se marie, et il est encoires
saisy de tout le fief, sa femme
n'aura pas douaire des parties à
ses parçonniers, ne mesme se ils
escheoient à son mary depuis
qu'il leur auroit faict partie.
Et se le mary meurt ains qu'il
en ait faict partie, et le tiers de
tout le fief est donné en douaire
à la femme, et les parçonniers
recepvent[1] depuis leurs parties,
la femme perdra le douaire qui
luy en fut faict, et aura seulement
douaire de la partie à son mary,
et non pas des aultres parties.
Car aulcun ne peut donner,
vendre, fieffer ne bailler rien de ce
qu'il posside eu nom de aultruy,
fors de ce sans plus qui appartient à sa partie. L'en doibt
sçavoir que femme n'a point de
douaire du mary, dont elle est
départie, jà soit ce que les enfants qui soient nés d'eulx sont
tenus pour loyaulx ; car celle
seulement doibt avoir douaire
qui estoit avec son mary quant
il mourut. Se l'homme meurt
après ce qu'il a prins femme,
ains qu'ils ayent couché ensemble
en ung lict, la femme n'aura
point de douaire ; car au coucher

---

(1) *Recepvent*—Dans les éd. précéd. *reçoivent.*

2 H

enim mulier, per consuetudinem[2] Normanniæ, jus in dotem habendam dicitur obtinere, cum sponsa mariti sui cubiculum subintraverit. Heres siquidem antecessoris relictam dotare non tenetur, nisi de solo feodo antecessoris quod possidet : si enim maritus de feodo suo vendiderit vel tradiderit, dotem suam relicta potest requirere contra feodi possessores. Notandum etiam est, quod garantus in hujusmodi querela potest vocari, omni eodem modo sicut superius dictum est in revocatione maritagii impediti. Duobus autem modis potest mulier dotem suam contra detinentes requirere, aut per BREVE DE DOTE aut per RECORDATIONEM. Per breve autem requirit mulier dotem suam, quando, materia querimoniæ de dote in brevi redacta, per legem inquisitionis coram justiciario proceditur in querela. Conficitur autem BREVE DE DOTE in hac forma : Si M. dederit plegios de clamore suo prosequendo, submone recognitionem de vicineto, quod sit ad primas assisias bailliviæ ad recognoscendum, utrum N. maritus ejus erat saisitus, quando duxit eam in uxorem, de terra apud Valonias, modo

ensemble gaigne[1] femme son douaire, selon la coustume[2] de Normendie. Le hoir n'est tenu à douer la femme à son ancesseur, fors de ce qu'il tient de son fief. Et se le mary a baillié ou vendu de son fief, la femme si en peut demander douaire à celuy qui le tient. Et si debvons sçavoir, que garant peut estre appellé en ce plet, ainsi comme en BRIEF DE MARIAGE ENCOMBRÉ. En deux manières peut femme demander son douaire envers ceulx qui le tiennent, ou par BRIEF DE DOUAIRE ou par RECORD. Femme demande son douaire par brief, quand la matière de la plaincte est contenue eu brief, et est terminée par enqueste. BRIEF DE DOUAIRE est fait en ceste forme : Se M. te donne plège de suyr sa clameur, semond le recongnoissant du voisiné, que il soit aux premières assises du bailliage à recongnoistre, sçavoir, se T., son mary, estoit saisy d'une terre quand il l'espousa, qui est située et assise à Valognes, en telle manière que

---

(1) *Gaigne*—Dans les éd. précéd. généralement *gaengne*.　(2) *Consuetudinem* — V. dans l'*errata*, les maximes, tout-à-fait opposées, du Droit Romain sur ce point.

quo inde eam dotare posset et deberet, cujus ei dotem difforciat T. minus juste, sicut dicit; visionem interim terræ teneas, et sit in pace. Hujusmodi autem inquisitio, de verbis in brevi expressis, omni eodem modo facienda est, sicut superius est expressum in Capitulo NOVÆ DESSAISINÆ. Potest autem hæc inquisitio fieri de saisina, quam pater vel mater vel avus vel avia mariti sui tempore contractus matrimonii possidebant, ad quod matrimonium interfuerunt vel procuraverunt, quæ siquidem saisina descendere debeat ad maritum. Hujus autem dotem post decessum eorum potest reclamare contra detinentes, [etiam] si maritus ejus de ipsorum feodis in maritagio nullam habuerit portionem.

il en peust et deust douer, de quoy N. luy defforce son douaire à tort, si comme elle dict; tien dedens ce la veue de la terre, et soit en paix. Telle enqueste doit estre faicte des parolles qui sont contenues eu brief, si comme nous dismes eu BRIEF DE NOUVELLE DESSAISINE. Après ce doibt l'enqueste estre faicte de la saisine que le père ou la mère ou l'ael ou l'aelle au mary de la femme avoient eu temps des espousailles, et se ils furent au mariage ou le pourchassèrent. Et se la saisine debvoit descendre au mary par héritaige après le décès d'icelle gent,[2] peut la femme demander douaire envers ceulx qui la tiennent, jà soit ce que le mary n'en fust oncques ensaisiné.

## CIII.—DE RECORDATIONIBUS.[1]

De recordatione autem eorum, qui ad contractum matrimonii præsentes fuerunt, potest dos reclamari vel defendi, dum tamen, in contractu matrimonii, dos de pecunia vel de terra specificata fuerit assignata. Et in hujusmodi recordatione non possunt parentes et amici saonnari, cum ad solennitatem matrimonii parentes

Par le record de ceulx qui furent aux espousailles peut douaire estre réclamé ou deffendu, pourtant que le douaire fust déterminé aux espousailles de chatel ou de certaine pièce de terre. En ce record ne pevent estre saonnés les parents ne les amys; car à mariage faire de-

---

(1) *De recordationibus*—Dans le texte Français, ce Chapitre fait partie de celui qui précède : DE BRIEF DE DOUAIRE.    (2) *Gent*—Pareil au Latin *gens*, dans son sens de *genus* ou *stirps*.

et amici maxime et specialiter requirantur. Et illud, quod per recordationem majoris partis, dum tamen septenariam [2] attingat quantitatem, recognitum fuerit, observetur, receptis tamen prius sacramentis a singulis de veritate recordanda. Unde notandum est, quod recordatio est rei factæ ad memoriam reducta series, et in curia enarrata. Quædam vero recordationes sunt curiæ Regiæ, quædam scacarii, quædam assisiæ, quædam duelli, quædam visionis, quædam pasnagii : alia maritagii, quæ superius est expressa.

mande l'en espécialement les parents et amys. Et ce que la greigneure partie dira, pourtant qu'il y en ait sept, doit estre gardé, mais qu'ils soient tels qui soient prins par serment qu'ils diront voir. Pour ce dict l'en, que record est racontement de chose qui a esté faicte. Il y a record de Court de Roy, record d'Eschiquier, record d'assise, record de bataille, record de veue, record de pasnage, [1] [et] record de mariage, de quoy nous avons dict devant.

## CIV.—DE RECORDATIONE CURIÆ REGIÆ.

Recordatio autem curiæ Regiæ est recordatio eorum quæ fiunt coram Domino Rege. Quæcunque enim coram ipso fiunt, se altero a quocunque *et jure constituto*,[3] habent recordationem ; et hanc potest facere, se altero. Et si ipse non velit recordari, per tres alios recordatores faciet recordari. Et ejus persona nec ad hanc nec ad aliam actionem potest saonnari. Quæcunque enim coram ipso facta sunt in jure, statim debent habere robur perpetuæ firmitatis.

## CII.—DE RECORD DE COURT DE ROY.

Le record de Court de Roy est record des choses qui sont faictes devant le Roy. Toutes les choses qui sont faictes devant le Roy, pourtant qu'il y en ait ung aultre avec luy, ont record. Ce record peut il faire, soy et aultre. Et se il ne le veult faire, il peut estre faict par trois aultres ; et sa personne ne peut estre saonnée, ne en ce ne en aultre chose. Toutes les choses qui sont faictes en droict, par devant luy, doibvent avoir pardurable fermeté.

---

(1) *Pasnage—Pensnage* dans *Le R.* de sept, au moins. (3) *A * * * constituto—Sic. Ludewig* l'écrit : *de (sic) altero a quocunque in jure*, etc. (2) *Septenariam*—i. e. si cette majorité est composée

## CV.—DE RECORDATIONE SCACARII.[1]

Recordatio autem scacarii habet fieri ad minus per septem personas fide dignas, injuncto eis verum dicere super sacramentum quod fecerunt Domino Regi, et concesso ab eisdem ; et si Domino Regi sacramentum non fecerint, in jure jurare debent quod veritatem recordabunt. Partes autem adversæ, si aliquam recordationem saonnare voluerint, sunt audiendæ; et hoc in omni recordatione curiæ locum habet, exceptis persona Regis et Justiciarii, nisi in causa propria. Recordatio autem hujusmodi, de his quæ in scacario facta sunt vel dicta vel concessa, potest haberi.

## CVI.—DE RECORDATIONE ASSISIÆ.

Recordatio autem assisiæ eodem modo debet fieri, hoc tamen apposito, quod recordatio scacarii in scacario, recordatio assisiæ in assisia, debet teneri.

## CVII.—DE RECORDATIONE DUELLI.

Recordatio autem duelli per septem recordatores *et servientes* juratos habet fieri, in cujuscunque curia teneatur.

## CIII.—DE RECORD D'ESCHIQUIER.

Record d'Eschiquier doit estre fait au moins par sept personnes créables, à qui l'en doibt enjoindre qu'ils diront vérité par le serment qu'ils ont fait au Roy, et ils le doibvent ottroier. Et se ils n'ont faict serment au Roy, ils doibvent jurer que ils recorderont et diront vérité. Et se les parties veulent saonner aulcun desdicts recordeurs, ils doibvent estre ouys. Et ce a lieu en quelque record que ce soit en Court, excepté la personne du Roy et celle du Bailly, fors en leurs propres causes. Ce record peut estre en des choses qui sont faictes et dictes ou ottroiées en l'Eschiquier.

## CIV.—DE RECORD D'ASSISE.

Record d'assise est fait en la manière comme celuy d'Eschiquier, fors que le record d'Eschiquier est tenu en Eschiquier, et celuy d'assise est tenu en assise.

## CV.—DE RECORD DE BATAILLE.

Record de bataille doibt estre faict par sept hommes jurés, en quelque Court que la bataille ait esté faicte.

---

[1] *Scacarii*—V. n. 1, p. 141.

## CVIII.—DE RECORDATIONE VISIONIS.

Recordatio autem visionis habet fieri per quattuor milites recordatores, et servientem, et octo legales homines, præstito a singulis corporis sacramento ; cum eadem rei proprietas exigatur. Si autem de dessaisina visio fuerit, vel ex alia querela consimili, sine militibus, per duodecim homines legales et servientem potest fieri recordatio, præstito sacramento.

## CIX.—DE RECORDATIONE PASNAGII.

Recordatio autem pasnagii eodem modo facienda est.

Insuper autem animadvertendum est, quod quæcunque fiunt coram Rege, seu Duce, cum altero recordationem habent ; quæcunque etiam fiunt in scacario, vel in assisia, recordationem habent ; et visiones similiter habent de eo, quod eisdem ostenditur. Duellum vero et pasnagium non habent recordationem, nisi de se solummodo, et eis quæ fiunt in ipsis et ad ea pertinentibus. Insuper autem sciendum est quod recordationes, quæ fiunt in assisia sive in scacario, de omnibus quæ in eis fiunt, possunt facere recordamentum ; et ideo solennes dicuntur,

## CVI.—DE RECORD DE VEUE.

Record de veue doibt estre faict par quatre chevalliers, et par le sergent, et par huict loyaulx hommes, qui doibvent chascun jurer, quand l'en plède pour la propriété de la chose. Mais se la veue est de dessaisine, ou d'aulcune telle chose, il peut estre faict par douze loyaulx hommes, qui par leurs serments jureront qu'ils recorderont vérité, et par le sergent.

## CVII.—DE RECORD DE PASNAGE.

Record de pasnage[1] doit estre faict en telle mesme manière comme celluy de veue.

L'en doibt sçavoir, que toutes les choses qui sont faictes par devant le Roy, ou par devant le Duc, quand il est soy et aultre, portent record. Toutes choses qui sont faictes en Eschiquier ou en assise portent record. Toutes veues ont record de ce qui est monstré. Bataille ne pasnage n'ont pas record, fors de ce qui à eulx appartient. Et si doibt l'en sçavoir, que les records qui sont faicts en Eschiquier, ou en assise, portent record de toutes les choses qui y sont faictes. Et pour ce sont ils appellés solennels, car toute chose,

---

(1) *Pasnage*—"Pasnage est la paisson, ou pasture, provenant des fruicts des forests, "comme du gland, ou de la fayne qui est le fruict du haistre. Il est aussi appelé *glandée*." —*Terrien, in loc.* V. n. 3, p. 28.

eo quod quicquid in assisia vel in scacario celebratur, per eorum recordationem, sortiri debet observationis suæ fulcimentum.[1] Sciendum etiam est, quod recordatio per tales personas debet fieri, quæ in Ducis curia a judicio faciendo non debeant amoveri : quod plenius, in Capitulo DE JUDICIO, superius expressum est. Notandum etiam est, quod sex recordatores ad minus concorditer consentire debent, ad hoc quod eorum recordatio conservetur. Et cum omne recordamentum ex dictis vel ex auditis debeat procreari, exigitur ad hoc quod competens fiat recordatio, quod recordatores id de quo fit recordatio se vidisse proferant vel audisse. Sciendum etiam est, quod recordatio septimi, si sex eorum concordes fuerint, non potest petenti recordationem suam irritare. Sciendum etiam est quod, nisi sex recordatorum concorditer recordamentum protulerint pro petente, ejus actio pro irrita reputabitur et inani. Notandum etiam est, quod sex recordatores, consentientes ad unum idem concorditer, recordationi suæ exhibent firmitatem, dum tamen non sint plures illi, qui suæ recordationi se contrarios exhibeant, *recordationem eorum veram non esse proferentes.* Et

qui a esté faicte en Eschiquier ou en assise, doit avoir fermeté, quant il est recordé. L'en doit sçavoir, que record doibt estre faict par telles personnes qui en la Court du Duc ne doibvent pas estre ostées de faire jugement, dont nous avons parlé cy dessus plus à plain eu Chapitre DE JUGEMENT. Il convient que sept recordeurs au moins soient à ung accord, à ce que leur record soit gardé. Et par ce que tout record doibt estre faict de ce qui a esté dict et ouy, il convient, à ce que le record soit convenable, que les recordeurs dient qu'ils virent et ouyrent ce qu'ils recordent. Se les six sont en ung et le septiesme se descorde, il ne peut pas casser le record. Et se six ne dient pour celuy qui demande record, sa demande ne vault rien. Et se six sont à ung, le record est tenable, pourtant qu'il n'y ait plus qui soient encontre, car l'en se doibt tenir

---

(1) *Fulcimentum*—Dans le texte *fulsimentum.*

hujus majori parti consentiendum est, videlicet in recordationibus illis in quibus quantitas recordatorum duodenarium numerum transcendit. Et, licet in judiciis judiciariorum personæ non valeant saonnari, nisi negotium eorum tractetur vel partium fuerint consiliarii, in recordationibus tamen [illi], quos amor vel odium vel favor certa suspectione esse demonstraverint repellendos a recordatione, possunt et debent amoveri.

à la greigneure partie des recordeurs, où il y a plus de douze hommes. Et jà soit ce que, à faire jugement, les personnes des jugeurs ne puissent estre saonnées, se ce n'est en leurs propres causes ou en celles où ils ont esté plédeurs, l'en peut bien saonner ès records ceulx qui sont souppeçonneux, ou par amour ou par grâce ou par hayne.

## CX.—DE PETENTE RECORDATIONEM.

Si quis autem recordationem petat, et recordatores in scriptum reduxerit, et tanta pars eorum jam decesserit vel a provincia recesserit, quod recordamentum suum habere non possit, per vivos et in provincia residentes[2] * * * ; * * non[1] propter hoc recordatio petita ei querelæ amissionem vel adversario suo * * * * dicimus reportare,[1] cum non in recordatione sua defectus, sed in recordatoribus, valeat inveniri. Sciendum etiam est, quod in recordatione res contentionis in manu Principis debet firmiter observari, quousque, facto recordamento vel alio quocunque modo recordationis, querela fuerit ter-

## CVIII.—DE CELUI QUI DEMANDE RECORD.

Se aulcun demande record, et il mist en escript les recordeurs, mais si grant partie en est morte, ou allée hors de la contrée, que il ne peut pas avoir leur record, par les vifs ou par ceulx qui sont en la contrée *doibt le record estre faict ;* et ne doibt l'en pas pour ce dire, que il ait perdu sa querelle, ne que son adversaire l'ait gaignée ; car ce n'est pas en sa deffaulte, mais en celle des recordeurs. Et si doibt l'en sçavoir, que la chose de quoy le record est doibt estre fermement gardée en la main du prince, tant que l'en ait eu le record.

---

(1) *Non* * * * *reportare* — Le texte est ici très obscur : il y a, sans doute, et erreurs et omissions ; peut-être un exemple marqué de *zeugma.* (2) *Residentes* — On doit suppléer les mots *recordatio debet fieri.*

minata. Et sciendum est quod, cum recordatio evocatur in curia assisiæ, vel scacarii, vel præsentiæ Principis, partibus in ea ad procedendum in querela constitutis, ibidem sine dilatione debet teneri, si recordatores præsentes fuerint a recordationem petente nominati.

## CXI.—DE PATRONATU ECCLESIÆ.[1]

De jure patronatus et de presentatione agendum est : cujus inquisitio, cum super saisinam præsentandi moveatur, per breve solet terminari in hac forma : Si Titius plegios dederit de clamore suo prosequendo, submone recognitionem *patriæ*, quod sit ad primas assisias bailliviæ ad recognoscendum, quis ultimam personam ultimo mortuam præsentaverit ad ecclesiam *Vernolii*,[2] quam Catho difforciat eidem ; ecclesiam interim videas, et sit in pace. Unde sciendum est quod Justiciarius, recepto clamore, litteras suas patentes Ordinario debet destinare, sub hac forma : Cum Titius suum nobis clamorem

Et quant l'en demande le record de l'assise, ou de l'Eschiquier, ou de la Court du Roy, et les parties sont en Court, le record doibt estre tenu sans délay, se ceulx sont présents que cil nomme, de qui il[4] demande le record.

## CIX.—DE PATRONNAGE D'ÉGLISE.

Or convient traicter de droicture de patronnage et de présentement d'église, de quoy le plet seult estre finé par brief, quand le plet naist pour la saisine de présenter. Le brief doibt estre faict en ceste forme : Se T. donne plèges de suyr sa clameur, semond le recongnoissant du *voisiné*, que il soit aux premières assises du bailliage à recongnoistre, savoir : qui présenta la derraine personne à l'église de *Fontaines*,[3] que G. luy déforce ; et fay dedens ce veoir l'église, et estre en paix. Et si doibt l'en sçavoir que, dès ce que le Bailly a receu la clameur, il doibt envoyer ses lettres patentes à l'Évesque du lieu en ceste forme : Pour ce que T. nous a monstré sa clameur

---

(1) *Ecclesiæ*—V. *Glanville* II, et XIII, 2, 18.   (2) *Vernolii*—*Verneuil*.   (3) *Fontaines*—Peut-être *Fontaine le Dun*, près d'Yvetôt, ou *Fontaines le Bosq*.   (4) *De qui il*—*Sic*.

monstraverit, quod, cum personam ultimo mortuam ad ecclesiam *Vernolii* presentaverit, eam[3] ei Catho difforciat, auctoritate sua personam novam præsentans, nos ad eandem, ex parte Ducis Normanniæ, vobis firmiter inhibemus, ne aliquam personam ad dictam ecclesiam recipiatis, quousque contentio inter eos plene super hoc fuerit terminata. Sciendum tamen est quod, nisi hujusmodi contentio infra sex menses a vacatione sua fuerit terminata, Ordinarius loci, qui ecclesiis singulis suæ diocesis tenetur providere, eam cui voluerit conferre poterit et debebit. Notandum siquidem est quod, facta inhibitione, infra spatium supradictum pendente cententione, nulli potest conferri ecclesia supradicta, nec Ordinarius aliquem recipere poterit ad eandem. Et hujusmodi inquisitiones ad modum NOVÆ DESSAISINÆ tractandæ sunt, *et debent maturari.* Et notandum est, quod in hujusmodi inquisitionibus et NOVIS DESSAISINIS, si querelatus se absentaverit, quousque *terra, quæ* capta fuerit ad visionem et in assisia sequente, per quadragenam in manu Principis

que, jà soit ce que il présenta la derraine personne à l'église de *Fontaines,* G. [la] luy defforce, et y veult de son auctorité présenter nouvelle personne; nous vous défendons fermement, de par le Duc de Normendie, que vous ne recepvez aulcune personne à celle église, devant que le plet soit finé. Et si doibt l'en sçavoir que, se le contends n'est finé dedens six mois puis que l'église est escheue vacant,[1] l'Évesque qui doibt pourveoir à l'église la pourra donner à qui que il vouldra. Puis que ce défens est faict à l'Évesque, l'église ne peut estre donnée à aulcun, tant que le plet dure, dedens les six moys, ne l'Évesque n'y peut aulcun recepvoir. Et telles enquestes doibvent estre démenées en manière de NOUVELLE DESSAISINE. L'en doibt sçavoir que en ce cas, * * de[2] NOUVELLE DESSAISINE, se cil de qui l'en se plainct se défault, tant que *l'église,* qui fut prinse en la main du Roy à la veue, et à l'assise après, ait esté en la main du Duc par quarante jours, il ne

---

(1) *Vacant*—Dans les éd. précéd. *vacquant.* V. n. 4, p. 4.     (2) *De*—Ainsi *que dans les cas* sous-entendu devant *de.*     (3) *Eam*—Dans le texte *quam.*

fuerit servata, ipse deraisnationem super submonitione præcedente non habebit, hac ratione, quia jam plures pateretur defectus hujusmodi contentio, quæ unum solum exonium et unum defectum debet sustinere. Post jurationem autem factam, requirendum est a juratis, quis personam ultimo mortuam præsentaverit et quomodo ; videlicet tanquam patronus, vel loco patroni. Aliqui[3] enim una vice præsentant qui alia præsentare non debent, ut habetur in quibusdam, ratione portionis hereditariæ, inter quos aliquando ita est compositum super patronatu alicujus ecclesiæ, quod unus una vice et alius alia præsentabit. Multotiens enim contingit, quod aliquis ratione custodiæ, vel *firmæ vel fundi* invadiati, — *cum jus patronatus fundo inhæreat,* — vel attornationis, ad aliquam præsentat ecclesiam ; et tales non tanquam patroni sed loco patronorum præsentant. Sed tales saisinæ prius præsentantibus non sunt reddendæ ; sed eis quorum loco præsentabant, vel eorum propinquis heredibus, si ipsi de medio[1] sint sublati. Si autem in NON SCIRE redactum fuerit quis personam ultimo mortuam præsentavit, per LEGEM PATRIÆ poterit[2] querulus, si voluerit in querelam ulterius de proprietate

pourra plus desréner la semonse, car ainsi [il y] auroit en tel plet plusieurs deffaultes, et il n'y peut avoir que une exoine et une deffaulte. Quand le serment sera faict, l'en doibt demander aux jureurs, lequel présenta la derraine personne, et comme ; sçavoir, se ce fut comme patron, ou eu lieu de patron ; car aulcun présente une fois à une église, qui ne présente pas ung aultre, si comme il advient aulcunes fois entre aulcuns par raison de partie d'héritage, ou par composition faicte entre eulx, que l'un présente une fois et l'autre l'autre ; et aulcunesfois que aulcun présente à aulcune église, par raison de garde, ou de *fief* que il a en gaige, où il a église à donner ; ou comme attourné : et cil ne présente pas comme patron, mais eu lieu de patron. Et telle saisine ne doibt pas estre rendue à ceulx qui derrainement présentèrent, mais à ceulx eu lieu de qui ils présentèrent, ou à leurs prochains hoirs, se ils sont morts. S'il est mis en NON sçAVOIR qui présenta la derraine personne, et cil qui se plainct en veult plus pléder, il pourra demander la propriété par la LOY DU PAYS, ainsi comme d'ung aultre

---

(1) *Medio*—Notre milieu : la vie commune, ou terrestre.    (2) *Poterit*—*Eam requirere* sous-entendu.    (3) *Aliqui, etc.*—V. *Fleta* V, 14, 2.

placitare, tanquam de alio feodo laicali, cum saisina remaneat querelato. Sciendum tamen est quod, si de jure patronatus alicujus ecclesiæ contentio inter personam laicalem et ecclesiasticam fuerit procreata, brevis visio per quatuor milites et quatuor presbyteros, loco propinquiores et fide digniores, qui nulla digna saonnatione a jurea debeant amoveri, brevi lecto, debet sustineri. Plures tamen quam quattuor debent submoneri, si sufficientes possint inveniri, et per eosdem in assisia recognitio fieri de eodem, præsente Ordinario, vel aliquo alio viro discreto et honesto loco ejus, qui cum baillivo et militibus in assisia assistentibus singulos separatim juratores examinabunt, et primo inquirent de jure proprietatis. Et ei ad quem jus proprietatis cognoverint per examinationem factam pertinere, jus patronatus reddent, per judicium militum juratorum, dictis in assisia publicatis a juratoribus, [et] plane prolato se ita veritatem in examinatione protulisse, ut a justiciario est recordatum ; super quo a militibus debet fieri judicium. Si autem de jure proprietatis se fecerint nescientes, et tunc quis personam ultimo mortuam præsentaverit per eos inquiretur, et secundum dicta eorum agendum est, ut in hac querela antiquitus fuerit usitatum,

fief, car la saisine remaindra à l'autre. L'en doibt sçavoir que, s'il est contends pour patronnage d'église entre personne laye et personne de Saincte Eglise, la veue du brief doibt estre soustenue par quattre prestres et par quattre chevalliers, des plus prouchains du lieu, et des mieulx créables, qui par aulcun saonnement ne puissent estre ostés hors de la jurée. Non pourtant l'en doibt semondre plus de quatre, se on les treuve suffisants, et par eulx doibt estre faict le recongnoissant par devant l'Évesque, ou par devant ung aultre preud homme qui soit eu lieu de luy, avec le Bailly et avec les quatre chevaliers, qui examineront les jureurs, et enquerront premièrement de la droicture de la propriété ; et à celuy qu'ils verront qu'elle appartendra, par le dict aux jureurs, rendront la droicture du patronnage, par le jugement aux quattre chevalliers : et le dict aux jureurs sera publié en l'assise, et ils diront plainement, que ainsi disrent ils la vérité quand ils furent examinés, si comme la justice le recorde : et sur ce doibvent les chevalliers faire le jugement. Se ils se font non sachants du droict de la propriété, on leur demandera qui présenta la derraine personne morte ; si fera l'en selon leurs dicts, si comme il estoit usé anciennement, et si comme l'en

et est modo inter personas laicales. Rex enim Philippus,[1] ad instantiam[2] prelatorum, cum aliqua

use encoire entre aultres personnes layes. Ainsi l'establit le Roy Philippe,[1] à la requeste[2]

---

(1) *Philippus*—Il est assez difficile de déterminer la date et la provenance des deux pièces qui suivent ce Chapitre, pièces dont une seule, cependant, (savoir *La Charte au Roy Philippe :* V. Ch. cxii) se trouve dans le texte Français. *Le Rouillé* établit ainsi l'identité du *Philippus :* "Credo quod fuerit Philippus III, cognominatus *Le Hardy* " ; lequel régna de 1270 à 1284. Mais, ni sous son règne, ni sous celui de son successeur, *Philippe-le-Bel*, il n'y eut d'archevêque de Rouen du prénom de "Robert," que l'on attribue à ce dignitaire dans le texte Français de ladite *Charte.* Il est vrai que le Latin n'indique aucun prénom ; aussi est-il possible que celuy de "Robert" a été suppléé, par quelque copiste, comme interprétation d'un R, (lettre initiale du diocèse), qui a pu être préfixé, dans le texte original, à la désignation de l'archevêque, (*R. Rothomagensi*), de même que les initiales de leurs diocèses respectifs l'ont été, dans la *Litteræ,* aux désignations de ses suffragants. (V. n. 1, p. 267). Dans ce dernier cas, l'explication de *Le Rouillé* pourrait être correcte, puisque, dans ces "*Litteræ prelatorum,*" lettre qui donna lieu à *la Charte,* ainsi qu'aux dispositions de ce Chapitre, le nom de l'archevêque est "Guillaume" ; et que, en effet, *Guillaume de Flavacourt* fut archevêque de Rouen de 1276 à 1306. Mais peut-être pourrait-on, d'une autre manière, concilier les divergences de nom et de date, et en oftrir une explication plus probable. En se reportant aux " Établissemens de Iglise," page 58, après l'article intitulé *De présentemens de Iglise,*—dont les dispositions sont analogues à celles de ce Chapitre, et exprimées à-peu-près dans les mêmes termes,—on trouve une "Constitution," qui, elle aussi, présente des analogies marquées avec *la Charte* du texte. En voici le commencement et la fin, qu'il nous suffira de citer : " Entre les lieus " (religieux) " et les laies, fét l'en la constitution au Roi Phelippe de France." "Felippes, rois de " France, par la grâce de Dieu, mande saluz à toz ses bailliz de Normendie, à qui ces " présentes lettres vandront. Sachiez que nostre amé et nostre féel, li arcevesque " *Guillaume* de Roem, et li evesque desoz lui, nos ont requis que des yglises wacant," &c. " . . . . Ce fu fét à *Gisors,* en l'an de grâce *MCC et VII,* et mois d'Oitovre." Or. à cette dernière époque, *Philippe II* (Auguste), était roi de France, et aussi Duc de Normandie, d'où il avait, deux ans auparavant, chassé *Jean* d'Angleterre. L'archevêque d'alors était celui qu'on appelle ordinairement *Gautier* le Magnifique, mais qui, selon *Matthew Paris,* et *Polydore Virgile,*—c'est ce que nous apprend un ami de Rouen, archiviste et antiquaire,—se nommait *Guillaume ;* lequel, étant mort au mois de Novembre 1207, fut remplacé, en 1208, par *Robert Poulain.* Nonobstant donc l'opinion de *Le Rouillé,* et malgré la déclaration de l'intitulé même de *la Charte,* qu'elle "fut faite à Lislebonne," (déclaration qui, comme on le remarquera, ne se trouve que dans la version Française), nous sommes portés à croire que ce Chapitre—comme du reste on pourrait aussi dire, d'après les indications fournies par *Marnier,* de plusieurs les Chapitres du *Coutumier,*— n'est que la réédition d'un Chapitre tiré d'une compilation antérieure ; et *la Charte,* dite "de Lislebonne," n'est en effet que le duplicata, quoique adressée aux prélats, d'une Charte faite par *Philippe-Auguste* à Gisors, en 1207. (En effet, depuis la rédaction de cette note, nous avons remarqué, que *Houard,* dans l'introduction à son " Dictionnaire du Droit Normand " cite, parmi les restes de la législation Normande du règne de *Philippe-Auguste,* des "lettres" de ce roi, datées de Gisors, en 1207, qui approuvent une proposition des prélats, conçue en termes à-peu-près identiques avec ceux de la *Litteræ prelatorum* du *Coutumier,* et qui représentent, sans doute, la même pièce que la "Constitution " donnée par *Marnier*). (2) *Instantiam, requeste*—i.e. dans la *Litteræ prelatorum,* qui suit *la Charte* dans le texte Latin.

ecclesiastica persona, ratione spiritualitatis vel ecclesiæ super qua conqueritur, querelatur, inquisitionem ejusdem per suas patentes litteras concessit, super hoc faciendam modo prænotato. Notandum siquidem est, quod inquisitiones de patronatu sunt faciendæ per milites et nobiles, et tales qui fide et veritate sint laudabiles, dum tamen super hoc scire præsumantur veritatem, per conversationem[2] quam habuerunt in vicineto diuturnam. Et debet fieri super deficientes, in hujusmodi casibus, justitia firmior et durior quam in aliis brevibus, ne per elapsum sex mensium ecclesiæ collatio ad ordinarium devolvatur. Sciendum tamen est quod, si ordinarius defuerit ad assisiam, baillivus propter hoc juream tenere non omittet. Et si etiam presbyteros ad visionem noluerit mittere super hoc requisitus, justiciarius per laicos, ad usum antiquum, recognitionem hujusmodi pertractabit. Cum enim Rex Philippus ad instantiam prelatorum hoc eisdem privilegium concesserit, si defectus in ipsis circa hoc, super his quæ ad ipsos concessit pertinere, sit inventus, ad usus præhabitos recurrendum est, ne moris[1] dispendio juris declaratio con-

des prélats, que enqueste fust faicte quand personnes de Saincte Eglise plèdent pour présentement d'église. L'en doibt sçavoir, que enqueste de patronnage d'église doibt estre faicte par chevaliers et par gentilshommes, qui soient loyaulx et véritables, et que on croye que ils en sachent la vérité, par ce que ils ont longuement conversé[2] eu voisiné. En tel cas, doibt estre faicte plus ferme et plus dure justice sur les défaillants que ès autres briefs, affin que la donnaison de l'église n'eschée à l'Évesque, par l'attente des six moys. Se l'Évesque ne vient à l'assise, le Bailly ne laissera pas pour ce à tenir la jurée, et s'il ne veult envoier les prestres à la veue, quant il sera requis, le Bailly tiendra le recongnoissant par les lays à la coustume ancienne ; car dès ce que le Roy Philippe leur ottroia ce privilége, à la requeste des prélats, se ils laissent par leur défaulte à avoir ce que il leur ottroya, il conviendra recourir à l'ancienne coustume, que la droicture ne périsse en leur demeure,

---

(1) *Moris*—Ou *moræ* ; ou *moris et.* Cf. *moræ* * * *dispendia* Virg. Æn. III, 453.
(2) *Conversé*—V. n. 2, p. 169.

demnetur, *et ne rei collatio ad ipsos,* propter elapsum sex mensium, *ordinarios devolvatur.* In brevibus autem prænotatis, nulla garantizatio potest nec debet ipsam querelam prorogare. Si autem carta aliqua prætendatur, vel recordatio vel alia sufficiens ratio, per quam, jus patronatus aliquis defendens, breve captum voluerit infirmare, bene audiendus est ; et valebunt, si post præsentationem personæ ultimo decessæ facta fuerint, prout debent. Si autem ad ecclesiasticam personam pars contentionis aliqua pertineat, cum tunc agendum sit de proprietate, quod carta testatur observandum est, dum tamen legitima fuerit et ab eo confecta, ad quem jus patronatus pertinebat. Insuper autem sciendum est quod, quicquid per cartas principum Normanniæ in querela de jure patronatus ecclesiæ est expressum, debet inviolabiliter observari, cum ipsius testimonium ad contentiones singulas defendendas pertineat, nisi conditio aliqua, vel alicujus pacti contractus, valeat e contrario exhiberi, per quod jus patronatus ecclesiæ, de quo agitur, ad alium fuerit devolutum. Nec in hoc carta Principis infirmatur, cum id quod in ea continetur veritatem habere

par l'attente de six moys. En ce brief, l'appellation de garant ne peut délayer le plet : mais, s'aulcun a chartre[1] ou record ou aultre droicte raison, par quoy il vueille défendre le patronnage, et abatre le brief qui a esté prins, il doibt estre ouy ; et ces choses vauldront, se elles ont esté faictes quand la derraine personne fut présentée. Se une partie du contends appartient à personne de Saincte Eglise, et l'en plède de la propriété, ce que la chartre tesmoigne doit estre gardé, pourtant qu'elle soit loyale, et que cil l'ait faicte à qui la droicture du patronnage appartient. Et si doibt l'en sçavoir, que tout ce qui est contenu ès chartres au prince de Normendie, des querelles des patronnages des églises, doibt estre gardé fermement, car leur tesmoing vault moult à finer les contends, se aulcune condition ou aulcun marché n'est monstré encontre, par quoy la droicture du patronnage soit mue à l'autre. En ce n'est pas la chartre[2] au prince abatue, car l'en ne nye pas que ce qui y est contenu ne soit voir, mais, depuis qu'elle

---

(1) *Chartre*—Très-souvent pour *charte,* dans le texte, et dans la literature de l'époque.
(2) *Chartre*—*Droicture* dans les éd. précéd.

non negatur ; sed, post ipsius cartæ confectionem, possessor jus patronatus, quod per eam obtinebat, bene potuit tradere alii vel conferre. Sciendum insuper est, quod cartæ principum querelantibus saisinam non debent nec tenentur alicujus possessionis restituere feodalis: sed possessionem habitam defendunt plenius et conservant, nisi contractus aliquis post eorum confectionem intervenerit, qui debeat observari. Sciendum iterum est quod, si aliqua ecclesia per sex menses vacaverit, post notitiam de decessu rectoris[1] illius habitam et communiter publicatam, Ordinarius loci eandem dare poterit cui voluerit, nec ejus collationem patronus illius poterit impedire, sive ex contentione mota de jure patronatus, sive ex negligentia patroni, vacaverit. Lite tamen terminata, qui jus patronatus obtinuerit fidelitatem de rectore percipiet instituto.

fut faicte, celuy qui l'avoit a bien peu baillier à aultre la droicture du patronnage que il avoit. L'en doibt sçavoir, que les chartres au prince de Normendie ne sont tenues à rendre à ceulx qui plèdent aulcune possession fieffal, mais elles défendent plainement la possession qui est eue devant, se aulcun marchié n'a depuis esté faict qui doie estre gardé. Et si doibt l'en sçavoir que, se une église est vacant par six mois après ce que la mort de la personne est sceue communément, l'Évesque du lieu la pourra donner à qui que il vouldra, si que le patron ne le pourra contredire, comme que ce soit,[2] ou par contends qui en soit meu, ou par la négligence du patron. Mais quand le plet sera finé, cil qui gaignera le patronnage prendra la féaulté de la personne qui y sera présentée et instituée.

## CXII.—CARTA PHILIPPI REGIS ET LITTERÆ PRELATORUM SUPER JURE PATRONATUS.

### [Carta Regis].

Philippus, Dei gratia Francorum Rex, amicis et fidelibus suis Rothomagensi archiepiscopo et

## CX.—LA CHARTE AU ROY PHILIPPE.

*Icy est le conseil au Roy Philippe, qui fut fait à Lislebonne, de la droicture des patronnages des églises.*

Philippe, par la grâce de Dieu Roy de France, à ses amis et à ses féaulx, *et* à *Robert* Archevesque de Rouen, et à tous les

(1) *Rectoris*—Traduit par *personne (persona)* dans le Fr. V. n. 4, p. 30.  (2) *Sou—Vacante* sous-entendu.

universis episcopis Normanniæ ejus suffraganeis, salutem et dilectionem. Noveritis quod, super recognitionibus ecclesiarum per quattuor presbyteros et quattuor milites, præsentibus archiepiscopo aut episcopo loci, vel persona loco eorum per patentes litteras sufficienter transmissas, et baillivo nostro, ad certum locum de communi assensu electum ad assisiam, de qua inter eos convenerint, faciendis[1] [* *]. Si intervenerit contentio inter personam ecclesiasticam et personam laicam, aut inter duas personas ecclesiasticas ad invicem, de ecclesia vacante vel non vacante, si archiepiscopus vel episcopus, lite mota, ecclesiam alicui contulisset, hæc est voluntas nostra : quod, videlicet, partibus ad certam diem convocatis, quattuor presbyteris ab archiepiscopo vel episcopo vel eorum attornato, sicut præmissum est, et quattuor militibus a baillivo nostro, ad recognitionem datis, et illis, et aliis quos secum viderint evocandos, diligenter examinatis ab ipsis, parti illi remaneat præsentatio ecclesiæ in quam plures illorum octo concordabunt. Nulla autem excusatio locum habebit, quin archiepiscopus vel episcopus per se veniat, vel personam per litteras suas loco sui, ut dictum est, ad assisias transmittat. Item

aultres Évesques de Normendie, salut et amour. Sachiez que, ès contends des patronnages des églises, *nous voulons* que enqueste en soit faicte par quatre prestres et par quatre chevalliers, si que l'Archevesque ou l'Évesque du lieu soit présent, ou aulcune personne pour eulx avec leurs lettres patentes, et nostre Baillif, en ung certain lieu, qui soit esleu aux assises par commun assens. Se le contends est entre personne laye et personne de Sainte Eglise, ou entre deux personnes d'Eglise, comme qu'il soit de l'église, [si] soit vacante ou non ; se l'Archevesque ou l'Évesque la donnent à aulcun, puis que le plet est meu ; nous voulons que les parties soient semonsées à certain jour, [et que] quatre prestres soient appellés au recongnoissant par l'Archevesque ou par l'Évesque, ou par son attourné, si comme nous avons dict, et quatre chevalliers aussi par nostre Baillif, et soient examinés diligemment ; et puissent appeller avec eulx ceulx qu'ils vouldront, et là, où le plus s'acordera, demourra le présentement de l'église. Aulcune excusation n'aura l'Archevesque ou l'Évesque, que il ne vienne à l'assise, ou que il n'y envoye certaine personne pour luy avec ses lettres patentes. Et se *quatre*

---

[1] *Faciendis—Ita volumus*, ou *hæc est voluntas nostra*, devrait suivre.

si *tres* illorum octo, vel plures, de visu concordent similiter, penes illum juris patronatus possessio remanebit. Item, si plures illorum octo, qui loquuntur de auditu vel de credulitate,[1] legitime per sacramenta sua dixerint, quod firmiter credunt quod ille, cui attribuunt patronatum, illum habuerit et possederit pacifice usque ad tempus illud, penes eum remaneat possessio. Præterea volumus quod, si ille qui dicitur esse patronus, vel qui ad se patronatum ecclesiæ asserit pertinere, infra sex menses continuos, a die vacationis, super hoc non moverit quæstionem, archiepiscopus, vel episcopus, illam ecclesiam conferendi cui voluerit liberam habeat potestatem; quod non habebit, si ille, qui dicit se patronum contra archiepiscopum vel episcopum, infra sex menses moverit quæstionem. Et si inter eos quæstio oriatur, videlicet, quod mota fuerit controversia, super jure patronatus de ecclesia vacante, infra sex menses prænotatos, per quattuor presbyteros et quattuor milites, sicut supra dictum est examinatos, veritas inquiratur. Volumus insuper quod, si casu fortuito contingat quod archiepiscopus vel episcopus patronatum clamet de ecclesia, archiepiscopus vel [episcopus], qui

de ces huict s'acordent de chose que ils ayent veue, la possession demourra à cil pour qui ils diront. Et se la greigneure partie de ces huict, qui parlent de ce qu'ils ont ouy ou de ce que ils croyent, dient par leurs serments, que celuy, à qui ils donnent le patronnage, l'ait possidé jusques à ce temps, la possession luy remaindra. Et par dessus nous voulons, que se cil, qui dict le patronnage de l'église appartenir à luy, n'en meut le plet, dedens les six mois qu'elle est eschue, contre l'Évesque ou contre l'Archevesque, que l'Archevesque, ou l'Évesque, ait franche pooste de la donner à quicque il vouldra. Mais il ne a pas povoir, se cil qui dict que il est patron en meut le plet, dedens les six mois, contre l'Archevesque ou l'Évesque. Et se il y a contends, et que le plet ait esté meu de la droicture du patronnage dedens les six moys, la vérité en sera enquise par quatre prestres et par quatre chevalliers, qui seront examinés si comme nous avons dict. Et si voulons que, s'il advient par adventure que l'Archevesque, ou l'Évesque, réclame en une église

---

(1) *Credulitate*—V. n. 2, p. 226.

clamat et est actor, non sit elec-
tor quattuor presbyterorum qui
jurabunt, nec inquisitor. Sed
episcopus vicinus statuatur loco
episcopi qui clamat, vel archiepiscopus *tanquam superior ;* si
non sit de querela, vel aliquod
jus prætendat in eadem.

## Litterae[(2)] Prelatorum Normanniæ.

Excellentissimo Domino suo
Philippo, illustri Francorum Regi
serenissimo, Guillermus, Dei gratia Rothomagensis archiepiscopus,
et suffraganei [(1)] sui, B. Bajocensis,
C. Constantiensis, S. Sagiensis,
A. Abrincensis, E. Ebroicensis,
L. Lexoviensis, salutem et paratum in omnibus obsequium. Pro
salute animæ nostræ, et parentum
nostrorum sive prædecessorum,
unanimiter requirimus quod de
ecclesiis vacantibus, unde contentio est et erit super præsentatione earum, recognitio fiat per
quattuor presbyteros et per quattuor milites. Et episcopus, seu
archiepiscopus, in cujus diocesi
contentio erit super præsentatione
ecclesiæ, et baillivus Domini Regis
illius diocesis eligent bona fide
presbyteros, et milites fide digniores et legaliores quos poterunt
invenire ; et quattuor presbyteri
et quattuor milites jurabunt super

la droicture du patronnage, pour
ce que il en est demandeur, il
ne doibt pas eslire les quatre
prestres qui jureront, ne enquérir
la vérité ; mais ung des voisins,
Archevesque ou Évesque, qui ne
soit pas parçonnier en la querelle,
[le fera].

---

(1) *Suffraganei*—Les évêques de Bayeux, Coutances, Séez, Avranches, Evreux et Lisieux.
Les lettres initiales devant les noms des évêques ne sont que les initiales de leur évêchés.
(2) *Litteræ*—Cette Lettre ne se trouve pas dans le texte Français.

sacrosancta. Et episcopus exinde,
sive archiepiscopus, exoneret, [1]
quod ipsi octo dicent ad quem
spectare donatio ecclesiæ debeat,
de jure patronatus. Archiepiscopus vero, sive episcopus, et
baillivus domini Regis singulos
presbyterorum et militum, qui
juraverunt pro recognitione, diligenter seorsum examinabunt,
unum post alium ; et in quem
major pars convenerit, ille habebit jus patronatus. Et si illi
octo non possent scire ad quem
deberet spectare donatio ecclesiæ,
de jure patronatus, ipsi dicent
qui ultimam habuerit præsentationem ecclesiæ, et ille inde
habebit saisinam. Et si aliquis
clericus contra hujus institutionem venire præsumeret, nos
essemus in nocumentum eidem
clerico in querela ista. Et nos
concessimus bona fide unanimiter,
quod nos hujus negotium sine
dilatione terminabimus. Et si
aliqua contentio inde exiret, negotium ad dominum Regem re-
ferretur, et dictus Rex inde faciet
sicut viderit expedire. Nulla
vero ecclesia, unde contentio
fuerit, interim donari poterit ab
archiepiscopo seu episcopo, antequam diffinitum fuerit ut supra
dictum est, nisi vacaverit per
sex menses, salvo etiam tunc
jure patronatus ei qui patronatum
obtinuerit. Archiepiscopus vero,
sive episcopus, super his non
posset se exoniare, nisi exonium
proprii corporis haberet ; tunc

---

(1) *Exoneret*—Déclare. Cf. l'expression Lat. *aliquid in aures exonerare.*

loco sui mitteret bona fide fide-
liorem et legaliorem quem posset
invenire, ad id faciendum. Valete
in Domino.

### CXIII.—DE FEODO ET[1] VADIO.

De querela autem, quæ per
breve DE FEODO VEL VADIO[5]
terminatur, agendum est post
præmissa. Unde notandum est
quod breve hujusmodi potest currere in hæc verba : Si Thomas
dederit plegios de clamore suo
prosequendo, submone recognitionem de vicineto, quod sit ad
primas assisias bailliviæ ad recognoscendum, utrum terra sive
feodum, quod ei difforciat N. sit
feodum tenentis, vel vadium invadiatum per manum G. post
coronamentum Regis Richardi ;
et pro quanto : et utrum sit propinquior heres ad redimendum
vadium ; terra interim videatur.
In hac inquisitione, per modernam[3] Normanniæ consuetudinem,
tres exoniæ, et quarta de via
curiæ, possunt fieri, nisi primo,
secundo vel tertio fuerit celebrata.[2] Si enim primo, secundo

### CXI.—DE BRIEF DE FIEF ET DE GAIGE.

Après ce que nous avons dict,
il nous convient traicter de la
querelle qui est terminée par
brief DE FIEF OU DE GAIGE, qui
court par ces parolles : Se T.
te donne plège de suyvir[4] sa
clameur, semond le recongnoissant du voisiné, qu'il soit aux
premières assises du baillyage à
recongnoistre, savoir : se la terre
ou le fief que N. luy defforce est
le fief à celuy qui le tient, [ou]
en gaige par la main G.[6] après
le couronnement au Roy Richard,
et pour combien ; et savoir, se il
est le plus prouchain hoir à desgaiger le gaige, la terre soit
veue dedens ce. Selon la coustume qui court en Normendie,
en ceste enqueste peut avoir trois
exoines, et la quarte de voie de
Court, se elle ne fust une des

---

(1) *Et*—Le sens exigerait soit *vel*, soit *ou*, selon le cas, au lieu de *et*, dans toutes les formules, *feodo et vadio, feodo et firma, fief lay et omosne*, &c.   (2) *Celebrata*—i.e. *exonia de via curiæ*.   (3) *Modernam*—De *modus*. Pareillement, *modo*: récemment.   (4) *Suyvir*—Sic généralement *Le R.*: *suyr* dans les éd. précéd. : mais on se sert de l'une et l'autre forme dans les diverses éditions.   (5) *Vadio*—V. *Glanville*, XIII, 2, 26 *et seq.*   (6) *G.*—V. n. 4, p. 244.

vel tertio lata fuerit exonia de via curiæ, quarta exonia reprobatur. Notandum etiam est, quod in hujusmodi querela visio corporis non recipitur, nec jurari languor permittitur, sed, facto ultimo exonio, exoniatoribus per justiciarium præcipiendum est, ut exoniatum habeant ad primam assisiam ; quem si non habuerint, omnes exoniatores et eorum testes erunt in emenda, et feodum contentionis in manu Principis capietur, et visio assignabitur de eodem, et ad primam assisiam post feodi visionem inquisitio de brevi tenebitur. Et hæc observanda sunt, sive pars ad assisiam vel visionem venerit, sive se præbuerit absentem. Et hujusmodi inquisitio in curia tenebitur, eo modo quo de aliis inquisitionibus superius est prolatum. Notandum etiam est quod illud, quod ab undecim juratorum fuerit concordatum de querela contenta, in brevi debet firmiter observari, non obstante[1] duodecimi contradictione vel NON SCIRE. Si autem duo juratorum decem concordibus contradixerint, vel querelam in NON SCIRE reduxerint, dictum decem irritatur, et totum reducitur in NON SCIRE. Ex tenore prænotati brevis patet, quod sex per illud inquiruntur, videlicet : utrum feodum contentionis sit

trois premières ; car lors ne seroit la quarte receue. En ceste querelle n'est pas receue veue de corps, ne langueur n'y peut estre jurée, mais quand la derraine exoine est faicte, la justice doibt commander aux exoineurs, que ils aient aux premières assises celuy que ils exoinèrent ; et se ils ne luy ont, tous les exoineurs et leurs tesmoings seront en amende. Et la terre, de quoy le contends est, sera prinse en la main au prince, et la veue sera assise. Et aux premières assises après sera l'enqueste du brief tenue, vienne ou non vienne cil qui s'est défailly. Ceste enqueste sera tenue en Court, aussi comme nous avons dict devant des aultres enquestes. L'en doibt savoir, que ce que unze[2] des jureurs diront par accord, de la querelle qui est contenue eu brief, doibt estre gardé fermement, et ne remaindra pas pour le contredict au douzième, ne pour son NON sçAVOIR. Mais se deux le contredient ou mettent en NON sçAVOIR, le dict au dix ne vauldra riens, ains est tout mis en NON sçAVOIR. Il appert par la forme de ce brief que six choses y sont enquises : se la chose, de quoy le contends

---

(1) *Obstante*—Dans le texte : *observante*.    (2) *Unze*—*Sic* souvent.

feodum possidentis[1]; et utrum sit invadiatum, per manum G., et pro quanto; et utrum petens sit ad redimendum propinquior; et tempus præscriptum. Utrum autem contentionis feodum sit tenentis per inquisitores implorandum[2] est. Si enim sit feodum tenentis, quod per vadium ad manum suam non venerit, nec ad manum eorum a quibus hoc feodum dignoscitur habuisse, eidem in pace remanebit; et petens pro falso clamore ad emendam compelletur. Unde patet quod, si quis terram in feodum ceperit ab eo qui eam habebat in vadium, non propter hoc debet ejus feodum judicari. Nullus[3] enim, in terram quam tradit vel feodat, potest meliores vel diuturniores conditiones facere capienti, quam ipse habebat in eadem,[3] nisi se per excambium ad conditiones servandas voluerit obligare. Si enim quis terram, sibi in vadium traditam, alii tradiderit in feodum, tenens super hoc ad garantum vocare poterit traditorem, qui eam sibi tenetur garantizare[4] vel excambire.[4] Qui si, terra visa, eam garantizare voluerit, super se ejus defensionem recipiet; et si succubuerit de querela,

est meu, est le fief à celuy qui le tient, ou se c'est gaige; se il fut engagié par la main G. et pour combien; se cil qui demande le gaige est le plus prochain hoir à le desgaiger, et le temps. L'en doibt enquérir par les jureurs, se c'est le fief à celuy qui le tient; car se c'est son fief, et il n'est pas venu en sa main par gaige, ne en la main à ceulx par qui il l'a, il luy remaindra en paix, et cil qui le demande le doibt amender, pour sa faulse clameur. De ce appert il que, se aulcun prent terre en fief de celuy qui l'avoit en gaige, l'en ne doibt pas pour ce jugier que ce soit son fief, car aulcun ne peut, en la terre qu'il fieffe ou qu'il baille, faire meilleure la condition à celuy qui la prend que la sienne estoit, se il ne se veult obliger par eschange à garder les conditions du contract. Se aulcun a prins terre en gaige, et il la baille à aultre en fief, le tenant en pourra appeller à garant celuy qui luy bailla, et il sera tenu à le garantir, ou à eschanger. Et se il le veult garantir à la veue, il prendra sur soy la défense. Et s'il en eschiet, il luy eschangera

---

(1) *Possidentis*—On doit suppléer *vel vadium*. (2) *Implorandum*—Dans le sens de *explorandum*. (3) *Nullus * * eadem*—"Nemo plus juris ad alium transferre potest "quam ipse haberet."—*Ulp.* (4) *Garantizare, excambire*—"Ad garantizandam, id est, "ad proprietatem præstandam, vel ad excambiendam, id est, aliud feodum ejusdem valoris "dandum." *Descr. Juris.* p. 63. *Excambire—Le R.* Ordinairement *excambiare* dans toutes les éd.

ad valorem excambiabit garanto. Si vero, terra visa, se ei non debere garantizare [dicit], ipsi tenenti defensio sua remanebit. Et si succubuerit, pro excambio recurrere poterit ad garantum. Et tot garanti in querela hujus brevis vocari possunt, quot in aliis querelis superius diximus evocandos, et unusquisque eorum dilationes suas potest habere. Utrum autem feodum, per hoc breve requisitum, sit vadium a juratoribus inquirendum est. Si enim invadiatum non fuerit, non potest per hoc breve recordari. Et notandum est, quod vadium duobus modis fit ; videlicet, cum unum feodum pro alio feodo, vel pro pecunia, vel re alia in vadium traditur : et in hujus terminatione vadii debet parti utrique res sua restitui. Quod si vadium ab aliqua partium fuerit denegatum, et postmodum per inquisitionem declaratum, petens vadium obtinebit, et detinens tenetur amittere ipsam rem, quam pro vadio tradiderat denegato ; et insuper denegato emendare. Et hoc ad Principis, ut dictum est, pertinet dignitatem, et ci, ratione vadii denegati, remanebit. Alio autem modo fit vadium, cum feodum traditur in vadium pro pecunia vel equo vel hujusmodi, usque ad aliquem certum terminum, ut interim rei traditæ pretium, de proventu feodi traditi, persolvatur ; hujus-

à la valeur. Et s'il dict, à la veue, qu'il ne le doibt pas garantir, la défense remaindra au tenant. Et se il en enchet, il pourra plèder à son garant pour l'eschange. En ceste querelle, peut l'en appeller autant de garants comme aux aultres que nous avons dict devant, et chascun peut avoir ses exoines. L'en doibt demander aux jureurs, se la terre qui est demandée par ce brief est engaigée : car se elle ne fut engaigée, elle ne peut pas estre demandée par ce brief. Et si doibt l'en sçavoir que terre est engaigée en deux manières : une manière est, quand une terre est baillée pour aultre terre en gaige, ou pour deniers, ou pour aultre chose ; et, en la fin du temps, doibt à chacun la chose estre rendue. Se aulcune partie nye le gaige, et il est après prouvé par l'enqueste, cil qui demande le gaige l'aura, et cil qui le nya perdra ce qu'il avoit baillée en gaige, et l'amendera par dessus. Et ces choses appartiennent à la dignité au prince, et luy remaindront, par la raison du gaige qui fut nyé. L'autre manière est, quand terre est baillée en gaige pour deniers, ou pour ung cheval ou pour telle chose, jusques à ung terme, dedens lequel la rente est acquictée des yssues de la terre ; tel gaige doibt estre

modi autem vadium ad terminum petenti debet liberari quiete, et denegans convictus gravi emenda puniri ; et quicquid ex eo post terminum levaverit, tenetur plene refundere requirenti. Et hæc omnia debent per hujus inquisitionem brevis penitus declarari. Per cujus autem manum factum fuerit vadium, et maxime utrum per manum G. expressi in brevi, inquirendum est, ut, cognita persona invadiatoris, facilius cognoscatur ad quem jus exvadiandi pertineat rem petitam. Si enim per manum alterius factum fuerit vadium, quam per manum illius qui expressus est in brevi, totum breve irritatur, cum falsitas circa hoc inveniatur in eodem. Pro quanto autem fuerit invadiatum inquirendum est, eo quod, si vadium negatum fuerit, redemptionis pretium Principi remanebit, cum per inquisitionem vadium fuerit declaratum. Si vero vadium factum fuisse confessus fuerit querelatus, sed sub majori summa[2] pecuniæ quam in brevi sit expressum, de quantitate pecuniæ facienda est inquisitio. Notandum est quod, in omni brevi, facienda est inquisitio de articulis in brevi denegatis, recognito principali ; et qui per inquisitionem convictus fuerit emendabit. Notandum insuper

délivré quictement au terme ; et se cil qui le tient le nye, et il en est attaint, il le doibt amender grefvement, et est tenu à rendre tout ce qu'il en aura levé, après le terme. Et toutesfois ces choses doibvent estre déclairées par l'enqueste de ce brief. L'en doibt enquérir par quelle main la chose fut engaigée, et se ce fut par la main de G. qui est nommé eu brief ; car quand l'en sçaura la personne de l'engaigeur, l'en sçaura plus légièrement[1] qui est plus près à la desgaiger. Se la chose fut engaigée par aultre que par celuy qui est nommé eu brief, tout le brief est faulx, car faulseté y est trouvée. L'en doibt enquérir pour combien la chose fut engagée, pour ce que, se le gage est nyé, la raençon remaindra au prince, quant le gaige sera desclairé par l'enqueste. Se cil qui est querellé recongnoist le gaige, mais il dict, qu'il est pour plus de pécune engaigé que il n'est contenu eu brief, l'enqueste doibt estre faicte du nombre des deniers, et de tous les poincts qui sont nyés : [et] cil qui en sera attaint par l'enqueste l'amendera. Il y

---

(1) *Légièrement*—Ici, et ailleurs, dans le sens de *facilement*.    (2) *Summa*—Dans le texte *somma*.

2 L

est, quod vadiorum quoddam vivum, quoddam mortuum, nuncupatur. Mortuum[2] autem dicitur vadium,[2] quod se de nihilo redimit vel acquitat, ut terra tradita in vadium pro centum solidis, quam cum obligator[1] rehabere voluerit, acceptam pecuniam restituet in solidum. Vivum autem dicitur vadium, quod ex suis proventibus acquitatur, ut terra tradita in vadium pro centum solidis usque ad tres annos, quæ, elapso anno tertio, reddenda est obligatori; vel tradita in vadium, quousque pecunia recepta de ejusdem proventibus fuerit persoluta. Utrum autem petens sit propinquior heres invadiatoris inquirendum est; ad eum enim qui fecit vadium, vel ad ejus propinquiorem heredem, pertinet redemptio feodi per vadium obligati. Ille enim dicitur vadium facere, pro quo et sub cujus nomine feodum per vadium obligatur. Si quis autem terram suæ uxoris in vadium tradiderit, ipsa defuncta, ejus heres erit propinquior ad redimendum, cum maritus eam quasi custos, ratione uxoris suæ, possidebat. Sciendum autem est, quod inquiri debet, per hoc breve, utrum post

a une manière de gaige, que l'en appelle mort gaige. Mort gaige[2] est, qui de rien ne sera acquicté, si comme quand aulcune terre est baillée en gaige pour cent sols, par tel convenant, que quant cil qui l'engaige la vouldra avoir il rendra les cent sols. L'en appelle vif gaige, qui se acquitte des yssues, si comme, quant l'en baille en gaige une terre pour cent sols jusques à trois ans, qui doibt estre rendue, toute quiete, en fin de terme; ou quand terre[3] est baillée, jusques à tant que les deniers qui sont prestés soient traicts des yssues de la terre. L'en doibt enquérir, se cil qui demande le gaige est le plus prochain hoir à celuy qui l'engaigea; car à cil qui l'engaigea, ou à son plus prochain hoir, appartient à le desgaiger. L'en dit que cil engaige, pour qui et en quel nom la chose est engaigée. Se aulcun a mis en gaige la terre de sa femme, quant elle sera morte son plus prochain hoir la pourra desgager; car le mary la tenoit comme garde, par la raison de sa femme. L'en doibt enquérir par ce brief,

---

(1) *Obligator*—Celui qui engage contre un prêt.    (2) *Mortuum radium, mort gaige*—*Glanville* (X, 6) se sert à-peu-près des mots du texte : "Mortuum vadium dicitur illud, "cujus fructus vel redditus, interim percepti, in nullo se acquietant." "But" dit *Blount*, "I rather think 'tis so called because, if the money is not paid at the day, the land *moritur* "to the debtor, and is forfeit to the creditor."    (3) *Terre—Terme* dans le texte.

coronamentum[5] Regis Richardi[4] factum fuerit hoc vadium : si enim ante Regis Richardi coronamentum vadium factum fuisse constiterit, non potest ulterius revocari. Et sciendum est, quod hujusmodi præscriptio solebat currere de triginta annis ; terra enim, quæ ultra triginta annorum spatium dimittebatur[3] invadiata, non erat per hoc breve revocanda. Et quoniam tempus triginta annorum non erat ad memoriam ex facili reducendum, voluit Princeps Normanniæ per prudentum virorum provinciæ consilium, ut hujus præscriptionis terminus auctoritate alicujus rei solennis vocaretur. Et propter hoc [inquisitio] solebat usitari, utrum vadium factum fuerit post coronamentum Regis Henrici.[1] Et postea, quia longius fuerat tempus revolutum et amplius plurimum quam præscriptio requireret, institutum fuit, tempore illustrissimi Regis Philippi,[2] per ordinationem pleni Scacarii, quod hujusmodi præscriptio curreret de tempore coronationis Regis Richardi, de qua ad præsens [currit]. Cum tempus amplius post coronamentum Regis Richardi constet esse quam requirat præscriptio revolutum,

se le gaige fut puis le couronnement[5] au Roy Richard ; car se il fut engaigé devant, il ne peut estre rappellé. Et doibt l'en sçavoir, que ceste longue tenue souloit durer et courir trente ans, et la terre, qui plus de trente ans estoit laissée en gaige, ne pouvoit plus estre rappellée par brief. Et pour ce que le terme de trente ans n'estoit pas légier à recorder, le prince de Normendie voulut, par le conseil des saiges, que le terme de longue tenue fust merchié[6] par l'auctorité d'aulcune chose solennelle. Et pour ce souloit l'en user, que l'en demandoit se le gaige avoit esté engaigié puis le couronnement au Roy Henry. Et pour ce que le temps estoit plus long, qu'il ne convenoit [à] gaigner par longue tenue, il fut estably au temps du Roy Philippe, en plain Eschiquier, que le terme fût prins du couronnement au Roy Richard. Et pour ce qu'il y a ore plus, qu'il ne convient à gaigner par longue tenue, il

(1) *Henrici*—Henri I d'Angleterre, couronné A.D. 1100. "Cognominatus *Beauclerc*." *Le Rouillé, in loc.* (2) *Philippi*—Philippe II de France (Philippe Auguste) 1179—1226. (3) *Dimittebatur*—Était délaissée. (4) *Richardi*—*Sic* ici. *Le R.* a généralement, ainsi que les autres éd., *Ricardi*. (5) *Coronamentum*—V. n. 1 et 3, p. 58. (6) *Merchié*—*Merqué* dans *Le R.*

expedit in proximo per Dominum Regem, qui sibi Principis retinet dignitatem, præscriptionis terminum immutari.[1] Insuper autem sciendum est, quod præscriptio hujusmodi attendenda est in multis aliis querelis, sicut inferius exprimetur. Notandum iterum est quod, si querelatus defuerit, tradito brevi et visione partibus assignata, ejus defectus ad assisiam debet deferri, et in eadem debet vocari et pro deficiente denunciari, et ejus defectus in scriptis assisiæ redigi ; et per rerum suarum captionem debet justiciari : quæ non debent restitui, quousque bonos plegios dederit, quod ad primam assisiam juri pariturus comparebit. Si autem ad aliam defuerit assisiam, nolens *per rerum suarum captionem* in curia comparere, iterum in curia vocabitur, et pro deficiente in assisia denunciabitur : et defectus iste secundus in assisia redigetur. Et præcipiet baillivus servienti bailliviæ, quod terram contentionis capiat in manu Regis pro justiciatione ; et tamen, propter hoc, justiciatio per res facta mobiles non dimittatur. Nec hujus captio relaxari potest nisi per baillivum, acceptis plegiis quod juri pariturus ad primam assisiam

conviendra muer le terme par la volunté au Roy, qui a la dignité du prince. L'en doibt sçavoir, que ceste longue tenue a lieu en plusieurs aultres querelles, si comme nous dirons après. Et se cil qui est querellé se deffault, puis que le brief est baillé et la veue assise, sa deffaulte doit estre apportée en l'assise, et il doibt estre appellé, et tenu pour défaillant, et sa défaulte doibt estre escripte eu roule[2] de l'assise : et doibt estre justicié et ses choses prinses, et si ne luy doibvent estre rendues, devant qu'il ait mis plèges d'estre à la première assise, pour faire droit. Se il se défault à l'autre assise, et il ne veult venir avant, il sera autresfois appellé en assise, et tenu pour défaillant ; et ceste seconde défaulte sera escripte. Lors commandera le Baillif au sergent du bailliage, que il prenne en la main du Roy la terre de quoy contends est : et pour ce ne laissera il pas que il ne soit justicié par le chatel. Et si n'aura la terre fors par le Baillif, et devant que il ait mis plèges d'ester à droict, à la première

---

(1) *Immutari*—" Pour oster les mutations de ces termes, la prescription de quarante ans " a été depuis introduite par la Charte aux Normans, faite par le Roy Louis Hutin, X^{me} du " nom, l'an 1314 : ladite prescription a lieu et est requise en ce cas, et en tous autres, pour " gaigner la propriété d'un héritage."—*Terrien, in loc.* La Gl. en fait également mention.
(2) *Roule*—Cf. l'orthographe, *prouchain, soul,* &c. V. n. 6, p. 195.

comparebit. Et sciendum est quod, nisi plegii ad terminos[4] ipsum habuerint assignatos, omnes erunt in emenda. Si vero ad tertiam non comparuerit assisiam, terra contentionis in manu Domini Regis debet capi, et usque ad aliam assisiam teneri in eadem, et de defectu *sicut superius agendum est*. Si vero ad quartam non comparuerit assisiam, de defectibus agendum est ut supra, et debet visio assignari in absentia querelati, propter defectum quattuor assisiarum, et teneri sive comparuerit sive non. Et ad tenendum hanc visionem quattuor milites ad minus non suspecti et de vicinio, si infra unius leucæ terminum possint inveniri, requiruntur. Si vero infra leucam tot milites non possint inveniri, alii remotiores ad hoc debent interesse, qui vera jurabunt de querela, ne in ignorantiam[1] redigatur; sed[2] visionis recordamentum, si necesse fuerit, per eos sustinebunt.[2] Et observandum est quod in omni visione feodi, cujus querela tres exonias recipit, quattuor milites non suspecti ad minus requiruntur. Facta autem visione, ad sequentem assisiam, quæ quinta erit in deductione querelæ, debet inquisitio celebrari. Et poterit uterque pars

assise. Et se les pleiges ne l'ont au terme[4] qui sera mis, les pleiges seront tous en amende. Se il ne vient à la tierce assise, la terre doibt estre prinse en la main du Roy, et tenue jusques à l'autre assise, et sa deffaulte *mise en escript*. Et se il ne vient à la quarte assise, l'en doibt faire de sa deffaulte comme des aultres. Et doibt estre la veue assise en derrière de luy, et estre tenue, vienne ou non vienne. Et à la tenir doibt [y] avoir quatre chevaliers du moins, qui ne soient pas souppeçonneux, et qui soient du voisiné dedens une lieue, se on les y peut trouver; et se on ne les y peut trouver, l'en y peut et doibt appeller aultres preuds[3] hommes, par qui la veue puisse estre soustenue, que elle ne soit mise en NON SÇAVOIR; mais ils feront le record de la veue, se mestier est. En toutes veues de fief, et de quoy il peut avoir eu plet trois exoines, il convient au moins avoir quatre chevaliers qui ne soient pas souspeçonneux. Quand la veue aura esté soustenue. l'enqueste sera tenue en l'assise après, qui sera la quinte, et chascune partie pourra saonner

---

(1) *Ignorantiam*—i.q. *non scire.* V. n. 1, p. 27.　(2) *Sed visionis * * * sustinebunt*—Sic *Ludewig.* Dans les éd. orig. *sed visionis recordamentum alii remotiores, si necesse fuerit, per eos sustinebit.* Le Fr. et le Lat.—l'un et l'autre assez obscurs—semblent indiquer des procédures différentes. (3) *Preuds*—Sic *Le R.* généralement. Les autres éd. *preudes.* (4) *Terminos, terme*—V. n. 2, p. 161.

saónnare, prout de jure[3] viderit expedire. Si vero querelatus non venerit, nihilominus inquisitio tenenda est; et jurabitur, sicut superius in aliis inquisitionibus dictum est. Baillivus tamen juratoribus ante jurationem præcipiet, ne aliquis eorum ad jurandum accedat, quem aliqua partium, amore vel odio vel affinitate vel consanguinitate vel alia debita ratione, a præstando juramento debeat per judicium amovere ; et si quis contra hoc ad jurandum accesserit, tanquam perjurus debet puniri. Et illa partium terram obtinebit, ad quem per dicta deveniet juratorum. Et notandum est quod, factis exoniis vel defectibus loco eorum, de captione terræ et visione tenenda est similiter procedendum.

## CXIV.—DE FEODO ET FIRMA.

DE FEODO autem ET FIRMA breve conficitur in hæc verba : Si N. dederit plegios de clamore suo prosequendo, submone recognitionem de vicineto, quod sit ad primas assisias bailliviæ ad recognoscendum: utrum terra, quam ei difforciat P. sit feodum tenen-

des jureurs ceulx que il cuidera bien faire. Et se cil qui est querellé ne vient avant, pour ce ne remaindra pas que l'enqueste ne soit tenue, si comme nous avons dict des aultres enquestes. Non pourtant le Bailly commandera aux jureurs, ains que ils jurent, que aulcun ne vienne au serment, que aulcune des parties puisse saonner, par amour, par haine, par lignaige ou par aultre raison ; et se aulcun va jurer contre ce, il sera puny[1] comme parjure.[2] Et celle partie aura la terre, qui la debvera avoir par le dict aux jureurs. Et si doibt l'en sçavoir que, quand les exoines sont faictes, ou les défaultes en lieu, l'en doibt ainsi procéder de prendre la terre et de tenir la veue, comme nous avons dict devant.

## CXII.—DE BRIEF DE FIEF ET DE FERME.

Le brief DE FIEF OU DE FERME est faict en ceste forme: Se N. te donne plèges de suir sa clameur, semond le recognoissant du voisiné, que il soit aux premières assises du bailliage à recongnoistre, sçavoir : se la terre que P. luy defforce est le fief à

(1) *Puny—Puqny* dans les éd. précéd. *saonnare de jurea, prout*, etc.

(2) *Parjure—*Adjectif.

(3) *Jure—*Plûtot :

tis, vel firma[1] mobilis,[2] tradita per manum G. post coronamentum Regis Richardi, et ad quem terminum ; et utrum dictus N. sit propinquior heres illius qui eam tradidit ad firmam ; visio interim teneatur. In deductione hujus querelæ, procedendum est omnibus modis DE FEODO ET VADIO prænotatis. Et notandum est [quod], si terram ipsam tenens suum dixerit esse feodum, negans penitus esse firmam mobilem ; et, per juramentum juratorum, ipsam esse firmam mobilem constiterit, licet quattuor vel plures anni de firma remaneant adhuc, terra ulterius non remanebit tenenti, eo quod eam asserebat suum esse feodum fraudulenter. Et Dominus Rex habebit pretium annetorum[3] residuorum, remota tamen inde firma quæ reddi ex ea debebatur. Notandum etiam est quod, si per dictum juratorum fuerit declaratum terminum firmæ uno anno *vel duobus* vel pluribus fuisse jam elapsum, ipse tenens pretium annetorum, *post reclamationem partis adversæ*, tenebitur reddere requi-

celuy qui le tient, ou ferme[1] mouvable,[2] baillée par la main de G. puis le couronnement du Roy Richard, et à quel terme ; et, sçavoir, se N. est le plus prouchain hoir à celuy qui [la] luy bailla à ferme ; et soit la veue tenue dedens ce. En ce bref doibt l'en faire, en toutes manières, ainsi comme en celuy DE FIEF OU DE GAIGE. Et si doibt l'en sçavoir que, se celuy qui tient dict que c'est son fief, et il nye la ferme, s'il est prouvé par le serment aux jureurs que ce soit ferme, jà soit ce qu'il ait encoires à tenir quatre ans ou plus sa ferme, la terre ne luy remaindra pas, pour ce qu'il disoit par barat que c'estoit son fief ; mais le Roy aura le pris des années qui sont à venir, pourtant que la ferme que on en doibt soit rendue, *qui remaindra à celuy qui la bailla.* Et se les jureurs dient, que le terme de la ferme soit passé ung an ou plus, celuy qui tient sera tenu à rendre le pris des années, que il a tenues *oultre le terme.*

---

(1) *Firma, ferme*—Héritage rural donné à location : aussi, le loyer d'icelui.　(2) *Mobilis, mouvable*—Ferme baillée pour certaines années, en contradistinction à *Fiefferme* (*Feudofirma*), laquelle était terre noble donnée à ferme perpétuelle, l'*emphyteusis* du Droit Romain. "Emphyteusin, quam Romani dubitabant emptionem et venditionem an locationem et "conductionem appellarent, nos feudi-firmam dicimus." *Cowell*, cité par *Houard*, dans sa note sur *Fleta* III, 1, 7.　(3) *Annetorum*—"Annetum—Unius anni redditus aut proventus." —*Ducange.*

renti. Multi autem jurisperiti dicunt et consentiunt, quod consimiles fieri debeant inquisitiones de terris quas aliquis alicui commiserit custodiendas : et inquiri debet, utrum ipsa terra contentionis sit feodum tenentis, vel terra tradita ei ad custodiendum per manum requirentis, vel ejus antecessoris. Et similiter agendum esse credimus de terris traditis alicui in præstitum ; inquisitiones [videlicet] similiter de jure esse faciendas. Nulla enim est ratio qua potius requirendum sit de *vadio* vel firma mobili, quam de commissione terræ in custodia vel præstito facto de eadem, et omnes rationes quæ faciunt ut inquiratur de firma mobili et de *vadio*, faciunt etiam ut inquiratur de custodia et de præstito. Et etiam licet per brevia currere non soleant, formam tamen in inquisitione facienda brevium retinent prædictorum.

## CXV.—DE BREVI DE STABILIA ET RECOGNITIONE.

Cum in Normannia omnium jurisdictio corporum ad Ducem, tam plebis quam magnatum, pertineat, eo quod fidelitate et ligantia soli Principi teneantur, volens divitum ac potentium injuriosam reprimere malitiam, duas leges

Plusieurs saiges hommes dient et se accordent, que aultres telles enquestes doibvent estre faictes des terres que aulcuns baillent en garde, si que l'en doibt enquérir se la terre, de quoy le contends est, est le fief au tenant, ou terre baillée en garde par la main à celuy qui la demande, ou son ancesseur. Et aussi croyons nous que autelles[1] enquestes doibvent estre faictes des terres prestées ; car il n'y a aulcune raison par quoy enqueste doye mieulx estre faicte de ferme ou de *fief*, que de terre baillée en garde ou prestée. Et toutes les raisons, qui font que l'en enquière de *fief* ou de ferme, font aussi que l'en enquière de garde, ou de prest. Et jà soit ce que telles enquestes ne souloient pas courir par brief, non pourtant elles retiennent la forme de celles qui sont faictes par brief.

## CXIII.—DE BRIEF D'ESTABLIE.

Pour ce que en Normendie toute la jurisdiction des corps, des grands et des petits, appartient au Duc, pour ce que ils sont tenus à luy par féaulté et par aliance, il voulut refraindre la malice aux forts hommes et aux puissants ; si que il a estably deux loix de

---

(1) *Autelles—Sic* généralement dans les éd. précéd. et *Terrien.* Dans *Le R. semblables.*

recognitionum, communi tam prelatorum quam baronum consilio, pia intentione stabilivit: unam, videlicet, quæ dicitur DE STABILIA,[1] et aliam quæ recognitio DE SUPERDEMANDA [2] vocitatur, per brevia decurrentes. Quas querelati, de possessione sua feodali, contra querelantes petere poterunt et habere; querelantibus autem, nisi querelati spontanee consenserint, penitus denegantur; et per hujusmodi brevia de proprietate feodi, et ad quem proprie pertineat, inquiritur. Fit autem breve DE STABILIA in hac forma: Queritur N. quod G. injuste exigit ab eo quandam terram apud *Valonias;* unde petit Domini Principis Normanniæ STABILIAM, ad recognoscendum quis majus jus habeat in illa, ille qui tenet vel ille qui exigit; et terra interim videatur. Plegiis prius receptis DE STABILIA prosequenda, et visoribus ad visionem submonitis, visioneque sustentata, dies ipsis et adversis partibus ad primas assisias assignetur. Et exoniæ, si factæ fuerint, ad instantiam partis adversæ salvandæ[3] sunt. Defectus, exonias et dilationes omnes recipit deductio brevis quod tractamus; et hujus brevis

recongnoissant, par le conseil des prélats et barons; l'un qui est appellé recongnoissant D'ESTABLIE,[1] et l'autre recongnoissant de SOURDEMANDE,[2] et courent par briefs; lesquels recongnoissants ceulx, qui sont querellés de leurs possessions fieffaulx, pevent avoir contre ceulx qui les en querellent; mais à ceulx qui les en querellent sont ils denyés, se ceulx qui sont querellés ne s'y consentent. Et par ces briefs, enquiert l'en de la propriété du fief, et à qui elle appartient. Le brief D'ESTABLIE est faict en ceste forme : N. se plainct de G. qui luy demande à tort une terre à *Rouen,* de quoy il demande L'ESTABLIE au Duc de Normendie pour recongnoistre, sçavoir : lequel y a greigneur droict, celuy qui tient ou celuy qui demande ; la terre soit veue dedens ce. Mais plèges doibvent estre ainçois prins de suyr L'ESTABLIE, et les hommes seront semons à la veue. Quant la veue sera soustenue, jour leur soit mis ès assises ; et se exoines y sont faictes, elles doibvent estre saulvées, se l'autre partie le requiert. Ce brief reçoit toutes

---

(1) *Stabilia, establie*—V. n. 1, p. 154.   (2) *Superdemanda, sourdemande*—V. le Chap. qui suit. "*Bref d'establie* est ottroyé pour fond d'héritage ; et *bref de sourdemande* pour "rentes, ou services à tort demandés."—*Terrien.*   (3) *Salvandæ*—*Salvare :* justifier et excuser le défaut de celuy qui est exoiné, et la sincérité de l'exoine. Cf. l'expression Angl. Norm. *saver default.* "*Salvare testem :* ejus fidem asserere."—*Ducange.*

2 M

exoniæ et defectus faciendi sunt eo modo, quo in brevi DE FEODO ET VADIO est expressum. Sciendum etiam est quod, facto tertio exonio in curia, præcipiendum est a justiciario exoniatum videri. Et inquirendum est ab eo qui eum exoniat, ubi eum dimiserit infirmatum ; quo expresso, assignandus est dies visionis ad quem debet videri, sicut in Capitulo DE LANGUORE[2] superius est expressum. Sciendum etiam est, quod postquam quis aliquem in curia exoniaverit, ad omnes terminos curiæ tenetur se offerre, quousque exoniatus languorem juraverit, vel se ad curiam præsentaverit exonias suas salvaturus. Et si quis contra hoc defuerit, omnes exoniæ pro defectibus reputantur. Facta autem visione corporis, potest exonium fieri de via curiæ, nisi ante visionem tale exonium factum fuerit et receptum. Hujus autem brevis processus faciendus est in hac forma. BREVE autem STABILIÆ requiritur, cum quis ab aliquo terram vel feodum vel redditum aliquod quod possidet interrogat aut requirit. Et cum super hoc querelatus, pro responsione sua, ad querelæ suæ defensionem proposuerit, se STABILIAM Domini Principis Normanniæ paratum sustinere, debet STABILIAM va-

exoines et toutes deffaultes, et si doibvent estre faictes ainsi comme celles de brief DE FIEF OU DE GAIGE. L'en doibt sçavoir que, quand la tierce exoine est faite en Court, la justice doit commander que celuy qui a esté exoiné soit veu. Et si doibt l'en demander à celuy qui exoine, où il le laissa malade, et puis doibt l'en mettre jour de le veoir, et faire comme nous avons dict eu Chapitre DE LANGUEUR.[2] L'en doibt sçavoir que, puis que ung homme a exoinié ung aultre en Court, il est tenu à soy[1] offrir à tous les termes de la Court, jusques à tant que celuy, qui a esté exoinié, ait juré langueur, ou que il se soit présenté à la Court pour saulver ses exoines. Se aucun se défault, toutes ses exoines seront comptées pour défaultes. Quant le corps a esté veu, exoine peut estre faite de voye de Court, se elle n'a esté faicte devant la veue. La suyte de ce brief doibt estre faicte en ceste forme. Le BRIEF D'ESTABLIE doit estre demandé, quant ung homme demande à ung autre terre, héritage ou fief que il posside ; et quand cil qui est querellé dict, pour soy deffendre, que il est prest de soustenir L'ESTABLIE au Duc, il doibt gaiger L'ESTABLIE

---

(1) *Soy*—Au seizième siècle, on se servait de *moi, toi, soi*, pour marquer le régime, soit qu'il fût placé avant ou après le verbe. (2) V. Ch. xl.

diare, et dare plegios afferendi eos[1] infra quindenam, et requirendi terminum visionis sustinendæ. Si vero in curia Principis petierit STABILIAM, et terminum visionis justiciarius assignabit et breve confici faciet prænotatum ; de quo brevi clericus justiciarii qui illud confecerit septem habebit denarios, et serviens, qui visionem tenebit, undecim denarios habebit pro liberatione sua : nec de illo brevi aliquid ultra possunt requirere, licet in pluribus locis et diversis terminis hoc teneatur. Et in primis debet [querclatus] tradere plegios servienti de brevi prosequendo, quibus datis debet visio assignari. Si autem lator STABILIÆ ad prosecutionem brevis defuerit, ipse et plegii sui, quos de brevi suo prosequendo tradiderit, per catallum justiciandi sunt, per præceptum assisiæ, in qua debet in scriptis redigi defectus quem fecerit et notari. Si vero ad secundam assisiam non venerit se offerens juri pariturum, feodum contentionis, pro justitia, *idem tanquam catallum* arrestetur et in manu Principis teneatur. Hujusmodi justiciationes non sunt remittendæ, quousque bonam securitatem dederit de emenda, et maxime quod juri ad primam comparebit assisiam pariturus.

au Duc, et donner pleiges de rapporter dedens quinzaine, et demander terme de soustenir la veue. Se il demande L'ESTABLIE en la Court du Duc, la justice luy mettra terme de la veue, et luy fera le brief ; de quoy le clerc au Baillif qui le fera aura sept deniers, et le sergent qui tendra la veue unze deniers pour sa livréson, et ne pevent plus rien demander de ce brief, jà soit ce que la veue soit tenue en divers lieux, ou à divers termes. Et si doibt [le querellé] premier[3] donner plèges au sergent de suyr son brief, et puis doibt estre la veue assise. Se cil qui porte L'ESTABLIE se deffault de suyr son brief, luy et les plèges que il en donna doibvent estre justiciés par le chatel, par le commandement de l'assise, et la défaulte doibt estre mise en escript. S'il ne vient à la seconde assise offrir soy[2] à faire droict, la terre, de quoy le contends est, sera arrestée, et mise en la main au prince. Et l'en ne doibt pas tel justicement laisser, devant que il ait donné bonne seureté de l'amende, et de venir à la première assise pour faire droict.

---

(1) *Eos*—Ainsi dans le texte.　(2) *Soy*—V. n. 5, p. 145, n. 1, p. 192 et n. 1, p. 282.
(3) *Premier*—Pour *premièrement*. usage très-fréquent au 16me siècle. "Nul ne le sçait, "si premier il ne l'essaye."—*Marot*, cité par M. *Brachet*.

Si vero ad tertiam[1] non venerit assisiam, feodum contentionis de ipsa querela in manu Principis capiendum est solenniter, et tenendum. Et hoc, ad audientiam parrochiæ et vicinorum *congregationem*, per servientem debet denunciari. Cum autem Princeps Normanniæ, sive ejus justiciarius, ipsam contentionem per quadragenariam, usque ad quartam assisiam, tenuerit, alio juri non comparente in quarta assisia, per judicium debet visio assignari in absentia partis diffugientis, et teneri. Et ad hanc visionem oportet ad minus quattuor milites non suspectos, cum aliis duodecim hominibus fide dignis nec suspectis, interesse : ita quod per duodecim eorum non suspectos, quorum quattuor ad minus milites sint, valeat si opus fuerit visio recordari. Visione autem facta, debet diffugiens sive deficiens per quattuor assisias, quarum quælibet quadraginta dierum contineat spatium, evocari, et contentio in manu Principis teneri : et in quarta ultima assisia, elapsa hora legibus debita, videlicet, hora meridiana, infra quam querelantes ad diem assignatam debent se curiæ præsentare, saisina feodi querelæ debet tradi exigenti. Si vero exigens defuerit, ejus defectus ad primam debet assisiam

Se il ne vient à la tierce assise, la terre doibt estre prinse solennellement en la main du prince, et tenue, à l'ouye[2] de la parroisse et des voisins, à qui le sergent le doibt dénoncier. Et quant elle aura esté tenue en la main du prince par quarante jours, jusques à la quarte assise, se il ne vient avant, la veue doibt estre assise par jugement, et tenue sans celuy qui deffault. A ceste veue convient avoir au moins quatre chevalliers, qui ne seront pas souppeçonneux, et douze hommes créables ; si que la veue puisse estre recordée, se mestier est, par les quatre chevalliers, et par huict des aultres. Quand la veue sera faicte, cil qui s'est deffailly à quatre assises, de quoy chacune contient l'espace de quarante jours, il[3] doibt estre appellé, et la terre tenue en la main du prince. Et en la quarte assise, quand l'heure de faire les loix sera passée—c'est à heure de mydy, dedens quoy ceulx qui plèdent se doibvent offrir en Court—la saisine de la terre doibt estre baillée à celuy qui la demande. Se cil qui la demande se défault, sa défaulte doibt estre apportée à la première assise, et

reportari, in scriptis redigendus, et lator STABILIÆ, sine diei assignatione, recedet cum saisina quam habebat; quam[5] in pace tamdiu[5] post assumptam STABILIAM possidebit, quousque eam per judicium obtineat vel amittat. Et sciendum est, quod terra capta per judicium in manu Principis, si eam ejus possessor requisierit, in assisia semel[6] est reddenda, et extra assisias nequaquam. Si autem iterum capta fuerit, illa[2] modo reddenda est quousque contentio fuerit terminata. Si autem contentio per judicium, factis defectibus indebitis, visa fuerit, usque ad diffinitionem querelæ in manu Principis tenenda est. Sciendum etenim est quod, ad recognitionem hujus brevis faciendam, debent jurari milites, et alii ex militari sanguine procreati, et alii homines fide digni qui infra vicinetum originem et[1] diuturnam contraxerunt residentiam: qui tales debent esse, quod de eis non indebite præsumatur, ut[3] qui rei veritatem noverint requirendæ, et veritatem de eo, quod scierint, proferant inquisiti.[4] Et jurabunt in conspectu partium,[4] sicut superius declaratur. Et saonnabunt partes adversæ, si

mise en escript, et cil qui porte L'ESTABLIE s'en doibt aller sans jour, avec sa saisine; que il tendra[7] en paix, puis que il aura prins L'ESTABLIE, jusques à tant que il l'ait gaignée ou perdue par jugement. L'en doibt sçavoir que, quant la terre est prinse par jugement en la main du prince, se cil sur qui elle est prinse la requiert, elle luy doibt estre une fois rendue en l'assise, et non pas hors. Et se elle y est prinse aultre fois, elle ne doibt pas estre rendue, tant que le plet soit finé. Se la terre est veue par jugement, pour les défaultes à celuy qui la tient, elle doibt estre tenue en la main du prince, jusques à tant que le plet soit finé. L'en doibt sçavoir que, à faire le recongnoissant de ce brief, doibvent jurer les chevaliers, et les aultres qui sont du lignage aux chevaliers, et aultres hommes créables, qui furent nés eu voisiné et qui longuement y ayent demouré, et si doibvent estre tels, que l'en croye que ils sachent la vérité de la chose, et qu'ils dient voir de ce que on leur demandera. Ils jureront devant les parties, si comme il a esté dict devant. Les parties pourront saonner ceulx,

---

(1) *Et*—Dans le texte, *et* suit *contraxerunt*.    (2) *Illa*—*Illo* dans le texte.    (3) *Ut*— Dans le texte *et*.    (4) *Inquisiti * * partium*—Omis par *Le R.*    (5) *Quam * * tamdiu* —Dans le texte *tam in pace quamdiu*.    (6) *Semel*—Dans le texte *semper*.    (7) *Tendra*— Cf. n. 15, p. 5.

voluerint, quos suspectionis ratio debita a juratione demonstraverit amovendos. Et si milites vel nobiles infra vicinetum non valeant inveniri, per alios de vicinia, quos fide dignos fama fecerit, inquisitio teneatur. De vicinio autem illos dicimus, qui infra leucam, vel in parochia, in qua fundum situm est[1] contentionis, residentiam obtinent originalem, vel in parochiis eisdem adhærentibus immediate. Sciendum etiam est quod, si undecim juratorum consenserint, dictum duodecimi nullam efficaciam[2] obtinebit. Et si duo eorum decem contradixerint, *vel in NON SCIRE veritatem rei reduxerint inquirendæ*, totum in NON SCIRE redigetur.

## CXVI.—DE BREVI DE SUPER-DEMANDA.

De brevi autem quod DE SUPER-DEMANDA[3] appellatur consequenter agendum est; quod itaque tale nomen sortitum est propter hoc, quod ad defensionem earum rerum, reddituum vel servitiorum prætenditur, quæ per dominos feodorum a tenentibus suis indebite petebantur. Defensione autem hujus brevis uti possunt omnes illi qui terras vel feoda possident, de quibus domini feodorum faisantias requirunt am-

en qui ils monstreront aulcune raison de souspeçon ; et se l'en ne peut trouver eu voisiné chevalliers ne gentilshommes, l'enqueste soit tenue par aultres hommes du voisiné, qui soient de bonne renommée. Nous disons que ceulx sont du voisiné, qui sont dedens une lieue, ou en la paroisse où la terre siet, ou des aultres parroisses joingnans. Et si doibt l'en sçavoir que, se unze des jureurs se acordent, la parolle au douziesme ne vault rien. Et se deux contredient aux dix, tout sera mis en NON SÇAVOIR.

## CXIV.—DE BRIEF DE SOUR-DEMANDE.

Nous dirons après de brief DE SOURDEMANDE[3] ; qui est ainsi appellé, pour ce que il est faict pour soy défendre des rentes ou des services, que les seigneurs des fiefs demandent à tort à leurs tenants. De laquelle deffence de ce brief pevent user tous ceulx qui tiennent terres, de quoy[4] les seigneurs leur demandent services

---

(1) *Fundum situm est*—Dans le texte *fundum (sic) suum et.* (2) *Efficaciam*—Dans le texte *efficatiam.* (3) *Superdemanda, sourdemande*—V. n. 2, p. 281, dans le Chap. précéd. (4) *Quoy—Sic.*

pliores, quam de feodis habere debent per eorum possessores. Multa enim servitia et faisantiæ amore vel timore feodorum dominis persolvuntur, quæ hereditarie de eis[1] non debent postulari. Et propter hoc, divinæ ductu pietatis, Principis Normanniæ stabilivit solertia ut, in hujusmodi casibus, breve DE SUPERDEMANDA *fundi feodorum* haberent possessores ; quod conficitur in hac forma :   Queritur N. quod R. injuste exigit ab eo servitium secandi suas garbas,[2] ratione feodi quod tenet de eodem, unde petit STABILIAM Domini Regis, quis majus jus habeat, ipse tenens qui difforciat, vel exigens ratione feodi prænotati ; propter quod, si dederit tibi plegios de brevi suo prosequendo, submone recognitionem de vicineto, quod sit ad primas assisias bailliviæ, ad proferendam super hoc veritatem ; et visio interim teneatur.

Breve autem hujusmodi omnes conditiones et processus brevis retinet supradicti.

que ils ne luy[5] doibvent pas ; car plusieurs services sont faicts aux seigneurs, ou par amour ou par paour, qui ne doibvent pas estre demandés par héritage.   Et pour ce establist le Duc de Normendie que, en tels cas, peut estre faict brief DE SOURDEMANDE ; qui est faict en ceste forme :  P. se plainct que R. luy demande à tort service *de fief* ès[3] ses gerbes, par raison de son fief que il tient de luy, pour quoy il demande L'ESTABLIE au Duc : assavoir, qui a greigneur droict, celuy qui demande par raison de son fief, ou le tenant qui le defforce.   Et pour ce, se il te donne plège[4] de poursuyr son brief, semond le recongnoissant du voisiné, que il soit aux premières assises du bailliage, pour dire de ce la vérité.   Et la veue soit tenue dedens ce.

Ce brief a toutes les conditions, et toutes les manières, de celuy devant dict.

---

(1) *Eis*—i.e. *possessoribus*.   (2) *Garbas*—Teut. *garba*. V. F. *garbe*.   (3) *Ès*—Dans le texte *et*.   (4) *Plege*—Neutre ; de *plegium ;* cautionnement.   (5) *Luy*—Sic.

## CXVII.—DE BREVI FEODI LAICI ET ELEMOSINÆ.

Post prædicta notandum est quod, per BREVE DE FEODO ET ELEMOSINA,[1] ad instantiam possidentis, quædam inquisitio in Normannia usitatur, quæ solis possessoribus conceditur querelarum.[2] Si quis enim ab aliquo petit in curia laicali feodum aliquod, tanquam hereditatem ad ipsum pertinentem, querelatus, si voluerit, inquisitionem habebit, utrum feodum contentionis sit elemosina possidentis, vel laicale feodum requirentis. Et conficitur breve in hac forma : Si T. dederit tibi plegios de clamore suo prosequendo, submone recognitionem de vicineto, quod sit ad primas assisias bailliviæ ad recognoscendum, utrum feodum quod. S. exigit ab eo sit elemosina possidentis vel laicale feodum requirentis : visio autem illius feodi interim teneatur. Hujusmodi autem breve deductionem suam recipit in BREVI DE STABILIA, superius annotato. In hoc etiam casu potest querelatus aliam prætendere, si voluerit, de-

## CXV.—DE BRIEF DE FIEF LAY ET D'OMOSNE.

Après nous debvons sçavoir, que une manière d'enqueste est usée, eu pays de Normendie, par BRIEF DE FIEF LAY OU D'OMOSNE,[1] qui est ottroyée à ceulx qui tiennent. Se ung homme demande à ung aultre, en Court laye, aulcun fief comme son héritage, celuy qui est querellé aura, se il veult, l'enqueste, sçavoir : mon, se ce fief est l'omosne à celuy qui le tient, ou le fief lay à celuy qui le demande. Et le brief en est faict en ceste forme : Se N. te donne plège de suyr sa clameur, semond le recongnoissant du voysiné, que il soit aux premières assises du bailliage à recongnoistre, sçavoir : se le fief que N. demande est l'omosne à celuy qui le tient, ou le fief lay à celuy qui le demande ; la veue soit tenue dedens ce. Ce brief est mené en la manière que nous avons dict du BRIEF D'ESTABLIE. En ce cas, peut celuy qui est querellé avoir une aultre défense, se il veult, par

(1) *Fief lay et omosne*—" Ottroyé aux défendeurs, quand aulcun leur demande héritage " ou possession qu'ils tiennent comme omosne, et les tenans veulent soustenir que c'est " fief lay. Ou quand aulcun demande comme fief lay, et les tenants veulent soustenir que " c'est omosne."—*Stille de procéder.* V. aussi *Glanville*, XIII, 2, 18 *et seq.* (2) *Querelarum* —Ainsi dans le texte.

fensionem, quæ per inquisitionem sine brevi, præscriptionis ratione, agitur. Si respondeat, se non debere super viso feodo contra querelantem respondere in curia laicali, cum illud, per triginta annos impletos, pacifice tanquam elemosinam ad ipsum possederit pertinentem, super quo inquisitionem patriæ paratus est sustinere, visio debet de inquisitione sustinenda assignari. Et hujusmodi inquisitio. usus et modos retinet procedendi, quos NOVÆ retinet BREVE DESSAISINÆ. Si autem querelatus harum defensionum nullam voluerit prætendere, per LEGEM PATRIÆ defendet querelæ feodum, vel amittet.(1) Si autem redactum fuerit in NON SCIRE, his casibus prænotatis, hujus rei jurisdictio ecclesiastico judici remanebit. Si quis vero petat, e converso, aliquod feodum tanquam elemosinam, quod asserat possidens suum esse feodum laicale, inquisitionem si voluerit ipse habebit, utrum feodum petitum sit ipsius tenentis feodum laicale, vel elemosina inquirentis ; et conficiatur breve illud modo prædicto, verso tamen modo tenentis et inquirentis. Et notandum est quod, in quacunque curia hujusmodi inquisitiones requirantur, in Principis tamen curia debent teneri ; et omnes aliæ

enqueste sans brief. Se il dict, que il ne doibt pas respondre en Court laye du fief qui a esté veu, car il l'a tenu, par trente ans, en paix comme omosne appartenant à luy, de quoy il est prest d'attendre l'enqueste du pays, la veue doibt estre assise ; et celle enqueste doibt estre faicte en la manière de celle de NOUVELLE DESSAISINE. Se celuy qui est querellé ne veult mettre avant aulcunes de ses deffences, il deffendra son fief par la LOY DU PAYS, ou il le perdra. Et se la chose est mise en NON SÇAVOIR, ès cas qui sont devant mis, la jurisdiction en remaindra en la Court de Saincte Eglise. Et encontre ce, se aulcun demande une terre comme omosne, et cil qui la tient dict que c'est son fief lay, il aura l'enqueste, s'il veult, sçavoir, se c'est le fief lay à celuy qui le demande. Le brief en doibt estre fait comme cil de devant, fors que l'en tournera les noms du tenant et du demandant. En quelque Court que telles enquestes soient demandées, elles doibvent estre tenues en la Court au prince ;

---

(1) *Amittet*—Dans le texte *admittet*.

inquisitiones, quæ ad declarationem jurisdictionis ecclesiasticæ et laicalis, occasione feodorum, pertinent. Et ad hujusmodi inquisitiones faciendas debet Ordinarius, vel vices gerens ipsius, personaliter interesse, et ad hoc debet legitime submoneri, si quid[4] jurisdictionis in re contentionis[4] sibi voluerit vindicare; et in ecclesiastica curia sopita[3] erit contentio, quousque declaratum fuerit, ad quam curiam hujus rei pertineat jurisdictio. Et si in NON SCIRE inquisitio redacta fuerit, ad curiam recurrent sub qua possessor se defendere contendebat. Sciendum etiam est, quod nullus in Normannia potest, de feodo suo laicali, puram facere elemosinam sine concessione et assensu Principis principalis. Cum enim Princeps justiciationem et jurisdictionem habeat in omnibus feodis laicalibus in Normannia, et forjurationem curiæ, et responsionem de dominis feodorum coram se, super his, [de] quibus eos voluerit accusare, palam est quod ipse solus puram potest elemosinam facere, cum aliquis alius non possit has Principis conferre, in puram elemosinam, dignitates; nemo enim in suo

et toutes les aultres enquestes, qui sont faictes, par la raison des fiefs, à desclairer la droicture de la Court de Saincte Eglise et de la Court laye. Et à faire telles enquestes doibt estre l'Évesque, ou autre pour luy, et y doibt estre semons, pour sçavoir s'il veult calenger[1] aulcune pooste[2] en la chose qui est demandée. Et le plet, qui estoit mené en la Court de Saincte Eglise, demourra,[3] tant qu'il soit déclairé à laquelle Court la jurisdiction de telle chose appartient. Et se l'enqueste le met en NON SÇAVOIR, il convendra revenir à la Court où celuy qui tient se voulloit défendre. L'en doibt sçavoir, que aulcun ne peut, en Normendie, faire de son fief lay pure omosne,[6] sans l'ottroy et espécial assentement du prince, car le prince a sa jurisdition[5] et seigneurie sur tous les fiefs lays de Normendie, et forjurement de Court, et response des seigneurs des fiefs, et de tout ce dont il les vouldra accuser par devant luy. Par ce appert que[7] aulcun ne peut faire pure omosne sans luy, car aulcun ne peut donner en omosne dignités qui sont au prince. Et ne

(1) *Calenger*—Demander en justice. De *calumnia*: "*actio in jure.*"—*Ducange.* V. n. 2, p. 116. Dans le *Domesday Book, calumniare* est employé dans le sens de *reclamare* ou *vindicare.* (2) *Pooste*—Autorité. V. n. 3, p. 46. (3) *Sopita, demourra*—Sera sursis. (4) *Quid* \* \* *contentionis*—Dans le texte: *si quis in jurisdictione jure contentionis.* (5) *Jurisdition*—Sic Le R. Les éd. précéd. *jurisdiction.* (6) *Omosne*—V. Ch. xxxii. (7) *Que*—*Que se* dans le texte.

feodo aliquid potest elemosinare, nisi quod habuerit in eodem, et hoc in terris manifestum est per alios dominos elemosinatis; Princeps enim suam habet plenam jurisdictionem de eis, quæ ad feodum pertinent laicale, super eos, videlicet, qui fundum possident eorumdem; et illi,[1] quibus collata est elemosina, illud percipient in eisdem quod ad dominos pertinebat conferentes; et illud solum in feodis elemosina potest dici. Nullus autem in feodo, quod elemosinaverit, potest aliquam jurisdictionem reclamare, nisi eam specialiter retinuerit in eodem. Elemosina autem pura est, in qua Princeps nihil terrenæ retinet sibi jurisdictionis seu dignitatis; et hujus elemosinæ totalis jurisdictio ad ecclesiasticam pertinet dignitatem. Cum autem omne feodum, quod, *sub nomine elemosinæ seu* tanquam elemosina, per triginta annos in pace possessum fuerit evidenter, haberi pro elemosina debeat ac teneri, nullus[3] in laicali · curia super hoc, in quantum est elemosina, teneatur respondere; tamen si, per breve DE DOTE vel MARITAGIO IMPEDITO, fuerit requisitum, laicalis curia super hoc [jus] requirentibus exhibebit. Aliquis enim, post impeditum uxoris suæ maritagium, per spatium quadraginta

peut aulcun omosner en son fief fors ce qu'il y a. Et ce appert il ès terres qui sont omosnées par aultres seigneurs, car le prince y a plaine jurisdiction, ès choses qui appartiennent au fief lay, sur ceulx qui tiennent les terres; et ceulx à qui l'omosne est donnée y prendront ce que ceulx qui leur donnèrent y avoient; et ce peut l'en appeller OMOSNE, sans plus. Aulcun ne peut, eu fief que il a omosné, réclamer aulcune jurisdiction, se il ne luy retient espécialement. Pure omosne est en quoy le prince ne retient rien de terrienne jurisdiction, ne de dignité. Et de ce la jurisdiction et dignité appartient du tout à l'Eglise. Tous les fiefs qui par trente ans ont esté tenus comme omosne doibvent estre tenus pour omosne,[2] et n'en est aulcun tenu respondre en Court laye, en tant comme c'est omosne. Non pourtant, se il est requis par brief DE DOUAIRE OU DE MARIAGE ENCOMBRÉ, la Court laye en fera droict à ceulx qui le requièrent. Puis que aulcun a encombré le mariage de sa femme, il peut vivre avec elle quarante ou cin-

---

(1) *Illi—Illis* dans le texte. (2) *Omosne—Omosner* dans les éd. précéd. (3) *Nullus—* Dans le texte : nec * * *nullus.*

seu quinquaginta vel sexaginta annorum potest vivere cum eadem, anno tamen postea quo vir ejus decesserit, poterit relicta quicquid vir ejus de suo maritagio impediri consenserit, vel impedierit, revocare ; cum vivente marito sine ipso in nihilo audiretur. Et hæc revocatio, quæ [per] breve DE MARITAGIO IMPEDITO [fit], fieri poterit infra annum et diem quo vir ejus decesserit, sicut in Capitulo hujus brevis superius est expressum. Elapsis autem die et anno post viri sui decessum, elemosinam, per triginta[1] annos possessam, non poterit revocare. De feodis autem in dotem traditis vel per viduitatem possessis, si per dotatas vel per viduatos fuerint impedita, poterit fieri similiter revocatio, cum nihil hereditatis habeant in eisdem.

quante ou soixante ans, et en l'an qu'il mourra elle pourra rappeller tout ce qu'il aura encombré de son mariage ; car, tant comme le mary vit, elle ne le peut rappeller, car elle ne seroit de rien ouye sans son mary. Et ce rappel peut estre faict par brief DE MARIAGE ENCOMBRÉ, dedens l'an et le jour de la mort de son mary, si comme il fut dict devant, eu Chapitre DE MARIAGE ENCOMBRÉ. Mais se l'an et le jour sont passés après la mort de son mari, elle ne pourra pas rappeller l'omosne qui aura esté possidée, *bien et en paix*, par trente ans. Des terres qui ont esté baillées en douaire, ou que les hommes ont tenues par leur veufveté, pourra le rappel estre faict, se elles sont encombrées par l'homme veuf ou par la femme veufve, car ils n'y avoient point de héritaige.

---

(1) *Triginta*—V. les n. 1 et 3, p. 58 ; et les pages 275—276 ci-devant.

# SECONDE PARTIE.

—◦◦—

# Quarte Distinction.

# Capitulum centesimum octavum decimum.

## Chapitre cent-seizième.

---

### DE REVOCATIONE PER BURSAM.

De feodis autem venditis fit inquisitio, ad ipsa per datum pretium revocanda. Sciendum ergo est, quod nullus omnino feodum venditum potest revocare per mercatus pretium, nisi, infra diem et annum mercatus facti, revocator clamorem justitiæ de ipso fecerit revocando. Notandum etiam est, quod quilibet de consanguinitate venditoris, ad quem hereditas vendita hereditarie aliquo modo posset devenire, ipsam potest per pretium revocare. Si autem propinquior tacuerit, quousque per alium in curia fuerit terminatum, audiri ulterius non debebit. Notandum etiam est, quod ad propinquiorem pertinet revocatio feodi venditi facienda. Si autem propinquior revocaverit, et alii comparticipes portionem in revocatione illa habere voluerint,

### DE QUERELLE DE FIEF VENDU.

Des fiefs vendus est enqueste faicte, de les rappeller par les pris qui[1] furent vendus. Et doibt l'en sçavoir, que aulcun ne peut rappeller par bourse la terre qui a esté vendue, s'il n'en faict plaincte à la justice dedens l'an et le jour que la vente fut faicte. Chascun du lignage au vendeur, à qui la terre qui est vendue povoit venir par héritage, la peut retraire par le pris, mais il appartient au plus prochain. Et se le plus prochain se taist, tant que le marchié soit rappellé par aultre en Court, il ne debvera pas puis estre ouy. Se le plus prochain le rappelle, et les aultres parçonniers veullent avoir part au

---

(1) *Qui* (*sic*) —Ablatif du prix ; *auxquels*.

et illam requisierint in curia, antequam mercatus fuerit revocatus, portionem, quæ ad eorum jus pertinet, solvendo pretii quantitatem, obtinebunt,[4] dum tamen in feodo, ut propinquiores, habeant rationem revocandi. Si autem omnes consanguinei tacuerint, dominus feodi reportans hommagium de vendito feodo potest venditionem revocare. Notandum etiam est quod, licet emptor vel venditor mercatum factum de feodo offerat parentibus venditoris, ut dimittant mercatum aut persolvant pretium, non tamen ad hoc tenentur; sed cum sibi viderint expedire revocabunt, tempore tamen revocationi deputato. Revocator autem terminum debet habere, usque ad primam instantem assisiam, pretium persolvendi, dum tamen spatium obtineat *quindecim*[2] dierum; et interim mercatus erit in manu Principis. Debet insuper per justiciarium injungi revocatori quod, nisi pretium ad terminum persolverit assignatum, mercatus actori[3] suo remanebit; et sic per assisiam sequentem revocatio firmabitur, in defectu[1] revocantis; qui, [cum] in solutione pretii defuerit, audiri super

retraict, et ils le requièrent en Court ains que le marché ait esté rappellé, ils auront leur part, se ils paient leur partie du pris, pourtant que ils aient raison de rappeller le marché, ainsi comme le plus prouchain. Et se tous ceulx du lignage se taisent, le seigneur du fief qui a l'hommage du vendeur pourra rappeller la vente. L'en doibt sçavoir que, jà soit ce que cil qui achepte, ou cil qui vend, offre à ceulx du lignage le marché qui est faict du fief, affin que ils le laissent ou que ils en payent le prix, non pourtant ils ne sont pas tenus à ce, mais, quant ils cuyderont bien faire, ils le rappelleront, en l'an et le jour. Celuy qui le retraict doit avoir terme de payer, jusques à la première assise, pour tant qu'il y ait *quarante*[2] jours, et dedens ce sera le marché en la main du prince. La justice doibt enjoindre au retrayeur que, se il ne paye le pris au terme qui luy est mis, le marché remaindra à l'achepteur. Et ainsi, à la première assise ensuyvant, sera le retraict affermé en la défaulte au retraieur; qui depuis ne debvera estre ouy, se il défault à payer

---

(1) *In defectu*—Dans le texte *ut defectus.*  (2) *Quindecim, quarante*—Cette divergence se présente dans d'autres endroits. Il y a eu peut-être prolongement du terme, dans la période entre les dates des versions.  (3) *Actori*—Employé, ou comme l'équivalent Lat. de *acheteur;* ou comme forme contractée de *acceptor* ou *acceptator:* à moins qu'on l'ait substitué par erreur, pour *emptor*, dont on se sert ci-après.  (4) *Obtinebunt*—Le texte ici a été transposé.

hoc ulterius non debebit. Si autem emptio negata fuerit, visio debet assignari, et feodum debet in manu Principis teneri, quousque per inquisitionem declaretur, utrum feodum venditum fuerit, et pro quanto ; et hujusmodi querela recipit NOVÆ deductionem DESSAISINÆ. Et si emptor, qui mercatum negaverit, per inquisitionem super hoc convincatur, et datum pretium remanebit Principi et feodum requirenti. Notandum etiam est, quod quicquid emptor in empto feodo miserit post clamorem factum revocandi remanebit obtinenti. Illud autem, quod ante clamorem factum miserit in eodem, debet ei a revocante restitui. Si autem emptor se asserat in empto feodo plus dedisse quam revocans ei offerat pro eodem, hujus rei quantitas per sacramentum emptoris et venditoris inquiratur. Si autem discordes fuerint, per inquisitionem viciniæ declaretur, et per emendam *catalli* condemnatus super hoc puniatur. Notandum etiam est quod, si quis feodum aliquod acquisierit, et illud vendiderit, quilibet de consanguinitate illud poterit revocare, dum tamen propinquiores taceant nec requirant. Notandum iterum est, quod dominus feodi tunc locum habet revocandi, cum per nullum de

le prix au terme. Se l'achapt est nyé, la veue doibt estre assise, et la terre tenue en la main du prince, tant que il soit déclairé par l'enqueste, se elle fut vendue, et combien ; et mène[1] l'en tel plet aussi comme celluy de NOUVELLE DESSAISINE. Et se l'achepteur, qui avoit nyé le marchié, en est attaint par l'enqueste, le pris que il paya demourra au prince, et la terre sera au retrayeur. Et est assavoir, que tout ce que l'achepteur mettra en la terre, puis que le plet du retraict sera meu, remaindra à celuy qui le gaingnera, mais ce qu'il y mist devant luy doibt estre rendu. Et se l'achepteur dict, qu'il paya plus de la terre que le retraieur ne luy offre, la vérité en sera enquise par le serment du vendeur et de l'achepteur. Et se ils sont à descord, il sera sceu par l'enqueste, et cil qui en sera attainct sera en amende. Se aulcun a conquis terre et il la vend, chascun qui sera de son lignage la pourra retraire, se le plus prouchain ne la requiert. Et le seigneur peut lors retraire le marchié, quant

---

(1) *Mène*—Dans les éd. précéd. *maine.*

2 o

consanguinitate revocatio excitatur. Nullus etiam, qui attingat
venditorem solummodo ex parte
patris, revocare potest feodum
quod movet[1] ex parte matris,
nec e converso. Sed si linea, a
qua descendit feodum, tota tacuerit, per dominum feodi, et non
per aliam lineam, poterit revocari.
Item sciendum est quod, si feodum
venditum ad secundam manum,
vel tertiam, ultra manum emptoris
transierit, eo modo poterit contra
detinentes revocari, quo[2] contra
ipsum emptorem revocaretur.[2]
Et fiet inquisitio, utrum emptor
illud emerit, et post emptionem
factam traditum fuerit detinenti
per emptorem, *vel per alium qui
illud habuerit ex emptore.*

## CXIX.—DE INQUISITIONIBUS PORTIONUM.

Solent autem circa portiones
faciendas inquisitiones casibus
multis exoriri. Cum itaque in
portionibus requirendis de genere
et propinquitate ejusdem primo
inquiratur, illud negare vel cognoscere tenetur, inventus in curia,
querelatus. Et si illud negaverit,
inquisitio super hoc debet fieri et
teneri sine inspectione, modo quo
in NOVA proceditur DESSAISINA.
Et inquiretur, utrum ita sit pro-

aulcun du lignage ne le requiert.
Aulcun du lignage au vendeur,
de par son père, ne peut retraire
le fief qui vient de par sa mère,
ne aussi au contraire. Mais se
tous ceulx du lignage dont l'héritage vient se taisoient, le seigneur
du fief le pourra rappeller ; et non
pas ceulx de l'autre ligne. Et se
la terre qui a esté vendue est
jà venue en la seconde ou en la
tierce main, ou plus avant, si
pourra elle estre retraicte, par le
lignage, de ceulx qui la tiennent
aussi comme de l'achepteur. Et
sera enqueste faicte, sçavoir : se
celluy, qui l'achepta, la bailla à
celuy qui ores la tient.

## CXVII.—D'ENQUESTES DE PARTIES.

Enquestes seulent naistre en
plusieurs cas, à faire parties.
Quand l'en requiert parties, l'en
doibt premièrement enquérir du
lignage, et combien celuy est
prochain qui les demande. Et
se cil qui est querellé en est
requis en Court, il doit congnoistre le lignage ou le nyer.
Et se il le nye, l'enqueste doibt
estre semonse, et tenue, sans veue,
en la manière qu'elle est tenue
de NOUVELLE DESSAISINE. Et se
enquerra l'en, sçavoir : s'il est

---

(1) *Movet*—Descend. passe. V. n. 1, p. 78, pour une signification presque analogue.
(2) *Quo * * revocaretur*—Omis par *Le R.*

pinquus in consanguinitate illius a quo descendit hereditas, quod habere debeat in ea portionem ; et, si ita recognitum fuerit, portionem obtineat denegatam. Si vero, ipsum ita esse ut asserebat in consanguinitate propinquum, non fuerit recognitum, *sed negatum*, vel in NON SCIRE redactum, sine portione remanebit. Si quis vero dicat se antenatum, et ab aliis fuerit denegatum, per inquisitionem declaretur. Et hujusmodi inquisitiones fieri debent per vicinos locorum, ex quibus partes adversæ originem traxerunt. Si vero dicat primogenitus comparticipibus suis se fecisse portionem, eam debet ostendere, et dies visionis incontinenti debet assignari. Et inspectione facta, si dixerit [particeps] illam portionem sibi nunquam traditam fuisse, vel eam nunquam habuisse, vel se eam ex acquisitione sua, et non ratione hereditaria, habuisse, hujusmodi contentiones per inquisitionem debent terminari. Similiter autem agendum est, si proponat antenatus feodum, de quo portiones requiruntur, esse membrum vel feodum loricæ, vel feodum sergenteriæ,[2] vel alterius impartibilis conditionis ; et hujusmodi inquisitiones tanquam in NOVA DESSAISINA maturantur. Si

si prochain du lignage à celuy de qui l'héritage descend, que il en doye avoir partie. Et se il est ainsi recongneu qu'il est si prochain qu'il on doye avoir partie, il aura la partie qui luy est deue. Et s'il est recongneu qu'il n'est pas si prochain comme il disoit, ou il est mis en NON SÇAVOIR, il remaindra sans partie. Se aulcun dict qu'il en est aisné, et les aultres le nient, il sera sceu par l'enqueste ; et telles enquestes doibvent estre faictes par les voisins du lieu où les parties furent nées. Se l'ainsné dit que il a faict partie à ses personniers, il la doibt monstrer, et le jour de la veue doibt maintenant estre assigné. Et quand la veue sera faicte, se ils dient que celle partie ne leur fut oncques baillée, ou que ils ne l'eurent oncques, ou que ils ont eu celle chose de leur conquest, et non mie[3] par raison d'héritage, tels contends doibvent estre finés par enqueste. Ainsi doibt l'en faire, se l'aisné[1] dict que le fief, de quoy on luy demande partie, est fief ou membre de haulbert, de sergenterie, ou d'aultre manière par quoy il n'est pas partable. Et telles enquestes sont faictes aussi comme de NOUVELLE DESSAISINE. Se

---

(1) *Aisné*—A cette partie du livre on le trouve quelquefois ainsi écrit dans *Le R.* Dans les éd. précéd. ici et ailleurs, *ainsné*.    (2) *Sergenteriæ*—V. *Fleta*, I, 10, 11, et les notes de *Houard* là-dessus.    (3) *Mie*—V. n. 1, p. 112.

autem dixerit antenatus, quod feodum, de quo portio requiritur, ad ipsum ex antecessore non devenit ex decessu cujus sibi vindicat[3] portionem, inquisitio super hoc modo prænotato debet maturari.[4] Et si hujus impedimentum inveniatur esse nullum, portio debet fieri indilate. Similiter agendum . est in cæteris omnibus impedimentis,[2] quæ solent proponi ad impediendas portiones; excepto inde impedimento de finatione[1] facta super portiones per feodum vel mobile, unde querulus se tenuerit ad pagatum, quod per LEGEM DUELLI solet terminari.

l'ainsné dict que le fief, de quoy on luy demande partie, ne luy vient pas de celuy ancesseur de qui on luy demande partie, enqueste en doibt estre faicte comme devant. Et se l'en treuve que ce qu'il dict ne est pas voir, la partie soit faicte sans délay. Ainsi doibt l'en faire de toutes choses qui sont dictes pour délayer les partages ; fors quant aulcun dict qu'il a traictié avec ses perçonniers par terre ou par chastel, tant que ils s'en tindrent à paiés : car tel contends doibt estre finé par LOY DE LA BATAILLE.

## CXX.—DE INQUISITIONE DOTIS.

Super feodis autem in dotem[5] traditis solent fieri inquisitiones, modo superius annotato, die tamen et anno mota querela post decessum relictæ, quæ ea in dotem receperat; et per eos revocanda sunt et ad ipsos debent redire, in quorum possessione capta fuerunt, nisi ex hoc excambium habuerint competenter ; et inquirendum est, utrum relicta, ex cujus decessu feodum illud requiritur, ipsum in

## CXVIII.—D'ENQUESTES DE DOUAIRE.

De terres qui sont baillées en douaire seulent enquestes estre faictes, si comme l'en a monstré pardevant : mais que le plet en soit commencé dedens l'an et le jour que la femme fut morte, qui l'avoit eu en douaire. Et ceulx la[6] doibvent avoir, de la possession desquels elle fut prinse, se ils n'en ont eu eschange advenant. Et doit l'en enquérir, se la femme, de quelle mort[7] l'en demande la terre, l'eust en douaire

(1) *Finatione*—"Compositione de certa pecuniæ summa exsolvenda."—*Ducange.* Transaction, finaison. V. la note au Ch. cxxii (Lat.) sur *fine facto.* (2) *Impedimentis*—Ici empêchements de procédure ; i.q. *dilationes.* V. n. 1, p. 224, et le Ch. cxxi (Lat.) (3) *Vindicat*—i.e. *requirens.* On se sert généralement de l'orthographe *vendico* dans le texte. (4) *Maturari*—Dans le texte *mutuari.* (5) *Dotem*—V. *Glanville,* VI. (6) *La*— *Terre* sous-entendu. (7) *De quelle mort*—Sic : *par la mort de laquelle.*

dotem habuerit ratione viri sui, et utrum requirens propinquior sit heres illius, de cujus possessione dotalitium fuit factum. Si vero excambium habuerit per aliquem, qui ipsi garantizare debuerit possessori, ipsi excambiatori dotis terra remanebit. Dotalitium enim omne, per factum vel per negligentiam impeditum relictæ, modo prædicto contra quemlibet possessorem potest revocari.

## CXXI.—DE IMPEDITIONE[3] VIRI VIDUATI.

Similiter autem revocanda sunt feoda, quæ, tempore quo per viduitatem viri possidebantur, fuerint impedita. Consuetudo enim [est] in Normannia, ex antiquitate approbata, quod, si quis uxorem habuerit, ex qua heredem aliquem procreaverit quem natum vivum fuisse constiterit, sive vivat sive decesserit, totum feodum quod maritus possidebat, ex parte uxoris suæ, tempore quo decesserit, ipsi marito, quamdiu ab aliis cessabit nuptiis, remanebit. Post decessum autem ejus, vel post contractum cum alia matrimonium,[4] heredibus mulieris, ex cujus decessu feodum per viduitatem

par raison de son mary, et, sçavoir, se celuy qui la requiert est le plus prochain hoir à celuy, de quelle possession le douairè fut faict. S'il en a eu eschange par aulcun, qui garantir luy deust, la terre du douaire remaindra à celuy qui l'eschangea. Tout douaire qui est encombré, par le faict ou par la négligence à la femme, peut estre rappellé si comme nous avons dict, qui que le tienne.

## CXIX.—DE VEUFVETÉ[5] DE HOMME.

Aussi doibvent estre rappellés les fiefs qui ont esté encombrés, eu temps que les hommes les tenoient par leurs veufvetés. Coustume est en Normendie despieça,[2] que, se ung homme a eu femme, de qui il ait eu enfant qui ait esté ney[6] vif, jà soit ce qu'il ne vive mais,[1] toute la terre qu'il tenoit de par sa femme eu temps qu'elle mourut, luy remaindra, tant comme il se tendra de marier. Quant il sera mort ou quant il sera marié, la terre, qu'il tenoit par la raison de sa veufveté,[5] reviendra aux hoirs à la

---

(1) *Mais*—i. q. *magis* · plus, après.  (2) *Despieça*—D'ancienneté.  (3) *Impeditione*—Ici, ainsi que dans l'expression *maritagium impeditum*, *impedire* veut dire grever, encombrer, amoindrir, ou aliéner la propriété dont on joint à titre de douaire ou de franc veuvage. (4) *Matrimonium*—Dans la coutume analogue d'Angleterre — *Jus curialitatis Angliæ*, *the curtesy of England* — la jouissance du veuf ne s'éteint pas par son mariage subséquent. (5) *Veufvete*—Dans *Le R. vefvete*.  (6) *Ney*—Sic.

tenebat, ipsum redibit feodum, successionis ratione. Si vero tempore viduitatis fuerit impeditum, fiat super hoc inquisitio modo penitus prænotato. Si vero negatum fuerit, ipsum heredem natum vivum ex uxore defuncta habuisse, similiter requiratur per vicinium in quo heres dicitur ortum suscepisse; et per eos, tam viros quam mulieres, qui ejus scire nativitatem ratione aliqua præsumuntur, dum tamen suspectione ab inquisitione facienda non debeant amoveri. Si vero ei objectum fuerit, defunctam ejus non fuisse uxorem, inquisitio modo prædicto teneatur, utrum de consensu ecclesiæ eam habebat in uxorem tempore quo decessit. Et si in NON SCIRE redactum fuerit, sine feodo illius quod requirebat per viduitatem remanebit, nisi se cum defuncta probaverit matrimonium contraxisse. Quod si probare obtulerit, ad ecclesiasticam curiam remittatur; quod si in ea infra diem et annum probaverit, relictæ suæ feodum, per modum viduitatis, obtinebit. Hoc etiam omnino, tam de inquisitione quam de probatione matrimonii facienda, *circa dotem*, attendendum est, si [de] contractu matrimonii fuerit denegatum.

femme, à qui elle debvoit escheoir de sa mort. Et se il l'encombra eu temps de sa veufveté, enqueste en soit faicte, ainsi comme nous dismes devant. Et se l'en nye qu'il n'eust oncques enfant vif de sa femme, soit [ce] enquis par les gents du voisiné où il dit que l'enfant fut ney, par ceulx, soient hommes ou femmes, que l'en croit, par aulcune raison, qu'ils en sachent la vérité; mais qu'ils ne soient pas souspeçonneux, par quoy ils doibvent estre ostés de l'enqueste. Se l'en dict, que celle qui est morte ne fust pas sa femme, enqueste en soit faicte, sçavoir: s'il l'eust à femme par le consentement de Saincte Eglise, eu temps que elle mourust; et se il est mis en NON SÇAVOIR, il remaindra sans l'héritage qu'il debvoit tenir par sa veufveté, s'il ne preuve[1] que la morte estoit sa femme. Et s'il offre à prouver[1] que la morte estoit sa femme, il doibt estre ouy, et envoyé à la Court de Saincte Eglise. Et se il le peut prouver dedens l'an et le jour, il tendra la terre de sa femme, par la raison de sa veufveté. Et ce doibt estre gardé, d'enqueste et de preuve de mariage, se l'en nye le mariage.

---

(1) *Preuve, prouver*—Cette variation sert à distinguer les voyelles Lat. accentuées, de ceux non accentuées, "et est très commode pour séparer les différentes formes "de la conjugaison."—*Brachet.* V. n. 3, p. 18. Cf. les formes *demeur — demour*, *seuffr—souffr.*

## CXXII.—DE ANTENATO ET GARANTO.

Inquisitio etiam modo prædicto facienda est, si quis se antenatum alicujus feodi asserat vel garantum, si hoc ab adversa parte negatum fuerit; et si etiam propositum ab adversa parte fuerit, et ab ipsa denegatum. Solent etiam fieri inquisitiones de omnibus impedimentis in curia propositis, ad demandam[1] queruli reprimendam, et ad defensionem querelati infirmandam : exceptis tamen illis, quorum discussiones ad ecclesiasticum judicem referuntur, ut bastardia et hujusmodi, quæ in foro ecclesiastico probantur : et similiter, excepto fine facto[3] inter comparticipes de portione per feodum vel mobile, quod duelli probamentum recipit, *ut patebit inferius.*

## CXXIII.[5]—DE LEGE QUÆ FIT PER RECORDAMENTUM.

De lege autem illa quæ fit per recordamentum consequenter agendum est. Recordatio autem in laicali curia dicitur quædam lex, a principibus instituta et a subditis generaliter observata, recitans, per expressum testimonium recordatorum, ea quæ placitando in curia dicta fuerunt

## CXX.—DE AINSNÉ ET DE GARANT.

En ceste mesme manière doit enqueste estre faicte, se aulcun dict qu'il est ainsné d'ung fief, ou garant, et l'autre partie le nye : ou se l'autre partie le dict, et il le nye. Enquestes seulent estre faictes de tous empeschements qui sont proposés en Court, pour anyentir[2] la demande au plainctif ou la défense à l'autre ; fors ès cas de quoy on doibt pléder en la Court de Saincte Eglise, si comme de bastardie et de telles choses, qui sont approuvées[4] en la Court de Saincte Eglise. Et aussi en est à excepter fin de parties d'héritages, qui a esté faicte entre personniers ; qui doibt estre prouvée par loy de bataille.

## CXXI.—DE LOY QUI EST FAICTE PAR RECORD.

Nous dirons de loy qui est faicte par record. Record est appellé en Court laye une loy, qui fut establye par les princes, [et] qui est générallement gardée de leurs submis, par quoy ce qui a esté faict ou dict en Court est recité par le tesmoing des recor-

---

(1) *Demandam*—Demande en droit, tant de *reprimere* que de *infirmare.* (2) *Anyentir*—*Sic.* Employé comme équivalent, (3) *Fine facto*—V. n. 1, p. 300, sur *finatione.* " Amicabilis compositio et finalis concordia."—*Glanville*, VIII, 1. (4) *Approuvées*—Dans le sens de *établies par la preuve.* (5) Ce Chapitre et celui qui suit ont le même numéro dans le texte Lat. V. les dispositions presque identiques dans les Chaps. cii, ciii, civ, cv, cvi, cvii, cviii, cix (Lat.)

sive facta, vel quæ pronunciata fuerunt, ut serventur. Quædam enim fiunt in curia placitando, quædam pronunciando. Placitando autem fiunt quæcunque motæ querelæ occasione deducuntur. Denunciando autem fiunt venditiones, attornationes et hujusmodi, quæ fiunt in curia ut ejus recordationis retineant fulcimentum. Recordatores autem dicuntur omnes personæ in curia assistentes, per quas curiæ recordatio valeat celebrari,[1] ut Princeps Normanniæ, Archiepiscopi, et omnes personæ dignitatem seu personatum[2] habentes in ecclesia cathedrali, abbates, et etiam priores conventuales, comites, barones et omnes milites, et omnes principes justiciarii, vicecomites et *etiam* spadæ servientes, et magnæ famæ homines quos vitæ meritum et prudentiæ honestas fecerit fide dignos. Hujusmodi autem[5] personæ omnes ad recordationes sunt admittendæ, nisi fama publica contra ipsos[5] laboraverit evidenter. Jurare autem tenentur recordatores, maxime[6] illi qui nondum Principi fecerunt sacramentum,

deurs : et ce qui a esté jugié doit estre gardé. Unes choses sont faictes en Court en plédant, et les aultres en pronunçeant.[3] En plédant sont faictes toutes choses qui sont faictes par raison de la querelle qui est meue. En pronunçeant sont faictes les veues, les attournements, et tels choses, qui sont faictes en Court[4] pour avoir record. Les recordeurs sont appellés tous ceulx qui sont en la Court, par qui le record puisse estre faict, si comme le Prince de Normondie, les Archevesques, *les Évesques*, et toutes personnes qui ont dignités ou personnages[2] en églises cathédraulx, les abbés, aussi les prieurs conventuaulx, les contes, les barons et les chevaliers, et tous les principaulx justiciers, les vicontes, les sergents de l'espée, et les hommes de grand renommée, qui sont créables par leurs bonnes renommées, pour leur bonne vie, pour leur sens et pour leur honnesteté. Toutes ces personnes doibvent estre receues à record, se la commune renommée n'est appertement encontre eulx. Les recordeurs sont tenus à jurer, et mesmement[6] ceulx qui n'ont pas faict serment au prince, qu'ils

---

(1) *Celebrari*—Publié, proclamé.    (2) *Personatum, personnages*—"Personatus et dignitas " vere supponuntur pro eodem, licet in aliquibus locis Rectores ecclesiarum *personæ* vocentur, " et sic habent personatum, non tamen dignitatem."—*Lynwood*, cité par *Blount*. V. n. 1, p. 264.    (3) *Pronunçeant*—Sic *Le R*. Les éd. précéd. *prononçant*. Ainsi trouve-t-on *unze, circunstance, corrumpre*.    (4) *Court*—Dans les éd. précéd. ici, *Cour*.    (5) *Autem* * * *ipsos*—Omis par *Le R*.    (6) *Maxime, mesmement*—V. n. 3, p. 94.

quod rei eis retractandæ veritatem recordabuntur, nec omittent aliquid, vel addent, aliud quam quod memoria renovabit.[1] Fiunt itaque recordamenta eorum quæ fiunt in curia, ad requisitionem unius partis adversæ, altera sustinente, expressa recitatione per eos recordatores, qui præsentes ad hoc super quo recordatio requiratur affuerunt. Unde notandum est, quod nullus potest ad recordamentum vocari, qui præsens [non] fuerit ad hoc de quo debet recordatio celebrari ; *et quod ab una partium petatur*[2] *et ab altera sustineatur.*[2] Notandum etiam est, quod pars contra quam recordamentum petitur aut illud sustinebit, aut opponet rationem quare sustinere illud non debeat : vel querela adversæ parti remanebit. Sunt autem diversa recordamentorum genera ; quædam enim sunt *præsentiæ* Principis, quædam Scacarii, quædam assisiæ, quædam duelli, quædam visionis feodi, quædam visionis corporis, quædam forjurationis, quædam judicii, quædam attornationis, quædam pasnagii, quædam matrimonii contracti. Recordamentum Curiæ Regiæ, sive præsentiæ Principis, est recordatio eorum

recorderont vérité de la chose dont le record est demandé, et que ils n'y adjousteront, ne riens ne laisseront, de quoy il leur souvienne. Le record des choses qui sont faictes en Court est fait, quant une partie le demande et l'autre soustient ; et ils doibvent recorder ce à quoy ils furent présents, espéciallement de la chose de quoy le record est demandé. Et pour ce l'en doibt sçavoir, que aulcun ne peut estre appellé à record, s'il ne fût présent à ce de quoy le record doit estre faict. *Et se l'une partie le demande et l'autre ne le veult soustenir, il ne doibt pas estre faict*, car il convient, que la partie contre qui le record est demandé le soustienne, ou que elle monstre raison pourquoy elle ne le doibt pas soustenir : ou sinon la querelle remaindra à l'autre partie. Il y a diverses manières de records, car l'un est de la *Court* au Prince, l'autre d'Eschiquier, l'autre d'assise, l'autre de veue de fief, l'autre de bataille, l'autre de veue de corps *langoureux*, l'autre de forjurement *faict en jugement*, l'autre de jugement, l'autre d'attournement, l'autre de pasnage, l'autre de mariage. L'en doibt sçavoir, que de tout ce qui est faict en droit, par devant le prince et par devant ung aultre

---

(1) *Renovabit—Rappelera de nouveau devant leur esprits.* L'ordre du texte a été transposé. (2) *Petatur, sustineatur*—i.e. *recordamentum.*

2 P

quæ fiunt coram Domino Rege. Notandum igitur est quod, de omni eo quod factum fuerit in jure coram Principe et coram alio recordatore, debet eorum recordamentum observari ; indecens enim esset, quod Principis solius recordamentum peteretur, cum ejus præsentia in his, quæ ad jus pertinent, multis magnis viris, discretis et prudentibus semper frequentetur[1] ; quorum assertione in his, quæ in jure protulerit,[3] claritas luceat veritatis : et sic voluerunt Principes Normanniæ observari, ne quis detractor eorum recordamentum, eo quod per unicum hominem factum fuerit, remorderet ; quia omne testimonium ad minus ex ore duorum suscipit fulcimentum. *Si autem Princeps se non velit recordare, per tres alios recordatores recordari faciat ; et ejus persona nec ad hanc,[2] nec ad aliam actionem, potest saonnari : quæcunque enim in jure facta sunt coram ipso, statum debent habere perpetuæ firmitatis.* Recordamentum Scacarii fieri debet per septem recordatores fide dignos, ad minus, qui nulla rationabili causa a recordamento faciendo debeant removeri : *injuncto eis verum dicere, super sacramentum quod fecerunt Domino*

recordeur, doibt leur record estre gardé ; car ce ne seroit pas chose avenant que le record au prince seul fust demandé : car aux choses qui appartiennent à droict, qui sont faictes devant luy, sont souvent présens[1] moult de saiges hommes, par qui la vérité est sceue de ce qui est faict ou dict en droict : et ainsi vouldroient les princes de Normendie qu'il fust gardé, que aulcun maulvais ne contredist le record, pour ce qu'il fust faict par ung seul homme : et aussi que tout tesmoingnage doit estre en la bouche de deux, au moins.

Il y a ung record d'Eschiquier, qui doit estre faict par sept recordeurs au moins, qui ne puissent estre ostés de record par raisonnable achoison.

---

(1) *Frequentetur, présens*—Notez l'ingéniosité du prétexte, par lequel on justifie une règle, faite pour limiter le pouvoir personnel du Roi ou du Duc. (2) *Hanc*—Dans le texte *hæc*. (3) *Protulerit—Sic.* Peut-être *princeps* est sous-entendu : ou doit-on lire *prolata fuerint.*

*Regi, et concesso ab eisdem. Et si Domino Regi sacramentum non fecerint, jurare debent quod veritatem recordabunt.*[1] *Partes autem adversæ, si aliquem recordatorum saonnare voluerint, sunt audiendæ, et hoc in omni recordatione curiæ locum habet, exceptis persona Regis, et justiciarii, nisi in causa propria.* Possunt autem a recordamento repelli omnes personæ, qui evidenti suspectione possent in inquisitione facienda saonnari. Et sciendum est, quod ille qui petit recordamentum debet personas nominare, per quas illud requirit sibi faciendum. Et si pars adversa illud voluerit sustinere, saonnare poterit quoscunque[2] ⁂ ⁂ ⁂ ⁓ ⁂ ad illam nominaverit faciendam. In recordatione autem facienda, possunt nominari omnes illi qui in Scacario præsentes fuerint ad id, super quo petitur recordamentum. Et quod septem eorum concorditer retractaverint, debet observari. Si vero duo de septem dissenserint, vel nescientes se fecerint, tota recordatio vacillabit, et perdet petens recordamentum id quod per illud videbatur obtinere. Notandum itaque est quod, cum recordamentum fuerit inchoatum, res contentionis in manu Principis

Tous ceulx pevent estre ostés de record, qui sont saonnables d'enqueste par appert souppeçon. Pour ce l'en doibt sçavoir, que cil qui demande record doit nommer les personnes par qui il le veult avoir. Et se l'autre partie le veult soustenir, elle pourra saonner *ceulx qu'elle verra souppeçonneux; mais cil qui demande le record ne peut saonner* aulcun de ceulx que il nommera. Au record demander pevent estre nommés tous ceulx qui furent presents à l'Eschiquier, espécialement à ce de quoy l'en demande record. Et ce que les sept recorderont par ung accord doibt estre gardé. Se deux des sept se descordent, ou ils se font non sachants, tout le record est en doubte, et cil qui le demande perdra ce qu'il vouloit gaigner par le record. Et si doibt l'en sçavoir que, quand record est demandé, la chose de quoy le contends est doit estre arrestée

---

(1) *Recordabunt*—On trouve les deux formes, *recordabunt* et *recordabuntur*.    (2) *Quoscunque*—Il y a des mots omis entre *quoscunque* et *ad*, qui ne se trouvent même pas dans *Ludewig*. Le texte Français en donne la portée.

debet arrestari, et tamdiu teneri, quousque recordamentum fuerit terminatum. Si autem recordatorum quidam aliis contradixerit, tota similiter recordatio vacillabit. Si vero nesciens fuerit, recordatio similiter efficaciam non habebit; cum septem personæ, ad minus, ad recordamenti efficaciam debeant concordare. Omnia autem quæ fiunt in Scacario, sive placitando sive denunciando, vel quocunque modo alio, dum tamen proferantur occasione ratitudinis observandæ, firmitatis debent plenitudinem obtinere. Recordamentum autem assisiæ conditionem et formam retinet, quas recordamentum Scacarii dignoscitur retinere, *hoc tamen apposito, quod recordatio Scacarii in Scacario, recordatio assisiæ in assisiis debent teneri.* Notandum insuper est, quod hujusmodi lex, quæ fit per recordamentum, unum exonium et unum debet solummodo sustinere defectum. Recordamentum autem duelli conditionem et formam retinet recordamentorum prædictorum. Per septem enim recordatores juratos habet fieri, in cujuscunque curia teneatur. Sciendum autem est, quod per duelli recordamentum ea sola quæ ad duellum pertinent recordantur, ut duelli vadiatio, terminorum assignatio, querelæ deductio, et concordia vel finis de eodem, et omnino ea quæ ad illum pertinent

en la main du prince, et tenue tant que le record soit finé. Se ung des recordeurs est contraire aux aultres, tout le record sera en doubte. Et se il le met en NON SÇAVOIR, le record ne vauldra rien ; car il convient sept personnes au moins concordants, à ce que le record vaille. Toutes les choses qui sont faictes en Eschiquier, ou en plédant ou en demandant, ou en quelque aultre manière, pourtant qu'elles soient faictes pour estre tenables, doibvent avoir pardurable fermeté. Record d'assise a toute la manière de record d'Eschiquier. Et si debvons sçavoir que en ceste loy, qui est faicte par record, ne peut avoir que une exoine et une deffaulte. Record de bataille a telles conditions comme ceulx de devant; et si debvons sçavoir, que par le record de bataille ne sont recordées fors les choses qui appartiennent à la bataille, si comme le gaigement de la bataille, l'assignement des termes, la deduction de la querelle, la concorde ou la fin, et toutes les aultres

deducendum. Recordatio autem visionis feodi fieri solet per quattuor milites, vel per tales personas quæ a judicio vel a recordamento non debeant amoveri, ut quas superius enumeravimus, et per octo probos homines qui a jurca, si super hoc fierit contentio, nulla ratione valeant amoveri. Et hoc sane in querelis attendendum est, in quibus de feodi proprietate litigatur, ut in brevibus DE STABILIA, et FEODO ET VADIO, et hujusmodi. In NOVIS autem DESSAISINIS et querelis, in quibus de feodi possessione et non de proprietate litigatur, potest recordamentum fieri per eos qui ad inquisitionem super hoc faciendam sunt admittendi, licet non sint milites vel personæ quæ auctoritatem habeant in assisia recordandi. Et hujusmodi recordatio non est facienda, nisi solummodo de eo quod visum fuerit ac monstratum ; de aliis enim eorum recordatio non est admittenda. Recordamentum autem visionis corporis dupliciter potest fieri ; aut cum, post exonias et alias dilationes quas Normanniæ consuetudo patitur sustineri, præceptum fuerit per justiciarium, ex consuetudine Normanniæ, ipsum videri, ut ab eo cognoscatur quod maluerit eligere, videlicet, venire ad curiam, vel languorem

choses qui y appartiennent. Record de veue de fief seult estre faicte par quatre chevaliers, ou par telles personnes qui ne doivent pas estre ostées de jugement ne de record, si comme sont celles que nous avons devant nommées, [et] par huict preuds hommes qui par nulle raison puissent estre ostés de la veue. Et ce doibt estre entendu ès querelles dont l'en plède de la propriété du fief, si comme ès briefs D'ESTABLIE et de FIEF OU DE GAIGE. Ès NOUVELLES DESSAISINES, de quoy on plède de la possession et non pas de la propriété, peut le record estre faict par ceulx qui doibvent estre receus à faire l'enqueste, jà soit ce que ce ne soient pas chevalliers, ne personnes qui ayent auctorité de porter record en l'assise. Et ce record ne doibt pas estre fait fors de ce qui fut veu et monstré ; car d'aultre chose ne doibt l'en pas recepvoir le record. Record de veue de corps doit estre fait en deux manières. L'une est, quant le Bailly commande que cil qui a eu toutes les exoines et les délays, que il peut avoir par la coustume du pays de Normendie, soit veu selon la coustume de Normendie, si que l'en sache par luy lequel il eslira, de venir à Court, ou à jurer

jurare ; vel se contumacem super his exhibere ; aut cum maleficium alicujus personæ illatum[3] videtur, *vel cum periculum alicujus mehaignii per incisionem medicalem requiritur*, per sufficientem visionem militum, vel aliarum personarum ad recordamentum competentium. Hujus autem visionum potest fieri recordamentum per quatuor recordatores, videlicet, qui tales sint qui nulla suspectione a recordamento faciendo debeant amoveri ; et per ipsos ea solummodo debent recordari, propter quæ visio præcipitur sustineri, ut juratio languoris, assignatio termini ad curiam, vel contumacia sustinentis, quantum ad primum casum ; ut mehaignium, [aut] illata maleficia, quantum ad secundum ; nec de aliis factis vel dictis, in hujusmodi casibus, est visio sustinenda. Recordamentum autem forjurationis fit, cum aliquis accusatur quod ducatum Normanniæ forjuraverit, culpæ meritis exigentibus criminose, hoc idem eodem penitus denegante. Et hoc recordamentum habet fieri per tot recordatores, quot ad forjurationem alicujus criminosi in assisia requiruntur, quod ad minus per septem recordatores

langueur ; ou il en sera desprisant[4] de droict. L'autre est quand le meffaict qui a esté faict à aulcun est veu, *ou quant homme est navré, et l'en doubte[1] que il ne puisse garir[2] sans meshaing*, et l'en faict aller pour le veoir suffisant nombre de chevalliers, ou d'aultres personnes, à porter le record de la veue. De ces veues peut le record estre faict par quatre recordeurs, qui ne soient pas souspeçonneux par quoy ils doibvent estre ostés du record ; et doibvent recorder, sans plus, ce pour quoy la veue fut commandée à estre soustenue, si comme de jurement de langueur, d'assignation de terme de venir à Court, ou de despit à celuy qui a esté veu, quant[5] au premier cas : ou de meshaing ou d'autre manière de mesfaict, quant au second. D'aultres faicts[6] ou d'autres dicts[6] ne doibt pas record estre soustenu, en telles veues. Record de forjurement est faict, quand aulcun est accusé qu'il forjura le duché de Normendie par sa desserte, et il le nye. En ce record, convient avoir autant de recordeurs comme il convient à recorder que aulcun ait esté forbany en l'assise, où il en convient au moins sept.

---

(1) *Doubte—Deboute* dans le texte.    (2) *Garir—*Dans *Le R.* *guarir.* V. n. 3, p. 87. (3) *Illatum—*Dans le texte *illa tamen.*    (4) *Desprisant—*Dépréciant, méprisant. (5) *Quant—*Dans *Le R. quand* ici, et quelquefois ailleurs. V. n. 4, p. 11, sur l'emploi contraire de *quant,* comme traduction de *quando.*    (6) *Faicts, dicts—*Dans les éd. précéd. *fais, dis.*

sustinetur. Et hujus recordamentum assisiam non requirit:
recordamentum autem judicii, in
criminalibus querelis pronunciati,[2] modo prænotato de for-
juratione penitus est faciendum,
ut de jureis criminosorum et de
reprehensionibus[3] eorum, et de eis
etiam qui, præsentia justiciarii,
sufficiente recordationi copia hominum assistente, crimina sua
confessi sunt. Recordamentum
autem attornationis extra curiam
factæ habet fieri, cum aliquis,
proprii invalitudine corporis oppressus, requisito justiciario ut
ad eum accedat, vocato adversario
et recordatorum debita quantitate,
videlicet, septem ad minus, in
eorum præsentia suum attornatum
constituit, ut per eos, si necesse
fuerit, possit attornatio recordari.
Nec tamen ex illa attornatione
potest aliquod vocari recordamentum, nisi solummodo de attornatione facta et de circumstantiis
ejusdem. Recordamentum autem
pasnagii fit de his quæ pertinent
ad pasnagium; ut de pagis, et
placitis, judiciis et bannis pertinentibus ad pasnagium et in pasnagio factis, dum tamen pasnagium
ad certam diem et certum locum
debite fuerit præbannitum[1]; et
potest hoc recordamentum fieri

Il ne convient pas que ce record
soit faict par assise, pour ce que
le forjurement ne fust pas faict
en assise. Record de jugement,
qui a esté faict en causes criminelles, doit estre faict ainsy
comme celuy de forjurement :
si comme de jurées des maulvais,
et comme ils ont esté reprins[3] ;
et de ceulx qui recongnoissent
leur mesfaict par devant la justice,
et par devant suffisant nombre
de recordeurs. Record d'attournement qui a esté fait hors de
Court doibt estre faict, quand
aulcun est malade et il requiert
la justice qu'elle aille à luy, et
son adversaire y est appellé et
suffisant nombre de recordeurs, se
[ils] sont sept au moins, et faict
son attourné par devant eulx, si
que l'attournement puisse estre
recordé par eulx, se mestier est.
Mais record ne peut estre faict fors
de l'attournement et des choses
qui y appartiennent. Record
de pasnage doibt estre faict des
choses qui appartiennent ès pasnages, si comme des pays, des
plets, des jugements, et des bans,
qui appartiennent aux pasnages,
et qui y sont faicts, pourtant que
le pasnage ait esté bany avant,
à certain jour et en certain lieu,
si comme il doibt. Ce record

---

(1) *Præbannitum*—Proclamé : ainsi qu'indique la Glose ; ou peut-être, "banni au rabais."
Cf. *Terrien*, XIII, 10. "Les fermes de la paisson et glandée des forests * * se bailleront
"par chacun au plus offrant et dernier enchérisseur, au profit du Roy, après les criées
"dûment faites." (2) *Pronunciati*—Dans le texte *pronunciari*. (3) *Reprehensionibus,*
*reprins*—Probablement dans le sens de *repressionibus, réprimés.*

per septem debitos recordatores. Et sciendum est, quod per servientes feodatos forestarum, dum tamen reprobationis seu suspectionis non habeant evidentiam, cum aliquotis[2] militibus, potest fieri hujus recordamentum. Et in his diversimode, secundum diversarum forestarum diversas consuetudines, solent recordamenta fieri et teneri. *Insuper autem animadvertendum est quod quæcunque fiunt coram Duce se altero, in jure, recordationem habent. Quæcunque etiam fiunt in Scacario vel assisiis recordationem habent. Et visiones similiter* [*eam*] *habent de eo quod ostenditur in eisdem. Duellum vero et pasnagium non habent recordationem, nisi de se solummodo et eis quæ fiunt in ipsis et ad ea pertinentibus. Similiter autem est sciendum, quod recordationes quæ fiunt in assisiis, sive in Scacario, de omnibus quæ in eis fiunt possunt facere recordamentum, et ideo solennes dicuntur, eo quod quicquid in assisiis vel in Scacario celebratur per eorum sortiri debet sacramentum*[1] *recordationem, observationis suæ firmamentum.*[1] *Sciendum etiam est, quod recordatio per tales debet fieri qui a judiciis in curia, judicio faciendo, non debeant amoveri, quod superius in Capitulo DE JUDICIO plenius est expressum.*

peut estre faict par sept recordeurs. Et si doibt l'en sçavoir, que il peut estre faict par les sergents fieffés de la forest, qui ne soient pas souspeçonneux, avec aulcuns chevalliers. Ce record est tenu en diverses manières selon les diverses manières des forests.

---

(1) *Sacramentum* * * *firmamentum—Sic.*     (2) *Aliquotis—Sic.*

Recordamentum de maritagio facto habet fieri per eos quoscunque, qui ad maritagium celebratum præsentes affuerint. Nec aliquis eorum, qui ad celebrationem matrimonii præsens affuerit, poterit a recordamento repelli, nisi perfidiæ macula publice fuerit diffamatus. Pars autem utraque hujus[modi] recordatores poterit nominare, tam parentes etiam quam affines. Notandum etiam est, quod hujus recordamentum de maritagio, et de conditionibus in eo appositis, solummodo est observandum. Notandum insuper est, quod recordamentum habet fieri inter eos, qui conditiones in maritagio appositas se adimplere, tenere seu observare promiserint. Notandum quoque est quod nullus, cujuscunque sexus fuerit, per recordamentum maritagii potest feodum, in maritagio antecessori[1] suo traditum, revocare, versus illum qui eum tradidit, vel ejus heredes. Heredes etiam maritantium non tenentur respondere, per recordamentum, de maritagio contra eos reclamato, ex suorum facto antecessorum. Possessores autem feodi in maritagio sibi traditi, vel suis antecessoribus, possunt maritagii habere recordamentum, ad defensionem ejusdem versus actores illius, et eorum

Record de mariage doibt estre faict par ceulx qui furent présents au mariage, qui que ils soient, ne aulcun de ceulx qui y furent présents ne peut estre osté, se il n'est communément mal renommé de tricherie ; chascune partie y pourra nommer ses parents et ses amys. Ce record ne doit estre faict, fors du mariage et des conditions qui y furent mises. Et si doibt l'en sçavoir, que ce record doibt estre faict entre ceulx, qui promisrent que ils accompliroient et garderoient les conditions du mariage. Aulcun homme ou aulcune femme ne peut, par record de mariage, rappeller le fief, qui à son ancesseur fut baillé en mariage, contre celuy qui luy bailla, ne contre ses hoirs[2] ; car les hoirs à ceulx qui font le mariage ne sont pas tenus à respondre, par record de mariage, du fait à leurs ancesseurs. Ceulx qui tiennent le fief, qui fut baillé en mariage à eulx ou à leurs ancesseurs, pevent avoir le record du mariage, pour le deffendre envers ceulx qui leur

---

(1) *Antecessori—Sic Le R.* Dans les éd. précéd. *ancessori.* V. n. 3, p. 91.  (2) *Hoirs— Ancesseurs* dans le texte.

2 Q

heredes illud idem requirentes. Propter quod, omnino sciendum est quod, inter personas conditiones maritagii ineuntes, de eis tenendis vel adimplendis debet exhiberi recordamentum, si ab aliqua parte requiratur ; inter eorum siquidem successores, ad defensionem possidentis observatur : non tamen ad reclamationem exhibetur requirentis. Licet autem omnes personæ, qui ad maritagii celebramentum affuerunt, possint ad recordamentum nominari, duodenarium tamen numerum non debet eorum excedere multitudo ; sed fide digniores et minus suspecti infra prædictum debent numerum observari.[2] Et licet per septem possit fieri recordamentum, tamen ab utraque parte nominatos debet justiciarius facere submoneri, et minus suspectos usque ad dictum numerum in recordamento retineri, et septem eorum recordamentum facere observari. Naturam enim inquisitionis hujus[modi] recordamentum videtur retinere, cum dictum in eo *septem* recordatorum, si in majori numero [sint], soleat observari. Et in hoc recordamento, non amor nec parentela potest saonnari, cum amici et parentes ad talem contractum debeant provocari ; inimicitiæ autem ma-

demandent, ou envers leurs hoirs. Pour ce doibt l'en sçavoir que, entre les personnes qui firent les convenants du mariage, doibt courir le record du mariage pour les tenir, se aulcune des parties le demande. Et entre leurs hoirs a il lieu, à deffendre celuy qui tient ; mais les aultres ne le pevent pas avoir, qui demandent ce que cil tient. Jà soit ce que tous ceulx qui furent au mariage puissent estre nommés au record, non pourtant il n'y en doibt pas avoir plus de douze ; mais les mieulx créables et les moins souppeçonneux doibvent estre présents, jusques à douze. Et jà soit ce que le record puisse estre faict par sept, non pourtant justice doibt faire semondre ceulx qui sont nommés d'une part et d'aultre, et en retenir au record jusques à douze des moins souppeçonneux, et faire garder ce que les sept recorderont. Ce record a nature d'enqueste, et se tient l'en à ce que la greigneure partie des recordeurs en dict. En ce record amour ne lignaige[1] ne pevent pas estre saonnés, car les amis et les parents sont ainçois appellés à tels marchés que aultres. Apperte haine doibt

---

(1) *Lignaige*—"Les mots en *age*, *agne*, selon le témoignage du grammairien Palsgrave "(1530), se prononçaient en *aige*, *aigne*. De là, les formes telles que *couraige*, *saige* "(*Rabelais*), *gaigner* (*Montaigne*), &c."—*Brachet*.    (2) *Observari*—i.q. *servari*.

nifestæ ab omni sunt lege sacramentaria repellendæ. Notandum etiam est quod, licet mulieres in nulla legum præscriptarum audiri debeant testimonium exhibentes, nec etiam earum recipi debeat sacramentum, in recordamento tamen maritagii audiuntur, et etiam alii omnes, tam parentes quam extranei, repulsis tamen illis quos superius diximus repellendos. Sciendum insuper est quod,[3] si recordamentum hujus per non suspectas personas plene poterit celebrari, sine consanguineis et aliis qui aliqua affinitate querelantibus inhærent, debet [illud eo modo] adimpleri.[3]

## CXXIII: B.[4]—DE CONCORDATIONE[5] RECORDATORUM.

Notandum etiam est, quod sex recordatores ad minus concorditer debent consentire, ad hoc quod eorum recordatio observetur : et cum omne recordamentum ex dictis vel auditis debeat procreari, exigitur ad hoc quod competens recordatio fiat, quod recordatores id de quo fit recordatio se vidisse proferant vel audisse. Sciendum est itaque, quod recordatio septimi, si sex eorum concordes fuerint, non potest petenti recordationem suam irritare. Sciendum

estre ostée de toute loy où il y a serment. Et jà soit ce que femmes ne doibvent pas estre ouyes en aulcunes de ces lois, ne leurs tesmoingnaiges receus, non portant[1] elles sont ouyes en record de mariage ; et tous les aultres, et parens et estranges,[2] fors ceulx que nous avons dict qui n'y doibvent pas estre ouys. Et si doibt l'en sçavoir que,[3] record peut estre faict plainement par personnes qui ne soient pas souspeçonneux, et aussy sans ceulx qui ont alliance par lignage ou affinité à aulcune des parties.[3]

---

(1) *Portant*—Sic Le R.    (2) *Estranges*—V. n. 3, p. 172.    (3) *Quod * * adimpleri, que * * parties*—N. la divergence entre les significations du Lat. et du Fr. (4) V. n. 5, p. 303, sur l'intitulé du Chap. précéd.    (5) *De concordatione*—Ce Chapitre, et celui qui le suit, ne se trouvent pas ici dans le texte Français. Celui-ci n'est qu'une répétition de la dernière partie du Ch. cix. (Lat.) q. v.

etiam quod, nisi sex recordatorum concorditer recordamentum protulerint pro petente, ejus actio pro irrita reputabitur et inani. Notandum etiam est quod sex recordatores, consentientes ad unum idem concorditer, recordationi suæ exhibent firmitatem, dum tamen non sint plures qui eorum recordationi se contrarios exhibeant, recordationem eorum veram non esse proferentes; et in hujus majori parti consentiendum est, videlicet, in recordationibus illis in quibus quantitas recordatorum duodenarium numerum transcendit. Et licet in judiciis judiciariorum personæ non valeant saonnari, nisi negotium eorum tractatum fuerit, vel partium fuerint procuratores vel prolocutores, in recordationibus tamen [illi], quos amor vel odium vel favor certa suspectione esse demonstraverit repellendos a recordatione, possunt et debent amoveri.

## CXXIV.—DE PETENTE[1] RECORDATIONEM.

Si quis autem recordationem petat, et recordatores in scriptis [eam] reduxerit, et tanta pars eorum jam decesserit vel a provincia recesserit, quare recordamentum suum habere non possit per vivos et in provincia residentes, non

---

[1] *De petente*—Ce Chapitre est presque littéralement le même que le Ch. cx, (Texte Lat.) q. v.

tamen propter hoc recordatio[3] petita ejus querelæ amissionem vel adversario suo dicimus[4] reportare[3]; cum non in recordatione sua defectus, sed in recordatoribus, valeat inveniri. Sciendum est etiam, quod in recordationibus res contentionis in manu Principis debet firmiter teneri et observari, quousque, facto recordamento vel alio quocunque modo recordationis, querela fuerit terminata. Et sciendum est quod, cum recordatio evocatur in curia assisiæ, Scacarii vel præsentiæ Principis, partibus in ea ad procedendum in querela constitutis, ibidem sine dilatione debet teneri, si recordatores præsentes ad recordationem fuerint [a recordationem petente] nominati.

## CXXV.—DE LEGE PROBABILI.

Est autem quædam lex, quæ PROBABILIS[1] sive MONSTRALIS[1] in laicali curia nuncupatur, per quam quis probare in curia nititur quod intendit; unde videndum est, quomodo hujus lex habet fieri et in quibus casibus. Sciendum ergo est, quod hæc lex probabilis, quandoque per sacramentum solius probantis, quandoque per sacramentum duorum,

## CXXII.—DE LOY PROUVABLE.

Il y a une loy qui est appellée en Court laye PROUVABLE ou MONSTRABLE, par quoy aulcun s'efforce de prouver en Court ce que il dict. Pour ce, convient il veoir comme telle loy est faicte, et en quel cas. L'en doibt sçavoir, que elle est faicte aulcunesfois par le serment à celuy qui preuve,[2] aulcunesfois par le serment à deux, aulcunesfois à trois,

---

(1) *Probabilis, monstralis—Sic Le R.* Les éd. précéd. *probalis :* mais on ne trouve pas ici *monstrabilis,* comme on pourrait s'y attendre. Cf. les formes d'abbréviation pareilles en V. F. *désiraule* pour *désirable,* et *taule* pour *table.* "When the defendant's "answer amounted to what in modern pleading would be called *confession and* "*avoidance,* the proof was in Normandy called *lex probabilis.*"—*Bigelow,* p. 304. "*Mon-* "*stralis*—Qua quis jus suum asserere nititur."—*Ducange.* (2) *Preuve*—V. n. 1, p. 302. (3) *Recordatio * * reportare—Sic.* V. n. 1, p. 256. (4) *Dicimus*—Dans le texte ici *dicuntur.*

quandoque trium, quandoque quinque, quandoque septem, re- cipitur in curia laicali. Per sacramentum unius fit, videlicet, in mercatibus *et in commuta- tionibus,* de quibus costuma [5] requiritur a tali qui in his utitur libertate. Sed cum a requirente res vendita non creditur esse sua, [6] per suum solum sacramentum ipsam esse suam [6] probare poterit vel monstrare. Similiter qui se de via curiæ exoniaverit, per solum suum sacramentum vel ejus qui exoniam detulit, quod erit in electione partis adversæ, videlicet, per quem juretur, suum exonium probare poterit esse salvum. [1] Per sacramentum au- tem duorum [4] fit lex probabilis, ut in exoniis de infirmitate resi- denti salvandis, in quibus [per] exonii latorem et suum testem, si pars adversa maluerit, suum exonium probare poterit [3] esse salvum. Similiter, si quis voca- verit garantum in curia, cum ei præceptum fuerit ut ipsum ad diem sibi habeat assignatam, eum interim debet requirere. Si cau- setur [2] quod eum non requisivit, ipso cum teste suo contrarium asserente, hanc probationem, per sacramentum suum et testis

ou à cinq, ou à sept, en Court laye. Elle est faicte aulcunesfois par le serment à ung, en marché de quoy l'en demande coustume [5] à celuy qui en est franc. Et quant cil qui la demande ne croit pas que la chose que il [6] a vendue soit sienne, il [8] le peut prouver ou monstrer par son seul serment. Aussi cil qui fust exoinié de voye de Court sera creu par son serment, ou par le serment à celuy qui apporta l'exoine, lequel que son adversaire vouldra. Par le serment de deux est ceste loy faicte, si comme en l'exoine de maladie de mal resséant, qui peut estre saulvée par le serment à celuy qui l'apporta, et par cil à son tesmoing, se l'autre partie le veult : aussi se aulcun appelle garant en Court, et il luy est commandé que il l'ait au jour que on luy met, et que il le requière dedens ce ; se l'en dict que il ne le requist pas, et luy et son tesmoing dient le contraire, il le pourra prouver par son ser-

---

(1) *Salvum*— V. n. 3, p. 281.    (2) *Causetur—Causare,* ici : émettre une prétention ou plaid. Cf. le terme de procédure : " causes et moyens de défense." (3) *Poterit—Exoniatus* sous-entendu.    (4) *Duorum, trium, &c.*—V. Ch. lxxxiv et lxxxv (Texte Lat.) et le n. 6, p. 192, sur *tertia manu.*    (5) *Costuma*—V. n. 6, p. 21.    (6) *Sua, suam, il*—On parle du *venditor :* le vendeur qui était " franc de coustume en ses marchés."

quem producit, facere poterit competenter. Per trium[4] autem sacramenta fit probatio, quotienscunque quis contra aliquem suum factum, a parte adversa denegatum, probare compellitur vel monstrare. Sic: Vendidisti mihi porcum *triginta denariis*, quos habuisti; porcum peto. Responso ab adverso: Verum est, et porcum tibi tradidi, quod probare paratus sum. Hæc probatio per actoris et aliorum duorum sacramenta poterit celebrari. Unde sciendum est, quod probatio semper habet fieri ad factum suum probandum, deraisnia[1] vero ad factum suum denegandum. Nemo enim tanquam actor ad factum alienum probandum debet admitti, nec etiam ad alienum factum deraisnandum. Et sic manifestum est, ex prædictis, in quibus lex probabilis et deraisnia habent fieri, et in quibus non. Per quinque autem hominum sacramenta fit probabilis, quotienscunque aliquis a domino causatur,[2] ipsum id quod debebat non solvisse. Verbi gratia: Mihi debuisti heri reddere triginta *solidos* quos mihi debebas. Parte vero adversa asserente se reddidisse, [lex] probabilis hujus fit

ment et par cil à son tesmoing. Par le serment à trois est ceste loy faicte aulcunesfois, quand aulcun est contrainct à prouver son faict, que l'autre partie nye. Raison comment: Tu me vendis ung porc *cinq souls*; tu les eus; je te demande le porc. Tu me respons: Ce est voir, mais je te baillay le porc; que je suis prest de prouver. Ceste preuve peut estre faicte par soy et par deux aultres. Pour ce, doibt l'en sçavoir que preuve tousjours doibt estre faicte à prouver son faict, et desrène à le nyer. Aulcun ne doibt estre receu comme principal à prouver aultruy faict, ne à le desréner. Par ce appert il, en quelles choses preuve et desrène pevent estre faictes, et en quelles non. Par le serment de cinq hommes est preuve faicte, quant le seigneur accuse son homme, que il ne luy a pas payé ce qu'il luy debvoit. Raison comment: Tu me debvoies hyer rendre trente *deniers* que tu me debvoies. Se l'autre dict que il luy rendist,[3] il le prouvera par soy quint. Et

---

(1) *Deraisnia*—V. n. 1, p. 24, et 2, p. 25.  (2) *Causatur*—Ici, i. q. *accusatur*. V. n. 2,
p. 318.   (3) *Rendist—Rendict* dans le texte.  p. 318.   (4) *Trium*—V. n. 4, p. 318.

per se quintum, et faciens probaliam[7] debet primus jurare, sic :
Hoc audiant omnes, quod ego
persolvi huic N., domino meo,
triginta solidos quos debebam ei ;
sic Deus me adjuvet, et sacrosancta. Secundus autem jurabit
sic : De sacramento quod T. fecit,
salvum fecit sacramentum ; sic
Deus me adjuvet et sacrosancta :
et alii similiter jurabunt, et ad
sacramentum accedere debent, non
vocati nec tracti[2] ; et hic modus
observandus est in omni lege
probabili et deraisnia, in actione
simplici. Simplex dicitur actio,
in qua res, valorem decem solidorum non excedens quantitate,
requiritur, vel in qua de simplici
injuria litigatur. Notandum siquidem est quod lex probabilis,
et etiam deraisnia, versus pares,
per trium personarum sacramentum exhibetur. Versus autem
dominum curiæ et ejus baillivos,
seu etiam justiciarios[4] [aut] attornatos, per sacramentum quinque
personarum habent fieri tam lex
probabilis quam deraisnia prænotatæ ; et etiam versus omnes
justiciarios Principis, dum tamen
agant in querela ad Principem

si doibt le premier jurer en ceste
forme : Ce oyent tous que je
payai[6] à N. mon seigneur xxx
deniers, que je luy debvoye ; ainsy
m'aist Dieu, et ces saincts. Le
second jurera en ceste forme :
Du serment que T. a faict, sauf
serment a faict ; ainsy m'aist Dieu,
et ces saincts. Et tous les aultres
doibvent jurer en icelle manière,
et doibvent venir au serment sans
estre traicts ne appellés, ains se
doibvent offrir chascun par soy.
Et ceste manière doit estre gardée
en toute preuve et en toute desrène, on simple plet. Simple
[plet] est quand la demande ne
passe pas la value de dix sols,
ou en quoy l'en plède de simple
plet.[1] L'en doibt sçavoir, que
preuve de desrène qui est faict
entre parcils[3] est faicte par le
serment de trois personnes. Vers
le sergent[5] de la Court et vers les
baillifs, justiciers[4] ou attournés,
doibt estre faicte preuve et desrène par le serment de cinq
hommes, et aussi envers tous les
justiciers au prince, pourtant que
ils plèdent de chose qui appar-

---

(1) *Plet*—Ainsi dans le texte. Peut-être doit-on lire *plaie*. (2) *Tracti*—V. n. 3, p. 191.
(3) *Pareils*—Écrit dans les premières éditions, ici et ailleurs, *parcis*. (4) *Justiciarios*—
V. n. 1, p. 148. (5) *Sergent*—*Sic :* peut-être pour *seigneur*. (6) *Payai*—Dans *Le R.*
*j'ay payé*. (7) *Probaliam*—i.e. *legem probalem* ou *probabilem*. Dans *Le R.* on trouve
*probabiliam*. V. n. 1, p. 317.

pertinente, *vel in officio* de Ducatu. Si enim agant querelam ad ipsos pertinentem, quantum ad hoc erunt pares, et ipsis tanquam paribus erit respondendum, in causis possessionalibus simplicibus. In personalibus vero debent haberi tanquam superiores, eo quod eorum personæ præsunt aliis, ad servitium Principis exsequendum. Sciendum vero est quod, si aliquis placitans [sit] in Principis curia contra hominem suum, quantum ad hoc habebuntur tanquam pares; et, si ipso probaliam vel deraisniam contra dominum ibidem inire [6] contigerit, ipsam per trium hominum sacramenta poterit adimplere. Per septem vero hominum sacramenta fit lex probabilis, cum septem hominum exigitur sacramentum, ad hoc quod probetur intentio probatoris, ut contingit in probationibus ætatum.[3] In quibus notandum est, quod nullus, in ætatis suæ probatione, ad sacramentum recipitur, sed patrini et matrinæ, et parentes, et illi omnino qui de natione ejus et tempore suæ nativitatis habere notitiam præsumuntur, dum tamen infamia contra ipsos non laboret. Si vero

tienne au prince * * du[4] duché. Se ils plèdent de chose qui appartienne à eulx, ils seront pers quant à ce. Et l'en doibt respondre à eulx comme pers, en simples causes de possession; mais ès causes personnelles, doibvent ils estre comme plus haults,[5] pour ce que leurs personnes sont establies à faire le service au prince. Et se aulcun plède en la Court au prince contre son homme, ils sont pers quant à ce. Et s'il convient que il face preuve ou desrène contre son seigneur, il la pourra faire par le serment de trois hommes. Par le serment de sept hommes est preuve faicte, quant il convient avoir sept hommes à prouver l'intention à aulcun, si comme il advient à prouver aage; de quoy l'en doibt sçavoir que aulcun n'est receu à la preuve de son aage; mais les parrains et marraines, et les parents, et ceulx que l'en croit qui[1] sachent le temps de sa nation,[2] pour tant que ils ne soient pas mal renommés. Et se

---

(1) *Qui*—V. n. 4, p. 13, sur l'usage de *qui* pour *qu'il* ou *qu'ils*. (2) *Nation*—Naissance. Dans *Le R.* et le *Cout. Général*, *nativité*. *Nation*, dans le texte de *Terrien*. (3) *Ætatum* —Cf. la procédure Jersiaise, de l'*endgement* d'un mineur, sur un rapport de six personnes, fait personnellement à la Cour. (4) *Du*—Sic *Le R.* Éd. précéd. *de la*. V. n. 3, p. 41. (5) *Haults*—Sic *Le R.* Éd. précéd. *haulx*. (6) *Inire*—Sic Ludewig. Dans le texte *in jure*.

patrini et matrinæ non fuerint, nec parentes, per vicinos fieri poterit, dum tamen alii non valeant interesse.

## CXXVI.—DE LEGE DERAISNIÆ.

Deraisnia[3] autem est lex quædam in Normannia constituta, per quam, in simplicibus querelis, insecutus factum quod a parte adversa ei objicitur, se non fecisse declarat. Et quum facti proprii unusquisque præsumitur scire melius veritatem, deraisnia de facto quod ei objicitur conceditur insecuto. Unde est quod homo desrainat[2] id quod proponitur ab adverso; id est, disrationat, et demonstrat extra rationem vel sine ratione: et sic per deraisniam irritat, quod contra ipsum propositum est ab adverso. Notandum ergo est, quod quædam deraisnia habet fieri per sacramentum deraisnantis, cum duorum testium sacramentis[5]; et hujus deraisnia habet fieri contra pares. Pares enim sunt, cum unus alii non subditur hommagio, dominatione vel *antenatione:* hommagio, [videlicet], ut homo subditur domino suo cui fecit hommagium; dominatione, ut homo subditur uxori domini, et ejus primogenito

il n'y a ne parrain ne marraine *eu pays*, la preuve pourra estre faicte par les voisins, pourtant que il n'y puisse avoir aultres qui en puissent suffisamment déposer.

## CXXIII.—DE DESRÈNE.

Desrène[3] est une loy establie en Normendie, par quoy cil qui est querellé en simple querelle, monstre que il n'a pas faict ce que son adversaire luy met sus. Et pour ce que l'en croit, que chascun sçait mieulx la vérité de son faict que aultre, la desrène est ottroyée à celuy qui est querellé, de ce que on luy met en sus; et ainsi faulse[1] homme ce que son adversaire dict sur luy. Une desrène est faicte, par le serment à celuy qui se desrène et par le serment à deux aultres, et telle desrène est faicte contre les pareils. Ceux sont pareils, dont l'ung n'est pas submis à l'autre par hommage, ne par seigneurie, ne par *promesse*[4]: par hommage, si comme l'homme est submis à son seigneur à qui il a faict hommage; par seigneurie, si comme homme est submis à la femme [de] son seigneur

---

(1) *Faulse*—Verbe. (2) *Desrainat*—Sic Le R. Éd. précéd. ici, *desrenat.* (3) *Deraisnia, desrène*—V. n. 1, p. 24, et n. 2, p. 25. (4) *Promesse*—Sic. *Premesse* ou *promesche*, parenté: de *proximitas.* (5) *Cum duorum sacramentis*—" Parce que tout tesmoingnage " doit être en la bouche de deux ou trois hommes."—*Terrien.* V. l. 21, p. 306.

filio; et etiam omnes postnati, ratione antenationis, subduntur antenato et ejus primogenito et uxori ; et in curia eorundem antenatorum respondebunt de simplici querela, et facient deraisniam per sacramentum quinque personarum. Si vero per eos[6] tracti fuerint in superiori curia, deraisniam facient per sacramentum trium personarum, tanquam pares. Notandum etiam est, quod nullus in curia sua teste indiget contra eum quem accusat. Vox enim sola[5] domini curiæ, in eis quæ ad ipsum pertinent, sufficit ad accusationem subditorum. Contra autem Seneschallum[1] vel capitales baillivos Principis, in eis quæ ad Principem pertinent, vel ad personas eorum, tanquam justiciariorum, fit deraisnia per septem hominum sacramenta. Contra bedellos[4] et alios subjusticiarios inferiores fit deraisnia, in querelis quæ ad eorum pertinent officium, per quinque[3] personarum sacramenta. Seneschallus[7] autem esse solebat in Normannia quidam justiciarius, a Principe *in Normannia* destinatus, ad ea corrigenda quæ per baillivos minus sufficienter erant facta, vel minus juste, et ad juris plenitudinem

et à son ainsné fils. Et tous les puisnés sont submis à leurs ainsnés, par la raison de l'ainnéesse, et à son ainsné fils, et à sa femme ; et si respondront en la Court de leur ainsné de simple querelle, et y feront desrène par le serment de cinq hommes. Mais s'ils[6] les traient en plus haulte Court, ils se desrèneront par trois personnes, comme pareils. L'en doibt sçavoir, que aulcun n'a, en sa Cour, mestier de tesmoing contre celuy que il accuse ; car la seule voix au seigneur de la Court suffist à accuser ses submis des choses qui luy appartiennent. Contre le Séneschal, ou contre les chèvetains[2] baillifs au prince, convient il faire desrène par le serment à sept hommes, de choses qui appartiennent au prince ou à ses baillifs, en tant comme ils sont baillifs. Contre les bedeaulx, ou contre les bas sergents, est desrène faicte par cinq hommes, ès choses qui appartiennent à leurs offices. En Normendie souloit avoir ung Séneschal de par le Duc pour amender ce que les baillyfs[8] mesfaisoient, et pour faire droict à

---

(1) *Seneschallum*—Les premières éditions ont toujours *Senescallus.*    (2) *Chèvetains*—De *capitaneus :* chefs.    (3) *Quinque*—"Ce serment, qui anciennement se souloit faire par "*quinte main,* n'est plus en usage."—*Terrien, in loc.* V. n. 6, p. 192.    (4) *Bedellos*—" Les "bedeaux, qui sont nos dénonciateurs."—*Poingdestre* M.S.    (5) *Sola*—Mais V. ll. 7, 8, et n. 1, p. 306.    (6) *Eos, ils*—Les aînés.    (7) *Seneschallus*—V. Ch. x.    (8) *Baillyfs*—*Sic.*

singulis exhibendam ; qui jura Principis inquirebat, conservabat ac revocabat, ac statum patriæ rectificabat ; malefactores insuper opprimebat, et juris ordinem faciebat in omnibus observari ; *et hoc plenius tractatur superius, DE OFFICIO SENESCALLI.* Quomodo autem et sub qua forma habeant fieri hujus deraisniæ, ostensum est superius evidenter. Sciendum insuper est, quod omnis deraisnia aut est de obligatione facta, aut de injuria alicujus personæ illata, aut ex transgressione alicujus [rei], ad cujus observationem tenetur offerens deraisniam facere. De obligatione facta sic fit deraisnia : Dedi tibi decem solidos pro muri pertica[1] facienda, quam te mihi facere obligasti.

Altero vero negante quod ad hoc se unquam obligaverit, quod paratus est deraisnare, lex vadianda est, et terminus faciendi eam partibus assignandus. Similiter in debitis et præstitis agendum est. Sciendum itaque est quod, quotienscunque hujusmodi querelæ inter pares deducuntur, actor testem

chascun qui le requéroit ; les droicts du Duc il gardoit et rappelloit, et radreçoit[2] l'estat du pays, et grevoit les malfaicteurs, et faisoit l'ordre de droict estre gardé en toutes choses. Nous avons monstré devant, comment et en quelle forme telles desrènes doibvent estre faictes. L'en doibt savoir que desrène est faicte, ou d'obligement, ou de tort faict qui a esté faict à la personne d'aucun, [ou] pour trespassement d'aulcune chose que cil debvoit garder qui offre la desrène. De obligement est la desrène faicte en ceste manière : Je te donnay[3] cinq souls pour faire une perche de mur, tu te obligeas à la faire. Se l'autre nye que il ne s'y obligea oncques, et que il est prest de soy desréner, la loy doibt estre gaigée, et terme mis à la faire. Ainsi doibt on faire de debte [et] de choses prestées : Je te prestay[3] cinq souls, que tu me promis à rendre à Pasques. Se l'autre le nye, la loy doibt estre gaigée. L'en doibt sçavoir que, toutes les fois que telles querelles sont meues entre ceulx qui sont pareils, cil qui se plainct doibt

---

(1) *Pertica—Partica* dans les éd. précéd. Mesure ordinaire de maçonnage à Jersey, même aujourd'hui : elle contient trente pieds cubes de l'ouvrage ordinaire. (2) *Radreçoit —Sic :* le ç ayant plus probablement le son de *ch* ou de *sh*, que de *s*. V. n. 1, p. 149. (3) *Te donnay, te prestay*—Dans Le R. *t'ay donné, t'ay presté.*

habere tenetur, vel decidet a querela. De injuria illata sic fit deraisnia : Tu percussisti me de palma in facie, quod mihi postulo emendari. Altero hoc denegante, deraisnia est recipienda. De transgressione sic fit deraisnia : Ego, qui *tibi* eram præpositus attornatus, tibi præcepi ut in curia domini mei die Martis interesses, ad ea quæ tibi objiceret responsurus ; altero negante se hanc submonitionem habuisse, lex est recipienda. Et in hujus casibus, lex probabilis potest frequenter intervenire ; ut,[1] submonitione concessa,[3] [si] dicat se ad locum et diem affuisse, quod paratus est probare, ejus probabilis recipienda est, et ad diem facienda.

## CXXVII.— DE LEGE APPARENTI.[4]

De LEGE autem illa quam APPARENTEM dicimus, consequenter agendum est : cujus querela in hunc modum deducenda est, in contentione feodali[6] : Ego queror de N. qui mihi difforciat

avoir tesmoing, ou il encherra de la querelle. De tort faict est desrène faicte en ceste manière : Tu me féris de ta paulme en ma face, que je vueil[2] que il me soit amendé. Se l'autre le nye, la desrène en doit estre receue. De trespassement de ce que l'on doibt faire, est desrène faicte en ceste forme : Je, qui suis prévost attourné, te commanday que tu fusses Mardi en la Court de mon seigneur, pour respondre à ce qu'il te vouldroit demander. Se il nye que il n'ait pas esté semons, la loy doibt estre receue. En ce cas peut il avoir preuve ; si comme, se il confesse la semonce et dict que il fut au jour et au lieu, que il est prest de prouver, sa preuve doibt estre receue, et faicte au jour.

## CXXIV.— DE LOY APPARISSANT.[5]

Nous dirons après de LOY APPARISSANT, de quoy la querelle doibt estre menée en ceste forme en contends fieffal[6] : Je me plaing de N. qui me defforce une terre

---

(1) *Ut*—Ici et ailleurs dans le texte, comme équivalent de *sicut* ; i.q. *si comme.* (2) *Vueil* —*Sic* orthographe du 16ᵐᵉ siècle. (3) *Concessa*—V. la citation de M. *Bigelow*, à la note 1, p. 317. (4) *Apparenti*—V. n. 1, p. 199, et le Chap. lxviii généralement. (5) *Apparissant*—Dans les éd. précéd. *appaissant.* (6) *Feodali*—Pour son application aux cas de crimes, V. le Chap. lxviii.

quoddam feodum apud R. quod pater, (vel avunculus), cujus sum heres propinquior, *tempore pacis* post coronationem Regis Ricardi pacifice possedit, et fructuum ejus saesinam habuit ; videlicet, vini vel frumenti vel hordei,[1] vel aliorum fructuum quos terra reddere consuevit, in quo jus nullum habet contra me : teste hoc esse verum asserente, et dicente : Hoc vidi et audivi, et paratus sum probare ad esgardum curiæ. Et notandum est quod, facta submonitione, dieque et termino assignatis partibus placitandi, si querelatus defuerit, per catallum justiciandus est, quousque plegii sufficientes habeantur comparendi ad curiam, et defectum prout debuerit emendandi. Si vero ad secundum terminum, quadraginta dierum spatium continentem, venire neglexerit, feodum contentionis, ob duorum defectuum negligentiam, in manu Principis arrestetur, ita quod deficiens ab operatione in feodo et omnium fructuum ejus perceptione secludatur. Si vero ad terminum seu ad assisiam venire contempserit,

à Orbec,[2] que mon père, (ou mon oncle), à qui je suis le plus prouchain hoir, teinst en paix puis le couronnement au Roy Richard, et en eut[3] la saisine des fruicts, si comme du vin, du fourment,[4] de l'orge, ou d'aultres fruicts que la terre souloit rendre, en quoy il n'a aulcun droict contre moy. Et le tesmoing doibt dire : C'est voir, je le vy et ouy, et suis prest de le prouver à l'esgart de la Court. Et si doibt l'en sçavoir que, quand la semonce est faicte, et le jour et le terme sont assignés à pléder aux parties, se cil qui est querellé se défault, il doibt estre justicié par le chatel, tant que il ait mis bons plèges de venir à Court, et d'amender son défault, si comme il debvera. Et s'il ne vient au second terme qui a espace de quarante jours, la terre de quoi le contends est doibt estre arrestée en la main du prince, pour ses deux deffaultes, que il ne la puisse manouvrer[5] ne en cueillir les fruicts. Et se il ne vient à la tierce assise, les

---

(1) *Hordei*—Dans le texte *ordei*.    (2) *Orbec*—Près de Lisieux.    (3) *Eut*—Dans quelques éditions *oult*.    (4) *Fourment*—Locution du siècle : Cf. *proufit, voulunté*, &c. (5) *Manouvrer*—Labourer.   Cf. l'emploi par *Milton* du mot Ang. *manure*, dans le sens de *cultiver :* " *And mocks our scant manuring.*"

attentis et notatis ipsis tribus præcurrentibus defectibus, terra sive feodum in manu Principis per judicium assisiæ capiatur; et in audientia parochiæ ipsam captam teneri per justiciarium bailliviæ denuncietur,[1] et duobus vicinis vel tribus tradatur custodienda. Ipsa autem terra in manu per quadraginta dies sit detenta, usque ad quartam assisiam : tunc propter quattuor assisiarum defectum, terram videri in manu Principis per judicium assisiæ præcipiatur, et ad visionem, coram visoribus, in manu Principis resumatur; nec post istam visionem, et feodi resumptionem, debet feodum a manu Principis extramitti, quousque querela fuerit terminata. Visione facta et terra resumpta, ad quattuor sequentes assisias debet deficiens vocari, super viso responsurus et juri pariturus, et ejus debet defectus in assisia cum processu querelæ declarari. In quarta vero assisia, post visionem factam, ipsoque deficiente usque ad nonam expectato,—infra quam horam si ipsi pugiles curiæ se non præsentarent, pro deficientibus haberentur,— si ipse non venerit, ejus defectus emendetur, et ad instantiam partis totus processus querelæ, prout factus fuerit, recitetur ; et sic, per

trois deffaultes doibvent estre escriptes, et la terre prinse en la main du prince par le jugement de l'assise. Et si doibt estre dict par le sergent[1] à l'ouye de la parroisse, que elle est prinse en la main du prince, et doibt estre baillée en garde à deux ou trois des voisins. Quand la terre aura esté tenue jusques à la quarte assise, lors doibt estre commandé par le jugement de l'assise au sergent, que elle soit veue en la main du prince, pour ses quatre défaultes ; et à la veue elle doibt estre reprinse en la main du prince, par devant ceulx qui sont à la veue, et n'en doibt estre mise hors, devant que le plet soit finé. Quand la veue sera faicte, et la terre prinse en la main du prince, le défaillant doibt estre appellé à quatre assises après ensuyvantes, que il vienne respondre de ce qui a esté veu, et en faire droict ; et sa défaulte doibt estre recordée à l'assise. Quant [l'en] viendra à la quarte assise après la veue, et il aura esté attendu jusques à nonne, en la quelle heure champions seroient tenus pour deffaillans se ils ne se offroient en la Court, se il ne vient, sa deffaulte soit notée, et tout le procès de la querelle soit recordé à la requeste de l'autre partie ;

---

(1) *Denuncietur, dict par le sergent*—Cf. la désignation des officiers de la Cour Royale de Jersey ; *dénonciateurs—sergents de justice.*

judicium assisiæ, saisina, quam deficiens habebat in feodo querelæ, tradatur penitus querelanti. In hujus vero querela, intervenire possunt quatuor exoniæ antequam feodum visum fuerit per judicium. Si vero tres fecerit exonias, in receptione tertiæ[1] debet præcipi per judicium, quod exoniati corpus videatur, ut prædictum est; cujus modus visionis in Capitulo DE VISIONIBUS[2] superius est ostensus. Post has autem exonias, de via curiæ potest facere quartam exoniam. Quam vero si unam primarum fecerit, quartam facere non poterit exoniam; semper enim, in tertiæ receptione exoniæ, exoniati corpus videri per judicium præcipiendum est; nec exonia de morbo residenti, ipso viso, potest sequi, nec etiam potest de via curiæ in una et eadem querela iterari exonia. Si vero post captionem feodi, antequam terra visa fuerit, terram suam requisierit, eam per plegios habebit. Unde notandum est quod, si eam ante assisiæ terminum a justiciario requisierit, et in assisia ei reddita fuerit, terminum respondendi ad aliam assisiam reportabit. Si vero eam ante assisiam non requisierit, sed in assisia eam requirat, eam habebit per plegios, et in eadem assisia contra partem

et soit baillé au plainctif, par le jugement de l'assise, ce que le deffaillant avoit en la terre. En ce plet peut avoir quatre exoines, ains que la terre ait esté veue par jugement. Se il a faict trois exoines, l'en doibt commander que le corps de l'exoinié soit veu, si comme nous dismes devant comme on le doibt veoir. Après il peut faire la quarte exoine de voye de Court; se il la fist ains que il eust faictes les troys aultres, il ne [la] pourra pas faire la quarte; car tousjours, quand l'en reçoit la tierce, l'en doibt commander par jugement que le corps de celuy qui est exoiné soit veu; et depuis qu'il sera veu, ne pourra estre faicte exoine de mal resséant. Et celle de voye de Court ne peut estre faicte sinon une fois en la querelle. Quand la terre aura esté prinse en la main du prince, et il[3] la requiert ains que elle ait esté veue, il [l']aura par plèges. Et pour ce doibt on sçavoir que, se il la requiert à la justice ains l'assise, et elle luy est rendue en l'assise, il aura terme de respondre jusques à l'autre assise; se il ne la requiert par devant l'assise, mais en l'assise, il [l']aura par plège, et luy convendra res-

---

(1) *Tertiæ*—Dans le texte *terræ*.  (2) *Visionibus*—V. Ch. lxvi. (Lat.)  (3) *Il*—Celui qui a été exoiné.

adversam tenebitur de eodem feodo respondere. Et sic requisitio[1] prius facta permutat terminum respondendi, quem vetat penitus negligentia requirendi. Item notandum est quod, cum tres exoniæ de morbo residenti in hujusmodi querela fieri habebant, si post primam vel secundam factam exoniam exoniatus accesserit ad curiam, vel deficiens fuerit, exoniam tertiam de eodem morbo facere non poterit. Cum enim prima exonia facta de morbo residenti fuerit, aliæ duæ de eodem morbo sine interruptione sequi debent continue. Exonia tamen de via curiæ post vel ante fieri poterit, secundum exoniatoris voluntatem. Item si, factis exoniis, ad curiam exoniatus accesserit, suos exoniatores cum suis testibus debet habere ; et, parte adversa requirente quod missæ salventur exoniæ,[2] præcipere debet justiciarius exoniato quod suas salvet exonias. Si verò respondeat, nullam se ad curiam misisse exoniam, tunc de omnibus terminis, in quibus se fecit exoniari, pro deficiente debet reputari, et emendare incontinenti ; et omnes exoniatores, cum testibus eorum et plegiis, emendare graviter tenebuntur, ob apertam malitiam et derisionem curiæ manifestam ;

pondre en celle mesme assise. Et ainsi la requeste qui est avant faicte, luy donne terme, et la négligence de requérir luy toult. Et pour ce que trois exoines de mal rességant pevent estre faictes en ceste querelle, se cil qui est exoinié vient à Court après ce que la première ou la seconde sera faicte, ou il deffault, il ne pourra pas faire la tierce exoine de ceste mesme maladie ; car dès ce que la première exoine est faicte de mal rességant, les aultres deux doibvent estre faictes de ce mesme mal, sans interrompre. Exoine de voye de Court peult estre faicte au devant ou après, selon la volunté de l'exoineur. Quand il aura faictes toutes ses exoines, se il vient à Court, il doibt amener tous ses exoineurs et leurs tesmoings. Et se l'adversaire requiert que toutes les exoines soient saulvées, la justice luy doibt commander que il les saulve. Se il respond que il n'envoia aulcune exoine à Court, lors doibvent tous les jours que il fut exoinié estre tenus pour défaultes, et il les doibt amender maintenant, et tous les exoineurs, leurs tesmoings et leurs plèges, le doibvent amender chièrement,[3] pour ce que ils ont demoqué la Court : et si pourra après faire

---

(1) *Requisitio*—Dans le texte *inquisitio*. *exonium* et *exonia*. V. Ch. xxxix.    (2) *Exoniæ*—On se sert des deux formes, Les éd. précéd. ont *chèrement*.    (3) *Chièrement*—Sic Le R. Se trouve dans *Rabelais.*

ipse tamen exoniatus post hæc omnes suas facere poterit exonias, tanquam nullam fecisset earundem. Ipsis autem factis postea ac receptis, [se] eas fecisse negare iterum curia non permittit. Notandum siquidem est, quod omnes priores exoniatores, cum alia fit exonia, debent personaliter ad illam interesse. *Et si defecerint, emendabunt, et irritabuntur omnes præcedentes exoniæ, nec præsens etiam recipietur ; sed lator ejus cum teste suo emendabit : et exoniatus ejus[modi] pro deficiente habebitur. Et si duo alii præcesserint defectus, feodum contentionis in manu Principis capietur. Si autem exoniatus se prælibatas[1] exonias fecisse concesserit, ad instantiam partis adversæ tenetur eas salvare, nec alias ulterius de eadem querela facere poterit exonias, cum prædictas cognoverit se fecisse. Notandum itaque est quod, per emendam secundum misericordiam justiciarii persolvendam, eas potest salvare, si vadium pro eis dederit de emenda. Si vero eas per sacramentum salvare voluerit, in electione partis adversæ est, utrum per exoniatum, vel per exoniatores et testes eorum, factæ salventur exoniæ; quas si per exoniatum salvare voluerit, ipse jurare tenebitur, quod quando exoniatores ipsum exoniaverunt laborabat[2]; et de unoquoque exoniatore*

toutes ses exoines, aussi comme s'il n'en eust aulcunes faictes ; lesquelles seront receues, et il ne les pourra pas nyer aultres fois. Et doibt l'en sçavoir que, quant l'en faict une exoine, tous ceulx qui furent à celle de devant y doibvent estre présents.

---

(1) *Prælibatas*—Examinées auparavant.     (2) *Laborabat*—Souffrait.

*jurabit, ipsum salvam et veram tulisse exoniam, et quod ejus testis verum et legitimum exhibuit testimonium. Si vero per exoniatores exonias salvare voluerit, unusquisque eorum jurabit hoc esse verum, quod in exonio proposuit, [sacramento] in hac forma faciendo: Hoc audiat justiciarius, quod T. morbo residenti opprimebatur, quando ipsum exoniavi. Et testis jurabit, quod verum tulit exonium; et similiter omnes exoniatores alii. Et eorum testes, de omnibus exoniis quas tulerunt, jurabunt. Si vero, capto in manu Principis feodo querelæ per judicium ac detento, dum tamen nondum per judicium visum fuerit nec resumptum, deficiens illud requisierit in curia, illud ei, per sufficientes plegios standi juri, remota[1] ejus contentione, reddetur. Et si post hujus restitutionem deficiens fuerit, restitutum feodum recapietur, nec ulterius restituetur requirenti, sed tamdiu[3] in manu Principis tenebitur quousque querela fuerit terminata. Notandum insuper est, quod, terra capta per jus in curia, in eadem, nec in alia nisi superiori, per jus est reddenda; ut[2] similiter, visio assignata per jus in curia non est mutanda, nisi per eandem curiam, in qua contentionis querela fuerit deducenda, vel superiorem. Notandum tamen est,*

---

(1) *Remota*—(*Re*—de nouveau, encore): retraité. V. n. 3, p. 31.   (2) *Ut*—i.q. *sicut*. V. n. 1, p. 325.   (3) *Tamdiu*—Dans le texte ici, et souvent, *tandiu*.

quod partes adversæ attornatos possunt facere et constituere in omni
querela, exceptis tamen casibus, in
quibus leges, proprie et per se, requirunt actionem, ut in monstralibus[2] et deraisniis, et hujusmodi.
Attornati etiam attornantium conditiones non possunt immutare, sed
querelas accipiunt terminandas, per
judicium, in eo statu et processu
et circumstantiis, in quibus eas at-
tornantes habebant, quando[1] pro eis
fuerunt attornati.[1] Et sic attornati querelam possunt deducere
placitando ; nec tamen attornatus
aliquid potest componere vel paci-
ficare, qui, videlicet, attornatus sit
solummodo ad deductionem querelæ
terminandam. In componendo, pa-
cificando vel alio modo quam placitando querelam, non debet audiri,
nisi ad hoc specialiter fuerit attornatus. Si autem, post visionem
factam, querelatus ad curiam accesserit, querelans ibi suam exponet
querimoniam, prout est superius
notatum. Si vero querelatus respondeat : *Hæc omnia ei nego de
verbo ad verbum, nec id ejus testis
vidit nec audivit, quod paratus
sum defendere ad esgardum curiæ ;*
incontinenti debet tradere radium
suum justiciario ad defendendum,
quod justiciarius debet recipere ;
considerato tamen prius, et judi-

---

(1) *Quando* * * *attornati*—V. n. 1, p. 153.   (2) *Monstralibus*—Sous-entendu *legibus.*
V. n. 1, p. 317.

cato, per justiciarios,[2] septem ad
minus existentes,[1] neutri parti
suspectos, quod dicta querela, per
verba secutoris et responsionem defensoris, potest et debet radiari.
Tunc recipiet justiciarius primum
radium defensoris, et post secutoris,
et plegios de lege radiata. Et tunc
a justiciario terminus competens,
tam loci quam temporis, ad duellum
assignabitur deducendum. Si vero
querelatus, in responsione sua, negato de verbo ad verbum quod adversarius exposuit in sua demanda,
offerat se defendere [super] hoc, per
se, vel per alium qui hoc possit et
debeat, et habeat secum qui dicat:
Ego sum homo, et paratus sum
defendere ad esgardum curiæ;
et offerat radium defendendi, radia-
bitur duellum ut supra. Notandum
siquidem est quod, in secutionibus
hereditariis, per duellum potest appellator sequelam suam facere per
hominem suum, qui se asserat hoc
audisse et vidisse. Secutus similiter
potest defensionem suam facere per
hominem suum, qui verba secutoris
sequelæ singula denegat esse vera;
hujus autem duellum deduci debet,
sicut superius est expressum. Qui
vero succubuerit, quadraginta solidos
et unum denarium justiciario persolvet de emenda, nec de cetero ad
aliquam legitimam actionem admit-
tetur, sed a legibus et testimoniis
exhibendis, et prolocutionibus et

---

(1) *Existentes*—Dans le sens d'*assistentes.*     (2) *Justiciarius*—V. n. 4, p. 31.

*judiciis proferendis, et rebus ceteris quæ in jure requiruntur, penitus repelletur. Dominus autem, pro quo duellum subierit, amittet penitus quicquid per illud intendebat[3] obtinere; neo aliquid ulterius ipse vel heredes sui in querela contentionis de cetero poterunt reclamare: et hoc intelligendum est de illis, qui pro catallo duellum subierunt. Notandum siquidem est, quod dominus, pro quo victus [in] duello succubuerit, tenetur eidem persolvere pro duello faciendo pretium quod promisit.*

## CXXVIII.—DE PRÆSCRIPTIONE.[1]

Præscriptio autem est responsionis præclusio, ex processu temporis procreata. Quædam enim fit de hora, ut in revocatione burgi,[2] in burgis, oppidis et civitatibus. Si quis autem vendiderit terram vel fundum de

## CXXV.—DE PRESCRIPTION.

Prescription est une préclusion de response, procréée de temps procédé ou escheu. Aulcune prescription est faicte de heure, comme ès révocations qui sont faictes ès villes et ès bourgs. Et se aulcun vend sa terre ou le

---

(1) *Præscriptione*—"Item, que prescription ou la tenue de quarante ans suffise à chacun en "Normandie dorénavant, pour titre compétent, en toute haulte justice ou basse, ou de "quelconque autre chose que ce soit. Et se aucun de la duchié de Normendie, de quelque con-"dition ou estat qu'il soit, aucune des choses dessus dictes aura possédées par quarante ans "paisiblement, qu'il ne soit sur ce molesté en aucune manière de nos justiciers, ne souffert "estre molesté. Et qui le contraire vouldra faire, il ne soit de rien ouy, ne receu en "aucune manière : combien que le droict de la coustume, et ordonnance dudit notre besael, "soient evidamment contraires à ces choses. Et ce voulons estre gardé, non obstant tout "usage au contraire. Non pourtant nous ne voulons, par ce, faire aulcun préjudice, à "nous ne aux autres, ès causes du droit de patronnage des églises : ainçois voulons garder "fermement la constitution et la coustume sur ce faicte, sans enfraindre." De *La Chartre* "*aux Normans* du roi *Louis le Hutin*. *Terrien* indique *Louis VIII*, (qui était en effet le "tiers ael"), comme le "besaël" dont on parle ; et la "constitution" qui est mentionnée ici, comme étant celle insérée dans le *Coutumier*, (et qu'on trouvera, ci-devant, au Chap. cx. Texte Fr.) ; et, aussi, comme étant de *Philippe-Auguste*. V. les notes 1 et 3, p. 58, 1, p. 261, 1 et 2, p. 275, et 1, p. 276, comme aussi les *addenda, in loc*. Le *Cout. Gen.* quoique redigé en Français, contient l'original Latin de cette *Charte*, qu'on ne trouve pas dans les éditions qui contiennent le Latin du texte. (2) *Intendebat*—Ici, *se proposait*. (3) *Burgi—Sic.* Probablement *bursæ*, (clameur de bourse), ainsi qu'indique la Glose, *in loc*.

burgo, et venditio fuerit publice denunciata, consanguineus[1] venditoris illud potest revocare, si reclamationem suam fecerit antequam venditor receperit perfecte pretium rei[3] venditæ et gratanter. Post eam receptionem factam habendæ responsionis super hoc clauditur via revocandi[3]; et hæc præscriptio est quasi de spatio unius diei. Est autem quædam præscriptio quæ viam respondendi præcludit, in submonitionibus factis de hereditate, antequam quindecimum diem attigerit. Nullus enim tenetur de hereditate sua respondere in minori spatio quam in quindecimo die, et hujusmodi præscriptio præcludit responsionem diebus omnibus, usque ad quindecimum diem post submonitionem factam.

fons, qui est eu bourg, et la vendicion ait esté dénoncée publiquement, le parent[1] et lignager du vendeur le peut révoquer, s'il a faict sa réclamation devant que le vendeur ait receu parfaictement le prix de la chose vendue. Et après que iceluy qui vent a receu son pris agréablement, soit receu le rappeleur, et soit ouye la response qu'il vouldra dire, pour icelle chose rappeller; et le prolonguement de temps dure aussi comme par l'espace d'ung jour. L'autre prescription ou prolonguement de temps est, qui forclôt[2] la voie de respondre en semonces qui sont faictes de respondre d'héritaige, devant que quinze jours soient atteints[4] et escheus. Nul de son héritaige est tenu à respondre en meudre espace que de quinze jours. Et telle prescription exclud la response tous les jours, jusques à quinzaine après la semonce faicte.

# Finit liber Jurium ac Consuetudinum Ducatus Normanniæ.

---

(1) *Consanguineus, parent*—V. n. 2, p. 170, sur *cousins*.     (2) *Forclôt*—i.q. *foro excludit :* " Barre et exclut à tout temps."     (3) *Rei * * revocandi*—Texte de *Ludewig.* Dans les éd. originales : *rei venditæ. Et garantus post receptionem factam habendæ responsionis super hoc auditur illa revocandi :* l'un et l'autre assez obscurs. Le Français paraît être basé plutôt sur celui ci.     (4) *Atteints*—Dans le texte *attaints.*

# Liste des éditions de la Coutume, et de ses Commentateurs.

# LISTE DES ÉDITIONS ORIGINALES

DE

# L'ANCIEN COUTUMIER,

*dont* M. FRÈRE *fait mention dans son "Manuel de Bibliographie*
*" Normande," ou qui se trouvent au* MUSÉE BRITANNIQUE *de*
*Londres.*[1]

————•◆•————

" *Coustumier du pays et duchie de Normendie*, 1483, petit in-f°, goth.,
en français et en latin, avec commentaires, sans indication de lieu,
d'imprimeur, ni de date certaine, 342 feuillets, y compris 3 feuillets
blancs.

" Cette première édition du Coutumier de Normandie commence par
un feuillet blanc : le second feuillet, qui sert de titre, contient, ' *Le
Repertore (sic) de ce liure.*' "

" ' Ensuit le repertore de ce present liure en quel sont contenus par
ordre les traictiez et chapitres d'icelluy cy apres desclairez.  Pre-
mierement.  Le texte en francoys du liure cõstumier du pays et
duchie de normendie, auec lexposicion dicelluy au commencement
du quel est la table dudit liure pour facilement congnoistre le nombre
de chacun chapitre.  Le secõd chapitre est le texte en latin dicelluy
en la fin duq̃l est la table dudit liure.  Le tiers est la chartre aux
normãs.  Le q̃t est la justice aux barons de normendie.  Le quīt est
la taxaciõ des drois et interestz des malefacõs de corps.  Le sixte les
articles que doivent iurer les advocatz de normendie· en faisãt le
sermēt d'aduocacie.  Le septiesme les ordõnãces faictes en l'eschiquier
de normendie tenu a rouen au terme de pasques. mil quatre cens

———————————————

(1) Nous sommes redevables à M. le *Dr. Barreau*, pour les renseignements quant
aux éditions qui se trouvent au Musée Britannique.

soixăte deux. Le huytiesme les ordonnăces faictes en icelluy eschiquier tenu a rouen au terme de pasq̃s lan de grace mil. cccc. lxiii. Le neufiesme les ordonnances faictes eudit eschiquier tenu audit lieu de rouen audit terme de pasq̃s mil quatre cens soixante quatre. Le dixiesme les ordonnances faictes eudit eschiquier tenu au terme saint michiel. mil q̃tre cents soixante neuf. Le unziesme chapitre est lapointement fait par les commissaires du roy en la ville de Vernon en lan mil quatre cens cinquante trois. Entre les suppostz[1] de l'uniuersite de paris et les habitans du pays de normc̃die. Le douziesme ledict du roy Charles fait a cōpiẽgne. en lan mil quatre cents xxix, avec la cōfirmatiō dicelluy. faicte en lan mil quatre cens cinquăte. Le treiziesme et derrain chapitre est les trois traictiez de consanguinite. affinite. et cognacion espirituelle. auec les trois figures ou arbres pour facilement congnoistre le contenu diceulx traictiez. Qui est la fin et acomplissement de ce liure.' "

Cette édition se trouve au *Musée Britannique,* "*press mark,*" C. 38*h.*

----

" *Le Coutumier de Normandie, Rouen,* Jacques Le Forestier ; sans date, très petit, in-4° goth., de 150 feuillets non numérotés.

" Ce volume, très-bien imprimé, renferme le texte du Coutumier, sans commentaires ; il se termine par le chapitre : *Ordonnances faites en l'Eschiquier de Normandie, tenu à Rouen, au terme de Pasques, l'an de grace* 1462 ; et on lit au bas du recto du dernier feuillet : *Imprimé à Rouen par Jacques le Forestier.* L'absence du mot : Parlement, dans cette édition, a fait supposer qu'elle a dû précéder l'époque où cette Cour remplaça l'Echiquier, en 1499. Cette opinion est d'autant plus admissible, que Jacques le Forestier imprimait à Rouen, dès 1494."

Cette édition se trouve au *Musce Brit. :* "*press mark,*" 5405*a.* La date de 1490 lui est attribuée dans le catalogue.

----

" *Le Grand Coustumier de Normcndie,* imprimé à Caen, par Laurens Hostingue, 1510, petit in-f°, goth.

" ' Le grăt Coustumier du pays et duche de Normendie tres utille et profitable a tous praticiens euquel est le texte dicelluy en francoys auec la glose ordinaire et familiere. Et mesmes le texte en latĩ tres correct auec lesquelz textes sont adioustez selon l'ordre a ce requise plusieurs traictez et choses tres necessaires pour l'estat de

----

(1) *Suppostz—Suppositi;* membres délégués.

la iustice a tous iuges et officiers, et autres gens dud' estat......
nouuellement imprime a Caen par Laurens Hostingue demourant
audit lieu deuant la tour aux Landoys.  Pour Michel Angier libraire
et relieur de l'uniuersite dud' Caen demourāt aud' lieu pres le
pōt Sainct Pierre et pour Jehan Mace aussi libraire demourant
a Renes en la paroisse Saīct Saulueur a lenseigne Saīt Jehā
leuāgeliste.  Et sōt a vendre ausd. lieux.  Et ont este acheuez.
Lan de grace mil cinq cens et dix.  Le xxviij iour dapuril.' "

Cette édition se trouve au *Musée Brit.* : "*press mark*," 5404c.

---

" *Le Grand Coustumier de Normendie*, imprimé pour Jean Richard,
libraire à Rouen, et pour Michel Angier, libraire à Caen, 1515, petit
in f°, goth.

" ' Le grant coustumier du pays et duché de Normendie tres utile
et profitable a tous praticiens euquel est le texte diceluy en francois
auec la glose ordinaire et familiere.  Et mesmes y est le texte en
latin tres correct auec lesquelz textes sont adjoutez selon lordre a
ce requise plusieurs traictiez et choses tres necessaires pour lestat
de la iustice a tous iuges aduocatz officiers et autres gens dudit
estat......  Nouuellement imprime a Rouen pour Michel Angier
libraire iure de luniuersite de Caen demourāt audit lieu pres le
pont Saint pierre.' "

" On rencontre parfois cette édition avec des titres et adresses
différents, c'est-à-dire ne présentant pour le Coutumier, non plus
que pour les ordonnances, que le nom de Jehan Richard, libraire,
demourant audit lieu à la paroisse Saint Nicolas, devant le collége
du Pape.

" De ces diverses souscriptions, il est résulté qu'on a supposé qu'il
existait deux éditions du Coutumier de 1515, lorsque réellement il
n'en existe qu'une seule."

Cette édition se trouve au *Musée Brit.*: "*press mark*," 1238f.

---

" *Le Coutumier de Normandie*, imprimé à Rouen, pour Robinet Macé,
sans date, petit in 8°, carré goth., de 152 feuillets, sans chiffres,
réclames ni date.

" ' Le Coutumier de Normandie, nouuellement imprimé à Rouen.
(Rouen pour Robinet Macé).' "

"Cette édition à été probablement imprimée à Rouen, au commence-ment du 16me siècle, par Guillaume Gaullemier, qui imprima vers cette époque *Le Stylle de procéder en Normendie*."

Cette édition ne se trouve pas au *Musée Brit*.

———

" *Le Grand Coutumier de Normandie*, imprimé à Rouen, pour François Regnault, 1523, petit in-fᵒ, goth., de 229 feuillets.

" ' Le grād coustumier du pays et duche de Normandie tres utile et profitable a tous praticiens euquel est le texte diceluy en francois avec la glose ordinaire et familiere. Et mesmes y est le texte en latī tres correct auec lesquelz textes sont adioutez selon l'ordre a ce requis plusieurs traictez et choses tres necessaires pour lestat de la iustice a tous iuges aduocatz, officiers et autres gens dudit estat. . . . . . . . . . Nouuellement imprime a Rouen pour Francoys Regnault libraire iure de luniuersite de Paris.' "

" Ce titre est terminé par 10 vers latins."

Cette édition ne se trouve pas au *Musée Brit*.

———

" *Le Coustumier de Normendie :* imprimé à Rouen pour Raulin Gaultier, 1527, petit in 12ᵒ, goth., le texte Français seulement, sans la glose.

" Le Coustumier de normendie Imprime a Rouē pour Raulī gaultier libraire demourant aud lieu de rouen en la parroisse Saint Martin du pōt en la rue de potard. Et fut acheue le quinziesme iour de may lan de grace mil cinq centz vīgt & sept."

Cette édition paraîtrait être assez rare, puisque M. Frère n'en fait aucune mention dans sa Bibliographie Normande.[1] Le Musée Britannique en posséde un exemplaire, *"press mark,"* $\frac{5423}{1}$ *a,* avec lequel sont reliées les publications suivantes :

" Ordonnances nouvelles Du vingt septiesme joor dauril mil cinq cētz xxxv a Rouen en la court du parlemēt & Le Stille de proceder . . . . Imprime a Rouē pour Raulī gaultier. . . .1528. Les ordonnances du Roy Francoys premier Imprimees a Rouē pour Raulin gaultier

———

(1) M. Frère ignore également deux éditions de la Coutume Reformée, portant les dates 1595 et 1612, dont des exemplaires se trouvent aussi au Musée Britannique.

1528. Ordonnances royaulx publiees a Rouē en la court du parlement par ordōnance dicelle.... Imprimees pour raulin gaultier
m. cīq. cēs xxviii. Ordonnances royaulx sur le faiet et charge des
tabellions. Imprime a Rouen, en cest an mil cinq centz trente et ung.
Extraict de toutes les ordonnances royaulx desquelles on se peult
aider. ....Imprime en l'an mil cinq centz et trente."

" *Le Grand Coustumier de Normandie*, imprimé à Paris, par François
Regnault, 1534, in-f° goth. de 238 feuillets imp. sur 2 colonnes.

" ' Le grant Coustumier du pays et duche de Normandie tres utile et
proffitable a tous practiciens. Euquel est le texte dicelluy en françoys
proportiōne a lequipollent de la glose ordinaire et familiaire. Auec
plusieurs additions allegations et concordances tant du droit canon
que civil. Composees par scientificque personne maistre Guillaume
le Rouille dalēcon, liceñ es droitz. Inserees et situees en la fin dung
chacun chapitre et merchees ou signees par nōbres de chiffres......
Aussi y est le texte en latin tres correct auec lesquelz textes sont
adioustez (selon lordre a ce requise) plusieurs traictez et choses tres
necessaires pour lestat de la iustice a tous iuges, aduocatz, officiers et
aultres gens du dit estat......Nouuellement imprime a Paris par
Francoys Regnault libraire iure de luniuersite de Paris, 1534.' "

Cette édition se trouve au *Musée Brit.*: " *press mark*," 1238*g*.

" *Le Coustumier de Normendie* : Imprimé à Rouen, pour Raulin
Gaultier, 1534.

" ' Le coustumier de Normendie. Nouuellement imprime a Rouen
pour Raulin Gaultier, libraire, demourant audict lieu en la paroisse
Sainct Martin du Pont en la rue dicte Potart. Et fut acheue de
imprimer ce mardy dixiesme iour de nouembre lan de grace mil
cinq centz trente quatre.' "

" Petit in-8° goth. de 132 feuillets non numérotés. Le texte français
seulement, sans la glose."

Cette édition ne se trouve pas au *Musee Brit.*

" *Le Grand Coustumier de Normendie*. Imprimé à Rouen, par
Nicolas Leroux, 1539, in-f° goth.

" ' Le grand coustumier du pays et duche de Normendie tres utile et profitable a tous practiciens.  Euq̄l est le texte diceluy en francoys proportionne a lequipolent de la glose ordinaire et familiaire.  Avec plusieurs additions......par sciētifique personne maistre Guillaume le Rouille Dalencon, Liceñ es droictz......  Nouuellemēt imprime a Rouen par Nicolas le roux : pour Francoys regnault libraire iure de luniuersite de Paris : pour Jehan Mallard demourant a Rouen, tenant son ouuroir au portail des libraires le plus prochain de leglise : et pour Girard anger, demourant a Caen pres le college du boys.  1539.' "

Cette édition se trouve au *Musee Brit.* : "*press mark*," 24 *f* 8.

" Là s'arrêtent les éditions Gothiques de *la Coutume*."

---

" *Le Coustumier de Normendie*.  Imprimé à Rouen, par Jean Petit, 1552, in-8°.

" ' Le Covstumier dv (*sic*) pays et dvche de Normandie.  La chatre (*sic*) des priuileges, et libertes d'iceluy pays.  Style et vsage de procéder et juger en toute courtz et jurisdictiōs, tant des Baillifz et vicōtes, que de la court du Parlement diceluy Pays et Duche.  Auec toutes les ordonnances, tant nouuelles que anciennes, receuez et publiées en la dicte court, que ce fͭ. tourné declarera.  Rouen, Martin Le Mesgissier, 1552.' "

Cette édition ne se trouve pas au *Musée Brit.*

---

" *Le Coustumier de Normendie*.  Imprimé à Rouen, par Martin Le Mesgissier, 1578, in-8°.

" ' Le Covstumier du pays et duché de Normendie.  La Chartre des priviléges et libertez d'iceluy pays.  Style et vsage de procéder, etc. Rouen, Imp. de Martin Le Mesgissier, 1578.' "

" L'abbé Saas cite une édition de 1580 qui est probablement la même que celle de 1578, avec un nouveau titre."

Cette édition ne se trouve pas non plus au *Musée Brit.*

Là s'arrêtent les éditions autoritaires de *l'Ancien Coutumier*.  La Coutume fut réformée en 1585, et publiée dans sa forme nouvelle en 1586.

# LISTE DES PRINCIPAUX COMMENTAIRES
SUR
# L'ANCIEN COUTUMIER;

*ainsi que des ouvrages qui nous sont connus, où le texte ou la matière en est reproduite.*[1]

————+·+————

*Le Livre la Roine.* Livre dédié à la Reine Blanche. V. les Nos. XV et XVII, dans les extraits des auteurs ci-après, et la note à cet endroit, qui y a trait.

*La Glose.* Commentaire sur le texte Français de la *Coutume*, d'un jurisconsulte anonyme. Il est très ancien : et se trouve joint au *Coutumier* dans sa première édition (1483), et dans la plupart de celles qui l'ont suivie. V. l'extrait de M. Frère, ci-après.

LE ROUILLÉ.—V. la liste des éditions.

TANNEGUY-SORIN.—*De consuetudine Normanniæ, Gallica et Latina diligenter visa, castigata, et commentariis recens editis aucta, illustrata.* Par Tanneguy-Sorin ; Conseiller au siége Présidial de Caen, et Docteur Régent en la Faculté du Droit Civil en l'Université.—A Caen, chez Pierre Chandelier. (1568—1574. In-quarto).[2]

———————————————

(1) Pendant une visite imprévue à Paris, depuis l'impression de ces textes, nous avons appris de l'auteur lui-même, ce que nos lecteurs apprendront également avec plaisir, que M. *E. Joseph Tardif*, des Archives Françaises, originaire de Normandie, prépare en ce moment une édition du texte Latin d'un très-ancien Coutumier de Normandie ; de celui, en effet, dont M. *Marnier* a donné un texte Français dans le livre mentionné dans cette liste. Il a l'intention de faire paraître subséquemment une édition du texte Latin du Grand Coutumier même, basée sur les Manuscrits les plus anciens et les plus corrects. Inutile de s'étendre sur l'intérêt et la valeur d'un travail pareil, confié à des mains aussi capables. (2) Cet ouvrage est loin de justifier son titre et les prétentions de son auteur.

TERRIEN.—*Commentaires du Droit Civil, tant Public que Privé, observé au Pais et Duchié de Normandie, &c., ordonné à la façon de l'ancien Édit Prétorial perpétuel des Romains : par Maistre Guillaume Terrien, Lieutenant-Général du Bailly de Dieppe. Paris, chez Jaques du Puys, libraire juré, à l'enseigne de la Samaritaine.* (1574—1578. In-folio).

GERMAIN-FORGET.—*Les paraphrases sur les loix des Républiques Anciennes, des Egyptiens, Athéniens, Lacédémoniens, Locres, et Huriens : naissance et progrès du Droit Romain, et Coutumes du Pays et Duché de Normandie : par Germain-Forget, Licencié-ès-Droits, Avocat au Duché et siège Présidial d'Evreux. Paris, chez Guillaume Auvray,* 1577. (In-octavo).

ZOUCH.—*Descriptio Juris et judicii feudalis, secundum Consuetudines Mediolani et Normanniæ : pro introductione ad studium Jurisprudentiæ Anglicanæ. Auctore R Z[ouch] ; J. C. P. R. Oxoniæ, Anno Salutis* 1634. C'est probablement de cet ouvrage que *Ludewig* parle comme suit : " Vix aliquod operæ pretium meretur."

LE MARCHANT.—*Remarques et Animadversions sur l'Approbation des Lois et Coustumier de Normandie, usitées ès Jurisdictions de Guernezé : par Thomas Le Marchant :* écrites vers le milieu du 17me siècle, et imprimées, par ordre des Etats de Guernesey, en 1826. L'auteur était un Pasteur de l'Église Presbytérienne, qui resta établie à Guernesey jusqu'en 1660. "Vers l'an 1650 (*sic*)," selon la préface des éditeurs de 1826, "il refusa, par un motif de conscience, de signer l'Acte "d'Uniformité, ce qui lui fit perdre les cures de St. Samson et du "Valle." Ce fut probablement après cet événement qu'il écrivit son livre. *L'Approbation des Loix* est basée sur le texte "ordonné " par *Terrien*, et non sur le texte original de l'Ancienne Coutume.[1]

POINGDESTRE.—*Commentaires sur l'Ancienne Coutume de Normandie : par Jean Poingdestre, Ecuier, Lieutenant Bailli de Jersey.* Ces commentaires, ainsi que les Commentaires du même auteur sur la *Coutume Réformée,* n'existent qu'en Manuscrits, et n'ont jamais été publiés. Ils furent probablement écrits entre les années 1670 et 1690.

---

(1) V. *Les Cours Royales des Iles de la Manche,* par M. *Julien Havet,* p. 16 : ouvrage d'un grand mérite, et très nécessaire aux étudiants de nos institutions locales.

LUDEWIG.—*Reliquiæ Manuscriptorum omnis œvi, Diplomatum ac monumentorum ineditorum adhuc.—Jo: Petri de Ludewig* (1720—1731, In-octavo: Francfort, Halle et Leipsick).—Vol. VII. Lib. II. *Codex Legum Normannicarum ex membranis descriptus et illustratus notulis.* 1726. L'intitulé en est: "Hic incipit Somma de legibus consuetudinum Normanniæ;" et *Ludewig* donne, dans sa préface, les indications suivantes: "Sed qui codex hic legum Normannicarum "in mea supellectili litteraria? Erant olim hæ membranæ Petri "Pithæi[2]: post obvenere Nicolao Josepho Foucault, comiti consis- "toriano in Gallia; cujus bibliotheca cum Hagæ in Belgio veniret "sub hasta, inde ære meo illas redemi. Absolvunt plagulas quingentas "et octodecim, in forma quæ libris est minima."[1]

BOURDOT DE RICHEBOURG.—*Nouveau Coutumier général, ou corps des Coutumes générales et particulières de la France; par M. Charles A. Bourdot de Richebourg.* Vol. IV, Partie I, *Ancienne Coutume de Normendie*, (Texte Français). *Paris, chez Théodore Le Gras*, 1724. (In-folio).

Nous n'avons pu avoir l'avantage d'examiner ce texte que très légèrement.

HOUARD.—*Anciennes Loix des François conservées dans les Coutumes Angloises, recueillies par Littleton.* Par *M. David Houard, Avocat au Parlement de Normandie et Conseiller-Echevin de la Ville de Dieppe. Rouen,* 1766.

MARNIER.—*Établissements et Coutumes; assises et arrêts de l'Échiquier de Normandie au treizième siècle, d'après le Manuscrit Français F. 2, de la Bibliothèque de Sainte-Geneviève. (Paris; Techener: Warée: Delamotte, 1839). Par M. A. J. Marnier: Avocat, et bibliothécaire de l'ordre des Avocats à la Cour Royale de Paris.*

---

(1) Un court examen de ce livre, que nous en avons pu faire à la Bibliothèque Nationale de Paris, depuis l'impression de notre Préface, tout en augmentant notre respect pour l'industrie et les connaissances variées de M. *Ludewig*, ne l'a pas maintenu en ce qui touche ses capacités critiques; ni quant à l'exactitude de son texte, soit que ce dernier défaut doive être attribué à lui-même, à l'imprimeur, ou à l'infidélité du M.S. qu'il a copié.
(2) Pierre Pithou, 1539—1596.

# Extraits de divers Auteurs, Anciens et Modernes.

# EXTRAITS DE DIVERS AUTEURS,

## ANCIENS ET MODERNES,

*quant à l'auteur et à la date de l'*ANCIENNE COUTUME.

LA GLOSE ; (anonyme) .. .. .. .. .. I.

LE STILLE DE PROCÉDER ; (anonyme) .. .. .. II.

LE ROUILLÉ .. .. .. .. .. .. .. III.

COKE .. .. .. .. .. .. .. .. IV.

HALE (deux citations) .. .. .. .. V.

WHITELOCK .. .. .. .. .. .. .. VI.

BASNAGE .. .. .. .. .. .. .. VII.

POINGDESTRE .. .. .. .. .. .. VIII.

LE GEYT .. .. .. .. .. .. .. IX.

NICOLSON .. .. .. .. .. .. .. X.

LUDEWIG .. .. .. .. .. .. .. XI.

HOUARD (quatre citations) .. .. .. .. .. XII.

DAVIEL .. .. .. .. .. .. .. XIII.

PARDESSUS .. .. .. .. .. .. .. XIV.

COOPER ? .. .. .. .. .. .. .. XV.

FRÈRE.. .. .. .. .. .. .. .. XVI.

KŒNIGSWARTER .. .. .. .. .. .. XVII.

HAVET .. .. .. .. .. .. .. XVIII.

## I.

### LA GLOSE—*(avant 1483).*

Il n'est à tenir ne à supposer, que une si grant chose feust faite à une fois : et aussi il appert qu'elle fut faite à plusieurs fois ; comme du conseil au Roi Philippe faict à Lislebonne."[1]  *Sur le Chap. II.*

---

(1) *Lislebonne.*—V. n. 1, p. 261, et aussi l'*addenda.*

## II.

### STILLE DE PROCÉDER :—(avant 1515).

Prémièrement est assavoir, que en ce pays et duché de Normandie sont aulcunes loyx, coustumes, establissements, qui sont contenus au livre communément nommé le *Coutumier de Normandie*. Lesquels * * y sont et ont ésté observés, tenus et gardés de toute ancienneté, et audevant que ladite duché fut baillée par le Roy Charles le Simple au Duc Rou. Et depuis que le Roy de France, Philippe Auguste eut retiré[1] * * * hors des mains des Angloys ladite duché, il se voulut enquérir des loyx et coutumes dudict pays ; et fit escripre, et mettre en plus belle ordre ledict livre coustumier qu'il n'estoit eu précédent. [Il] tint et assembla conseil, où furent les prélats, seigneurs, barons du pays, par le conseil desquels il auctorisa derechief lesdictes loix et coustumes, ainsi qu'il appert assez par ung chapitre dudict coustumier, où est contenu le conseil du roy Philippe, qu'il tint à Lislebonne[3] : et est ledict chapitre en iceluy livre, sur le pas où il tracte de Bref de *Patronage d'Église*.[2]

## III.

### LE ROUILLÉ—1534.

At hujusce Normannicæ consuetudinis latorem sive datorem Sanctum Edoardum, Angliæ regem, testatur vulgaris illa cronica quæ *Cronica cronicarum* intitulatur ; * * * qui quidem Edoardus etiam Normannis leges dederat, cum in Normannia diu fuit enutritus. * * Et quod fecerat dictas consuetudines Angliæ et Normanniæ, satis patet ex conformitate dictarum consuetudinum.[6]

## IV.

### COKE—1549-1634.

The *Grand Custumier de Normandy*, * * a book compounded as well of the Laws of England, which Edward the Confessor gave them, as he that commenteth[4] on that Book testifieth, as of divers customes of the Duchie of *Normandie* ; which book was composed in the Reign of King H. 3, viz., about forty[5] years after the coronation of King Richard the first.—*Coke's Institutes*, Part II. Proeme, p. 5.—1628.

---

(1) Ce qui eut lieu A.D. 1204-5.    (2) Mais voir notre note sur ledit Chap., et l'extrait de *Basnage* ci-après.    (3) *Lislebonne*—V. n. 1, p. 261, et aussi l'*addenda*. (4) L'écrivain fait allusion à *Le Rouillé*.    (5) Cette idée est basée sur les mots "quarante ans" (à la ligne 19, p. 58, de ce livre), dont nous avons expliqué l'insertion, à l'endroit même. Il est clair que *Saint-Louis*, qui ne mourut qu'en 1270, était mort à la date de la compilation du Coutumier.    (6) V. ci-après les extraits de *Basnage*, et de M. *Dariel*.

## Vᴀ.

### Sɪʀ Mᴀᴛᴛʜᴇᴡ Hᴀʟᴇ—1609-1676.

The best, and indeed only common evidence of the ancient customs and Laws of Normandy is that book, which is called the *Grand Coutumier of Normandy* : which, in later years, has been illustrated, not only with a Latin[1] and French Gloss, but also with the com‑ mentaries of *Terrier (sic)*, a French author. This book does not only contain many of the ancienter laws of Normandy, but most plainly it contains those laws and customs which were in use here in the time of King *Henry II*, King *Richard I* and King *John :* yea, and such also as were in use and practice in that country after the separation of Normandy from the crown of England. \* \* \* So that we are not to take that book as a collection of the laws of Normandy as they stood before the union thereof to the crown of England, but as they stood under the time of those dukes of Normandy that succeeded *William I*. And it seems to be a collection made ᴀꜰᴛᴇʀ the time of King *Henry III*,[3] or at least after the time of King *John ;* and consequently it states their laws and customs, as they stood in use and practice about the time of that collection made.—*History of the Common Law*.

## Vʙ.

. . . . . . . . . . . . . . . . . . . . . . . . . . . . . . . . . . . . . . . . . . . . . . . . . . . . . . . . . .

Again, some laws were used in Normandy, which were in use in England *long before* the supposed Norman conquest, and therefore could in no possibility have their original force, or any binding power here, upon that pretence. For instance, it appears by the *Coutumier* of Normandy, that the sheriff of the county was an annual officer, and so it is evident he was likewise in England before the conquest. And among the laws of *Edward* the Confessor, it is provided, "quod "aldermanni in civitatibus eandem habeant dignitatem, qualem habent "ballivi[2] hundredorum in balliviis suis sub vicecomite." Again, wreck of the sea, and treasure trove, was a prerogative belonging to the dukes of Normandy, as appears by the *Coutumier*, Caps. 17 and 18. —And so it was belonging to the crown of England before the conquest; as appears by the charter of *Edward* the Confessor to the abbey of Ramsey, of the manor of Ringstede, "cum toto ejectu maris, quod

---

(1) On fait allusion aux commentaires de *Le Rouillé*, qui sont écrits en Latin. La "*French Gloss*" est *la Glose*, proprement dite. (2) V. l'extrait XI, C. de *Houard*, en ce qui touche le mot *Ballivi* ici. (3) Henri III régna de 1216 à 1272.

wreccum dicitur," and the like.  Vide ibid. of treasure trove, and vide
the laws of *Edward* the Confessor, Cap. 14.  So fealty, homage, and
relief were incident to tenures by the laws of Normandy.  Vide
*Coutumier*, Cap. 29.  And so they were in England *before* the conquest;
as appears by the laws of *Edward* the Confessor, Cap. 35, and the laws
of *Canutus*, mentioned by Brompton, Cap. 8.—So the trial by jury of
twelve men, was the *usual* trial among the Normans, in most suits;
especially in assizes, et *juris utrum;* as appears by the *Coutumier*,
Caps. 92. 93. 94.  And *that trial was in use here in England before the
conquest*, as appears in Brompton among the laws of king *Ethelred*,
Cap. 3, which gives some specimen of it, viz. " Habeant placita in
" singulis wapentachiis, et exeant seniores duodecim thani, vel
" præpositus cum iis, et jurent quod neminem innocentem accusare
" nec noxium concelare."[1]

. . . . . . . . . . . . . . . . . . . . . . . . . . . . . . . . . . . . . . . . . . . . . . . . . . . . . . . . . .

...The laws of Normandy were, in the greater part thereof, borrowed
from ours, rather than ours, from them ; and the similitude of the
laws of both countries did, in a greater measure, arise from their
imitation of ours.  Though there can't be denied, but that a reciprocal
imitation of each other's laws was, in some measure at least, had in
both dominions...............

The greatest mean of the assimilation of the laws of both kingdoms
was this.  The kings of England continued dukes of Normandy till
king *John's* time, and he kept some footing there, notwithstanding the
confiscation thereof by the king of France, as aforesaid.  And during
all this time, England, which was *an absolute monarchy*,[2] had the
prelation, or preference, before Normandy, which was but a Feudal
Duchy, and a small thing in respect of England.—By this means
Normandy became, as it were, an appendant to England, and
successively received its laws and government from England ; which
had a great influence on Normandy, than that could have on England.
Insomuch that oftentimes there issued precepts into Normandy, to
summon persons there to answer in civil causes here ; yea, even for
lands and possessions in Normandy.  As in *Placito I Johannis*—a
precept, issued to the seneschal of Normandy, to summon Robert
Jeronymus to answer to John Marshal in a plea of land, giving him
forty days warning ; to which the tenant appeared, and pleaded a

(1) Vide Cap. xii.    (2) *Hale* cannot mean, that England was an *absolute*
monarchy, in the common use of the term.  He means no more than what *Bracton*
says, that the king of England is under no one—save God and the law.  (Note par
l'éditeur de *Hale*).

recovery in Normandy. The like precept issued, for William de Bosco, against Jeoffry Rusham, for lands in Corbespine in Normandy.

And on the other side, *Trin* 14 *Johannis*, in a suit between Francis Borne and Thomas Adorne, for certain lands in Ford, the defendant pleaded a concord made in Normandy, in the time of king *Richard I*, upon a suit there before the king, for the honour of Bonn in Normandy, and for certain lands in England, whereof the lands in question were parcel, before the seneschal of Normandy, *anno* 1099. But it was excepted against, as an insufficient fine, and varying in form from other fines ; and therefore the defendant relied upon it as a release.

. . . . . . . . . . . . . . . . . . . . . . . . . . . . . . . . . . . . . . . . . . . . . . . . . . . .

It is apparent that, in point of limitation in actions ancestral from the time of the coronation of king *Henry II*, it was anciently so here in England in *Glanville's* time, and was transmitted from hence into Normandy.[1] For it is no way reasonable to suppose the contrary, since *Glanville* mentions it to be enacted here *concilio procerum*. And though this be but a single point, or instance, yet the evidence thereof makes out a criterion, or probable indication, that many other laws were in like manner so sent hence into Normandy.

It appears, that in the succession of the kings of England, from king *William I* to king *Henry II*, the laws of England received a great improvement and perfection, as will plainly appear from *Glanville's* book, written in the time of king *Henry II*, especially if compared with those " sums," or collections of laws, either of *Edward* the Confessor, *William I*, or *Henry I*, whereof hereafter.

. . . . . . . . . . . . . . . . . . . . . . . . . . . . . . . . . . . . . . . . . . . . . . . . . . . .

And now, if any do but compare the *Coutumier* of Normandy with the tract of *Glanville*, he will plainly find that the Norman tract of laws followed the pattern of *Glanville*, and was writ long after it, when possibly the English laws were yet more refined and more perfect. For it is plain beyond contradiction, that the collection of the customs and laws of Normandy was made after the time of king *Henry II.*—for it mentions his[1] coronation, and appoints it for the limitation of actions ancestral,—which must at least have been thirty years after. Nay, the *Coutumier* appears to have been made after

---

(1) *Hale* est ici, croyons-nous, en erreur. C'était le couronnement de Henry I qui marquait l'époque, au moins en Normandie. La formule, assez vague du reste, dans *Glanville* (II. 3 et ailleurs) est " tempore Regis Henrici primi, vel post primam coronationem Domini Regis." V. n. 1, p. 275.

the act of settlement of Normandy in the crown of France ; for therein is specified the institution of *Philip* king of France, for appointing the coronation of king *Richard* I. for the limitation of actions, which was *after* the said *Philip's* full possession Normandy.

Indeed, if those laws and customs of Normandy had been a collection of the laws they had had there, *before* the coming-in of king *William I*, it might have been a probability that their laws, being so near like ours, might have been transplanted from thence hither. But the case is visibly otherwise. For the *Coutumier* is a collection *after* the time of king *Richard I*,—yea, after the time of king *John*, and *possibly after Henry* the Third's time ; when it had received several repairings, amendments, and polishings, under the several kings of England, *William I, William II, Henry I*, king *Stephen, Henry II, Richard I*, and king *John;* who were either knowing themselves in the laws of England, or were assisted with a council that were knowing therein.

And, as in this tract of time, the laws of England received a great advance and perfection, as appears by that excellent collection of *Glanville*, written even in *Henry* the Second's time, when yet there were near thirty[1] *(sic)* years to acquire unto a further improvement before Normandy was lost; so from the laws of England, thus modelled, polished and perfected, the same draughts were drawn upon the laws of Normandy ; which received the fairest lines from the laws of England, as they stood at least in the beginning of king *John's* time ; and were in effect, in a great measure, the defloration of the English laws, and a transcript of them ; though mingled and interlarded with many particular laws and customs of their own, which altered the features of the original in many points.—*Id*.

## VI.

### Whitelocke—1605-1676.

I shall endeavour to show you that the original of our laws is not from the French; that they were not introduced by William the Conqueror out of Normandy : and I shall humbly offer to you my answer to some of their arguments who are of a contrary opinion.

. . . . . . . . . . . . . . . . . . . . . . . . . . . . . . . . . . . . . . . . . . . . . . . . . . . . . .

Sir Roger Owen shows at large, that livery of seisin, licenses or fines for alienation, daughters to inherit, trials by juries, abjurations, outlawries, coroners, disposing of lands by will, escheats, gaols, writs,

---

[1] V. n. 3, p. 357.

wrecks, warranties, *cattala* (*sic*) *felonum*, and many other parts of our law, and the forms of our parliaments themselves, were here in being before the time of duke William.

Agreeing hereunto are many of our historians and learned antiquaries.

But it is objected : that in the Grand Customary of Normandy[1] the laws are almost all the same with ours of England, and the form of their parliaments the same with ours :

That the writer of the preface to that book saith, it contains only the laws and customs which were made by the princes of Normandy, by the council of their prelates, earls, barons, and other wise men ; which shows the forms of their parliament to be the same with ours, and the laws in that book to be the proper laws of Normandy, and ours to be the same ; therefore they argue that our laws were introduced from thence by William the Conqueror.

This will be fully answered, if that Grand Customary of Normandy was composed in our king Ed. I[2] his time, (as good authors hold it was), then it cannot be that our laws or parliaments could be derived from thence.

These learned men say, that this Customary was a mere translation of our law book Glanvill[3]; as the book of *Regia Majestas*, of the laws of Scotland is ; and the like of the laws of Burgundy.

They further add, that the first establishing of the Customary of Normandy was in Hen. I[2] his time; and afterwards again about the beginning of Ed. II[2] his time.

If the laws in the Customary were introduced there from England, it will then be granted that the laws of England were not introduced here by William the Conqueror. But I think it very clear that their laws were brought to them out of England; and then you will all agree to the conclusion.

Our king Hen. I conquered Normandy from his brother Robert, and was a learned king, as his name *Beauclerk* testifies ; whom Juo calls, "An especial establisher of Justice." Sequerius relates that this king established the English laws in Normandy.

Herewith do agree Gulielmus Brito Armoricus, Rutclarius, and other French writers ; who mention also, that the laws in the

---

(1) On fait allusion nécessairement au Vieux Coutumier. (2) Henri I, 1100—1135. Edouard I, 1272—1307. Edouard II, 1307—1327. (3) *Glanville* écrivait vers 1189 ou 1190.

Customary of Normandy are the same with the laws collected by our English king Edward the Confessor, who was before the Conqueror.

An additional testimony hereof is out of William de Alenson Revile,[1] who, in his Comment upon the Customary, saith, that all the laws of Normandy came from the English laws and nation.

In the Customary there is a Chapter of *Nampes*, or distresses; and decreed that one should not bring his action upon any seizure, but from the time of the coronation of king Richard; and this must be our king Richard I, because no king of France was in that time of that name; and the words *nampes* and *withernams* were Saxon words taken out of the English laws, signifying a pawn, or distress; and in the same sense are used in the Customary.

That which puts it further out of scruple is, there are yet extant the manuscripts themselves of the Saxon laws, made in the parliamentary councils held by them here; which are in the language and character of those times;[2] and contain in them many of those things which are in the Norman Customary.

It is no improbable opinion, that there was a former establishment of our laws in Normandy before the time of Hen. I; and that there was by Edward the Confessor, who (as all writers of our history agree) was a great collector and compiler of our English laws.

He lived a long time with his kinsman duke William in Normandy, who was willing to please the Confessor, in hopes to be appointed by him to be his successor; wherein the duke's expectation did not fail him.

The Confessor having no children, and finding Normandy without a settled government, and wanting laws, advised with his kinsman duke William to receive from him the laws of England, which he had collected, and to establish them in Normandy; which duke William and his lords readily accepted for the good of their people; and thereby obliged the Confessor.[3]

Another proof hereof is, that such laws as the Normans had before the time of duke William were different from those in the Customary, and from the English laws.

. . . . . . . . . . . . . . . . . . . . . . . . . . . . . . . . . . . . . . . . . . . . . . . . . . .

Between the conquest of Normandy by Rollo and the invasion of England by Duke William there were not above one hundred

(1) On veut dire *Le Rouillé*: "Guillermus le Rouillé Alenconensis." (2) Mais voir l'extrait XI, C. de *Houard* ci-après. (3) V. l'extrait de *Le Rouillé* ci-devant.

and fifty years; that of Normandy was about *anno* 912; that of England *anno* 1016.

It is not consonant to reason, that those Normans, pagans, a rough martial people, descended from so many barbarous nations, should in the time of one hundred and fifty years establish such excellent laws among themselves, and so different from the French laws, among whom they were, and all parts in the world, except England.

And such laws which were not only fit for their dukedom and small territory, but fit also for this Kingdom, which in those days was the second in Europe for antiquity and worth, by confession of most foreign historians.

. . . . . . . . . . . . . . . . . . . . . . . . . . . . . . . . . . . . . . . . . . . . . . . . . . . . . . . .

It is testified likewise by many of our historians that the ancient laws of England were confirmed by duke William.

Journalensis saith, that out of the Merchenlage,[1] West-Saxon lage, and Danelage, the Confessor composed the common law, which remains to this day.

. . . . . . . . . . . . . . . . . . . . . . . . . . . . . . . . . . . . . . . . . . . . . . . . . . . . . .

Radburn follows this opinion; and these laws of Edward the Confessor are the same in part which are contained in our great charter of liberties.

A manuscript, entitled *De gestis Anglorum* saith, that at a parliament at London, 4 Wil. I, the lawyers also present, the king might hear their laws; he established St. Edward's laws, they being formerly used in king Edgar's time.[2]

. . . . . . . . . . . . . . . . . . . . . . . . . . . . . . . . . . . . . . . . . . . . . . . . . . . . . .

One of the worthy gentlemen from whom I differ in opinion was pleased to say, that if William the Conqueror did not introduce the law of Normandy into England, yet he conceives our laws to be brought out of France hither in the time of some other of our kings, who had large territories in France, and brought in their laws hither; else he wonders how our laws should be in French.

Sir, I shall endeavour to satisfy his wonder therein by and by; but first, with your leave, I shall offer to you some probabilities out of the history, that the laws of England were by some of those kings carried into France, rather than the laws of France brought hither.

---

(1) **Lois de *Mercia*.**　　(2) **Mais voir l'extrait de M. *Daviel* ci-après.**

This is expressly affirmed by Paulus Jovius, who writes, that, when the English kings reigned in a great part of France, they taught the French their laws.

Sabellicus, a Venetian historian, writes, that the Normans in their manners and customs and laws followed the English.

Polydore Virgil, contradicting himself in another place than before cited, relates that in our king Henry VI's time the duke of Bedford called together the chief men of all the cities in Normandy, and delivered in his oration to them the many benefits that the English afforded them, *especially in that the English gave to them their customs and laws.*

By the Chronicle of Eltham, Hen. V sent to Caen in Normandy, not only divines, but English common lawyers, by the agreement at Troyes.

So there is much more probability that the laws of England were introduced into France and Normandy, than that the laws of Normandy, or any other part of France, were introduced in England.[1]
MEMORIALS.—*Notes d'un discours prononcé par lui à la Chambre des Communes, Novembre*, 1650.

## VII.
### BASNAGE—1615-1695.

L'Auteur de la Préface sur le *Stile de procéder*,[2] qui se trouve à la fin de l'ancien Coûtumier, pour acquerir plus d'estime & de vénération à nos Loix, a dit que les Coûtumes qui sont contenues dans le Livre appelé communément *la Coûtume de Normandie*, y étaient observées de toute ancienneté, & avant que la Duché fut baillée par le Roi *Charles le Simple* au Duc *Raoul;* mais cela ne peut être vrai que pour quelques Articles, & non pour tous; car soit que dans la Neustrie l'on suivît la Loi Romaine, ou que l'on y observât la Loi Salique & les Capitulaires des Rois de France, nos Coûtumes ne peuvent être de cette antiquité là, puisqu'elles n'ont presque point de conformité, ni avec le droit Romain, ni avec les Capitulaires. *Le Rouillé* dans sa Préface a écrit qu'*Edouard* Roi d'Angleterre, surnommé *le Saint*, a fait la Coûtume de Normandie & d'Angleterre; & la preuve qu'il en apporte est la conformité qui se remarque entre ces Coûtumes : mais la raison de cette conformité procède d'ailleurs. *Edouard* n'avoit point le pouvoir & l'autorité de donner les Loix

---

(1) Il n'est guères probable que le lecteur sera convaincu de la justesse des théories de M. *Whitelocke*, par son argumentation ingénieuse—(Cf. l'extrait XIB de *Houard* ci-après) —mais le discours entier vaut bien la peine d'un examen.    (2) V. l'extrait II qui précède.

aux Normans : L'union qui se fit de ces deux Etats sous un même Prince, par la conquête de *Guillaume*, porta les Peuples à recevoir réciproquement et leurs Coûtumes et leurs Usages.

On ne peut parler avec certitude du tems où nos Coûtumes ont été rédigées par écrit pour la première fois. Il semble néanmoins que cela doit avoir été fait avant Guillaume le Conquérant, car au rapport de nos Historiens, ce Prince après sa conquête, voulant repasser en Normandie, abrogea, comme pour une marque de sa victoire, une grande partie des Loix Angloises, & introduisit en leur place d'autres Coûtumes ; confirma celle de Normandie, tant pour la langue que pour les matières ; & il voulut que les causes se plaidassent en langue Normande, ce qui fut continué jusqu'au tems d'Edoüard III.

Cependant nous n'avons aucun recueil de nos Coûtumes qui ait été fait de ce tems-là. Ce livre que nous appelons la vieille Coûtume, & qui a été commenté par *le Rouillé*, a été composé depuis *St. Loüis*. Car il fait mention de ce Prince dans le titre *De Justiciement*, (*sic*) en ces termes : *& pour ce le noble Roi Loüis qui fut le second après le Roi Philipe, &c.* Ce Roi *Philipes* étoit *Philipes Auguste*, & *S. Louis* étoit son petit fils, ainsi le vieil Coûtumier ne fut pour le plûtôt rédigé par écrit, que sous *Philipes le Hardi*.[2]

Les Loix publiées en Angleterre par *Guillaume* le Conquérant ont été recueillies et commentées par *Littleton* depuis le règne de *Richard I*, qui commença à régner en l'année 1189. *Glanville* avoit publié ses Formules en l'an 1154,[1] sous le nom de *Loix d'Angleterre*, par l'ordre d'*Edouard I*, qui fut le Justinien & le grand Législateur des Anglois, environ l'année 1270. Et ce qui persuade que ces Loix n'étoient point diférentes de nôtre ancienne Coûtume, est qu'elles sont écrites en vieil langage Normand, & qu'elles sont conformes en beaucoup de choses à nôtre Coûtume : & il n'est pas étrange que dans l'espace de trois cens ans il y soit arrivé beaucoup de changemens, surtout depuis le retour de la Normandie à la Couronne.[3] Et d'ailleurs le Duc *Guillaume* n'avoit pas entièrement aboli les Loix d'Angleterre.

*Le Rouillé*, ou celui qui a écrit la Préface sur l'ancien *Stile de procéder*, estime que *Philipes Auguste*, après avoir repris la Normandie sur les Anglois, s'informa des Coûtumes du Païs, & qu'il fit écrire le Livre Coûtumier, & le mettre en plus bel ordre qu'il n'étoit auparavant.

---

(1) Erreur dans la date, et confusion apparente entre Henry II et Edouard I. Le traité de *Glanville* fut écrit en Latin entre 1181 et 1190. (2) A.D. 1270—1285. (3) De France.

Ce Livre ne paroît point ; & il n'y a pas même d'aparence qu'il ait été fait par *Philipes Auguste.*

Il est vrai que ce Prince après sa conquête confirma les anciennes Coûtumes de Normandie, à la réserve, dit *Guillaume Brito*, de ce qui étoit contraire aux anciens Canons.

. . . . . . . . . . . . . . . . . . . . . . . . . . . . . . . . . . . . . . . . . . . . . . . . . . . . . . . . .

Mais outre que ces Coûtumes écrites, avant & au tems de *Philipes Auguste,* ne paroissent point, voici deux preuves qui semblent fortes, pour montrer qu'il n'y en avoit point, ou qu'elles avoient été perdues par l'injure du tems.

Quand *Philipes Auguste* voulut connoître les droits apartenans aux Ducs de Normandie, il assembla les Barons du Païs pour être informé par eux ; ce qui n'eût pas été nécessaire, si les Coûtumes eussent été rédigées par écrit ; les droits du Duc y eussent été emploiez, comme nous les trouvons dans nôtre ancien Coûtumier.

L'Auteur de cet ancien Coûtumier, dans son premier Prologue dit ces paroles : *Parceque les Loix & les établissemens que les Princes de Normandie établirent par grande pourvoiance, & par le conseil des Barons & des autres sages hommes, qui n'étoient pas encore arrêtés en certains sièges, ains failloient par diverses langues, si que nulle mémoire n'étoit des anciens, mais étoient ainsi comme en oubli, j'essaierai pour le commun profit à les rapeler & à les eclaircir.*

Cet Auteur, qui n'écrivoit pas long-tems après *Philipes Auguste*, n'auroit pas parlé en cette manière, si ce Prince eût fait écrire en plus bel ordre le Livre des Coûtumes ; & elles n'auroient pû tomber si-tôt dans l'oubli. La Charte ou le Conseil que l'Auteur de la Préface cite, pour prouver qu'il avoit fait mettre les Coûtumes en plus bel ordre, n'en fait aucune mention ; elle parle seulement du Bref de Patronage.[1]

Aussi Maître *Pierre des Fontaines*, qui étoit Maître des Requêtes du Roi *S. Louis*, dans la Préface du Livre premier de la Reine *Blanche*, se vante qu'il est le premier qui a rédigé par écrit les Usages & Coûtumes de la France, & notamment du pais de Vermandois, dont il étoit originaire, & celles de Normandie.—*Commentaires sur la Coutume Réformée*, 1694.

## VIII.

### POINGDESTRE—1670-1690, *circiter.*

" Lorsqu'il fut recommandé à nos ancêtres, il y a environ quatre cents ans[2] par les Commissaires Royaux d'alors, de faire

---

(1) V. n. 1, p. 261, et la continuation d'icelle dans l'*addenda.*   (2) V. les extraits de *Le Geyt* et de M. *Havet* qui suivent ; et la note sur celui de *Le Geyt.*

déclaration de leur loix et coutûmes, ils n'hésitèrent point là-dessus, mais ils répondirent tous d'une voix, aussi bien ceux de Guernesey que ceux de Jersey, que leur loix et coutumes etaient celles de Normandie, comprises dans le Coûtumier qui en avait été compilé, il n'y avait pas fort long-temps, appelé LA SOMME DE MANCEL, sans qu'il s'y trouvût aucune différence, sinon pour le cas de Douaire, avec quelques autres exceptions, redigées en vingt Articles ou environ— lesquels etaient pour lors les seuls privilèges de nos îles—qui se trouvent recordés en la Thrésorerie de l'Echiquier."[1] *De la préface à son Commentaire sur l'Ancien Coutumier.* (En M.S.)

## IX.

### LE GEYT—(1635-1716).

Près de cent ans après le Roy Jean, il vint à Jersey des Justiciers Itinérants, qui demandèrent par quelles loix l'Isle se gouvernoit. * + * On répondit que c'étoit par la loy de Normandie, hormis que de temps immémorial on y avoit usé de certaines coûtumes differentes de la Loy des Normands, *prout patet in quâdam scedulâ quam hîc liberaverunt.* Cette scédule étoit un écrit, par lequel les habitants déclaroyent que la Coûtume de Normandie étoit écrite dans un livre anciennement appellé MANCAEL, excepté quelques articles que cette scédule contenoit. Il me semble que ce livre qu'on nomme MANCAEL ne peut estre autre chose que le livre imprimé qu'on appelle le *Vieux Coûtumier* * de *Normandie*, dont l'auteur n'est point nommé, non plus que celuy de la Glose qu'on a fait sur cet auteur. Le *Vieux Coûtumier* fait mention du Roy St. Louis, qui commença de régner en 1227, et du couronnement du Roy Richard d'Angleterre, en 1189. La scédule de Jersey est de beaucoup depuis, scavoir : de 1336. C'est pourquoy elle appelle Mancael † un livre anciennement

* Ou le Grand Coûtumier de Normandie.

† M. Le Breton, Doyen, m'a donné sous son seing qu'un Officier du Trésorier Harley[1] l'a assuré que Mancael étoit là dans sa Bibliothèque, et qu'il y avoit écrit sur un des feuillets blancs : *This is Mansel's Institutes ;* et qu'il ne contenoit que le Vieux Coûtumier. (Note de M. *Le Geyt*).

(1) *Harley* fut Grand Trésorier de 1711 à 1714 : M. *Le Geyt* a du ajouter cette note après la confection de son traité.—Le M.S. Harléien No. 785, dans le Musée Britannique, auquel nous supposons que l'informateur de M. *Le Geyt* pourrait avoir fait allusion, puisque nous n'avons pu trouver " dans la collection Harléienne " aucune autre pièce de la nature mentionnée, est un fascicule de diverses pièces. Celles qui auront pu être considérées comme étant la *Somme de Mancael* sont, premièrement, un extrait du texte Latin du Grand Coutumier, contenant dans l'ordre ici donné, les Chapitres suivants : *De Duce, De ligantia, De fidelitate, De Jure, De jurisdictione, De Justitia, De Justiciario, De justiciatione, De judicio, De Vicecomite, De Senescallo Ducis, De Curia laicali ;* et, deuxièmement, le *Northmannorum origo* de *Le Rouillé*, et les Chapitres *De Scacario* et *De consuetudine.*

écrit. Il n'y en avoit alors aucun autre. D'ailleurs on peut évidemment inférer cela des exceptions qui sont marquées dans la note que les habitants donnèrent aux Juges Itinérants. Elle porte, 1° Qu'en Normandie les jugemens sont faits par Comtes, Barons, Chevaliers, Prélats, &c. : et cela se trouve dans le Vieux Coûtumier, au Chap. de Jugement, et non pas dans la Glose. 2° Que le Bailly tient en Normandie les Assises de six semaines en six semaines, sans brief du Roy. 3° Que quand un homme est suivi ou endité d'aucun crime, il est appelé trois Assises, et à la quatrième banni, s'il ne vient, et ses maisons arses & aggravantées,[2] &c. Et ces deux Articles se trouvent en substance dans le même Livre, au Chapitre d'Assises. 4° Que le Varech doit estre gardé an et jour, s'il se peut, sans empirer. Et cela ne peut estre pris que du Vieux Coûtumier, au Chap. du Varech. 5° Que quand un père a deux ou trois fils, quand il en meurt un avant que le père, ses enfans n'auront rien en l'eschueste (sic) de leur ayeul, tant qu'il vive nul de ses oncles, &c. Le Vieux Coûtumier, au Chapitre de Bref de Prochaineté d'Ancesseur, dit la même chose, et la Glose ne fait que répéter. Il est vrai que la Scédule ou Note des Insulaires dit qu'en Normandie on use de treizième, et que c'est la Glose et non pas le Vieux Coûtumier qui dit cela. Mais aussi la Note ne dit pas que ce soit *Mancael* qui parle des treizièmes, et cette particularité de treizièmes pouvoit bien s'estre introduite depuis *Mancael*, qu'on qualifie de Livre anciennement écrit. Car la Note peut rapporter cela comme une différence de ce que la Coûtume de Normandie étoit alors, et le temps que la Note fut faite, et non pas relativement à *Mancael*. La Glose sur le Vieux Coûtumier ne peut pas être prise pour *Mancael;* les Insulaires auroyent parlé de l'un et de l'autre : et comme il est certain que la Glose est de beaucoup postérieure au texte, la Note ou Scédule n'auroit pas appelé cette Glose un livre ancien. Terrien appelle le Vieux Coûtumier, compilateur. La Glose le nomme, auteur. C'est donc *Mancael*, selon toute sorte d'apparence ; comme la Glose est apparemment[1] l'ouvrage de Jean André. Il se trouve un vieux manuscrit, sur lequel M. Poingdestre a fait quelques remarques et collations sur le Vieux Coûtumier ; il estime que ce manuscrit peut estre *Mancael*. Mais il est très évident que cela ne se peut, puisque le manuscrit rapporte des jugemens d'Echiquier de plus de cent ans postérieurs à la Note ou Scédule qui parle de *Mancael.*—Vol. IV, p. 79. *Des Jurez*—1700, *circiter.*

---

(1) *Apparemment*—Ceci est fort douteux. V. l'extrait de la Bibliographie de M. *Frère,* infra. (2) V. n. 1, p. 57.

## X.

### Nicolson—1655-1727.

If the Custumier of Normandy were indeed (as [b]some have asserted) an ancient formulary drawn up by the first princes of that Country, & brought in hither by the Conqueror it might justly challenge the first rank in this Catalogue of Law books; but there are many particulars in it which will not suffer us to allow it so great an Age. Some are of opinion that it was writt in the (sic) year of Henry the first; which they pretend to prove from Sequerius's affirming that this King Established the English Laws in Normandy. He might probably introduce some of our Sanctions into that Country; but that this very Codex of them was drawn up in his time seems not so probable. There's one Chapter in it of *Nampes* or Distresses, wherein it is decreed that none shall bring his action upon any seisure save only from the time of the Coronation of King Richard, which must be our Richard the first since no French King had that name. Nay the author [c]himself intimates that he compiled the worke about forty years[1] after that king's Accession to the Throne. There are in it a great many of the Laws of King Edward the Confessor and other Saxon Kings, but mixt with many Norman Customs that are no way related to them. Several paragraphs are (almost verbatim) translated out of Glanvill; yet some of his Courts of Justice original writts &c. are not so much as named. S[r.] [d] Edwd. Coke[2] tells his reader that he will frequently meet with this booke cited in his Institutes, where it agrees with the Laws of England & sometimes where it disagrees, *ex diametro.—Hist. Libr.: Part 3, Chap. 5.—Note écrite sur un feuillet blanc dans l'exemplaire du Coutumier de Normandie, édition de 1515, qui se trouve au Musée Britannique.*

## XI.

### J. P. de Ludewig[3]—(17 ?)

Licet vero Normannorum hæc instituta vetustissima omnino, noster interpres Latinus vixit circa annum cɪɔccl, eo tempore quo Normannia paulo ante Galliæ iterum accesserat, postliminio illi annexa. Res patet ex codice ipso... Dicit enim jurisconsultus noster neminem

---

(b) See Whitelock's speech in parliam. Argum. Anti-Norm. p. 115.
(c) Vid. Custum., Cap. 22, fo. 29, Cap. 112.
(d) Instit. pt. 2d. p. 5.

---

(1) Mais voir la note 3, page 58, et la n. 5, p. 352.    (2) V. l'extrait de *Coke* ci-devant.
(3) V. la liste des ouvrages ayant trait au Coutumier, p. 347.

audiri in tribunalibus, qui aliquem in jus vocare velit super re quam alter possederat tempore coronamenti Ricardi—anno ↃIↃCXC (*sic*): id est, omnem possessorem tutum [esse], vetustiorem Ricardi coronamento, ob præscriptionis tricennariæ elapsos annos. Verum addit, illum terminum tempore suo stulte adlegari et desiderari, idque ideo, quoniam plures longe anni sint lapsi ab hoc coronamento quam 30, qui præscriptioni sint satis.—Unde facile constat, jurisconsultum nostrum scripsisse Normannicas has leges Latine circa annum ↃIↃCCL;—quâ vero auctoritate scripserit, suâ privatâ, an vero Normanniæ Principis aut Regis Galliæ publicâ, non potest esse obscurum : nam primum est omnino dicendum, non ultimum ; quoniam in causis dubiis philosophatur ; quia decidit eas doctrinali interpretatione, non authenticâ ; quiâ relinquit quandoque rem suo loco ; quod alienum est longe ab officio legislatoris.

### XIIA.

#### HOUARD—1725-1802.

A ces divers arrêts,[1] doit être joint la Charte au Normans. * * *Après* 1314, (date de cette Charte célèbre), notre ancien Coutumier, la Coutume Réformée, &c., sont les principales sources, auxquelles il faut recourir.—*Préface au " Dictionnaire de Droit Normand."*

### XIIB.

#### HOUARD.

D'abord *Guillaume* parut disposé à maintenir les Loix d'Edouard ; à ce moyen, il se procura insensiblement la liberté d'en faire dresser de nouvelles, où, à l'ombre d'expressions équivoques,[1] il inséra des maximes qui forçoient ses Sujets à adopter, presque sans s'en appercevoir, les Coutumes féodales Normandes. L'*Hergeate*, ou l'*Heriot*, fut travesti en relief ; les *Comtés*, les *Vicomtes* prirent la place des *Trihingues* & des *Hundreds* ; les Domaines des Comtés furent concédés à titre héréditaire, mais à la condition de relever du Roi. Des hommes libres, ou des Officiers des Comtés, sous-inféodèrent partie de ces Domaines : & tout Feudataire, relevant nuement du Roi, eut sa Cour, où les droits de son fief étoient discutés & réglés.[2] Pour donner plus de poids à ces établissements, le Conquérant fit dresser le fameux Rôle appellé *Domesday*,[3] où, à l'exception de quelques aleux qu'il permit aux Propriétaires de con-

(1) Dissert. Prélim. des Trait. Anglo-Nor. & Disc. Prélim. Anc. L. des Fr.
(2) Spelm. Cod. leg. veter.
(3) Voy. des Extraits de ce Rôle, tom. 1, Trait. Anglo-Nor.

(1) Le dernier qu'il nomme porte la date de 1289.

server dans leur indépendance, toutes les autres propriétés furent déclarées mouvantes, ou du Roi, ou des Seigneurs Normands que *Guillaume* avait gratifiés de Comtés ou d'autres fiefs de dignité. Bientôt ces Seigneurs exigèrent de leurs Vassaux les droits de garde, de mariage, des fournitures en armes ou en argent, pour les aider à suivre l'armée. Défenses furent faites de s'exprimer en autre Langue que la Normande, dans les Tribunaux ou dans les actes judiciaires ; & ces Loix, qu'il supposoit toujours être celles d'*Edouard*, furent aussi traduites en cette Langue, ce qui lui facilita le moyen de les rapprocher, encore plus qu'elles ne l'étoient, des Coutumes Françoises, & remplit son projet de ne plus permettre d'en suivre d'autres.

Les usages Normands une fois adoptés, quant à la partie législative, on les vit bientôt s'étendre jusqu'aux choses les plus indifférentes ; * * * les Anglois avant la conquête n'avoient été connus que sous leurs noms propres ou de baptême ; à l'exemple des Seigneurs Normands, ils prirent, après la révolution, des surnoms tirés de la dénomination de leurs demeures, de leurs offices, de leurs professions ; la pratique des *Ordalies* disparut ; le combat à outrance devint l'épreuve ordinaire. *Henri 1er*, fils de *Guillaume*, succéda à sa couronne ; en feignant, au commencement de son règne, de réformer les établissements de son père, ce Prince leur donna plus de développement.* * * Il mit sous sa garde les revenus des bénéfices Ecclésiastiques durant la vacance[1] ; il nomma aux Evêchés, régla la procédure économique des fiefs. Il étendit même plus loin que les Souverains François & Normands le droit d'inféoder : le premier, il créa des fiefs sans glèbe.........Or, quand on considère que dans les monuments Anglois, antérieurs à l'avènement du Conquérant au Trône, il n'y avoit pas le germe le plus foible de ces usages ; qu'au contraire, ils prenoient leur principe dans la législation Normande, & que depuis, les Anglois n'ont cessé de s'y conformer, n'est-on pas nécessité d'en conclure que l'ancien *Coutumier de Normandie* & les Chartes, étant les seules sources restées en cette province, où l'on ait jusqu'ici puisé des lumières sur l'esprit qui a présidé à l'établissement de ses Coutumes ; ces lumières ne peuvent que s'accroître, lorsqu'on consulte les monuments relatifs à ces Coutumes, que les Anglois nous ont conservés ?—*Id.*

## XIIc.
### HOUARD.

. . . . . . . . . . . . . . . . . . . . . . . . . . . . . . . . . . . . . . . . . . . . . . .

Le nom du Bailli[1] se trouve employé dans l'article xxxv des Lois

(1) Not. Selden. in Eadm. Hum. ann. 1100. Hist. Angl.

---

(1) V. la note dans l'extrait de *Sir M. Hale* ci-devant.

attribuées à Edouard le Confesseur : mais c'est ce qui confirme de plus en plus, que ces lois sont postérieures à la Conquête, et qu'elles ne sont pas l'ouvrage du pieux monarque dont elles portent le nom. * * Au temps d'Edouard le Confesseur, le mot *Bailli* n'étoit pas encore connu aux Anglois.—*Note sur Fleta* IV, 6, 7.

## XIId.

### HOUARD.—*Préface aux Anciennes Lois des François.*

. . . . . . . . . . . . . . . . . . . . . . . . . . . . . . . . . . . . . . . . . . . . . . . .

1º Les Neustriens, avant Raoul, étoient soumis à des Loix que ce Prince conserva entières en Normandie, après son traité avec Charles le Simple.[9]  Il ajouta, il est vrai, à ces Loix quelques dispositions relatives aux circonstances particulières où il se trouvoit ; mais on distingue encore aisément ces dispositions, de celles des premières Loix auxquelles elles ont été substituées.

2º Raoul eut des successeurs aussi attentifs qu'il l'avoit été, à prévenir les changements qui auroient pu se glisser dans les usages François qu'il avoit adoptés : ils les conservèrent purs, ces usages, dans le temps même où tout concouroit à les défigurer en France.

3º Les Anglois les ayant reçus de Guillaume, sans qu'ils eussent éprouvé la plus légère altération, ils se retrouvent encore les mêmes dans *Littleton* & dans l'ancien Coutumier de Normandie.

. . . . . . . . . . . . . . . . . . . . . . . . . . . . . . . . . . . . . . . . . . . . . . . .

Le Livre de cet Auteur & l'ancien Coutumier pourront être considérés, sur toutes les autres matières, comme un seul & même dépôt des Loix Neustriennes[72] ; auquel on doit par conséquent recourir par préférence

(9) *Basnage*, page 450, premier Vol., Discours sur les Successions aux propres de Caux, observe que le Duc Raoul laissa vivre chacun selon les anciennes Coutumes ; & p. 4, du même Volume, premier Discours sur le Chapitre de Jurisdiction, il dit qu'on peut conjecturer que Raoul est l'auteur des Coutumes de Normandie, puis page 6, il ajoute que les Coutumes Normandes n'ont aucune conformité avec les anciennes Loix Françoises.  Si ce n'est point là se contredire, quand se contredira-t'on ?

(72) *Basnage*, article 13 de son Commentaire, Tom. 1, p. 57, pense que " *l'ancien* " *Coutumier seroit l'ancien Droit Normand, s'il étoit constant que l'Auteur de cette* " *collection eût écrit avant Philippe Auguste.*"  Mais la conformité de cet ancien Coutumier avec *Littleton*, prouve beaucoup mieux qu'il contient l'ancien Droit Normand, que ne le feroit la certitude de sa rédaction avant Philippe ; car cette conformité force de donner aux Coutumes recueillies dans ces deux Ouvrages une origine antérieure au temps où les Anglois les ont connues et adoptées.

*Basnage*, p. 55, premier Volume, dit " *encore que l'on chercheroit avec plus de raison* " *l'explication de nos Coutumes dans les anciennes Loix d'Angleterre que dans les* " *Coutumes de France*" : J'ai suivi ce conseil.

à tous les Recueils des anciennes Coutumes de France composées sous Saint-Louis.

. . . . . . . . . . . . . . . . . . . . . . . . . . . . . . . . . . . . . . . . . . . . . . .

Quoique celui qui a composé cet ancien Coutumier propose son travail aux Lecteurs *pour qu'ils amendent ce qu'ils verront à amender, y mettent ce qu'il y faudra, & en ôtent ce que lieu n'y tiendra,*[73] ce langage, de pure bienséance, ne doit pas faire douter de la fidélité avec laquelle celui qui le tient a procédé dans ses recherches.

Il y avoit, il est vrai, avant sa compilation divers Recueils des Coutumes Normandes. *Jacques Mango*, Maître des Comptes à Paris, en fit voir un à l'Avocat-Général *Servin*[74] ; & il le tenoit d'un Sieur *de Saint-Just*, Maître en la Chambre des Comptes de Rouen. *Rouillé* rapporte des extraits d'autres Manuscrits[75] où ces Loix étoient en vers.

. . . . . . . . . . . . . . . . . . . . . . . . . . . . . . . . . . . . . . . . . . . . . . .

L'Auteur du Coutumier, frappé de ces désordres, "rappella & éclaircit" les anciens Statuts ; *"il s'enquit de ce qui étoit tenu pour Loi en chaque territoire"*[78] ; il profita de ce qui avoit paru mériter ce nom en l'*Assemblée des Prélats & Barons de la Province convoquée & tenu à Lislebonne*[1] *par Philippe le Bel*[79]. Aidé par les gens de l'Echiquier, & autres Officiers de la Justice souveraine qui étoient obligés par serment de "maintenir & garder" les Coutumes, il publia son Livre. Les Seigneurs & le Peuple y reconnurent leurs droits respectifs, & les Juges y conformèrent leurs décisions.

La Charte de Louis Hutin[80] ne fut donnée que parce que les "Prélats, Chevaliers & menu peuple" se plaignoient de ce qu'on enfreignoit leurs droits ; & ce Prince ne crut pas innover en les maintenant dans tous les Priviléges contenus au Coutumier. Il fut enregistré au Parlement de Paris, en l'Echiquier, & en la Chambre des Comptes de Rouen[81].

L'ancien Coutumier n'a donc jamais cessé d'être considéré comme une Collection autentique des premiers Usages de la Province : c'est

(73) Prologue de l'Anc. Cout.

(74) Servin. 2 Vol. p. 467.

(75) *Rouillé*, p. 39, fol. vers. M. *Lallemant* a un de ces Manuscrits.

(78) Prologue de l'Anc. Cout. ? (2)

(79) Ancien Style de procéder, p. 86, Ch. 110. Anc. Cout. & *Rouillé* sur ce Chap.

(80) La Charte aux Normands.

(81) Arrêt pour la success. des Enfans condamnés, p. 121. Cout. Réform., édit. de Lambert.

_____

(1) V. la note sur l'extrait de M. *Pardessus* ci-après.  (2) Mais cette clause ne s'y trouve pas.

donc dans cet Ouvrage, & dans les Loix Angloises, que se trouve notre ancien Droit Municipal conservé par deux Nations différentes, & par des moyens d'autant moins suspects qu'ils n'ont point été concertés.

. . . . . . . . . . . . . . . . . . . . . . . . . . . . . . . . . . . . . . . . . . . . . . . . . . . .

Or, cette source se manifeste dans l'introduction des Loix Normandes en Angleterre. Guillaume le Conquérant les avoit reçues de ses Prédécesseurs par une tradition que rien n'avoit interrompue depuis que Raoul les avoit trouvées établies en Neustrie : le droit particulier des François a donc incontestablement formé celui que les Anglois suivent encore, & qui seul a été admis en Normandie jusqu'à la réformation de ses Coutumes.

. . . . . . . . . . . . . . . . . . . . . . . . . . . . . . . . . . . . . . . . . . . . . . . . . . . .

## XIII.

### M. DAVIEL.

Quand Guillaume le Bâtard eut mis sur sa tête la Couronne d'Angleterre, et qu'il eut résolu d'imposer les lois de Normandie à ses nouveaux sujéts, il faillait bien constater ces lois par écrit. ✢ ＊ ＊ Alors, pour la première fois, furent redigées par écrit les Coutumes de Normandie. Mais comme le Conquérant appela plus d'une fois la ruse en aide à la force, pour populariser, s'il était possible, ses statuts, il laissa imaginer qu'ils n'étaient que la reproduction des lois d'Edouard le Confesseur, dont les Anglais réclamaient continuellement les institutions. Dans les anciens manuscrits, qu'on possède encore en Angleterre, des lois du Conquérant, le titre ne manque pas de dire, que ces lois, accordées au peuple Anglais par le Roi Guillaume, sont les mêmes que le Roi Edouard, son cousin, avait établies avant lui. C'est l'origine de la tradition qui attribue à Saint Edouard la rédaction des Coutumes de Normandie. La politique de Guillaume a mis ces lois sous son nom. Voilà tout le secret de la paternité.—*Recherches sur l'origine de la Coutume de Normandie, Caen,* 1834.

## XIV.

### M. PARDESSUS.

On a fortement controversé la question, si le texte primitif du Coutumier que nous possédons a été écrit en Latin ou en Français. *Froland,* après avoir présenté le pour et le contre, conclut, pour la priorité, en faveur du texte Latin ; point qui ne me paraît pas encore jugé irrévocablement.

Quelque opinion qu'on adopte, on ne peut douter que la Normandie ne soit la province de France, où l'on se soit occupé le plus anciennement de constater les coutumes par écrit.

Elle avait certainement, comme tous les pays soumis aux Rois Francs, un droit civil, composé de débris du droit Romain et des lois barbares, avant la cession qu'en fit Charles-le-Simple à Rollon.— D. Pommeraye, dans son Histoire des Archevêques de Rouen, page 235, dit que : Rollon, en recevant les clés de la ville, prit l'engagement de conserver les anciennes coutumes du pays.

La préface de quelques textes de l'Ancien Coutumier assure que Raoul (Rollon) fit enquérir par des commissaires quels étaient les usages reçus dans les divers cantons du duché. Il désigne les principales matières dont on s'occupa ; les droits du Duc, (c'est-à-dire ce qui concernait la souveraineté), les fiefs, batailles, mariages, et autres choses appartenant au droit.

D'après ces enquêtes, ajoute l'auteur, le Duc "conféroit avec moult " saiges hommes par qui la vérité étoit seue, ce qui toujours avoit été " dit ou fait."

Le premier Duc de Normandie fit-il mettre par écrit le résultat de ces recherches ? L'a-t-il revêtu d'un caractère authentique ?

Nous l'ignorons, et même on a de fortes raisons pour en douter. Mais certainement ce résultat ne resta point inutile : les tribunaux s'en servaient pour règles de leurs jugements, et l'auteur des *Lettres sur les Parlements*, tome 2, pages 31 et 39, atteste que, dès le commencement du XIII⁰ Siècle, on avait, en Normandie, l'usage des records dans les plaids de justice, généraux et particuliers.

Ces usages étaient notoires, et peut-être écrits, puisque Guillaume-le-Bâtard les porta en Angleterre, où ils sont restés la base de l'ancien droit Coutumier de ce pays. On trouve même dans le *Thesaurus novus Anecdotorum* de *Martène* et *Durand*, tome IV, col. 117 et suiv., un document intitulé : *Normannorum antiquæ Consuetudines et Justitiæ, in concilio apud Lillebonam*[1] *anno MLXXX celebrato, confirmatæ.*

Vous connaissez mieux que moi ce qu'on lit à ce sujet dans le ouvrage de *Houard*.

---

(1) Il paraîtrait qu'il y a eu plusieurs "*concilia*," ou "assemblées," à Lillebonne. On en parle comme tenus par *Philippe Auguste*, et par *Philippe Le Bel*. Celui qu'on cite ici a dû être tenu, à en juger par sa date, par *Guillaume le Conquérant*. V. l'extrait de *Basnage*, ci-devant, et la n. 1, p. 261. La pièce à laquelle on fait ici allusion est très courte, et ne se rattache nullement au Coutumier.

Ce qui porte à croire qu'il ne fut pas publié de rédaction officielle, c'est l'extrême variété des textes imprimés ou manuscrits, les uns Latins, les autres Français, d'ouvrages appelés *Coutumiers de Normandie.—Introduction aux Etablissements et Coutumes, de Marnier. Paris,* 1839.

## XV.
### M. C. P. COOPER ?—1849.

According to *Klimrath* the *Grand Coustumier* is one (the third) book of a work, in four books, compiled by *Pierre de Fontaines,* a judge or counsellor in the Parliament of Paris in the time of Louis IX, and others, some short time before 1270, and entitled *Li livre la Royne.*[1] *Klimrath* adds that *Robert the Norman* probably compiled the *Grand Coustumier* of Normandy. *Charondas le Caron* states that *Pierre de Fontaines* wrote a work entitled *La livres la reigne &c.,* and that he saw another book which was composed at the time of the same King" *(Louis IX)* "for his son *Philip :* and that the authors of it were the said Messire *Pierre,* and Messire *Clement de Tours,* and Messire *Robert le Norman,* and Messire *Hue de Paris.* But Count *Beugnot,* in the introduction to his edition of the *Assises de Jérusalem,* says it was composed about the year 1180.[2]

## XVI.
### M. FRÈRE.

Monument de notre vieux droit municipal, le *Coutumier de Normandie,* composé entre 1270 et 1280, est attribué, par quelques auteurs, à *Robert le Normand,* praticien de Normandie, et, par quelques autres, à *Pierre de Fontaines ;* mais cette opinion controversée ne présente pas assez de certitude historique pour qu'il soit possible de l'accueillir complètement, et peut-être fera-t-on de vains efforts pour découvrir le nom ou les noms des auteurs de ce recueil. M. *Kœnigswarter,* en citant les deux noms précités, ajoute que le *Grand Coûtumier de Normandie* fut composé sous *St. Louis,* pour l'instruction de son fils, *Philippe le Hardi.*

Ce qui est hors de doute, c'est que ce Coutumier a servi, pendant plusieurs siècles, de base à la jurisprudence en Normandie, et qu'il fait encore, aujourd'hui, avec le commentaire de *Terrien,* Lieutenant-général au bailliage de Dieppe, le fond de la législation des îles de Jersey et de Guernesey.

---

(1) V. l'extrait de *Kœnigswarter* ci-après.　　(2) Mais cette date ne peut guères s'appliquer au Grand Coutumier.

Dans l'intervalle qui sépare 1578 de 1586, la Coutume de Normandie fut revisée, et, à partir de cette époque, les éditions présentent un nouveau texte. ...................................................................................

L'origine de la Coutume au XIIIᵉ siècle et sa réforme au XVIᵉ ont été traitées d'une manière lucide et savante par plusieurs jurisconsultes et historiens modernes,[1] dont les recherches curieuses, sans résoudre tout à fait la première de ces deux questions, l'éclairent cependant notablement.

Les commentaires,[1] dont le Coutumier est accompagné, pour la partie française seulement, sont d'un jurisconsulte anonyme. Dire qu'ils sont de *Jean Auger* (noms confondus sans doute par M. *Van Praet* avec ceux de *Jean André*), serait une erreur évidente, puisqu'il est constant que ce légiste, professeur de droit canon à Bologne, dans le XIVᵉ siècle, n'a écrit ni en Français, ni sur le droit Normand. Comme le nom de l'auteur du texte, celui du commentateur est resté inconnu ; de même que, jusqu'à nos jours, on a fait de vains efforts pour déterminer dans quelle langue, soit Latine, soit Française, ces coutumes ont été primitivement écrites.

L'origine du *Coutumier* imprimé a été souvent discutée. Cette date de 1483, placée à la fin du Traité de la Consanguinité, la seule que présente cet imprimé, a reçu de plusieurs bibliographes des applications différentes......... Reste donc comme la plus probable, comme la plus logique, cette opinion, que l'imprimeur a voulu, par cette date de 1483, constater le moment où il venait de terminer un labeur considérable et difficile à accomplir............

En résumé, le Coutumier connu sous le nom de *Coutumier de 1483,* nous paraîtrait devoir être regardé comme la première édition du *Coutumier de Normandie,* et la deuxième de toutes les impressions qui ont eu lieu dans cette province. — *Extraite de l'Introduction, tirée de son " Manuel de Bibliographie Normande," au traité de M. Pannier (ed. 2. Paris—Rouen 1856) sur " Les Ruines de la Coutume."*

(1) M. *Blanche*, Discours de rentrée de la Cour Royale de Rouen, le 3 Nov. 1847.— Rouen, Surville, 1847, in 8º.

M. *Daviel*, Recherches sur l'origine de la Coutume de Normandie. — Caen, Chalopin, 1834, in 8º.

M. *Floquet*, Histoire du Parlement de Normandie, t. 3, p. 184 et suiv.

M. *Kœnigswarter*, Sources et Monuments du Droit français, antérieurs au XVe siècle.—Paris, 1853, in-12.

(1) C'est-à-dire *la Glose.*

M. *Klimrath*, Notice sur le Livre de la reine Blanche, à la suite de son mém. sur les Monuments inédits, p. 22 et suiv., in 8º (tom. 2, Œuvres publiées par *Warnkœnig*).

M. *Rathery*, Etudes hist. sur les institutions Judiciaires de la Normandie.—Paris, 1839, in 8º.

M. *Trolley*, Mém. sur l'ancien Droit Coûtumier normand.—Soc. des Antiq. de Norm., 1847, in 4º.

Noms auxquels nous ajouterons: 1º celui de *L. Froland*, qui, dans son 1er volume, Recueil d'arrêts du Parlement de Normandie, 1740, in 4º, a consacré le Chap. III, à l'ancien Coutumier de cette province ; 2º celui de l'abbé *Saas*, qui, dans son Abrégé de Cosmographie, années 1760 et 1761, in-24, a donné un catalogue de manuscrits et d'imprimés de la Coutume de Normandie.

## XVII.

### M. KŒNIGSWARTER.

Charondas,[1] La Thaumassière,[2] Maillard[3] et les auteurs de la *Bibliothèque des Coutumes*[4] avaient parlé d'un livre de droit attribué à *Pierre de Fontaine*, dédié à la reine Blanche, et connu sous le titre : *Li livres la reigne*, ou : *Li livre de la reine Blanche*. Ducange[5] en parle également ; mais, comme les auteurs que nous venons de citer, il ne connaissait point par lui-même cet ouvrage. C'est à Chopin,[6] Pithou[7] et Galland[8] qu'il faut recourir pour avoir une notion quelque peu plus précise ; car ces trois jurisconsultes, ainsi que Brodeau,[9] ont donné dans leurs ouvrages des extraits de ce fameux livre qui a fait si longtemps le désespoir de nos antiquaires. Enfin, *Klimrath*, guidé par les indications de Brodeau, a découvert, à la Bibliothèque Nationale, le M.S. 9822, intitulé : *Le Livre la Roine*, appartenant au treizième siècle, écrit sur vélin, en belle gothique, à deux colonnes, et formant un petit volume in-folio, relié en cuir rouge, aux armes de France, avec le chiffre du roi Charles IX.

Le premier livre du manuscrit commence ainsi : " Ci commence li " livres des usages et des coustumes de France et de Vermendois selonc " court lai. Et fut fez por une roine de France très gentil et très

(1) Pandectes françaises, livre 1, Ch. 11, in fine.

(2) Notes sur Beaumanoir.

(3) Notes sur la Coutume d'Artois.

(4) Berroyer et Laurière, p. 52.

(5) Dans son édition du Conseil de Pierre de Fontaine.

(6) De sacra politia, III, 4, No. 15 ; De domanio, I, 10, § 9, et dans une foule d'endroits de ses notes sur la Coutume de Paris.

(7) Opera, Paris, 1609, in 4º, p. 507.

(8) Traité du franc-aleu, p. 88 et 90.

(9) Commentaire sur la Coutume de Paris, passim.

" noble. Et le fist à sa requeste li plus sages homes qui a son tans
" vesquist selonc les lois. Et por ce est il appelez li livre de la
" Roine."

L'ouvrage contient quatre parties distinctes : 1º le conseil de *Pierre
de Fontaine* ; 2º le troisième livre des Institutes, avec des intercalations
du Digeste ; 3º le grand Coutumier de Normandie ; 4º le quatrième
livre des Institutes, avec de nombreuses intercalations du Digeste.

Une notice intéressante sur le *Livre de la reine Blanche*,[1] par
*Klimrath*, se trouve à la suite de son *Mémoire sur les monuments
inedits*, etc., t. II, page 22 de ses Œuvres, publiées par M. *Warnkœnig.*
—*Sources et Monuments du Droit Français. Paris*, 1853.

## XVIII.

### M. Julien Havet.

\* \* Quand les habitants de Jersey furent appelés à plaider devant
les Justiciers itinérants de 1309, au sujet de leurs coutumes, le Procureur du Roi, qui les accusait d'usurper des coutumes auxquelles ils
n'avaient pas droit, leur fit entre autres reproches celui d'avoir adopté
pour règle de droit " un traité qui avait été fait par un Normand
" nommé Manales, longtemps après que les Normands avaient quitté
" l'allégeance du roi d'Angleterre " ; et les Jersiais répondirent qu' " ils
" suivaient la dite *Somme de Mantael*, parce qu'elle contenait les lois de

---

(1) Nous avons eu l'avantage de faire, à Paris, un court examen de ce manuscrit. Il
porte actuellement le numéro 5245. Le texte du coutumier qu'il renferme est en Français,
et l'on peut dire identique avec celui des endroits correspondants des éditions imprimées.
Il n'y a aucun intitulé ; mais les deux prologues s'y trouvent dans leur ordre naturel.
Il n'est divisé ni en parties, ni en distinctions, ni en chapitres séparés ; mais une table de
chapitres est placée entre les deux prologues. Le nombre qui en est donné est de 114,
plusieurs chapitres, qui sont distincts dans le texte actuel, y étant apparemment considérés
comme parties de quelques autres ; e. g. le Chap. xiv, comme partie du Chap. xiii,
et le Chap. xxvi, comme partie du Chap. xxv ; tandis que, au contraire, certains
chapitres, indivis dans le texte, sont considérés comme divisés dans cette table. Le dernier
chapitre de la table est intitulé *De Desrène*, quoique le M.S. contienne le texte Français
du chapitre suivant, et ne termine qu'aux derniers mots—*doibvent estre présents*—du
Chap. cxxiv des éd. imprimées. Le Chapitre cxxv ne se trouve pas dans le M.S. ; du
moins, ni comme tel, ni à la fin du livre ; et l'on pourrait, croyons-nous, en dire autant de
quelques autres Chapitres. La " Charte au Roy Philippe " (Ch. cx) manque entièrement.
—On attribue à ce M.S. une date entre 1300 et 1330.—Le M.S. St. Victor (845), lequel,
selon M. *Trolley*, contient une certaine partie du *Livre de la Royne*, et renferme aussi un
texte du Coutumier en Latin, est considéré comme remontant à la fin du siècle précédent.
Ces dates, jointes aux faits que la Reine Blanche mourut du vivant de son fils, St. Louis,
en 1253, et que la Coutume a été mise en vers par Dourbault en 1280, semblent fixer la
date probable de la compilation du Coutumier à une époque plus réculée, et peut-être dans
des limites plus restreintes, que celles que nous avons données dans notre préface.

" la Normandie, qui étaient celles des îles."[1]  Dans la pétition des deux îles en 1333, les insulaires disent que leur loi est " la coustume " de Normandie, q'est appelé la summe Mancael."  Il faut sans doute lire *Mancael* au lieu de *Mantael* ou *Manales* dans les deux passages précédents.  Il est difficile de savoir ce que c'est que le livre ainsi appelé.  Le jurisconsulte Jersiais *Le Geyt*[(1)] a examiné la question, et a soutenu que la *Somme de Mancael* n'était autre chose que le *Grand Coutumier de Normandie*, du XIIIe siècle.  Aux raisons qu'il donne à l'appui de cette opinion,[2] on peut ajouter cette remarque qu'en effet le Grand Coutumier a reçu le nom de *Somme ;* dans divers manuscrits,[(2)] il est intitulé : " Incipit *summa* de legibus in curia laicali."  Mais que signifie ce nom de *Mancael ?*[3]  Faudrait-il, comme le veut *Le Geyt*, voir là la révélation du nom inconnu de l'auteur du Grand Coutumier ?

Après 1333 il n'est plus question de la *Somme de Mancael*.  Dans les temps modernes on voit les juristes des îles se servir du *Grand Coutumier*, mais seulement pour le consulter, sans lui attribuer l'autorité d'un code.  Jusqu'aujourd'hui Jersey est resté sans corps de lois, et en souffre.—*Cours Royales des Iles de la Manche*, p. 17. *Paris*, 1878.

1. " ....de novo assumpserunt sibi quandam sectam de quodam tractatu, quem quidam cognomine Manales Normannus fecerat, diu postquam Normanni recesserant a fide domini Regis Angliæ....Et communitas....dicunt quod ipsi bene curant de prædicta summa de Mantael, eo quod leges Normanniæ bene in ea continentur...." *Placita de quo warranto*, p. 835-836.

2. Voir son argumentation, au tome IV de ses œuvres, p. 79-82.

3. M. Dupont (t. II, p. 145, n. 1.) a supposé que ce Mancael pourrait être *J. Mansel*, qui fut garde du sceau de Henri III d'Angleterre.  Mais on vient de voir que Mancael était un Normand.

---

(1) V. l'extrait de M. *Le Geyt* ci-devant.  (2) Dans celui, entr'autres, qui fut la base de l'édition de *Ludewig*.

# Table indiquant
## les Livres et Chapitres
## de Terrien
## qui ont trait aux Chapitres
## de l'Ancienne Coutume.

.

# TABLE INDIQUANT LES LIVRES ET CHAPITRES
## DE TERRIEN
*qui ont trait aux Chapitres de l'*ANCIENNE COUTUME.

(1) V. la liste des Commentateurs : V. aussi la Préface, p. xi, et la note 1 là-dessus.

# Errata et Addenda.

# ERRATA ET ADDENDA.

—•◦•—

Page VII, l. 18.  V. n. 1, p. 345.

"    XI, l. 28.  Au moment où, dans le mois de Juin, avant de
quitter l'île, nous avons mis par anticipation
la date d'Août à cette Préface, nous ne
prévoyions pas un grave malheur de famille,
le lendemain de notre retour, dans la mort
d'un père honoré, auquel nous aurions voulu
dédier ce travail.  On s'imaginera facilement,
qu'avec nos pensées ainsi préoccupées, et le
peu de loisir à notre disposition, la publication
de cet ouvrage a dû être retardée.

"    XVI.  Les mots CAPITULA SECUNDÆ DISTINC-
TIONIS *doivent se trouver entre les Chaps.* XCI
(*De pactis*), *et* XCII (DE QUERELIS POSSES-
SIONUM IMMOBILIUM).

"    XXIV, l. 10.  Après 1190, insérez: *Ou bien dans les dernières
années de Henri II.  Il ne fut probablement
complété qu'après sa mort.  Le huitième livre
date évidemment d'après* 1187—

"    XXIV.  Entre *Glanville* et *Fleta*, insérez: *Livre de
Justice et de Plet; Un Coutumier anonyme,
apparemment, en ce qui touche la partie Coutumière, du pays d'Orléans, mais dont la plus
grande partie est une traduction des Pandectes:
et où l'on a aussi largement emprunté au Droit
Canonique.  Ce traité date de la fin du* 13^me
*siècle, et se trouve en M.S. à la Bibliothèque
Nationale de Paris.*

3 A

**Page** 3, l. 5.    Ajoutez à la note : *Dans l'édition de 1483 qui se trouve dans la Bibliothèque de Caen, ce qui suit précède immédiatement les mots "Pour ce "que etc.," dans le* PROLOGUE. *" Cy ensuivent "plusieurs déclaracions servantes à la classifica-"cion d'aucunes choses qui pourroyent sembler "obscures ou peu déclarées eu livre de la Cou-"tume du pays et duchié de Normendie. Les "unes d'icelles déclaracions faictes par fourme "d'oppinions déclarées selon l'entendement du "texte : les autres par fourme d'arguments "soulus[1] selon la judicative et discrécion des "sages : les autres par fourme de questions "faictes sur aucuns doubtes, déterminées et "discutées selon plusieurs cas advenus. Et sont "mises selon l'ordre que les Chapitres viennent "en texte. Et premièrement ensuit le texte "dudit livre." Ce qui paraît avoir été une Préface à la* GLOSE, *ou bien, à une édition où la* GLOSE *était jointe au texte, plutôt qu'une partie du Prologue.*

"  4, l. 19.    Pour *refrenasset. Quamobrem*, lisez : *refrenasset ; quamobrem......*

"  4, l. 20.    Comme note additionnelle, ajoutez : *" Textum simi-"lem[2] habemus, ex quo textus istius prohemii, "ut par est credere, sumptus est, in prohemio "Decretalium."*—LE ROUILLÉ *in loco.*

"  5, l. 13.    Après *anciens*, lisez : *établissements......*

"  5, n. 7.    Après *s'égarer*, insérez : *Cf. le mot "follet" dans l'expression "feu follet."*

"  12, n. 4.    Pour *n. 5*, lisez : *n. 4.*

"  16, n. 4.    Après la note, ajoutez : *L'éd.* 1483 *traduit ces mots par : " la paix de Dieu."*

"  18, n. 3.    Pour *trouve et treuve*, lisez : *trouv— et treuv—*

"  19, n. 1.    Après la note, ajoutez : *" Il est ordinairement pris "pour toute blessure donnée à sang et playe ; et "est langage péculier à ce pays de Normandie."* —TERRIEN.

---

(1) V. la note à la fin de cette section.    (2) *Id.*

Page 20, n. 3.     Après la note, ajoutez : " *Plaids de l'épée, ou de la* " *couronne, considérés dans les îles comme syno-* " *nymes,*  \*  \*  \*  *l'un Normand, l'autre* " *Anglais.* —' *Placita coronæ quæ in insulis* " *dicuntur placita spadæ,*' *lit-on dans le rôle des* " *Justiciers pour Jersey de* 1299."—Havet, *p.* 116.

" *C'est la haute justice, appelée de droict* " ' Merum imperium, *quod est jus gladii* \* \* " ' *in facinorosos homines.*' "—Terrien.

"     21, ll. 3 et 4.     Pour *non* \* \* *hominis*, lisez le texte de Ludewig : *solutioni deputato solet in debitores*......

"     21, n. 1.     Pour la note, substituez : " *Solutioni* \* \* *debi-* " *tores*"—*Dans les textes anciens :* " *non soluto* " *indeputato solet in debitoribus hominis.* ...."

"     24, n. 10 ; et } ailleurs. }     Pour *desrèner*, lisez : *desréner*......

"     24, n. 8.     Pour *celui qui était*, lisez : *lequel était*......

"     25, n. 2.     Pour *en sait la vérité*, lisez : *ne sait, &c.*

Pour "*plaintiffs*," lisez : *plaintiff's*......

"     26, n. 6.     Après la note, ajoutez : *Peut-être doit-on lire :* "*male factam detinentiam.*"

"     28, n. 5.     Après "*ferries*," ajoutez : "*fords*," &c.  *On l'écrit* "*panages*" *dans la Coutume Réformée, à l'en-* *droit analogue. Mais, selon Blount,* Paagium (*V. n.* 3) *et* Passagium *sont identiques :* " *Telonium exactum pro transitu per alterius* " *ditionem*" : *et s'appliquent tant aux cavaliers qu'aux piétons.*

"     29, l. 17.     Pour *illaturum*, lisez : *illorum*......

"     29, n. 2.     Pour la note, substituez : *Illorum*—*Sic* Ludewig. *Dans les textes anciens* " *illaturum.*"  *Peut-* *être* " *illatum.*"

Page 30, 1. 10.    Pour *cathedraulx*, lisez : *cathédraulx*......

"    30, 1. 18 et ⎱ Pour *seneschaulx*, lisez : *séneschaulx*......
     ailleurs ⎰

"    32, n. 1.    Pour la note, substituez : " *Nec, nullus* " : *négatif
                   redondant* ; " *non*," *superflu.*

"    33, 1. 16.    Pour (*en*), lisez : [*en*]......

"    35, 1. 19.    Comme note additionnelle sur *rippœ*, ajoutez : *Sic.
                   Pareillement on trouve, p. 57, l. 10, "ruppe."*

"    36, 1. 23.    Pour *pertinet*, lisez : *pertineat*......

"    36, n. 2.    Après la note, ajoutez : "AMARA—*cloaca. V. mare.*"
                   " MARE—*Receptus quarumvis quarum.*"—D.

"    37, 1. 16.    Pour *approbant ut*, lisez le texte de LUDEWIG :
                   *appropriant et*, i.e. *ces procédés font d'un
                   droit possessoire, un droit de propriété, et &c.
                   " Approbant" signifierait : " prouvent " ou
                   " établissent."* [1]

"    45, n. 2.    Après la note, ajoutez : " *And all the aforesaid
                   " tenants ought to grind all their corne at the
                   " said mill of* MELLESCHES *; and for every
                   " deffault ought to be punished at the discretion
                   " of the Justices.*"—*Extente de Jersey*, 1607.

"    46, n. 2.    Après la note, ajoutez : " *But this payment was
                   " never admitted in England. Indeed it was
                   " taken for a time, but was ousted by the first
                   " law of Henry I as an usurpation.*"—HALE.

"    47, n. 2.    Après la note, ajoutez : *Cf. les deux formes Fr.
                   de " laxare" : " lâcher," et " laisser."*

"    47, 1. 14.    Comme note additionnelle sur *aulne*, ajoutez : " *The
                   " King's* Ma^{tie} *hath the guift of an office called
                   " ' the alnage ;' that is, of one man to be
                   " appointed to have the measure of all the
                   " Normandy canvass &c. which cometh into
                   " the Isle.*"—*Extente de* 1607.

_____

(1) V. la note à la fin de cette section.

Page 48, l. 7.
Comme note additionnelle, ajoutez: *"The Tavernage
"is a yearly casuall rent payable only at
"Michaelmas, which is a dutie apperteyning
"unto the Kinges receipt, owing by all such
"persons generally as sell Ale Beere or Cider,
"over and besides the Tavernage of Wynes
"likewise apperteyning to the King, for which
"every one of them have heretofore acustomed"*
(N. cette phrase, et V. n. 3, p. 241), "*to
"pay yearly, for a fine,* XX *sous."—Extente
de* 1607.

"   50, n. 7.
Après la note, ajoutez: Ludewig *l'écrit "vabal-
lum" et le traduit par "Walfisch." Et dans
un Manuscrit, attribué au* 13me-14me *siècle, lequel
se trouve à la Bibliothèque de* Caen, *les mots
"de baleine" sont insérés après "poisson."*

*Nous n'avions pas eu l'occasion de consulter ce
M.S. avant l'impression du texte. Il est écrit
en Français, et paraît quelquefois être plutôt
une traduction indépendante du texte Latin,
qu'une copie du texte Français proprement dit;
puisque dans ses variations de celui-ci, il se trouve
toujours appuyé par le Latin: et que le
Chapitre* XXV (De exercitu), *la dernière
partie du Chap. CXXVII* (De lege apparenti),
*et plusieurs autres parties du Latin, qui ne se
trouvent en Français dans aucune des éditions
imprimées, ni dans le manuscrit du* Livre
la Royne (V. n. 1, p. 375), *y sont représentés
dans une version Française. La table des
Chapitres énonce les "parties" et les "distinctions";—mais fait monter le nombre des Chapitres
à environ* 200; *dont le dernier est celui* De
prescription, *et parmi lesquels se trouvent la
"Charte au Roi Philippe" et la "Lettre des
Prélats," celle-ci placée avant la Charte.*

"   51, l. 11.
Pour *"quoadusque * * * habeatur,"* lisez le
texte de Ludewig: *"qua ad illud admitti non
"debeat, repellatur ab illa......"*

Page 52, n. 3.    Pour la note, substituez : *Dans le texte de* Ludewig, *" adiraverit " (" aura perdu ") ; ce qui est, sans doute, correct.*

"   53, l. 23 (Fr.)  Pour *P*, lisez : *G*......

"   53, l. 24 (Fr.)  Pour *G*, lisez : *P*......

"   55, l. 19.    Dans *"pertineat debet generaliter "* omettez, selon Ludewig : *" debet."*

"   57, l. 19.  
"   57, n. 4.   } Pour *exhibuit*, lisez : *exhibuerit.*

"   58. n. 3.    Pour *étés*, lisez : *été*......

"   61, n. 3.    Dans la note, après *ecclesiam*, insérez : *" en le faisant commencer au mot ' Ecclesia '" : (p.* 63, *l.* 6*).*

"   63, n. 3.    Après la note, ajoutez : *Peut-être : " qui eum."*

"   68, n. 1.    Après la note, ajoutez : *Dans* Ludewig *"decisum [ feodum"], ce qui est plus probable. Cf. le mot "resecatione" quelques lignes plus haut.*

"   73, n. 1.    Pour *presque toujours*, lisez : *fréquemment*......

"   74, l. 33.    Pour *hæc*, lisez : *hæ*......

"   74, n. 1.    Après la note, ajoutez : *Mais ce mot a été changé dans la Révision, publiée cette année, en "grand-children."*

"   76, n. 2.    Après la note, ajoutez : *Dans le M.S. de* Caen, *dont nous avons parlé plus haut, (dans la note additionelle sur " varballum "), le Français contient comme traduction de ces mots : " quant " le fest de la méson est froissié " : " fest " étant une forme de "faiste" ou "faite." On doit suivre alors l'édition de* 1483, *en lisant "fracta "feste."* Festis *(fem.), feste (Fr.) (m. et f.) : " culmen, fastigium, i.q.faite."*—D. Ducange *à cet endroit cite le texte Français, ainsi : " Dont " le feste est rompue (sic) et dépiécié......"*

"   77, n. 2.    Entre *ici* et *dans*, insérez : *et généralement dans ce* Coutumier......

"   79,    Comme note additionnelle sur l'intitulé du Chap. *XXVI* ajoutez : *" Cf.* Glanville *VII,* 3.

Page 80, n. 4.     Après la note, ajoutez : *Dans l'Extente de* 1607 *le " Chef bordier " devient le " Cheif (sic) " Sergeant " — aujourd'hui le " Prévôt," et le simple " bordier " le " under sergeant or Breedle" (sic). V. aussi* HAVET, *pp.* 104—105.

"  82, l. 22.     Pour *monstraverit*, lisez : *monstraverint*......

"  83, n. 3.     Après la note, ajoutez : *" Par échéètes, la Coutume " signifie les biens immeubles et non-nobles venus " par succession."*—PESNELLE.

"  88, l. 32.     Comme note additionnelle sur *Rogier*, ajoutez : *Cas possessif. V. n.* 4, *p.* 244.

"  88, n. 1.     Entre *ici* et *dans*, insérez : *d'après* MARNIER. ...

"  93, l. 24.     Entre *fuerit* et *in*, intercalez le texte de LUDEWIG : *vel hujusmodi aliud servitium faciendum. Et si propter hoc ei redditum assignaverit, ad heredes ejus non descendet, nisi expressum fuerit*......

"  96, n. 2.     Après la note, ajoutez : *A* JERSEY *les terres appartenant aux bénéfices sont qualifiées d' "aleux," ou selon l'orthographe locale, " alleurs."*

"  101, n. 1.     Pour *meneurs, tuteurs*, lisez : *meneur, tuteur*.

"  103, n. 2.     Après la note, ajoutez : LUDEWIG *l'écrit " dicitur."*

"  108, n. 7.     Après la note, ajoutez : *" Le fief roturier est le " même que celui qui est " tenu en censive " dans " la* COUTUME DE PARIS: *héritage à cause " duquel on* * * *reconnaît un seigneur direct, " et lui paye une redevance annuelle outre " quelques droits casuels."*—PESNELLE.

"  109, n. 1, et ailleurs. }     Pour *Ludwig*, lisez : *Ludewig*.

"  116.     Comme note additionnelle sur l'intitulé du Chap. xxxix, ajoutez : *V.* FLETA *VI*, 7 *(" Essonium " de malo veniendi ")* et *VI*, 8, *(" Essonium " de malo lecti ")*: *et* GLANVILLE *I*.

"  116, n. 4.     Pour *défaut*, lisez : *défault*......

**Page 125, n. 2.**    Pour *abundantia*, lisez : *abundantiam.*

"    **134, l. 18 (Fr.)** Comme note additionnelle, insérez : *V. n.* 3, *p.* 20.

"    **135, l. 23.**    Pour *et*, lisez : *aut* . . . . . .

"    **135, n. 5.**    *Dele* la note.

"    **135, n. 6.**    Après la note, ajoutez : " *L'en doibt noter que par*
"  *le mot 'ung tesmoing' est entendu une preuve :*
"  *et aussi par 'une bataille' est entendu sem-*
"  *blablement une preuve ; pour ce que on ne use*
"  *plus de bataille en cas d'héritage.*"—Glose,
*in loc.*

"    **136, n. 8.**    Après la note, ajoutez : "Haro:    *    *  *tertiam*
"  [*radicem proponit*] Hickesius, *a Cimbrico*
"  '*Hior,*' *Gothice* '*Hairius,*' *gladius ; quod*
"  *persecutio malefactorum, contra quos inclamari*
"  *solebat* Haro, *vocata erat spada, id est,*
"  *gladius.*"—D.    *Peut-être y-a-t-il quelque*
*rapport avec* "*Harer*" *(ou* "*héraulder*"*) :*
"  *excitare in aliquem*" *; et aussi avec* "*Harela*"*:*
*mot qui, selon* Ducange, *signifiait* "*conjuratio*"
*ou* "*tumultus,*" *mais qui aurait pu, à l'instar*
*de* "*cohue*" *à* Jersey, *venir à désigner une*
*assemblée délibérative ou judiciaire.    M.* Havet
*(p. 117) en traite comme suit :* " *Présentations*
"*par les* '*harèles*'*: cette procédure consistait à*
"  *appeler en Cour un certain nombre d'habitants de*
"  *chaque paroisse, qui prêtaient serment,    *    *
"  *et devaient faire connaître tous    *    *  les faits*
"  *qui pouvaient donner lieu à une enquête dans*
"  *les* '*placita coronæ.*'    *Les hommes appelés à*
"  *faire ces déclarations prenaient le nom de*
"  '*juratores.*'    *L'ensemble des jureurs d'une*
"  *paroisse s'appelait* '*Harela.*'    *    *    *  On*
"  *appelait aussi* '*Harèle,*' *ce mode de procédure*
"  *lui-même.*"    *    *    *  V. aussi les observations*
*de* Houard *(Anc. Lois des Franc.) sur*
*l'Article XLVIII des Loix, dites d'Edouard*
*le Confesseur.* Tanneguy-Sorin, *cité par*

TERRIEN, *XII*, 28, *en traite sous le titre de* "*Quiritatio Normanniæ.*" *Ce mot,* "*Quiritatio,*" *est dérivé, selon les uns, de* "*Queror,*" ("*je me plains*") ; *mais, selon les autres, c'est un appel à l'aide des citoyens Romains, en les invoquant par leur nom légal de* "*Quirites.*" *Ce procédé serait alors analogue à l'appel au* "*herad,*" *communauté du* "*hundred,*" *mentionné ci-devant dans cette note.* "'*Quiritare*' *dicitur is, qui* "*Quiritum fidem clamans implorat.*"—VARRO. "*Illi misero quiritanti : Civis Romanus natus* "*sum*" ; "*Abi, responderet,*" etc. ASIN. POLL. (*Epist. Ciceron. ad Div.*) ; *citations* d'ANDREWS.

Page 141, n. 1.  Après la note, ajoutez : *Dans le* STILLE DE PROCÉDER *on trouve :* "*La Cour de Parlement, qui eu* "*précédent se nommoit* ESCHIQUIER.*"

"     143, n. 2.  Après la note, ajoutez: *Dans le* COUTUMIER GÉNÉRAL *de* BOURDOT DE RICHEBOURG : "*elle.*"

"     153, n. 1.  Après la note, ajoutez : *V. l.* 12, *p.* 332, (*Lat.*)

"     154, n. 2.  Pour *dessaissinis*, lisez : *dessaisinis*......

"     163, C. LXVIII. Comme note additionnelle, ajoutez : *V.* FLETA *I*, 32, 28-32.

"     164, n. 4.  Après la note, ajoutez : *Dans* LE COUTUMIER GÉNÉRAL, (BOURDOT DE RICHEBOURG), *on trouve toujours* "*povoir, pevent,*" etc.

"     169, n. 2.  Ajoutez à la note : *mais ce mot a été changé dans la Révision, en* "*citizenship.*"

"     170, n. 7.  Après la note, ajoutez la citation : "*But by the* "*laws of Normandy, though a verdict ought to* "*be by the concurring consent of twelve men,* "*yet in case of dissent or disagreement of* "*the jury, they used to put off the lesser number* "*that were dissenters, and added a kind of* "'*tales*' *equal to the greater number so agree-* "*ing, until they have got a verdict of twelve*

3 B

"*men that concurred. And we find some*
"*ancient footsteps of the like use in England,*
"*though long since antiquated : Vide* BRACTON,
"*Lib.* 4, *Cap.* 19, *where he speaks thus :*
"'*Contingit etiam multitotiens quod juratores*
"'*in veritate dicenda sunt sibi contrarii, ita*
"'*quod in unam concordare non possunt sen-*
"'*tentiam; quo casu de consilio curiæ affortietur*
"'*assisa, ita quod apponantur alii, juxta nume-*
"'*rum majoris partis quæ dissenserit, vel saltem*
"'*quatuor vel sex, et adjungantur aliis ; vel*
"'*etiam, per seipsos sine aliis de veritate*
"'*discutiant et judicent, et per se respondeant,*
"'*et eorum veredictum allocabitur et tenebitur,*
"'*cum quibus ipsi convenirent.*' "—SIR M.
HALE, *Ch.* VI.

Page 175, n. 6.    Entre *n'est* et *conservée*, insérez : *guères.*

"    183, l. 8.    Pour *multis* [*aliis*], lisez le texte de LUDEWIG :
*multris*, omettant [*aliis*].

"    185, l. 26.    Pour *receptent*, lisez : *réceptent*......

"    187, n. 2.    Ajoutez à la note : "*Condamnation à l'exil, avec*
"*serment de ne pas rentrer : cette peine étant*
"*accompagnée de la forfaiture des biens du*
"*condamné.*"—HAVET, *p.* 66.

"    187, n. 4.    Devant *Boiter*, insérez : *Faindre :*

"    189, n. 3.    Après *retenu*, ajoutez : *ou bien* CHIET *représente-t-il
une prononciation locale, comme* "*mensongier,*"
"*jugié,*" etc.   Après *chet*, ajoutez : *i. q. inde
cadit.*

"    191, n. 1.    Après la note, ajoutez : *D'après* MARNIER, *dictant.*

"    197, l. 24.    Comme note additionnelle, ajoutez : *Mensongier
—Telle est aujourd'hui la prononciation Jer-
siaise du mot.*

"    199, n. 1, l. 2. Pour *judicaire*, lisez : *judiciaire*......

"    199, n. 1, l. 36. Après *duel*, ajoutez : *V. par.* 5, *p.* 392.

"    200, n. 1.    Après *apparenti*, lisez : *dont le titre selon* LUDEWIG
*est :* DE LEGE APPARENTE PER DUELLUM.
*V. par.* 9, *p.* 398.

Page 202, n. 1.　　Après *Civil*, insérez : *ou écrit, de son temps, (avec lequel le Dr. moderne Fr. est d'accord) ; la jurisprudence Coutumière, sur ce point, ayant sans doute été modifiée par l'influence du Dr. Rom.*

"　202, n. 2.　　*Dans le* COUTUMIER GÉNÉRAL (B. DE R.), *on suit* LE R. *L'on fait peut-être rapporter le premier des deux " ejus " à l'héritier, au lieu de le faire rapporter à " quod."*

"　211, Ch. XCII. Comme note additionnelle, ajoutez : *Cf.* GLANVILLE *I, quant au contenu de ce Chap. et de ceux qui le suivent.*

"　221.　　Comme note sur l'intitulé du Chap. CXV, ajoutez : *Dans quelques éd. on l'intitule* DE VEUE, ET ASSEOIR LA. *C'est-à-dire, de la vue de l'objet d'un contends hérédital, qu'on appelle "Veue de Fief," dans le Chap.* DE VISIONIBUS, *p.* 154.

"　228, n. 2.　　Après la note, ajoutez : *Le* COUT. GÉN. *suit le texte.*

"　238, Ch. c.　　Comme note additionnelle, ajoutez : *V.* FLETA, *VI*, 1.

"　241, n. 3.　　Après la note, ajoutez : *On se sert de la locution, " a accoustumé," dans le dialecte (ou patois) Jersiais d'aujourd'hui.*

"　250, n. 2.　　Pour la note sur *consuetudine*, substituez : *Les principes du Droit Romain en pareils cas étaient tout le contraire. "Nuptias, non concubitus, sed " consensus facit." " Nihil obstat eandem esse " et virginem et uxorem." " Ideoque potest "fieri, ut......aliqua virgo, et dotem habeat, " et de dote actionem."*

"　252, l. 26.　　Comme note additionnelle sur *ipse* ＊ *recordari : Cf. p.* 306, *l.* 22.

"　257, n. 3.　　Pour *Fontaine*, lisez : *Fontaines.*

Page 261, n. 1.   Après la note, ajoutez: *Dans* "*l'Histoire de Harcourt*,"
*parmi les* "*Jura quæ Reges Angliæ habuerunt*
"*in Normanniâ*," *on cite le* "*Stabilimentum*
"*factum apud Rotomagum inter clericos et*
"*barones Normanniæ, A.D.* 1205."—*Depuis*
*l'impression de cette note, nous avons remar-*
*qué ce que dit* TERRIEN, *dans une* "*additio*"
*au Chapitre* "*De prescription*," *sur les con-*
*tradictions du texte.*   "*Ce ne peut être*
"*Philippe-Auguste, d'autant que la Charte*
"*intitulée* '*Philippe,*' *selon le texte inséré dans*
"*notre Coutumier, audit titre de* '*PATRONNAGE*
"'*D'ÉGLISE,*' *s'adresse nommément à* '*Robert,*
"'*archevesque de Rouen.*'—*Durant le règne*
"*dudit Philippe ne se trouve aucun archevesque*
"*du nom de* '*Robert,*' *ni de* '*Guillaume,*' *en*
"*l'église archiépiscopale et métropolitaine de*
"*Normandie.* * * *   *Je suivraye plutost*
"*M.* GUILLAUME ROUILLÉ, *lequel, sur ladite*
"*Charte, dit par crédence qu'elle est émanée*
"*de* '*Philippe Tiers,*' *surnommé* '*le Hardi.*'
"* * *   ROUILLÉ *ne déclare pas l'arche-*
"*vesque qui, pour lors, cathédroit à Rouen,*
"*estimant que ce fust un* '*Robert,*' *nommé en*
"*ladite Charte: mais du règne dudit Philippe*
"*III, il n'y en avoit aucun de ce nom, bien que*
"*se trouve Guillermus de Flavacourt au rang*
"*des archevesques de Rouen, qui fait juger*
"*l'erreur de l'apposition de* '*Robert*' *en ladite*
"*Charte.   Veu mesmement le Coustumier latin,*
"*où est insérée ladite Charte en termes latins,*
"*dédiée, non à* '*ROBERT,*' *ni à* '*GUILLAUME,*'
"*ni à aucun nommément, mais à* '*l'Archevesque*
"'*de* ROUEN,' *en nom appellatif.   Or, audit*
"*Coustumier latin, est subséquemment contenue*
"*une response (sic) à ladite Charte per* GUILLER-
"MUM ARCHIEPISCOPUM ROTHOMAGENSEM, ET
"SUFFRAGANEOS SUÆ METROPOLIS, *qui est ce*
"GUILLAUME DE FLAVACOURT, *lequel fut*

" *ordonné et reçu archevesque en l'an* 1278
" * * * *jusques à son décès advenu en l'an*
" 1306 ; *et ledit* Philippe III, *depuis l'an*
" 1270, *régna jusques en l'an* 1286 : *qui fait*
" *conformer le temps de l'un à l'autre.*"

*Dans le " Thesaurus novus" de* Martène *et* Durand,
*on trouve le texte de la Charte, laquelle y
est appelée "Litteræ ad ballivos Normanniæ,"
(V. la citation de* Marnier *plus haut), et
attribuée à Philippe-Auguste. Elle est datée
de* Gisors, *et porte l'année* 1207. *Le nom
qu'on y donne à l'archevêque est* " Walterius."
*Cette pièce vient ainsi confirmer la théorie émise
précédemment par nous.*

*Dans le Manuscrit de* Caen *(V. p.* 386), *on donne
la " Lettre des prélats" en Français, en la
faisant* précéder *la " Charte." Le nom de
l'archevêque y est " Guiliermus," et les lettres
initiales préfixées aux titres des évêques, sont
comme suit :* " B. bayeux, W. avrenchs,
" A. lisieux, S. séez, W. coutances."—*Or,
en* 1207, *les noms des évêques de ces sièges
étaient respectivement : " Robert," " Guillaume"
(William), " Jourdain," " Sylvestre," et
" Vivien" ; tandis que, sous les règnes de
Philippe-le-Hardi et de Philippe-le-Bel, à l'exception d'un certain " Pierre," qui était évêque
de Bayeux, et dont l'initiale se rapproche peut-
être autant du " B.," que l' "R." du " Robert"
que l'on trouve en* 1207 ; *(et de Guillaume de
Flavacourt, archevêque de Rouen, dont nous
avons parlé plus haut) ; il n'y a aucun nom qui
ressemble tant soit peu à ceux qu'on lit dans le
M.S. Dans la " Charte" ou " Consile," lequel,
avons-nous déjà dit, suit la "Lettre" dans ce document, l'initiale de l'archevêque est " R." Il
est vrai que, comme nous l'avons indiqué
plus haut, ni l'une ni l'autre de ces pièces ne
se trouvent dans "* Le Livre de la Reine

*" BLANCHE " ; mais cette absence peut très bien s'expliquer autrement que par la supposition de leur non-existence à l'époque de sa composition. Il est à remarquer que l'évêque d'Evreux est omis dans le M.S. de CAEN. Tous les faits qui se rattachent à ces documents sont très-clairement discutés par M. DAVIEL, dans ses " RECHERCHES " SUR L'ORIGINE DE LA COUTUME " : ouvrage que nous regrettons de n'avoir rencontré qu'après l'impression du texte. V. la note sur l'extrait de M. PARDESSUS, p. 370, et la note 1 sur le Chap. CXXVIII, (Texte Latin).*

Page 269, n. 4.    Après la note, ajoutez : *et dans le* COUTUMIER GÉNÉRAL.

"   277, n. 3.    Après la note, ajoutez : *Le* COUTUMIER GÉNÉRAL: *preuds. "Preud": (probablement de "providus"), ancien adjectif, allié à "preux" sinon variation de ce mot, et dont les substantifs "prude" et "prud'-homme" indiquent des traces dans le Français moderne.*

"   287, n. 4.    Pour *neutre: de plegium,* lisez: *De plegium, neutre :*

"   288, l. 21 (Lat.)    Pour *S.,* lisez : *T.*

"   301, n. 3.    Pour *joint,* lisez : *jouit.*

"   306, l. 22.    Comme note additionnelle : *Cf. p. 252, l. 26.*

"   312, n. 1.    Après la note, ajoutez : *Cf. p. 255, l. 1-4.*

"   325.    Comme note additionnelle sur l'intitulé du Chap. CXXVII (Lat.), ajoutez: *Cf.* GLANVILLE, *I et II.*

"   325, n. 5.    Après la note, ajoutez : *Dans le M.S. de* CAEN, *on ajoute à l'intitulé du Chap. CXXIV (Fr.) "fore" (ou "fere") "par bataille." V. par. 10, p. 394 de l'Errata.*

"   326, n. 5.    Pour *mocks,* lisez : *mock.*

"   334, n. 3.    Après la note, ajoutez: *Dans* LUDEWIG, *"burgagii."*

"   346, l. 11.    Comme note additionnelle, ajoutez : *Nous ne connaissons cet ouvrage que de nom.*

Page 346, n. 1.      Pour *Iles de la Manche*, lisez : *Iles Normandes.*

"    347, n. 1, l. 4. Après *exactitude*, insérez : *constante.*

"    355, n. 1.      Ajoutez à la note: *On trouve également dans* GLAN-VILLE: "*Sicut esse solebant tempore Regis Henrici,* " *avi Domini Regis* " *: et aussi (en traitant des cas de* NOUVELLE *dessaisine) :* "*Infra assisam, id* " *est, infra tempus a Domino Rege de concilio* "*procerum ad hoc constitutum,*" *(V. n. 2, p. 154) ; et dans les* "*brevia*" *:* " *Post* " *ultimam transfretationem meam in Norman-* " *niam*" *;* "*Dominus Rex*" *voulant dire le roi alors régnant, savoir, Henri II; pour la majeure partie du livre, au moins.*

"    357, n. 3.      Après *vers* 1189 *ou* 1190 : *V. p.* 385 *de l'Errata.*

"    361, l. 23.      Comme note additionnelle, ajoutez : *Littleton, Jurisconsulte Anglais né au commencement du* 15ᵐᵉ *siècle : mort en* 1481 *; (ou, selon quelques auteurs, en* 1482*). Il fut l'auteur du célèbre traité,* "LES TENURES," *écrit pendant les dernières années de sa vie dans la langue (?) Anglo-Normande, Français juridique d'Angleterre. Cet ouvrage, qui a resté longtemps, et à juste titre, classique en Angleterre, a été encore plus répandu en conséquence des commentaires là-dessus, de* SIR E. COKE. *Il constitue aussi le fonds du* 1ᵉʳ *volume des* ANCIENNES LOIX DES FRANÇAIS, *de* HOUARD *: qui y en a ajouté une traduction Française, et aussi, à la suite de chaque article, les parties correspondantes de l'*ANCIEN COUTUMIER.

"    368, l. 7.      Dele : *Préface* * * *François.*

"    370, l. 11.      Ajoutez : *Préface aux Anciennes Loix des François,* 1766.

"    375, n. 1, l. 21.      Pour *réculée,* lisez : *reculée.*

"    376, l. 18.      Pour *Iles de la Manche,* lisez : *Iles Normandes.*

"    388, l. 7.      Pour *p.* 36, *n.* 2, lisez : *p.* 36, *n.* 1.

## NOTES SUR LES ERRATA ET ADDENDA.

Page 386, n. 1.  *Soulus*—i. q. résolus ; de *solvo.*

" 386, n. 2.  *Similem*—Cf. aussi GLANVILLE, *Prologus.*

" 388, n. 3.  Dans le M.S. de Caen (V. p. 389) l'entier du Chap. se trouve en Français.  Ce passage *(Hœ possessiones,* etc.) est ainsi traduit : " Et icelles possessions sont " (font ?) [le mot devant "comme" est illisible] " comme les lois, les droictures, et les drois les " enseignent."  Ces mots sont insérés entre les clauses : " Coutume * * chacun," et " Loix * * finés."  Dans le Coutumier versifié de *Richard Doubault, (V. Houard, Dict. du Dr. Normand, Vol. IV),* les lignes représentant cette clause, qui sont placées au même endroit du Chap. que dans le M.S. de Caen, sont ainsi conçues :

> " Eux apprennent possessions,
> Des droicts sont introductions " :

*Hœ* étant considéré—ce qui est très probable—se rapporter à *con-suetudines.* Nous sommes redevables à la bienveillante courtoisie de M. *Gustave Dupont,* Conseiller à la Cour d'Appel de Caen, pour des copies de ce Chap. dans ces deux versions.  Peut-être doit-on lire " apprendunt " (pour " apprehendunt "), ainsi que le Français l'indique, et non " approbant," ou " appropriant."  Sur la signification d' " enseigner," qui y est attribuée à " apprendre," *Ducange* dit : " Nostri vero ' *apprendre quel-* " ' *qu'un* ' dixerunt pro ' docere,' ' erudire.' "

Nous profitons de cette note, pour donner quelques renseignements sur le *Coutumier,* en vers, dont nous venons de parler. Quoique nous en connussions parfaitement l'existence, nous ne l'avions jamais vu, n'ayant pas remarqué qu'il se trouve à la fin du Dictionnaire de *Houard.*  Informé de ce fait par une lettre de M. *Dupont,* au moment de livrer à l'imprimeur les dernières feuilles de l'*Errata,* nous n'avons pas voulu les laisser aller, sans y joindre quelques lignes pour attirer l'attention du lecteur sur cette pièce intéressante ; qui, du reste, si nous l'avions vue plus tôt, aurait modifié nos explications en plusieurs endroits, *Houard* en parle comme suit : " Non-seulement les manuscrits qui nous l'ont conservé sont " des sources à ajouter à celles où nous puisons la connaissance " de notre langue et de notre poésie au treizième siècle ; mais, " ce qui est infiniment plus important, ils fixent le sens de

" beaucoup de passages de l'*Ancien Coutumier*, rédigé tant en
" prose qu'en Latin " ; (N. cette clause comme ayant trait à
la question de la langue primitive du *Coutumier* ;) " qui
" jusqu'ici ont paru inintelligibles," — et ce, malgré que
*Rouillé* dise de leur rédacteur " qu'il n'était pas approuvé
" en tout, *non satis probatus.*" Dans un des manuscrits, il y a
un prologue en vers, de dix lignes, apparemment de la composition de l'auteur, où la date de l'ouvrage est fixée à 1280, et
où *Richard Dourbault* est désigné comme étant cet auteur.
" C'est en effet son nom," dit *Houard.*

Cette composition est divisée en 145 Chaps. (V. n. 1, p. 375, et par. 2,
p. 389), plus un épilogue—aussi en vers—intitulé : " *De l'excusa-*
" *tion de l'auteur.*" Les premiers Chaps. sont : " De Droit,
" Ch. i ; De Jurisdiction, Ch. ii ; De Justice, Ch. iii ; De
" Justicier et de son office, Ch. iv ; De l'office de Sénéchal,
" Ch. x." Le dernier est " De prescripcion de temps "—
Ch. cxxviii (Lat.),—et l'avant dernier " *De record de pasnage* "
—partie du Ch. cxxiii (Lat.)—On n'y suit ni la division ni
l'ordre des Chapitres du *Coutumier.* Les Chaps. cxxiv-vii du
Latin n'y paraissent pas. On n'y trouve pas non plus la
" Charte au Roy Philippe " ; ni la " Lettre aux Prélats."—
(V. n. 1, p. 261, et n. 1, p. 375, ainsi que par. 2, p. 389, et
par. 2, p. 397).

De même que le M.S. de Caen, cette pièce paraît avoir été traduite,
comme l'indique *Houard*, directement du Latin, puisqu'on y
trouve représentés le Chap. xxv (De exercitu Ducis), et d'autres
morceaux, qui ne se trouvent ni dans le M.S. du *Livre la*
*Royne*, ni dans les éditions imprimées du texte Français.

Le mot *rohanlum* (V. n. 1, p. 50) est traduit par *Koral.* La clause :
*Post* * * * * *annos* (V. n. 3, p. 58) y est représentée ; et
nous sommes ainsi forcé d'abandonner la conjecture énoncée
dans cette note : si toutefois la date de 1280 puisse être maintenue pour la version citée par *Houard.* On y trouve également
la phrase : " *Ut* * * * *revenire* " (V. nn. 2 et 5, p. 76, et
par. 13, p. 390), laquelle y est ainsi traduite :

> *Comme à Bayeux, à ticulæ stilles,*
> *Quant le faict de la maison freige*
> *Qui est faicte sans france ouvraige*
> *Et doibt au signeur revenir......*

L'*institutum* (V. nn. 2 et 4, p. 20) est attribué à un " *Prince*
" *Philippe* " ; et la traduction de *piscem ad varballum*,

> *Tout poisson qui est prins à terre,*
> *Qui à la balaine se serre,*

paraît (V. aussi par. 2, p. 389) détruire définitivement notre
conjecture (n. 7, p. 50) là-dessus, ainsi que l'opinion du

3 c

Glosateur y exprimée. Pour échantillons additionnels de sa versification, nous ajoutons les premiers et les derniers vers :

> *Ung droit vient naturellement ;*
> *L'autre par établissement.*
> *Par nature Dieu réclamer*
> *Debvons, et notre prochain aimer ;*
> *A nos parents et aultres faire*
> *Ce qu'à nous vouldrions attrayre,*
> *Et ce debvons leur refuser*
> *Dont nous ne vouldrions user.*

\* \* \* \* \* \* \*

et (à la fin) :

> *Car nul n'est tenu à respondre,*
> *Qu'on fait d'éritage semondre*
> *A moins de XV jours de terme ;*
> *Et tel prescripcion conferme*
> *Et clôt tous les jours la responce,*
> *Et puys que faicte est la semonce*
> *Jusques à la XVe journée.*
> CI EST LA COUSTUME FINÉE.

On peut voir que ce langage n'est guère le Français de 1280. Reste à savoir si, en modifiant la diction de l'original, le copiste du M.S. cité par *Houard*, n'y a pas fait d'autres changements, afin de l'harmoniser avec le *Coutumier* de son temps.

Le No. du M.S. 845, St. Victor, (V. n. 1, p. 375) porte maintenant le No. 15068, du fonds Latin.

# Index des Notes.

# INDEX DES NOTES.

## A.

## B.

| LATIN. | FRANÇAIS. | | |
|---|---|---|---|
| | Chèvetain | Page 323, | Note 2. |
| | Chièrement | " 329, | " 3. |
| | Chouque | " 79, | " 2. |
| | Cler | " 3, | " 3. |
| Communia | Commune | " 67, | " 1. |
| | Conquérir, conquêt | " 89, | " 4. |
| Consanguineus | Cousin | { " 170, | " 2. |
| | | { " 335, | " 1. |
| Contra teneo | Contretenir | " 218, | " 1. |
| | Contrée | " 149, | " 2. |
| | Convenir | " 25, | " 1. |
| | Converser | { " 169, | " 2. |
| | | { " 393, | Par. 7. |
| Copia | | { " 82, | Note 1. |
| | | { " 153, | " 4. |
| Corietum | Cuyrée | " 164, | " 3. |
| Cornutus | Cornu | " 164, | " 2. |
| Corona | | " 165, | " 1. |
| Costuma | | " 21, | " 6. |
| | Cotte | " 164, | " 7. |
| Credulitas | | " 226, | " 2. |
| Cruce signatus | Croisé | " 207, | " 3. |
| | Cuelle, cuelt | " 24, | " 3. |
| | Cuider | " 167, | " 4. |

### D.

| | | | |
|---|---|---|---|
| De | | " 26, | " 4. |
| Decurius | Destrier | { " 49, | " 2. |
| | | { " 195, | " 4. |
| Defectus | Défaut, défaulte | { " 83, | " 2. |
| | | { " 116, | " 4. |
| Demanda | | " 303, | " 1. |
| | Dedens | " 103, | " 5. |
| | Demourer | { " 62, | " 1. |
| | | { " 290, | " 3. |
| | | { " 302, | " 1. |
| | Dénonciateur | { " 323, | " 4. |
| | | { " 326, | " 1. |
| Deraisna | Desrène | " 25, | " 2. |
| Derobo | | { " 11, | " 5. |
| | | { " 41, | " 1. |

| LATIN. | FRANÇAIS. | |
|---|---|---|
| Exequor | | Page 36, Note 2. |
| | | " 122, " 2. |
| Existens | | " 333, " 1. |
| Exonero | | " 268, " 1. |
| Exonium | ⎫ | " 83, " 1. |
| Exonia | ⎬Exoine | " 116, " 5. |
| | ⎭ | " 391, Par. 12. |
| Expeditatus | | " 59, Note 2. |

**F.**

| | | |
|---|---|---|
| | Face | " 206, " 3. |
| | Faindre | " 187, " 4. |
| Faisantia | Faisance | " 95, " 4. |
| Familia | | " 194, " 1. |
| | Faulser | " 322, " 1. |
| | Féaulté | " 96, " 1. |
| Felonia | | " 162, " 3. |
| Fenum | Fener | " 136, " 3. |
| | Férir | " 131, " 1. |
| Festis | Fest | " 390, Par. 13. |
| Feudo-firma | Fief-ferme | " 279, Note 2. |
| | Feur | " 53, " 2. |
| Finatio | ⎫ | " 300, " 1. |
| Finis | ⎭ | " 303, " 3. |
| Firma | Ferme | " 279, " 1. |
| Foagium | Fouage | " 46, " 2. |
| | | " 388, Par. 10. |
| | Fœdus | " 5, Note 4. |
| | Foler | " 5, " 7. |
| | | " 386, Par. 5. |
| | Foloier | " 5, Note 7. |
| Forbanizo | | " 60, " 1. |
| Forjuro (patriam) | | " 187, " 2. |
| | | " 394, Par. 4. |
| | Forsené | " 57, Note 2. |
| | Fourment | " 326, " 4. |
| Frachia | | " 76, " 2. |
| | | " 390, Par. 13. |
| Francus | Franc | " 33, Note 2. |
| | | " 49, " 2. |
| id. | id. | " 76, " 3. |

## I.

| LATIN. | FRANÇAIS. | | | |
|---|---|---|---|---|
| Ignorantia | | Page | 27, | Note 1. |
| | | " | 277, | " 1. |
| | Illec | " | 24, | " 5. |
| Imdemnis | | " | 204, | " 2. |
| Impedimentum | | " | 300, | " 2. |
| Impedio | | " | 301, | " 3. |
| Imploro | | " | 271, | " 2. |
| Incredulus | | " | 193, | " 2. |
| Incurro | | " | 146, | " 4. |
| Infra | | " | 44, | " 2. |
| Intendo | | " | 34, | " 1. |
| | | " | 334, | " 2. |

## J.

| Jardinum | | " | 104, | " 3. |
|---|---|---|---|---|
| | | " | 37, | " 5. |
| | | " | 150, | " 1. |
| | | " | 168, | " 1. |
| Jurea | Jurée, jureur | " | 170, | " 3. |
| | | " | 225, | " 1. |
| | | " | 393, | Par. 8. |
| Justiciarius | | " | 31, | Note 4. |
| | | " | 148, | " 1. |
| Justitia | | " | 143, | " 2. |

## L.

| Landa | Lande | " | 106, | " 6. |
|---|---|---|---|---|
| Legalis | Loyal | " | 154, | " 3. |
| | Légièrement | " | 155, | " 1. |
| | L'en, l'on | " | 3, | " 2. |
| Leuga, leuca | | " | 188, | " 1. |
| | Lever | " | 123, | " 1. |
| Lex | Loy | " | 36, | " 4. |
| | | " | 116, | " 1. |
| | | " | 122, | " 3. |
| | | " | 162, | " 1. |
| Lex apparens | Loy apparissant | " | 183, | " 1, 2. |
| | | " | 199, | " 1. |
| | | " | 392, | Par. 5. |
| | | " | 394, | " 11. |

| LATIN. | FRANÇAIS. | | | | |
|---|---|---|---|---|---|
| | Oult | Page 326, Note 2. | | | |
| | Oultrée (loi) | { | " 122, | " 3. | |
| | | { | " 172, | " 4. | |
| | Oultre mer | | " 207, | " 3. | |

### P.

| LATIN. | FRANÇAIS. | | | | |
|---|---|---|---|---|---|
| Paagium | Péage | { | " 28, | " 3. | |
| | | { | " 387, | Par. 9. | |
| | Paer | | " 193, | Note 1. | |
| Paga | Paie | | " 94, | " 1. | |
| | Paine | | " 185, | " 2. | |
| Placitum | Plect, plet | { | " 16, | " 5. | |
| | | { | " 118, | " 1. | |
| Panagium | Pasnage | { | " 28, | " 3. | |
| | | { | " 254, | " 1. | |
| | | { | " 387, | Par. 9. | |
| | Pardurablement | | " 226, | Note 1. | |
| | Parel | | " 320, | " 3. | |
| Parisius | | | " 11, | " 2. | |
| | Parjure | | " 278, | " 2. | |
| Passagium | | { | " 28, | " 5. | |
| | | { | " 387, | Par. 9. | |
| id. | | | " 64, | Note 2. | |
| Pecia | | | " 81, | " 1. | |
| | Pendant | | " 125, | " 1. | |
| Peregrinus | Pèlerin | | " 207, | " 3. | |
| Persona | Personne | { | " 264, | " 1. | |
| | | { | " 304, | " 2. | |
| Pertica | | | " 324, | " 1. | |
| | Peult | | " 23, | " 3. | |
| Placitum spadæ | Plet de l'épée | { | " 20, | " 3. | |
| | | { | " 387, | Par. 1. | |
| | | { | " 392, | " 2. | |
| | Plainte | | " 15, | Note 4. | |
| | Plang | | " 172, | " 2. | |
| | Planière, plaine | { | " 13, | " 2. | |
| | | { | " 52, | " 2. | |
| | Planté | | " 47, | " 1. | |
| | Plédeur | | " 151, | " 3. | |

| LATIN. | FRANÇAIS. | |
|---|---|---|
| Plegio, plegius, plegium | Pleige | Page 144, Note 1. |
| | | " 202, " 1. |
| | | " 203, " 1. |
| | | " 287, " 4. |
| | | " 398, Par. 3. |
| | Pooste | " 46, Note 3. |
| | | " 290, " 2. |
| | Pou | " 27, " 8. |
| | | " 214, " 6. |
| | Pourchasser | " 28, " 1. |
| | | " 42, " 4. |
| | Pourpense | " 176, " 5. |
| | Povoir | " 164, " 4. |
| | | " 393, Par. 6. |
| Prati (servitium) | | " 75, Note 7. |
| | | " 136, " 2, 5. |
| | Premier | " 283, " 3. |
| | Preud | " 277, " 3. |
| | | " 398, Par. 2. |
| Prima | Prime | " 222, Note 1. |
| Primo | | " 239, " 3. |
| Privatio | | " 201, " 1. |
| Probalis, probalia | Prouvable, preuve | " 317, " 1. |
| | | " 320, " 7. |
| Processio | | " 37, " 6. |
| | | " 388, Par. 8. |
| | | " 400, Note 3. |
| Procuro | | " 26, " 3. |
| Præbannio | | " 311, " 1. |
| Præmunio | | " 117, " 2. |
| Præscriptio | Prescription | " 334, " 1. |
| Præsens | | " 21, " 5, 7. |
| | Promesse, prêmesse, proismesche | " 322, " 4. |
| Pugilis | | " 164, " 1. |

### Q.

| | | |
|---|---|---|
| Quadablum | | " 195, " 1. |
| | Quanque | " 248, " 1. |
| | Quant, quand | " 11, " 4. |
| | | " 310, " 5. |

3 f

| LATIN. | FRANÇAIS. | | | | |
|---|---|---|---|---|---|
| Roncinus | Roucin | Page | 195, | Note | 4. |
| Rothorium | Roteur | " | 35, | " | 2. |
| | Roule | " | 276, | " | 2. |

## S.

| | | | | | |
|---|---|---|---|---|---|
| Saonno | Saonner | " | 168, | " | 4. |
| Saccum | Sac (et somme) | { " | 108, | " | 2. |
| | | { " | 136, | " | 1. |
| Sacrosancta | Saints | " | 166, | " | 3. |
| Salvo (exonium, &c.) | Sauver (exoine, &c.) | " | 281, | " | 3. |
| Sane | | " | 43, | " | 2. |
| Scacarium | | { " | 141, | " | 1. |
| | | { " | 393, | Par. | 1. |
| Scolide | | " | 143, | Note | 1. |
| | Se, *dans le sens de* si | " | 3, | " | 6. |
| Sebellinus | Sebeline | " | 50, | " | 6. |
| | Sentement | " | 57, | " | 3. |
| Septenarius | | " | 252, | " | 2. |
| Sergenteria | Sergenteria | " | 299, | " | 2. |
| Sermentum | | " | 168, | " | 5. |
| | Seuffrir | " | 179, | " | 3. |
| | Seure | " | 88, | " | 4. |
| Serviens | Sergent | { " | 21, | " | 3. |
| | | { " | 45, | " | 3. |
| | | { " | 93, | " | 2. |
| | | { " | 221, | " | 1. |
| | | { " | 391, | Par. | 1. |
| Servilis | | " | 80, | Note | 1. |
| Si, *dans le sens de* sic | | " | 191, | " | 6. |
| | Si (*ain*-si, *aus*-si) | " | 3, | " | 6. |
| Silvestris | Saulvage | " | 107, | " | 1. |
| | Sire | " | 4, | " | 3. |
| | Soi | " | 192, | " | 1. |
| | Sol, soul | " | 195, | " | 6. |
| Somma | | { " | 273, | " | 2. |
| | | { " | 376, | " | 2. |
| Sommagium | (Sac et) somme | { " | 108, | " | 2, 4. |
| | | { " | 136, | " | 1, 2. |
| Sors | | " | 54, | " | 2. |
| | Soulde, soudée | " | 41, | " | 2. |

| LATIN. | FRANÇAIS. | | | |
|---|---|---|---|---|
| | Souloir, seuldre | Page | 21, | Note 2. |
| | Soulu | " | 400, | " 1. |
| Spada | | " | 12, | " 3. |
| Stabilia | | " | 154, | " 1. |
| Supellex | | " | 46, | " 1. |
| Sustineo | | " | 220, | " 1. |
| Sustentamentum | | " | 219, | " 1. |
| | Suyvir, suyr | " | 269, | " 4. |

## T.

| | | | | |
|---|---|---|---|---|
| Tabernagium | Tavernage | " | 389, | Par. 1. |
| Tandiu (*sic*) | | " | 331, | Note 3. |
| Telonium | Tonlieu | " | 28, | " 4. |
| | Tendra | " | 5, | " 15. |
| Terminus | Terme | " | 161, | " 2. |
| Tertia | Tierce | " | 222, | " 2. |
| Testis | Tesmoing | { | " 135, | " 2. |
| | | { | " 392, | Par. 5. |
| id. | id. | | " 150, | Note 1. |
| | Tollir | { | " 19, | " 2. |
| | | { | " 201, | " 1. |
| Trahor | | " | 191, | " 3. |
| Treuga | Trève | " | 15, | " 2. |
| | Treuv- | { | " 18, | " 3. |
| | | { | " 302, | " 1. |

## U.

| | | | | |
|---|---|---|---|---|
| | Unze | { | " 270, | " 2. |
| | | { | " 304, | " 3. |
| Ut | | " | 325, | " 1. |

## V.

| | | | | |
|---|---|---|---|---|
| Varballum | | { | " 50, | " 7. |
| | | { | " 389, | Par. 2. |
| Varium | Vair | " | 50, | Note 3. |
| | Vaulsisse | " | 227, | " 3. |
| Vavassor, vavasoria | Vavasseur | " | 80, | " 3. |
| Vayvus | | " | 51, | " 3. |
| | Vendra | " | 5, | " 15. |

| LATIN. | FRANÇAIS. | | |
|---|---|---|---|
| Verbi gratia | | Page 37, Note 1. |
| Victus | | " 101, " 4. |
| Viduitas | Veufté d'homme | " 301, " 4. |
| Vile servitium | Vilain service | { " 80, " 1.<br>{ " 136, " 1, 6. |
| | id. | " 207, " 4. |
| Villa | Ville | " 81, " 4. |
| Vires | | " 34, " 2. |
| Vis | | " 228, " 3. |
| Visio | Veue | { " 17, " 1.<br>{ " 395, Par. 4. |
| Visor | Véeur | { " 150, Note 1.<br>{ " 222, " 4. |
| Viva prisonia | Vive prison | " 163, " 1. |
| | Voir | " 88, " 2. |
| | Voiser | " 226, " 4. |
| | Vueil | " 325, " 2. |

## Y.

| | | | |
|---|---|---|---|
| Ygnisium | | " 183, " 1. |
| | Yssir | " 139, " 1. |
| | Yssues [1] | " 103, " 1. |

---

(1) Ajoutez à cette liste : *Prælibo*....Page 330, Note 1 ; et, à la page 412, pour *Imdemnis*, lisez *Indemnis*.

Aussi, dans la page viii de la Préface, à la ligne 11, pour "1585" substituez "1583."

C. LE FLUVRE, IMPRIMEUR, RUE BERESFORD, JERSEY.

www.ingramcontent.com/pod-product-compliance
Lightning Source LLC
Chambersburg PA
CBHW050736030726
47505CB00002B/277